名家通识讲座书系

宗教学基础十五讲

□ 王晓朝 著

北京大学出版社
PEKING UNIVERSITY PRESS

图书在版编目(CIP)数据

宗教学基础十五讲/王晓朝著 . —北京：北京大学出版社，2003.1
（名家通识讲座书系）

ISBN 978 - 7 - 301 - 06038 - 4

Ⅰ.①宗…　Ⅱ.①王…　Ⅲ.①宗教学—基本知识　Ⅳ.①B920

中国版本图书馆 CIP 数据核字(2002)第 106355 号

书　　　名	宗教学基础十五讲
	ZONGJIAOXUE JICHU SHIWUJIANG
著作责任者	王晓朝　著
责 任 编 辑	马辛民　艾　英
标 准 书 号	ISBN 978 - 7 - 301 - 06038 - 4
出 版 发 行	北京大学出版社
地　　　址	北京市海淀区成府路 205 号　　100871
网　　　址	http://www.pup.cn　新浪微博：@北京大学出版社
电 子 邮 箱	编辑部 wsz@ pup. cn　总编室 zpup@ pup. cn
电　　　话	邮购部 010 - 62752015　发行部 010 - 62750672
	编辑部 010 - 62756467
印 刷 者	三河市博文印刷有限公司
经 销 者	新华书店
	965 毫米 × 1300 毫米　16 开本　22.5 印张　340 千字
	2003 年 1 月第 1 版　2024 年 5 月第 20 次印刷
定　　　价	69.00 元

"名家通识讲座书系"
编审委员会

"名家通识讲座书系"总序

本书系编审委员会

　　"名家通识讲座书系"是由北京大学发起,全国十多所重点大学和一些科研单位协作编写的一套大型多学科普及读物。全套书系计划出版100种,涵盖文、史、哲、艺术、社会科学、自然科学等各个主要学科领域,第一、二批近50种将在2004年内出齐。北京大学校长许智宏院士出任这套书系的编审委员会主任,北大中文系主任温儒敏教授任执行主编,来自全国一大批各学科领域的权威专家主持各书的撰写。到目前为止,这是同类普及性读物和教材中学科覆盖面最广、规模最大、编撰阵容最强的丛书之一。

　　本书系的定位是"通识",是高品位的学科普及读物,能够满足社会上各类读者获取知识与提高素养的要求,同时也是配合高校推进素质教育而设计的讲座类书系,可以作为大学本科生通识课(通选课)的教材和课外读物。

　　素质教育正在成为当今大学教育和社会公民教育的趋势。为培养学生健全的人格,拓展与完善学生的知识结构,造就更多有创新潜能的复合型人才,目前全国许多大学都在调整课程,推行学分制改革,改变本科教学以往比较单纯的专业培养模式。多数大学的本科教学计划中,都已经规定和设计了通识课(通选课)的内容和学分比例,要求学生在完成本专业课程之外,选修一定比例的外专业课程,包括供全校选修的通识课(通选课)。但是,从调查的情况看,许多学校虽然在努力建设通识课,也还存在一些困难和问题:主要是缺少统一的规划,到底应当有哪些基本的通识课,可能通盘考虑不够;课程不正规,往往因人设课;课量不足,学生缺少选择的空间;更普遍的问题是,很少有真正适合通识课教学的教材,有时只好用专业课教材替代,影响了教学效果。一般来说,综合性大学这方面情况稍好,其他普通的大学,特别是理、工、医、农类学校因为相对缺少这方面的教学资源,加上很少有可供选择的教材,开设通识课的困难就更大。

这些年来,各地也陆续出版过一些面向素质教育的丛书或教材,但无论数量还是质量,都还远远不能满足需要。到底应当如何建设好通识课,使之能真正纳入正常的教学系统,并达到较好的教学效果?这是许多学校师生普遍关心的问题。从2000年开始,由北大中文系主任温儒敏教授发起,联合了本校和一些兄弟院校的老师,经过广泛的调查,并征求许多院校通识课主讲教师的意见,提出要策划一套大型的多学科的青年普及读物,同时又是大学素质教育通识课系列教材。这项建议得到北京大学校长许智宏院士的支持,并由他牵头,组成了一个在学术界和教育界都有相当影响力的编审委员会,实际上也就是有效地联合了许多重点大学,协力同心来做成这套大型的书系。北京大学出版社历来以出版高质量的大学教科书闻名,由北大出版社承担这样一套多学科的大型书系的出版任务,也顺理成章。

编写出版这套书的目标是明确的,那就是:充分整合和利用全国各相关学科的教学资源,通过本书系的编写、出版和推广,将素质教育的理念贯彻到通识课知识体系和教学方式中,使这一类课程的学科搭配结构更合理,更正规,更具有系统性和开放性,从而也更方便全国各大学设计和安排这一类课程。

2001年底,本书系的第一批课题确定。选题的确定,主要是考虑大学生素质教育和知识结构的需要,也参考了一些重点大学的相关课程安排。课题的酝酿和作者的聘请反复征求过各学科专家以及教育部各学科教学指导委员会的意见,并直接得到许多大学和科研机构的支持。第一批选题的作者当中,有一部分就是由各大学推荐的,他们已经在所属学校成功地开设过相关的通识课程。令人感动的是,虽然受聘的作者大都是各学科领域的顶尖学者,不少还是学科带头人,科研与教学工作本来就很忙,但多数作者还是非常乐于接受聘请,宁可先放下其他工作,也要挤时间保证这套书的完成。学者们如此关心和积极参与素质教育之大业,应当对他们表示崇高的敬意。

本书系的内容设计充分照顾到社会上一般青年读者的阅读选择,适合自学;同时又能满足大学通识课教学的需要。每一种书都有一定的知识系统,有相对独立的学科范围和专业性,但又不同于专业教科书,不是专业课的压缩或简化。重要的是能适合本专业之外的一般大学生和读者,深入浅出地传授相关学科的知识,扩展学术的胸襟和眼光,进而增进学生的人格素养。本书系每一种选题都在努力做到入乎其内,出乎其外,把学问真正做活了,并能加以普及,因此对这套书的作者要求很高。我们所邀请的大都是那些真正有学术建树,有良好的教学经验,又能将学问深入浅出地传达出来的重量级学者,是请"大家"来讲"通识",所以命名为"名家通识讲座书系"。其意图就是精选名校名牌课程,实现大学教学资源共享,让更多的学子能够通过这套书,亲炙名家名师课堂。

本书系由不同的作者撰写,这些作者有不同的治学风格,但又都有共同的追求,既注意知识的相对稳定性,重点突出,通俗易懂,又能适当接触学科前沿,引发跨学科的思考和学习的兴趣。

本书系大都采用学术讲座的风格,有意保留讲课的口气和生动的文风,有"讲"的现场感,比较亲切、有趣。

本书系的拟想读者主要是青年,适合社会上一般读者作为提高文化素养的普及性读物;如果用作大学通识课教材,教员上课时可以参照其框架和基本内容,再加补充发挥;或者预先指定学生阅读某些章节,上课时组织学生讨论;也可以把本书系作为参考教材。

本书系每一本都是"十五讲",主要是要求在较少的篇幅内讲清楚某一学科领域的通识,而选为教材,十五讲又正好讲一个学期,符合一般通识课的课时要求。同时这也有意形成一种系列出版物的鲜明特色,一个图书品牌。

我们希望这套书的出版既能满足社会上读者的需要,又能有效地促进全国各大学的素质教育和通识课的建设,从而联合更多学界同仁,一起来努力营造一项宏大的文化教育工程。

2002 年 9 月

前　言

　　宗教是一种客观存在的社会现象。宗教无论就时间的绵延或空间的广袤来看,都是人类社会的首要特征。人有宗教,而动物则没有。因是之故,宗教从古到今,无论中外,都是一个热门大话题。现代人文学科诞生以后,宗教又成为各门人文社会科学关注和研究的对象。

　　我们已经跨入了新世纪。21世纪的来临标志着人类进入了一个新的千年。在这个新世纪和新千年里,人类不应该只是陶醉于科技的发展和应用给人类社会带来的巨大变化和美好前景,而应深刻认识到人类在认识自我及协调人际关系上并没有真正成熟。人与人之间的隔阂,政治观点上的矛盾,意识形态上的张力,以及不同社会、民族之间的冲突,使人类迈向新时代的步伐显得格外沉重和艰难。因此,担负着中国现代化重任的大学生,无论是学理工的,还是学人文社会科学的,都有必要了解和掌握一些宗教学的基础知识。

　　一般说来,人们对宗教并不陌生,神佛显灵的传闻、妖怪作祟的迷信、祭天祀祖的礼仪、驱邪赶鬼的巫术、五体投地的信徒、念念有词的祝祷、晨钟暮鼓的佛庙、香烟缭绕的道观、巍峨壮丽的教堂,等等,只要一提起宗教,这些现象就会浮现在人们的眼前,并在人们心中引起无限的遐想。

　　然而,熟知非真知。诚如宗教学创始人麦克斯·缪勒所说:宗教信徒可谓对宗教十分熟悉,"成千上万的人信心之诚笃可以移山,但若问他们宗教究竟是什么,他们可能张口结舌,或只能说说外表的象征,但谈不出其内在的性质,或只能说说信心所产生的力量"[1]。作为一门新兴的人文社会科学,宗教学要以各种纷繁复杂的宗教现象为研究对象。它不仅要研究宗教的现象,还要思考宗教的本质。

宗教的历史十分漫长。从原始宗教算起,宗教至少已经有了数万年的流传。即使后来出现的若干世界性大宗教也有两千多年的发展和演变。宗教的发展与人类文明的历史同步,它已经经历了原始社会、奴隶社会、封建社会、资本主义社会和社会主义社会五种社会形态,对人类的思想意识、文化形态、心理素质、法律思想、政治制度产生了不可忽视的影响。宗教既打上了人类远古社会的各种烙印,又随着人类社会历史发展的各个阶段而不断充实。可以说,宗教是人类社会的一种不可或缺的文化现象和文化载体,宗教的存在和影响仍将长期延续下去。

宗教的分布极为广泛。世界上各个国家和地区的宗教千姿百态,各有千秋。迄今为止,宗教在一切社会形态、一切国家、一切民族、一切种族、一切阶级和阶层中,都有程度不同的存在和发展,具有无可比拟的文化继承性和社会适应性。近二十多年来,世界政治、经济、文化各方面都发生了巨大的变化,世界政治格局的多元化、经济全球一体化进程加快,通讯与生物技术迅猛发展,使世界宗教状况也发生着许多值得注意的变化。总的情况是:信仰宗教依然是当前世界各国普遍存在的一种社会现象,对于世界各地的政治、经济、文化以及人民日常生活仍起着不可忽视的作用;当前一些地区民族纷争的加剧、东西方文化交流的增进、人类太空探索与克隆技术的出现,都对宗教产生了很大影响,各传统宗教正在经历着自身的改革,一些称为新兴宗教运动的独立小教派在世界许多国家兴起,宗教多样化倾向日趋明显,国际政治事件中的宗教因素日益增加。

宗教的表现极为复杂。撇开一切地方性的、古老的、原始的、形形色色的民族宗教不谈,单就世界三大宗教来说,每一宗教都在历史上形成了难以计数的宗派,每一宗派又组成了各种各样的宗教组织,创制了各种各样的宗教经典和宗教仪式。宗教的教义、教理、教规等各种经典、著述浩如烟海,就连学富五车的学者也难以完全掌握、彻底搞清。从信徒角度来说,有不同的阶级、阶层信仰同一种宗教的,也有同一个阶级、阶层信仰几种不同宗教的;就信仰宗教的民族来说,有不同的民族信仰同一种宗教的,有同一个民族信仰几种不同宗教的。各民族之间,各阶级、阶层之间,其宗教仪式、信仰程度、宗教心理、宗教感情都异彩纷呈、千差万别,宗教与民族习惯、民族文化互相交织、互相融合,表现出复杂的形态。

宗教的思想极为丰富。宗教的教理、教义和思想经过长期的历史发展,有一神论的,也有多神论的,有泛神论的,也有理性神论的。宗教思想与各种意识形态,如哲学、政治、法律、道德、文艺、教育、科技等互相交叉,互相影响,相互作用。

中国是一个多民族、多宗教的国家。与世界上其他国家相比,中国的信教人口占全国总人口的比重不大,中国历史上也没有出现过国家宗教,在西方人和某些中国学者眼中,中华民族甚至是一个缺少宗教性的民族。中华人民共和国成立后,在相当长的一段时间里人们对宗教持批判与全盘否定态度。之后成长起来的几代人对宗教产生了陌生感,对宗教有许多不正确的看法。"文化大革命"期间,一切以阶级斗争为纲,人们片面地将宗教意识形态化、政治化,信仰宗教不仅是"落后""愚昧""迷信"的标记,而且成了具有"反动"性质的政治问题。人们在实际中推行的"消灭宗教"的活动,不仅践踏了马克思主义关于宗教的科学理论,而且否定了党和国家对宗教问题的正确方针政策,取消了宗教工作,伤害了信教群众的感情,破坏了民族团结。

"文革"结束以后,经过拨乱反正,中国共产党的宗教政策得到了较好的贯彻,宗教状况有了根本改观,宗教工作步入正轨,中国宗教走上了一条与社会主义社会相适应的道路。在这一实际进程中,中国的宗教学研究也出现了盛况空前的新局面。人们比以往任何时候都要更加深刻地认识到,对宗教这种极为复杂的社会现象必须全方位、多视角、多层面地加以认识,减少盲目性和片面性,以适应社会发展的需要。然而,由于各种原因,党和政府的宗教政策以及学术界对宗教的新认识没有及时地传播到广大民众那里,社会上有许多人对宗教的认识仍旧停留在 1982 年中共中央制定的《关于我国社会主义时期宗教问题的基本观点和基本政策》这个纲领性文件下发之前的状况。为了弥补这一缺陷,我们试图通过"宗教学基础知识"这门课程,增进当代大学生对宗教问题的了解,使大学生们有能力在掌握宗教学基础知识的前提下,分析和认识各种宗教现象,正确对待和处理各种宗教问题,在此过程中提高自身的人文素质。

出于上述目的,本书所选择的内容限于宗教学研究范围内最基础的一些知识,转述其他学者的观点较多,作者自身的分析较少,客观介绍较多,深入剖析较少。但愿这本教材能起到一座桥的作用,使读了它的人能够对宗教有较多的理解和认识。

王晓朝

2002 年 10 月于清华园

注 释

〔1〕 麦克斯·缪勒:《宗教学导论》,第 11 页,陈观胜、李培茱译,上海人民出版社,1989 年。

目录

第一讲

宗教学与宗教的界定

宗教学的诞生
宗教学的分支学科与发展
宗教的界定
宗教学的性质与研究对象

宗教作为一种社会现象已有数万年的历史,但宗教学却是一个相对年轻的学科。在回答什么是宗教这个问题之前,我们首先介绍宗教学的诞生,从中可以看到人们对宗教的认识是一个不断深化的过程。

一　宗教学的诞生

有史以来,人们就在关心宗教的活动,然而这种关注或是出于宗教信仰本身的需要,或是对周围宗教现象的怀疑和猜测,还不足以形成一门独立的宗教学。随着人类社会和历史的发展,宗教得以不断演变,而人们对宗教的认识也在逐渐深化,这就为宗教学的形成提供了有利的条件。

宗教学的创始人是英籍德国学者麦克斯·缪勒(F. Max Müller,1823—1900)。此人学富五车,著作等身。他的研究领域涉及语言学、文学、历史学、哲学、神话学等多门学科。而学界公认,宗教学是由他创立的。除了卷帙浩繁的《东方的圣书》以外,他的宗教学著作还有:《比较神话学》(1856),《基督和其他长老》(1858),《吠陀与波斯古经》(1853),《闪米特一神教》(1860),《孔夫子的著作》(1861),《佛教》(1862),《论吠陀的讲演》(1865),《宗教学导论》(1870),《论传道》(1873),《宗教的起源和发展》(1875),《论语言、神话与宗教》(1881),《自然宗教》(1889),《物质宗教》(1891),《人类宗教》(1892),《心理宗教》(1893),《被遗忘的圣经》(1884),《古代祈祷文》(1884),《印度寓言和密宗佛教》(1893),《基督教在印度曾经可能逗留》(1894),《佛陀的出生地》(1893),《中国的宗教》(1900),等等。

由麦克斯·缪勒撰写的《宗教学导论》是宗教学这门学科问世的标志,是宗教学的开山奠基之作。它的重要贡献有下列三个方面:

首先,它第一次提出了"宗教学"(the Science of Religion)这个概念,赋予这门新生的人文社会学科一个比较恰当的名称。1870 年 2 月,麦克斯·缪勒在英国皇家学会作了一次系列性的学术讲演,题目就是《宗教学导论》("Introduction to the Science of Religion")。他的讲演稿起先发表在刊物上,后来于 1873 年汇集成册出版。由于缪勒在讲演和著作中于宗教研究史上第一次使用了"宗教学"这个概念,国际宗教学界一般把《宗教学导论》视为宗教学正式诞生的标志。

其次,它使宗教研究有了相对独立的学术地位。在此之前,具体的宗教研究一直被当成基督教神学的附属物,而缪勒在《宗教学导论》中明确指出,在科学的宗教研究中,一切宗教都是平等的研究对象,都没有权利谋求高于其他宗教的特殊地位,基督教也不例外。他的治学格言是:"科学不需要宗派。"[1]凡是在宗教的比较研究中抬高基督教的地位而贬低其他宗教,或者反过来贬低基督教而抬高其他宗教,都是宗派主义而不是科学的态度。只有使宗教研究摆脱信仰主义,才能使宗教学脱离神学的束缚走上独立发展的道路;只有破除宗派主义,才能使宗教研究者的视野从基督教扩大到世界上各种宗教。

缪勒还认为,如果一个人只知道一种宗教,那么他就会把这种宗教当作至高无上的神圣的事物,这样一来当然也就不会有科学的宗教研究。德国大诗人歌德说过一句话：谁如果只知道一种语言，他对语言就一无所知（"He who Knows one，Knows none"）。作为一位比较语言学的大师，缪勒一直把歌德这句名言当成比较语言学的治学格言。他认为，宗教研究的情况同样如此："谁如果只知道一种宗教，对宗教就一无所知。"[2]这句名言后来成了比较宗教学者的座右铭。

最后，它提出了宗教学研究的基本方法。既然宗教学的研究对象是包括基督教在内的众多宗教，因此它的研究方法便只能是比较，用比较的方法研究宗教的历史形态就是"比较宗教学"。比较就是分类，通过对世界上各种宗教的历史形态进行分类，由此寻找宗教的秩序和规律。

在宗教分类问题上，缪勒反对流行于当时的把世界各种宗教分为"真正的宗教"和"虚假的宗教"的分类法，也不赞成所谓"天启的宗教"和"自然的宗教"这种分类，认为这些分类是抬高一种宗教而贬低其他宗教，没有科学价值。在他看来，一切宗教都是人性的表现，在宗教研究面前地位平等。任何宗教，不管是现存于世的，还是已经消逝的，都为科学的宗教研究提供了对象，对之加以研究，可以使我们深入于宗教的本性、人的本性和人类思想的本性。他说："一种宗教，无论它可能是何等的不完善，多么的幼稚，它总是把人的灵魂置于上帝面前；而上帝的概念无论可能是何等的不完善，多么的幼稚，它总是代表了人类灵魂在当时所能达到和把握的无上完善的理想。"[3]

二　宗教学的分支学科与发展

从缪勒发表《宗教学导论》开始算起，宗教学的发展至今已有一百三十多年的历史。在此期间，大批学者相继而起，各树一帜，推动着这门学问不断向前发展。宗教学领域内百花竞放，硕果累累，蔚为壮观。随着时间的推移和各门科学之间的嫁接、交叉与融合，宗教学已经成为一个包含多个分支学科在内的学科群，其理论与方法呈现极为丰富的多样性。下面我们扼要地介绍一下宗教学的各个分支学科：

（1）宗教史学。

由于西方宗教学界偏重宗教史的研究，许多国家的宗教学最初以宗教史学的面貌出现，因此广义的宗教史学即宗教学。狭义的宗教史学是其他宗教学分支的基础，它以各种具体宗教的历史发展为研究对象，勾勒其历史发展线索。因此，它与历史学、语言学和考古学有着特别紧密的联系。它是宗教研究中的历史描述、语言考察和考古实践。荷兰学者商特皮（P. D. Chantepie）于1887年出版的《宗教史教科书》，是最早的宗教史著作。宗教史学的研究经常与文化史、艺术史、政治史、经济史、思想史和风俗史的研究结合在一起。因此，宗教史学的研究又与这些学科相交叉。

（2）比较宗教学。

比较宗教学最早可追溯到缪勒对东方圣典的研究。它运用比较研究的方法来展示、探索各种不同宗教的崇拜现象和信仰体系，寻找它们所表现的人类宗教信仰之普遍性和特殊性，了解它们彼此之间的关系和异同，把握宗教发展的各种规律。比较宗教学以宗教史学为基础，主张采用宗教史学的研究成果，但不深究宗教历史上的"纵向"发展，而只强调各宗教之间的"横向"比较，在比较各种宗教的组织结构、社会成分、行为礼仪、观念思想、教义体系的基础上建构"宗教类型"。

（3）宗教现象学。

"宗教现象学"一词很早就出现在德国哲学家康德的哲学著作中，但作为一门相对独立的宗教学分支学科始于荷兰宗教学者商特皮。宗教现象学的现代发展则以荷兰宗教学家列欧（G. V. Leeuw）的《宗教现象学》为标志。宗教现象学家认为，宗教比较可分为外部比较和内部比较，比较宗教学主要强调外部比较，如对宗教形态和历史变迁的比较，对宗教礼仪、习俗、祈祷等形式的比较，而对各种宗教的内在意义和本质的比较则有所忽视；宗教现象学则强调内部比较，认为这种比较更加抽象，更具有本质性。他们指出，外表相似的或其历史形态相同的宗教，会因其内在意义和本质的区别而各不相同、毫不相关。如果仅从纯粹的语言形式、表面的礼仪过程和外在的崇拜形态上进行比较，则有可能"失之毫厘，谬以千里"。宗教现象学就其本义也是一种"比较宗教学"，但它不分析宗教历史的"纵向"发展，也不详究宗教形式外观上的"横向"联系,而是运用现象学和解释学的理论来描述宗教的本质和根源,对宗教的价值和意义则不加判断与评说。

（4）宗教社会学。

宗教社会学主要研究宗教与社会的相互作用和关系、人类团体和社会的宗教意义、社会对宗教的需求和排斥、宗教对社会发展的制约和促进,以及宗教在社会各阶层人士中的分布、宗教在社会中的传播状况和意义。宗教社会学在开创时期的主要代表人物是法国的杜克海姆（E. Durkheim）和德国的马克斯·韦伯（Max Weber）。杜克海姆在其著述中将宗教社会学理论加以系统化、体系化,并且率先使用"宗教社会学"一词。宗教社会学在他那里开始形成体系。他认为,宗教乃是人类社会的结构性因素,有着非常实在的内容。

（5）宗教人类学。

宗教人类学又称宗教民族学或宗教人种学,是与人类学和民族学结合而形成的边缘学科,主要利用田野考古学方法和宗教现象学理论来研究"原始宗教"或"无文字民族的宗教"。因此可以说它是一种狭义的宗教社会学,即以无文字体系之土著民族的宗教为其研究对象,以原始社会作为自己探讨、调查宗教问题的特殊领域的宗教社会学。宗教人类学最初是从社会人类学和文化人类学中发展出来的。这一学科的奠基者有英国人类学家泰勒（E. B. Tylor）、美国民族学家摩尔根（L. H. Morgan）、英国人类学家弗雷泽（J. G. Frazer）,等等。

（6）宗教心理学。

对宗教现象的心理因素进行分析由来已久,但宗教心理学成为一门相对独立的分支学科则是19世纪末20世纪初的事情。近代实验心理学之父冯特（W. Wundt）的十卷本《民族心理学》用了三卷之多的篇幅专门讨论神话和宗教问题,他的美国学生斯塔伯克于1900年第一次以《宗教心理学》为标题出版专著。留巴、詹姆士、普拉特、奥托相继而起,宗教心理研究之风遍及欧美,盛极一时。宗教心理学中流派很多,倾向不一,至今未形成一致公认的体系,难以作统一说明。

宗教心理学转向人的内在世界,研究人的心理、情感、精神上对宗教的体验,勾勒人的各种宗教经验和感触。宗教心理学通常运用"观察心理学""实验心理学"的方法和"深层心理学"的理论研究人的宗教经验,以及这种经验在人的情感上、心理上的复杂反映。宗教中各种"象征符号"在人类个体和群体心态上的作用与意义,也属于宗教心理学的研究范围。

(7) 宗教哲学。

宗教哲学研究"宗教的本质"问题,是从哲学本体论和世界观的角度来探讨"宗教的意义",并根据宗教的历史发展、社会作用,从认识论上确定"宗教"的"概念"、阐明其"定义",回答"什么是宗教""为什么有宗教"等问题。宗教哲学并不仅仅限于弄清宗教在事实上究竟是什么,而且还要探索宗教在理论上、在理想意义上应该是什么,分析宗教在历史过程中的演变和异化。宗教哲学的研究领域很广,除了对宗教的形式、作用、本质、真相作评价以外,还要探讨宗教和神灵的概念,阐明宗教与政治、法律、经济、道德、艺术的关系问题。

我们应该如实地承认,现代西方宗教学各种流派应用各具特色的理论和方法,对各种宗教现象和宗教问题进行了精细的分析,提出了种种不同的学说,其中确实不乏真知灼见。在这些领域,我国学者过去很少涉猎问津。为了发展我国的宗教研究,我们应该了解和借鉴西方宗教学中一切有价值的成果。

宗教研究作为各宗教本身的教理研究和学术探讨在中国亦有悠久的历史。但把宗教研究作为一门不依附于各宗教的信仰探讨或神学研究的人文学科,在文、史、哲等人文学术领域中对之展开系统而全面的科学研讨,则是20世纪中国学术界出现的新事。

现代意义的中国宗教研究萌芽于清朝末年。当时的中国学术界受西方文化的影响,开始关注宗教问题的研究。这样一来,作为以往学术前提的儒、佛、道等传统信仰立场被突破,出现了首批在人文学科领域中潜心宗教问题研究的学者。

20世纪上半叶,中国学术界的宗教研究涌现出大量卓越的学者。在宗教理论问题上,梁启超、蔡元培、胡适、陈独秀等人都发表过独特的见解。梁启超对中国有无宗教提出了惊人之论,对清代以来的中国学术思想史进行了梳理总结，并以其"近世科学方法"潜心研究中国佛教。蔡元培受西方哲学理论之影响而对宗教展开批判性审视，提出"以美育代宗教"之说。胡适利用从西方学得的实用主义方法，在基督教、佛教、道教研究中发表了独到见解，尤其是他对禅宗史的理论发掘和史料考证，在中国学界引起强烈反响。陈独秀则对儒教和基督教进行了比较研究，他对儒教之贬与对基督教之褒，一方面与五四运动的思想主流吻合，另一方面则形成与20年代"非基督教运动"的差异。在宗教史方面，陈垣、陈寅恪、汤用彤等人做出了开创性的重大贡献。他们对各种具体宗教的研究至今仍有宝贵的学术价值。

从20世纪初至1949年，中国学术界在宗教基本理论、宗教学体系和各大宗教研究上推出了一批重要成果，中国宗教研究开始系统化、专业化的有序发展。粗略而论，这些成果大体属于宗教思想理论和宗教学体系建构、神话与原始宗教研究、佛教研究、道教研究、伊斯兰教研究、基督教研究和其他宗教研究等领域。

1949年以来，中国学术界重新开始对宗教的认识和理解。但自50年代初至"文化大革命"结束，这种讨论基本上附属于政治和意识形态领域的斗争，因此，宗教学在这一阶段的学术成果不多，仅有少量译著和专著出版。1977年以来，中国社会历史进入一个全新的发展阶段。随着思想解放和改革开放的不断深入，中国宗教学出现复兴，并达到了前所未有的繁荣。

1979年，"全国宗教学研究规划会议"召开，宗教学在中国社会科学研究领域作为单列的规划学科而与其他社会科学或人文学科并立。与此同时，作为全国宗教学研究的学术团体，中国宗教学学会(后改称"中国宗教学会")成立，从而形成全国从事宗教研究的各研究机构和学者之间相互联系、交流的学术网络。中国宗教学作为独立学科的存在有力地推动了全国宗教学研究的发展。80年代以后，中国学术界从事宗教研究的专门机构如雨后春笋般涌现，并形成了分属社科院、高等院校、国家有关主管部门的宗教研究机构、各宗教团体的学术研究机构和宗教院校四大系统的宗教研究机构。这些宗教学研究机构的创立和宗教学研究队伍的形成，使中国宗教学迈入一个全新的发展阶段。

三　宗教的界定

　　"宗教"这个词是个外来词。我国古代典籍中有"宗"和"教"这两个单字,但无"宗教"这个词组。根据《说文解字》中的解释,"宗,尊祖庙也","教,上所施,下所效也"。可见,"宗"字在古汉语中的基本含义在于人的祖先崇拜,在于一个家族的人对自己祖先的崇拜,而"教"字则是教化的意思。

　　宗教这个词在中国出现首先源自印度佛教。佛教以佛陀所说为教,以佛弟子所说为宗,宗为教的分派,合称宗教,意指佛教的教理。[4]宗教这个外来词的另一个来源则是拉丁文"religio",它本来的意思有虔诚、对神的敬畏和景仰、敬神的礼仪、神圣性、圣地、圣物,等等。尽管宗教是个外来的概念,但与我国古籍中的神道设教思想颇为吻合。儒家经典《中庸》中有所谓"天命之谓性,率性之为道,修道之为教"。《易经》中也说:"观天之神道,而四时不忒,圣人以神道设教,而天下服矣。"这些都更进一步强调和突出了宗教的教化作用。[5]

　　在科学研究中,给研究对象下定义往往起着定向作用。宗教学的发展表明,对宗教的界说不同,研究的视角、取向、方法与结果往往会呈现极大的差异。面对什么是宗教这一看似简单的问题,人们却很难为其下一个简单明确的定义。诚如宗教学的创始人麦克斯·缪勒所说:"各个宗教定义从其出现不久,立刻会激起另一个断然否定它的定义。看来,世界上有多少宗教,就会有多少宗教的定义,而坚持不同宗教定义的人们间的敌意,几乎不亚于信仰不同宗教的人们。"[6]随着宗教学研究的深入,学者们在宗教定义问题上的分歧不但未能趋向统一,而且日益趋向多元。为了把握宗教学研究的这个起点问题,我们先对已有定义作一番综述。从已有宗教定义来看,学者们一般从以下几个方面来给宗教下定义:

　　首先,世界上各种宗教都有一个以神道为对象的信仰层面,因此宗教学者们把宗教理解为某种以神道为中心的信仰系统。通过对各种宗教的比较性的研究,学者们超出特定的宗教神道信仰,把各种各样的宗教信仰对象抽象化、一般化,并使用"无限存在物""精灵实体"或"超世的""超自然的存在"之类抽象的哲学概念来表述宗教信仰对象,使之适用于世界历史上的各种宗教体系。比如麦克斯·缪勒认为人们产生宗教意识的种子,乃是对无限存在物的认识和追求,因此,所谓宗教就是对某种无限者的信仰。[7] 又比如宗教人类学家爱德华·泰勒认为,一切宗教,不管是发展层次较高的种族的宗教,还是发展层次较低的种族的宗教,其最深层、最根本的根据是对"灵魂"或"精灵"的信仰。因此,他给宗教所下的最低限度的定义就是"对于精灵实体的信仰"。[8]

其次,有一批宗教学家以信仰主体的个人体验来规定宗教的本质。比如美国心理学家威廉·詹姆士认为,以个人的宗教体验为本质的"个人宗教",比以神学信条和教会制度为根本的制度宗教更为根本。以教会为基础的制度宗教一经成立,就变成因袭相承的传统,可是每个教会的创立者的力量,最初都是由教会创立者个人直接与神感通的宗教经验而来的。因此,个人的宗教体验是宗教中最先起、最根本的因素。所谓宗教,"就是各个人在他孤单时候由于觉得他与任何种他认为神圣的对象保持关系所发生的感情、行为和经验"[9]。又比如英国著名宗教学者约翰·麦奎利认为,宗教中最根本的东西就是人与神的交际和感通。他说,总之,他们都以信仰者个人主观性的个人感受和宗教体验为中心,认为它是宗教崇拜活动、宗教仪式、宗教信条及教义的基础所在。[10]

再次,有一批宗教社会学家以宗教的社会功能来规定宗教的本质。在宗教社会学的创始人杜克海姆看来,宗教乃是"一种统一的信仰和行为体系,这些信仰和行为与神圣的事物,即被划分出来归入禁忌的东西有关,它把所有信奉者团结到一个称为教会的单一的道德共同体之中"[11]。美国宗教学家密尔顿·英格则把宗教定义为"人们藉以和生活中的终极问题进行斗争的信仰和行动的体系"[12]。总之,他们把宗教的社会功能视为宗教的本质,把与宗教有相同社会功能的文化现象视为宗教。但是从 20 世纪 60 年代起西方学术界出现了一种趋势,把在社会功能上近似于宗教的非宗教现象称为"非宗教的宗教"或"世俗宗教"。许多颇有名气的社会学家把共产主义、爱国主义、民族主义甚至热爱科学、推崇民主等等都当成类似宗教的"世俗宗教"。

最后,还有一批学者从宗教与文化的关系角度定义宗教。有关宗教与文化之关系的讨论,是当今文化学、哲学、宗教学都极感兴趣的课题。它关系到人类对自身价值和历史意义的评说。学者们认为,人类的宗教与人类的文化最初是同时形成的,而且人类文化最早采用了"宗教文化"的形式,只是在后来的发展过程中,才从这种"宗教文化"形式中产生出其他多种文化形式,导致了宗教与文化的表面化分手,形成了"宗教"与"世俗"两大领域。比如美国宗教哲学家保罗·蒂利希认为,人类文化的统一性就在于宗教。他强调,人类文化成果所体现的一切,就其内涵来说都是宗教的。宗教构成一切文化的内部意义,宗教是文化的实质,文化是宗教的表现形式。他说:"正如文化在实质上是宗教,宗教在表现形式上则为文化。"[13]

下定义是人文社会科学研究的工具和手段,但任何定义都有局限性,因此我们了解了上述各种定义以后,千万不要执着于某一个定义,以免以偏概全。分析宗教现象应当是多视角、多层面的,中国宗教学家吕大吉先生近年来提出的"宗教要素说"尤其适宜用来分析各种发展完善的宗教,因此我们在这里详细介绍。

吕大吉先生指出:"宗教作为一种社会化的客观存在具有一些基本要素。我们把这些要素分为两类:一类是宗教的内在因素;一类是宗教的外在因素。宗教的内在因素有两部分:1. 宗教的观念或思想;2. 宗教的感情或体验。宗教的外在因素也有两部分:1. 宗教的行为或活动;2. 宗教的组织和制度。一个比较完整的成型的宗教,便是上述内外四种因素的综合。"[14]

从逻辑上看,四个要素在宗教体系中实际上有四个层次。处于基础层或核心层的是宗教观念(主要是神道观念)。只有在有了宗教神道观念的逻辑前提下,才有可能产生观念主体对它的心理感受或体验。因此,我们把宗教的感受或体验作为伴生于宗教神道观念的第二个层次。宗教崇拜的行为(巫术、祭祖、祈祷、禁忌等)显然是宗教观念和宗教体验之外在的表现,属于宗教体系的第三个层次。宗教的组织与制度则是宗教观念信条化、宗教信徒组织化、宗教行为仪式化、宗教生活规范化和制度化的结果,它处于宗教体系的最外层,对宗教信仰者及其宗教观念、宗教体验和宗教行为起着凝聚固结的作用,保证宗教这种社会现象作为社会结构的一部分而存在于社会之中。

从宗教的发展来看,"具有超人间、超自然的神或神性物的观念,在宗教体系中构成核心的、本质的因素"[15]。但是,单是神灵观念并不构成宗教的全体。宗教观念要想成为信众共同崇拜的对象,还必须把它表象为信众可以感知和体认的感性物。因此,各种宗教都把其崇奉的神圣对象客观化为某种具有感性形态的象征系统。天主教神学家虽然把他们的上帝抽象化为无形的精神性存在,但同时又把十字架、圣母像、圣徒遗物之类作为上帝的象征和神圣事物,把耶稣基督说成是"道成肉身"和"上帝之子",这实际上也是把他作为上帝和圣灵的象征。伊斯兰教谴责一切偶像崇拜,但真主却偏要通过某个具体的人(真主的使者穆罕默德)来传达他的启示,而且圣城麦加的克尔白庙还要供奉一块黑石头。至于佛教寺庙中佛和菩萨的偶像更是多如牛毛。有了宗教崇拜的偶像或其他象征表现,相应地就产生了宗教象征物的安息之所、供奉之地,以便为信仰者提供宗教活动的场所。于是,金碧辉煌的寺庙、巍峨壮丽的教堂便傲然矗立在大地之上,虚无缥缈的神灵便具有了物质存在的形式。

宗教观念的客观化进一步体现在宗教信仰者的行为之中。宗教信仰者的行为是信仰者用语言和肉体进行的外在活动,它是内在的宗教观念和宗教感情的客观表现。一定的宗教观念和一定的宗教感情总是像磁铁的两极一样相伴而生。当人们把异己力量表象为超人间、超自然的力量的时候,也就伴生了对这种超人间、超自然力量的敬畏感、依赖感和神秘感。情动于中则形之于外,发之为尊敬、爱慕、畏怖、祈求、祷告的言辞,表现为相应的崇拜活动。各种宗教都通过一定的仪式把这些原为自发而且分散的宗教行为规范化、程式化,并附加上神圣的意义。

宗教观念的社会化具体表现为宗教组织和制度的建立。宗教组织的出现,进一步消除了原始宗教信仰上的自发性,而使宗教成为以宗教组织为基础的社会性宗教。宗教既然有了一定的组织形态,为了对外立异和对内认同的需要,便相应地把本教的基本宗教观念教义化、信条化,并建立与教义相适应的各种戒律规范和教会生活制度。这些共同的礼仪行为、共同的教义信条、共同的教会生活制度、共同的戒律规范,强化了宗教的社会性,把广大信仰者纳入共同的组织和体制,规范了他们的信仰和行为,影响以至决定了他们的整个社会生活,这就使宗教在现实生活中成为一种重要的社会力量。

宗教的上述四种基本要素在宗教体系中具有一定的关系和结构。宗教观念和宗教体验是统一的宗教意识互相依存的两个方面。宗教意识又必然外化为宗教行为和宗教组织。所以,构成宗教的内外两类因素乃是同一事物的两个方面,它们是相互伴生、相互制约的。

鉴于本书的教材性质,我们不再提出新的定义,而是试图在分析具体的宗教现象时对各种宗教定义进行灵活的运用。

四 宗教学的性质与研究对象

了解了宗教的界定,我们现在简要地说明一下宗教学的性质与对象。

宗教学的研究对象是作为社会现象的宗教。但要把宗教学建设成为一门真正的人文社会科学,我们对宗教的研究就不能停留在宗教的现象形态和外部特性上,而要透过宗教的外部现象把握它们的内在本质。认识和把握宗教现象的本质和规律,这是一切科学之所以成为科学的基本要求。根据这个道理,我们可以这样来规定宗教学的性质和对象:"宗教学是认识宗教现象的本质,揭示宗教产生和发展的规律的科学。"[16]

宗教学应当研究以下主要内容:

第一,具体分析宗教的基本构成要素,通过对这些基本要素的分析,寻找宗教之所以为宗教并与其他社会文化形式相区别的本质规定性。只有通过对各种宗教的观念、情感、礼仪、行为、制度的比较分析,才有可能使我们深入认识宗教的本质。这方面的研究主要是宗教现象学。

第二,既然宗教学要揭示宗教发生、发展和走向消亡的客观规律,那么它必须对出现在人类历史舞台上的各种宗教的历史进行具体研究,从中概括和总结出宗教产生和存在的根源,找出决定宗教发展的动力和原因,探索宗教演变的一般历史形态和内在逻辑。正如历史学的研究是为了探索人类社会发展的规律,指明历史发展的方向一样,研究宗教历史也是为了探索宗教发展的规律,预测宗教在未来的演变。这方面的研究主要是宗教史学。

第三,为了进一步认识和把握宗教的本质,我们还必须具体研究宗教的社会功能及其在历史上所起的作用。宗教作为社会文化体系中一种文化形式,要满足和适应社会的某种需要,其本质也在这种社会服务中表现出来。因此,宗教与政治、宗教与经济、宗教与哲学、宗教与道德、宗教与文艺、宗教与科学、宗教与法律等问题的研究,都应当纳入宗教学的研究范围。这方面的研究主要属于宗教社会学。

第四,各种宗教都有自己的信仰与崇拜对象,这些对象与人的关系问题构成了宗教的根基。因此,各种宗教学说或宗教理论事实上都不可能回避对这一基本问题的回答。在宗教学发展史上,有神论与无神论两种宗教哲学之争长期存在于宗教学内部,各派宗教学事实上也都有某种宗教哲学作为它的理论基础或指导思想。因此我们要研究历史上的与当代的各种宗教哲学,总结并吸取其中有价值的东西,为我们发展宗教学理论体系确定一个合适的位置和坐标,并为宗教学今后的发展找到正确的方向和道路。这就是宗教哲学的研究。

宗教学的研究是一种严谨的科学研究,需要科学的方法。宗教学的各门分支学科都有其独特的研究方法,但也有一个共同的前提,即正确处理好学术研究与个人信仰的关系。

各种宗教都有一个信仰层面,在宗教研究中如何对待这种信仰,是必须首先解决的立场和态度问题。这个态度是宗教研究者进行研究活动的基本立足点和出发点,对他们在研究中究竟选择什么样的理论和方法起决定性的作用。如果宗教研究者根本不了解宗教信仰者的信仰心理,把他们的一切宗教感受、宗教感情、宗教体验当成欺骗和捏造,把宗教生活中的一切斥为胡说八道、绝对荒谬,从对待宗教的这种立场和态度出发,那就谈不上对宗教进行任何具体深入的研究。但是,另一方面,如果宗教研究者一开始就站在宗教信仰主义的立场上,用宗教徒式的虔诚态度去从事自己的研究,那么在他的研究中也就谈不上理智的审视了。因此正确的态度应该是:既要在尊重宗教信仰的基础上深入研究他们的宗教,又要避免盲目的信仰主义。

我国宗教学家吕大吉先生提出"学术需理性,信仰要宽容"的口号[17],简明扼要地概括了宗教学研究者应当持有的基本立场。

【关键词】

宗教学　　麦克斯·缪勒　　宗教四要素说

【进一步阅读书目】

麦克斯·缪勒:《宗教学导论》,陈观胜、李培茱译,上海人民出版社,1989 年。

吕大吉:《宗教学通论新编》,导言部分,中国社会科学出版社,北京,1998 年。

陈麟书:《宗教学原理》,绪论部分,宗教文化出版社,北京,1999 年。

卓新平:《西方宗教学研究导引》,中国社会科学出版社,北京,1990 年。

【思考题】

1. 宗教学是一门什么样的科学?

2. 西方宗教学是由谁奠基的? 中国宗教学近 20 年来的发展情况如何?

3. "宗教四要素说"的基本内容是什么?

4. 已有的各种宗教定义主要是从哪些方面界定宗教的?

注　释

〔1〕　麦克斯·缪勒:《宗教学导论》,第 28 页。

〔2〕　同上书,第 11 页。

〔3〕　同上书,第 263 页。

〔4〕　参阅吕大吉:《宗教学通论新编》,第 53 页。

〔5〕　参阅何光沪:《多元化的上帝观》,第 1 页,贵州人民出版社,第 2 版,1999 年。

〔6〕　麦克斯·缪勒:《宗教的起源和发展》,第 21 页,上海人民出版社,1989 年。

〔7〕　麦克斯·缪勒:《宗教学导论》,第 11 页。

〔8〕　参阅爱德华·泰勒:《原始文化》,英文版,第 1 卷,第 4 页,伦敦,1871 年。

〔9〕　参阅威廉·詹姆士:《宗教经验之种种》上册,第 30 页,商务印书馆,1984 年。

〔10〕　参阅约翰·麦奎利:《二十世纪宗教思想》,上海人民出版社,1989 年。

〔11〕　杜克海姆:《宗教生活的基本形式》,英文版,第 47 页,纽约小麦克米兰出版

公司,1915。

〔12〕 密尔顿·英格:《宗教的科学研究》,英文版,第 7 页,纽约小麦克米兰出版公司,1970。

〔13〕 保罗·蒂利希:《文化神学》,第 8 页,工人出版社,1988 年。

〔14〕 吕大吉:《宗教学通论新编》,第 76 页。

〔15〕 同上书,第 74 页。

〔16〕 同上书,第 21 页。

〔17〕 同上书,第 26 页。

第二讲

宗教的起源与原始宗教

原始宗教的产生

宗教与神话

宗教与崇拜

宗教与巫术

原始宗教的特点

　　宗教的起源是一个至关重要的问题。只有对宗教起源问题有了科学的说明，我们才能了解宗教产生的条件和根据，从根源上发现宗教的本质，揭示宗教发展的途径。宗教学作为一门人文社会科学，必须重视宗教起源问题的研究。

　　宗教起源问题实际上有两个层面：第一，宗教有无起源；第二，如果宗教有起源，那么宗教起源于什么。19 世纪下半叶以来，由于达尔文生物进化论的问世，沉重地打击了西方传统宗教及其神学世界观。进化观念的深入也推动了宗教的科学研究和宗教学的发展，在它的影响下，许多学者提出了关于宗教起源的理论。然而至今仍有一些人坚持宗教无起源的观点。他们认为，宗教是人类社会的永恒现象，是同天地共长久的东西；宗教信仰、宗教感情是人类的天性，是任何时代任何人所固有的现象。还有人说：宗教是没有起源的,说宗教有起源便不是宗教的眼光。宗教可以说是和天地同时发生,同时发展的。

宗教起源的问题又与所谓原始宗教(或称自然宗教、自发宗教)密不可分。我们谈论宗教的起源讲的是宗教的前身或宗教的开始,而谈论原始宗教讲的是宗教的初级阶段。由于宗教有各种不同的定义,宗教的起源与原始宗教二者之间的界线实际上是游移不定的。人类学、考古学和民族学的发展,为宗教学研究宗教起源问题提供了大量的科学材料。我们应该科学地分析和总结这些学科取得的成果,加深对宗教起源的认识。

一 原始宗教的产生

宗教是人类社会特有的历史现象,宗教与其他人类社会文化形式一样,是人类社会发展到一定历史阶段的产物,有其产生、发展、衰落和消亡的历史过程。

在漫长的历史过程中,人类从古猿中的支系逐步进化至今,大约经历了早期猿人、晚期猿人和早期智人、晚期智人四个阶段。1995 年在非洲肯尼亚发现的人类祖先化石是已知的最早直立人化石,化石年龄约为 407 万年至 412 万年。考古学家又把人类的发展又分为猿人、古人、新人和现代人四个阶段。而只有到了所谓新人的发展阶段才发现有宗教遗迹。1856 年在德国杜塞尔多夫尼安德尔河区域附近洞穴中所发现的“尼人”遗骸,其位置经常是头东足西,与日出东方和日落西山这一自然现象有联系。尼人的遗骸有一定的葬式,在不少遗骸的周围撒布着红色的碎石片及工具,这些东西被考古学家认为是随葬用品,具有宗教观念的意义。在法国穆斯特累洞中发现的一个“尼人”青年遗骸,他的头枕在一块燧石上,身体周围散布着 74 件石器,左侧还有一件石斧,头部和肩部用石板保护着。在法国的奥瑞纳洞穴中,死者则被按照胎儿的姿势埋葬起来,身边也放有武器、工具,还有食物、首饰。这些考古发现被学者们视为尼人已有灵魂观念的证明。

1939 年在我国周口店发现的“山顶洞人”存有葬礼的遗迹,遗骸周围撒有含赤铜矿的红色粉末。红色象征着光明、温暖的火和具有生命力的血。

此外,还有死者生前的装饰品作为随葬物,如钻空的兽齿、石珠、骨珠等等。

"尼人"距今四万至十几万年,"山顶洞人"的遗迹被认为是二万五千年前至五万年前的东西。上述两处发掘的材料,是我们目前所能找到的最古的宗教萌芽遗迹。由此推断,最早的原始宗教产生的年代,大约是十几万年以前。

近代社会学对于近现代尚存的原始民族的调查结果也有助于我们把握宗教的起源。美国著名社会学家摩尔根在对美洲印第安原始社会作了大量的调查研究之后,在《古代社会》一书中指出:宗教是在野蛮时代的中期产生的,而不是从来就有的。

二 宗教与神话

自然神话论是宗教学有关宗教起源问题的第一种理论。它认为,宗教的来源及其最早形式是自然神话,尤其是星辰神话;神话和宗教中的神,都是自然物的人格化,尤其是较大的星辰的人格化;除此之外,还有一些神是某些自然力和自然现象的人格化。

神话传说是人类早期生活的全面记录,表现着人类生活的各个方面,其中关于宇宙和人类起源的神话故事包含着浓厚的宗教心理和情感。神话以一种浪漫想象来表达神性观念及其灵性世界,远古人类在这种浪漫想象中开始探索世界和人生的起源及归宿,并对其存在和意义提出了"是什么"和"为什么"等根本性问题。全世界各种古老文化系统中均有丰富的神话故事。

在埃及,有太阳神"拉"开天辟地的传说。据说在混沌初开之际,拉在水神努的体内孕育成形,又从莲花苞中绽出水面,显现为一团红日,并成为万物的创造者。拉创造了天地、人类和动物,后来由于人类堕落犯罪,拉派遣他的女儿爱情之神赫托尔去毁灭他们。接着拉又回心转意,以美酒灌醉女儿,使她常卧不醒,人类因此而免于毁灭。

在巴比伦,也有一则创世神话。故事说,起初太空中只有混沌和化身为恶魔的提阿马特的太初深渊。后来,提阿马特生了诸神,诸神反过来剥夺了她的权力。提阿马特为此震怒,准备惩治诸神,诸神得知十分恐慌。唯有大神安夏尔之子马尔都克对提阿马特无所畏惧并与之搏斗且战胜了她。马尔都克将提阿马特的躯体撕成两半,一半为天,一半为地,并进而创造了星辰、万物和人类。

在中国,则有盘古开天地的神话传说。上古时期,天与地混沌未开,像个鸡蛋,盘古就生长在这当中。经过一万八千年,天地分剖,属于"阳"的清而轻的物事上升为天,属于"阴"的浊而重的物事下降为地。盘古也在天地变化之中成长,以至其智慧超过天,其力超过地。这样又历一万八千年,天极高了,地极深了,盘古的身子极长了,然后才有三皇出现在世间。

希腊神话关于宇宙的生成有多种说法。希腊诗人赫西奥德说:"首先出现的是混沌;接着出现的是宽广的大地,那永远岿然不动的为一切不朽的神居住的奥林帕斯雪峰的基座;接着是在宽广的大地凹处的朦胧的冥府塔尔塔洛斯;接着是不朽的神中最可爱的爱神厄罗斯,她对待神和人是一样的,既酥软了他们的手足,又慑服了他们的神志。从混沌中产生了黑域厄瑞布斯(指阴间和阳间之间的黑暗区域)和黑夜。他们婚配后,又从黑夜中产生了以太和白昼。于是大地首先产生和她本身同样广大的,点缀着繁星的天宇,将自身团团围住,并作为幸福的诸神的永恒居处;以后她又不经交配而产生高山,是栖息于森林山谷的女神尼姆福斯流连的居处,以及波涛汹涌的海洋。然后,大地和天宇婚配,产生涡流深深的大洋之神俄刻阿诺……"[1]

希腊喜剧诗人阿里斯托芬在喜剧《鸟》中保存了希腊人的另一种关于宇宙演化的神话传说:"一开始只有混沌、黑夜、黑域和茫茫的冥府;那时还没有大地(该亚),没有气(埃尔 aer),也没有天(俄剌诺斯);从黑域的怀里,黑翅膀的黑夜首先生出了风蛋,经过一些时候,在季节的实现中,渴望着的爱情(厄罗斯)生出来了。她是像旋风一般的,背上有灿烂的金翅膀;在茫茫的冥府里,她与黑暗无光的混沌交合,生出了我们;首先将我们带进光明。最初世上并没有天神的种族,情爱交合后才生出一切,万物交会才出了天地、海洋和不死的天神。所以我们比所有天神都要早得多。"[2]

此外,《旧约》中记载了古代希伯来人的神话创世说。上帝耶和华在创造了天地万物之后,又用泥土造了一个男人,取名亚当;并取亚当的肋骨造了一个女人,取名夏娃。耶和华使他们结为夫妻并将他们安置在伊甸园中生活。之后,亚当和夏娃在蛇的劝诱下,违背耶和华的旨意吃了分辨善恶之树的果子。于是智慧明了,眼睛亮了,他们看到了自己那赤裸着的美丽肉体。而耶和华知道后,大发雷霆,将亚当和夏娃赶出伊甸园去历经人类的各种磨难。

神话在远古时代是人们对人性与神性、世间与灵界的描述和解释。古人用神话形象来说明宇宙的起源和天地万物的存在,体悟并解说人本身的意义。因此,神话中的各种人格神灵、天体神灵、自然神灵和动植物神灵形象构成了远古人类精神认知中的世界全景。英国文化人类学家马林诺夫斯基曾说,"神话在一个原始社会里,就是说在其活生生的自发形式下面,并不仅仅是讲述出来的故事,而是一个有生命的实在。它并不属于发明之类,如我们今天在小说当中读到的那种东西,它是一个有效的、活着的实在。由此,人们相信神话产生在那些最遥远的时代,而且自那时以来,继续不断地影响着世界和人类的命运。"[3]回溯宗教的历史,我们可以说原始宗教与原始神话本不可分,原始神话乃原始宗教所具有的象征表述体系。

德国学者兰茨科维斯基曾把古代神话分为九类:一为神明生成的神话,以各民族神话中流传的神谱为代表;二为宇宙生成的神话,旨在揭示宇宙起源及其必要条件;三为人类生成的神话,以论述人类始祖为典型;四为初始状态的神话,此即人、世起点之探;五为变化起伏的神话,说明时空发展中的曲折多变;六为滋生繁衍的神话,以展示人世万物的生生灭灭及其内在规律;七为二元对立的神话,这种矛盾对立现象的表述亦标志着神话世界观从认识论到价值观的升华;八为超然拯救的神话,即以超自然神灵对有限世人的救渡而表现出人、神之间的对比和关联,说明人对有限、无限之境的感悟;九为有关来世的神话,此即探索人世去向和归宿的未来观。[4]

在对中国古史神话的分类上,张光直先生把商周神话分为自然神话、神仙世界神话、神界与人界分离神话、天灾与救世神话、英雄世系神话等类型。茅盾先生在其《神话研究》(1938)中曾提出解释的神话与唯美的神话以及合理的神话与不合理的神话之分类,而潜明兹在其《神话学的历程》(1989)一书中,则按神话发生的时间秩序将之分为动植物神话、自然神话、创世神话和社会神话这四大类型。

当宗教进入人类文明时代的发展以后，神话的运用及其影响虽然逐渐削弱，但却未曾从根本上退出宗教舞台。世界各大宗教在其发展演变中仍不同程度地保留了其神话形式。现存于世的各大宗教都有各自的神话构建，如犹太教、基督教的圣经神话体系，东方宗教中的印度神话体系，佛道神话体系和神道神话体系等，都保持着旺盛的生命力和在信仰生活中的活跃之态。因此，进一步研究当今世界宗教神话体系仍旧很有必要。

三　宗教与崇拜

自然宗教是人类文明史以前的宗教形态，有着一个较长的变化过程，随着人类改造自然和认识自然能力的提高，原始宗教也会在不同的发展阶段上表现出种种不同的宗教形式。概括起来，原始宗教大致有这么几种主要形式：大自然崇拜、动植物崇拜、鬼魂崇拜、祖先崇拜、图腾崇拜、灵物崇拜、偶像崇拜。这些原始宗教形式归纳起来又可以分为两大类：一类是对自然力和自然物的直接崇拜，把直接可以为感官所感觉到的自然物和自然力当作崇拜对象；另一类是精灵和鬼魂的崇拜，其崇拜对象不是由感官所感觉的某种力量，而是纯属于幻想出来的某种神秘自然力量的精灵、鬼魂等，但是它并没有把精灵、鬼魂同自然物自然力断然分开，而仍然把自然力当作精灵的力量的表现。因此原始宗教的崇拜对象没有超出自然物范围。

莽莽远古，人类处于童年，无依无靠，孤立无援。险恶而又奇异的环境总是给人一种恐惧而又神秘的感觉。狂风怒号、暴雨倾盆、风雪交加、电闪雷鸣、山崩地裂、洪水滔天，难道这一切的背后没有什么东西在指使吗？刚才还是"踏破铁鞋无觅处"，现在已是"得来全不费功夫"，那些获取猎物的特异之所：山洞里、悬崖上、枯树边、小溪旁，难道也没有什么东西在赐予吗？对于这些疑虑，几十万年的时间换来了那最早的不起眼的而且在我们现代人看来是荒诞无稽的一点点观念：万物有灵。

灵，管辖着自然；魂，支配着自身。在以后的演化中，二者又逐渐融为一体；灵魂，虽说其貌不扬，但却植根于人心。悠悠然其渺无踪影，荡荡然其无处不存。灵魂的产生与石器的制作一样,在人类文明发展史上具有重要的地位。

万物有灵,首先就在那周围的环境中。两千年前,我国古代思想家庄子曾经这样描述过:"水有罔象,丘有峷,山有夔,野有彷徨,泽有委蛇。"(《庄子·达生》)真是无所不在。人类学和民族学的资料也表明了这一点。我国东北地区的鄂伦春族终年生活在深山密林之中,四周山峰高耸,峭壁垂悬,岩洞阴森,令人敬畏。回音在幽深的山谷中激荡,神秘而又奇异。气流运动所产生的幻影,更使人感到不可捉摸。他们认定这一切都来自某种精灵。于是,那些山峰、悬崖、岩洞便成了精灵的栖息之所,不准大声喧哗,更不准言出不敬,种种禁忌便油然而生。近代的澳大利亚,一些原始部落也常有许多圣地,这些圣地往往就是该部落狩猎地域内的某个特异之所:石崖、丛林、沼泽、峡谷。再如古代希腊神话中的宙斯形象也可说是从原始精灵演化而来。宙斯所居住的奥林匹斯山实际是希腊东北部一座高耸云霄的山峰,终年白雪皑皑,云雾悠然,丰沛的雨水滋润着附近的帖萨利亚原野。于是,当地牧人和耕者惯于将这座巍峨的山峰视为山灵栖居之所。

至于动物,更多地表现为与人类交感。从欧洲阿尔卑斯山区的佩特舍勒洞与德拉亨洛赫洞穴中发现有大量的动物遗骨,其中一些叠置有序。如此安排,似乎表明了原始人类对人与动物之关系的猜测。这可以说是人类与动物交感的早期例证。在澳大利亚,当一年一度的雨季到来之前的草木争荣、动物交尾时节,许多原始部落都要举行一次颇为隆重的"繁殖礼",即与动物进行一次"推心置腹"的对话。届时,全体氏族成员倾巢而出,聚集在一个特定的祭地举行法术仪式。他们将血浆洒布于地,口诵咒歌,以促令近处的动物离其蛰居之所,繁衍增殖。这是人与动物交感的明显例证。

在我国东北,鄂伦春族和鄂温克族对熊的一些特殊的禁忌同样表现了动物有灵以及人可以与之交感的意识。当鄂伦春猎人猎获熊后,必须割下熊头,裹上草包,然后放置在木架上,由年长猎手率青年猎手行"三跪九叩"之礼,并反复祈求:"请以后多给我们玛音(意即猎获品)。"当熊肉食完后,骨头不得随意乱扔,要全部集中起来放在柳条编的篱笆上,由四个人抬着送葬。这时全体氏族成员都要假装哭泣一番,并向熊说些道歉的话,诸如:

"我们不是有意杀害你的,而是误杀了你","你不要降祸于人,要保佑我们多打野兽",等等。与鄂伦春族毗邻的鄂温克族在食熊肉之前则要由一人毕恭毕敬地捧着熊皮走门串户,表示让熊向人们告别,而持熊皮者每到一家时,家中所有的人都要发出一种"嘎嘎"的叫声,以表示欢迎熊的莅临。灵的观念就是这样产生的。

梦,又是一种人类早期难以理解的自然现象。还是庄子,曾有过这样一段脍炙人口的故事:"昔者庄周梦为胡蝶,栩栩然胡蝶也,自喻适志与! 不知周也。俄然觉,则蘧蘧然周也。不知周之梦为胡蝶与,胡蝶之梦为周与?"(《庄子·齐物论》)的确,在几十万年前,当人类还处在童年的时候,我们的祖先常常为梦这种荒诞离奇的现象所困扰。梦是怎么一回事? 为什么白日里劳动、嬉戏的情景会在梦中重现? 为什么那些早夭的同伴能在梦中与自己重逢? 为什么做梦时能够失而复得? 为什么梦过之后又会得而复失? 为什么有些梦做了一遍还想重温? 为什么有些梦却把人吓得毛骨悚然? 做梦时有什么东西离开了自己的躯壳? 抑或有什么东西进入自己的躯壳呢? 如此等等。这一大堆各种各样且令人费解的梦始终搅得原始先民心神不宁,坐立不安。

"有心栽花花不开,无意插柳柳成荫",多少年过去了,人类始终没有搞清楚梦究竟是怎么一回事,可有趣的是,他们却受梦的影响,逐渐产生了魂的观念。如何识别远古时期的先民有无魂的观念呢? 我们可借助考古学的成就。例如,中国仰韶文化的瓮棺葬有两种形式:一种是以瓮与盆组成的成年二次葬;另一种是以尖底瓶子构成的童年一次葬。一般说来,瓮棺顶部多凿有小孔,据认为是方便于魂的出入。这种状况在我国少数民族中也可见到,如云南永宁纳西族和普米族就通常将骨灰放在布袋或陶罐中,上边留孔,作为魂自由来去的通道。这种方式看起来未免幼稚,但比起日后那种掘地九尺、里外三层的办法似要好得多,较之成年的愚蠢,幼时的蒙昧总是易被理解的。

1872 年,英国著名的人类学家和宗教学家泰勒提出了一种理论,解释宗教的起源。泰勒认为,原始人根据睡眠、出神、疾病、死亡、梦幻等生理和心理现象的观察,推论出与身体不同的灵魂观念。然后把灵魂观念应用于万物,产生了万物有灵论;应用于死去的祖先,产生了祖先崇拜与纯粹神灵观念;应用于非生命的自然物,产生了自然神和自然崇拜;以后发展为种类神崇拜和多神教、至上神崇拜和一神教。泰勒指出,在祖先崇拜、实物崇拜和自然崇拜之前,已有万物有灵的崇拜。因此,万物有灵崇拜乃是一切宗教的源泉。在关于宗教起源的若干种理论中,泰勒的理论是影响最大的一种。

泰勒的理论以丰富的民族学和宗教学的资料为基础,体系宏大而井然有序,说理深透而简明精确。他的理论一提出来,立即在宗教学领域赢得巨大的声誉。进入20世纪之后,尽管受到其他各种宗教起源论的挑战,但泰勒的理论仍旧保持着强大的影响力。

所谓图腾,即是笃信人类群体与某一物种(如动物、植物,乃至无生物)之间存在着特殊的超自然的关系。图腾崇拜实为祖先崇拜的一种类型,只是它对历史的追溯更为追远。在所有的原始宗教活动或样式中,图腾崇拜可以说是对原始文化涵盖最广的形式之一。

1885年,罗伯特森·史密斯在其研究阿拉伯人和闪族人的宗教的著作中主张图腾崇拜是一切宗教的起点。弗洛伊德在心理分析的基础上发展了图腾论,他不仅认为图腾崇拜是一切宗教的起源,而且认为它是一切文化、道德和社会组织的起源。杜克海姆的名著《宗教生活的基本形式》进一步发展了这一理论。但是他又把图腾崇拜与巫术结合起来,把此二者的混合物视为人类宗教的起源。

图腾论有广泛的民族学资料作为论证的基础,在宗教学中有重要的影响。有些持不同意见者并不反对图腾崇拜是一种最古老的社会现象,但却否认它是一种宗教和宗教的来源,而只是把它视为一种社会制度。其实,宗教作为上层建筑的一个重要组成部分,既是社会意识形式,也构成社会制度的一部分,在人类社会的原始时代,宗教作为无所不包的上层建筑,也就是社会制度。图腾是不同婚姻集团和氏族的标志,图腾崇拜是与氏族制度一起形成的。民族学的大量资料有力地证明了图腾崇拜是原始时代氏族社会制度性的宗教崇拜活动。

我国原始社会时期的陶器纹饰就具有广泛而深刻的图腾崇拜的背景。在已出土的实物中,仰韶文化的半坡类型与庙底沟类型,分别属于以鱼和鸟为图腾的氏族部落；马家坝文化则分别属于以鸟和蛙为图腾的氏族部落。而各种图腾纹饰都同样促进着原始绘画艺术的提高。在西安半坡出土的陶器中有人面形图案：人面眼鼻明显，口呈工形，有些两边还各加小鱼，造型非常别致。还有鱼形图案和鹿形图案：鱼或张口，或翘首，或游泳于水中；鹿则长颈、短尾、奔跑、行走、伫立，姿态各异。在河南三门峡庙底沟出土的陶器残片上，绘有蛙的图案，蛙的形态非常生动，恰如儿童时代的作品，煞是可爱。

雕刻也在图腾崇拜的背景中得到发展。浙江余姚河姆渡新石器遗址第四文化层出土的骨刻鸟纹，形象简洁，且手法细腻，鸟羽上的细毛依稀可辨。另一陶体上绘有一猪，尖嘴、细耳，身上还刻有花叶纹，写实与图案结合，智慧惊人。相传古越人还以龙为图腾，故在江苏吴县草鞋山的良港文化晚期墓葬出土的陶器盖上勾刻有似蛇蚁。这些雕刻都很精湛。

诸如此类以图腾为背景的绘画、雕刻艺术也遍及世界其他地区。如爱琴文化的克里特—迈锡尼时期，敬牛之风尤为盛行，屡见不鲜的牛像可资佐证。其中，有一镌刻于印章上的图像饶有意味：躯体和腿与人一般无二，却生有牛蹄、牛尾、牛首，这显然属于图腾艺术。又如法国、西班牙岩洞中的各种绘画除了对动物的一般膜拜外，还在相当程度上具有图腾性质。至于印第安人的图腾柱，更以其造型生动、技法纯熟而著称于世。

舞蹈是又一种与图腾紧密结合的形式。有相当长的一段时间，世界各地的舞蹈表演都以图腾为目的。欧洲旧石器时代遗址阿尔塔米拉洞穴发现的城雕中，有所谓猿人形者；泰雅洞穴也有佩戴面具和饰物的舞者。近代澳洲土人精于模仿鸵鸟、袋鼠的动作，特别爱用腕部象征动物的颈部。在非洲，土人的鳄鱼舞蹈尤为普遍。而北美印第安人的舞蹈，所模仿的图腾多为熊、犬、野牛等。舞蹈中，舞者常保持准确的拍子，或前或后，或左或右，动作极其吻合。

四 宗教与巫术

在原始社会中，巫术是一类重要的社会现象。宗教学者们在研究宗教起源时,也把目光投向了巫术。他们看到,在人类早期生活中,诸如接生、起名、成年仪式、婚配嫁娶乃至送葬等,往往都要由巫师来主持;在生活中,凡遇到困境,也都要由巫师负责处理。比如在古代欧洲的克尔特人那里,一切祭仪均操于专职祭司德鲁伊德手中。而要成为德鲁伊德者,必须经过漫长而又艰苦的培训,时间长达二十余年。在此期间,除必须领悟祭司的奥秘外,相当重要的一个内容就是要熟记为数众多的宗教颂歌和咒语。

在我国南方,许多少数民族,如壮族、侗族、苗族、彝族的巫师都能歌善舞,土家族的巫师被称为"梯玛",意为跳舞的带头人。在我国北方,鄂伦春、鄂温克等少数民族中的巫师叫"萨满",他们的主要职能包括为氏族消除灾祸,为患者跳神治病,为没有生育过的妇女求子,也为死去的人们祝福。

"萨满"所进行的跳神活动,即成为氏族活动的重要内容之一。每到这种时候,"萨满"们大都身着神衣,头戴神帽,手持刀剑而癫狂起舞。他们往往双目半开半闭,好像陷于昏迷状态,但口中却念念有词,好像在和鬼神交谈。他们很善于模仿野兽的声音和动作,频频舞蹈:或发出熊的咆哮声,或发出蛇的爬行声。身上大大小小的铜镜与腰胯骨碰撞作响,钟鼓齐鸣,时高时低,加之飘带飞舞,场面煞是惊人。通常这种仪式要持续好几个小时,直弄得"萨满"筋疲力尽、头晕目眩方才罢休。

巫术又与社会经济生活密切相关。古代社会的巫师常常负责祈求生产的丰收。在古代埃及与巴比伦,尼罗河与底格里斯河、幼发拉底河上的许多工程常给人以舟楫和灌溉之利,而这些工程往往是在巫师的主持和领导下完成的。我国东北部的鄂伦春等少数民族在出猎之前也都要由巫师祭祖,以求佑助。太平洋上的特罗布里恩群岛上的巫师更是职司明确,有专事农业的,也有专事造船的。

美国学者金氏于1892年提出巫术先于万物有灵论,主张把巫术作为宗教的起源。弗雷泽在1900年的《金枝》第2版中系统论述了人类理智发展历程的三个阶段:巫术、宗教、科学。他认为原始人在巫术阶段尚未有精灵或神明的观念,相信可以用巫术手段来控制超自然力,只是在理智进一步发展之后,认识到巫术无效,才转而向超自然力的神灵祈求,于是产生了宗教,也就是说,宗教起源于巫术。

英国文化人类学家马林诺夫斯基（1884—1942）对宗教研究有重大贡献。他认为，原始文化可以划分为圣俗两个方面，其中圣的一面又可以进一步划分为宗教与巫术。这也就是说，他认为宗教由原始巫术发展而来，但并非所有巫术都是宗教。他指出，必须考察原始文化生活中的世俗方面，比如农业、航海、渔业、战事等，看看其中到底有无一种行为是以经验和逻辑为依据的，从而有别于巫术和宗教；同时还要着重考察这两类行为在原始人那里是否有区别，抑或常为巫术和宗教所包容。为此，马林诺夫斯基利用自己从事实地考察所得到的第一手资料来证明自己的观点。

新几内亚及其邻近地区向来以盛行巫术著称，这些地区大多数还处在石器时代。位于新几内亚东北部的美拉尼西亚人主要以农业为生。他们的农具十分粗糙：用一根尖头木棍掘地，附以一把石斧。但即使靠这些简单的农具，他们也能获得丰产，而且还能做到年年有余。早些时候，他们任余粮腐烂，现在则用来出口。他们在农业上的成功，除了天然丰饶的农业资源之外，还依靠丰富的农业知识。他们深知土壤种类、作物品种，以及耕作技巧之重要，严格地因地施种，量时耕作。所有这些都表明，他们已经十分了解土壤、作物、节气、虫害等方面的知识。但与此同时，当地的一切农事又都掺杂着巫术活动。美拉尼西亚人每年都要按时在地里举行一整套传统的巫术仪式，这些仪式也都与农业活动密切相关。这种状况就使一些肤浅的观察者误以为当地土人的农事与巫术是浑然一体的，因此这些土人缺乏理智。然而事实并非如此。

当地土人确实认为巫术对于农业丰收必不可少。务农不行巫，对他们来讲是绝对不可想象的，因为他们祖祖辈辈就是这样过来的。尽管他们和白人通商已有一百多年了，受欧洲人的统治和基督教的影响也有三十多年了，但所有这些变化都没能彻底改变他们的信仰：务农行巫方可免灾。可是，这决不意味着当地土人把农业活动中的一切有利结果统统归功于巫术。如果你对一位当地人说，种地不必干活，只要求求巫术就行了，他一定会反过头来嘲笑你思想简单。实际上，他跟你一样了解自然条件，知道凭借自己的智力与体力可以控制某些自然力量。当地土人的知识固然有限，但在这有限的范围内却是不带任何神秘色彩的。种子坏了，篱笆倒了，遇到天旱或水灾,他们都会在理智与知识的支配下辛勤劳动,而不会仅仅求助于巫术。但另一方面,经验也告诉他们,不论如何小心从事,也总是存在着某种无法支配的力量。有些年头风调雨顺,喜获丰收;有些年头则厄运作怪,事事为难。于是他们就用巫术来控制好运与厄运。由此可见,当地土人把两个领域划分得一清二楚:一方面是已知的自然条件和作物生长过程;另一方面则是意想不到的幸运和灾难。他们用知识来对付前者,而用巫术来应付后者。

当地土人在农业活动中是这样,在其他活动中也是这样:知识与巫术二者同时并存、分而用之。比如,造独木舟时,当地土人非常清楚,舷旁支架的横面越宽,平衡力越大,阻力则越小。他们也能向你讲清楚,为什么横面宽度要占一定的比例,为什么舷旁支架必须放在迎风的一面,为什么有的独木舟可以顶风而行有的则不行,等等。他们的解说虽然十分粗浅,但已有明确的术语。此外,他们还有成套的航海知识,通过丰富而复杂的术语代代相传,人们严加遵守。这跟现代水手信守科学知识并无多大区别。但是,当地土人虽然已有比较系统的航海知识,终归避免不了狂风、恶浪、暗礁等意外现象。因此,他们便采取了相应的巫术:造船时用巫术,出海时用巫术,遇险时也要乞灵于巫术。

渔业也是一个例子,可以用来有力地说明当地土人何时使用巫术,何时运用知识。依浅水湖畔而居的部落,一般都有一些简便易行的捕鱼方法,既没有危险又能稳产,所以这些部落也就没有专门用于渔业的巫术仪式。在海边居住的部落则要出海捕鱼,不仅有危险,而且产量也往往受鱼群活动情况的影响,所以他们便有复杂的巫术仪式,用来保平安求高产。除上述几个例子外,在战争、疾病、生死等方面,当地土人无一不把知识与巫术相互区别,分而用之。

基于上述考察,马林诺夫斯基得出结论说:"因此,原始人对于自然和命运,不管是想要利用前者还是躲避后者,总是清楚地认识到这两种势力或力量,即自然的和超自然的,并且总是出于自己的利益而试图利用二者。只要借助经验了解到,在知识引导下做出的努力会有收益,他们便决不会放弃或忽视这样或那样的努力。他们知道,种庄稼不能只靠巫术,独木舟制造不当或操持不当也不能下水航行,打仗时缺乏武艺和胆量也无法取胜。他们从来就没有仅仅依赖巫术,相反,有些时候甚至根本不需要巫术,比如在取火以及其他一些行为和事务中。然而,每当他们不得不承认自己的知识和理性技能于事无补时,他们便求助于巫术了。"[5]

五 原始宗教的特点

原始宗教或自然宗教,是宗教发展的最初阶段。从宗教学现已掌握的材料来看,以往学者提出来的有关宗教起源的理论,比如"神秘观念说""鬼魂说""恐怖观念说""人格说""精灵说""图腾论",等等,都有其自身难以解答的现象,例如:有些原始部族里只有自然崇拜而没有祖先崇拜;有些原始部落对恒长不变的自然物和自然现象也加以崇拜,但这些事物并不会引起人们的恐惧感。由此可见,上述理论实际上是抓住了原始宗教的某个特点,进而视之为宗教的全部起源,因此都有一定的局限性。在了解了这些理论后,让我们以历史唯物主义为指导,深入到社会物质生活中去寻找宗教的起源。

历史唯物主义为我们研究原始时代自然宗教的起源提供了方法论的指导。马克思在《资本论》中指出:"甚至所有抽掉这个物质基础的宗教史,都是非批判的。事实上,通过分析来寻找宗教幻想的世俗核心,比反过来从当时的现实生活关系中引出它的天国形式要容易得多。"[6]宗教是人类在一定的物质生活条件下受自然界沉重的压迫,把自然力和自然物神化的结果。在原始社会中,处在采集和狩猎经济阶段的人们经过无数次的生产斗争实践,扩大了生产范围,提高了抽象思维能力,逐渐认识到许多自然现象和人们经济生活的联系,从而对许多自然现象抱有某种希望,有了控制它的要求。只有到了这个时候,原始人才会对许多自然现象作异化的反映,把这些自然现象神圣化。恩格斯指出,史前期的"这些关于自然界,关于人本身的性质,关于精灵、魔力等等的形形色色的虚幻观念,多半只是在消极意义上以经济为基础;史前时期的低级经济发展有关于自然界的虚幻观念作为补充,但是有时也作为条件,甚至作为原因"[7]。

原始社会的生产力水平十分低下,原始人类为了生活费尽了心思和气力,可是常常是白费气力或得到相反的结果。在此情况下,人们由于多次失败而幻想获得成功,幻想自然恩赐,就把自然力看作神秘的力,将许多偶然的机遇当作神秘自然力对人们行动的报应,并且把这种对神秘自然力的信仰和依赖当作人们的生存条件。对变化多端的自然现象的无知是原始人制造神灵的重要认识论根源之一。诚如德国近代唯物论哲学家费尔巴哈所说:"自然界的变化,尤其是那些能激起人的依赖感的现象中的变化,乃是使人觉得自然是一个有人性的,有意志的实体而虔诚地加以崇拜的主要原因。如果太阳老是待在天上不动,它就不会在人们心中燃起宗教热情的火焰。只是当太阳从人眼中消失,把黑夜的恐怖加到人的头上,然后又再度在天上出现,人这才向它跪下,对于它的出乎意料的归来感到喜悦,为这喜悦所征服。所以佛罗里达的古代阿巴拉支人当太阳落山的时候,唱着颂歌向太阳致敬,同时祈祷它准时回来,使他们能够享受它的光明。如果大地上老是结着果实,还有什么理由来举行播种节和收获节的宗教典礼呢?大地上的果实之所以显得好像是出于天意的、理当感谢的恩赐,只是因为大地时而把它的宝库打开,时而又把它关闭。惟有自然的变易才使人变得不安定,变得谦卑,变得虔敬。"[8]

原始人类对自身精神活动和机体活动的关系之无知,也是造出神灵的认识论根源之一。恩格斯指出:"在远古时代,人们还完全不知道自己身体的构造,并且受梦中景象的影响,于是就产生一种观念:他们的思维和感觉不是他们身体的活动,而是一种独特的、寓于这个身体之中而在人死亡时就离开身体的灵魂的活动。从这个时候起,人们不得不思考这种灵魂对外部世界的关系。如果灵魂在人死时离开肉体而继续活着,那就没有任何理由去设想它本身还会死亡;这样就产生灵魂不死的观念。"[9]原始人由于不能正确区别醒时的感觉与梦中的幻觉,以至把精神同肉体分离开来,视精神为能独立于肉体之外的实体,因而产生灵魂、鬼神等观念。既然灵魂具有超人的能力,没有单独的死亡,原始人就进一步幻想灵魂所生活的世界。但幻想又是不能完全脱离现实生活的,因此这个灵魂所生活的世界,只能根据当时的社会生活条件虚构出来,其所幻想的灵魂的生活条件,大体上也同当时活人的生活条件差不多。灵魂既然被认为有超人的能力,于是也被当作依赖的对象,成为活人祈求和供奉的对象了。

原始人相信灵魂存在、相信灵魂不死,这还不是宗教,只是形成原始宗教的一种思想基础。到后来,原始人群不但以当时的生活条件和要求来虚构神灵的世界和神灵的生活方式,而且把自己的本质和心理状态附加给神灵,从而规定对神灵的崇拜仪式,以此来表现人与灵魂之间的关系,这才形成原始宗教。在宗教仪式中,人们以自己的思想、要求、生活方式,用满足神灵种种要求的形式来自我安慰和取得信心。就拿葬礼来说,有些原始人群可能是这样想的:灵魂既然与肉体长期相处在一起,死后的灵魂就好像一个人留恋自己住熟了的住所一样,一时舍不得离开肉体,因此对尸体是否合理处置,就被人们想象成能引起鬼魂喜怒的问题。为了使鬼魂给人类带来好处或至少不带来灾祸,古人就根据当时的生活状况和想象来处置尸体,使灵魂得到安乐。这样,葬礼就被看作处理活人与鬼魂之间关系的一个重要措施。

神灵观念和宗教礼仪的出现标志着原始宗教的形成,这个过程在原始人那里是一个自发的产生过程,与后来的人为宗教的产生过程是不一样的。因此我们不可能像研究后来的人为宗教那样,指出某个具体历史事件作为该宗教诞生的标志。在探索了原始宗教产生的多方面原因后,我们可以对原始宗教的特点作一些概括。

首先,原始宗教的宗教观念非常朴素,原始宗教的崇拜对象非常直观。

由于原始社会的生产力极为低下、物质生活极其贫乏、思维能力很低,因此原始人不可能认识到世界万物存在的原因,但又企图对这种原因做出种种解释,因此就只能用神话幻想来代替真实的联系,用神秘的观念来解释一切,把人类具有的初步自我意识赋予万物,用万物有灵的观念来解释一切现象的存在和变化,并把万物的"灵"作为一种异己的神秘力量来加以崇拜。

原始宗教通过崇拜自然神灵,既把人与自然对立起来,又把人与自然统一起来,直接反映了人类社会生活与自然界之间的矛盾。原始部落或民族往往根据自己赖以生存的生产对象来确定崇拜的对象。以狩猎为主的部族和以农耕为主的部族、山区的部族和河海地区的部族、多雨地区的部族与沙漠地区的部族,其崇拜的对象是不同的,充分反映了原始宗教崇拜对象的直观性。

原始部族的鬼魂崇拜和祖先崇拜也反映了人类社会生活与自然界之间的矛盾。人们崇拜鬼魂和祖先,目的也是为了求得生产上的丰收,免除病痛恶疾,期望在与敌斗争中获胜。原始的灵物崇拜和偶像崇拜确实已经在一定程度上离开了对自然力的直接崇拜,特别是偶像崇拜所能容纳的神灵的作用是非常广泛的,它为向一神教过渡提供了方便。但原始的灵物崇拜和偶像崇拜并没有完全摆脱自然崇拜的主要特征,因为原始人所制造的偶像,主要还是依靠自然物的加工,偶像神灵的力量也是通过外加自然物来表现的。

其次,原始宗教的神灵崇拜具有个别性和多样性。

原始宗教神灵的个别性和多样性,同原始人类思维能力不发达有直接的关系。原始时代的人不具备高度的抽象思维能力,只有具体概念而无抽象概念,连脱离手指和脚趾的简单抽象的数字概念都还没有,更无法在观念上形成具有共性的高级万能神灵。原始人头脑中所想象的神灵的作用只限于某一自然力所表现的范围,还不可能形成万能的高级神灵的概念。雨神只能降雨,风神只能刮风,某山神只能管某山,某河神只能管某河。这也是原始人对自然力直接崇拜的必然结果。神灵既然只具有这种十分狭隘的个性,因此还不能满足原始人对于许多同其生活有关的种种自然物和自然力的崇拜要求。在万物有灵观念的支配下,各种不同的自然物和自然力都成为原始人崇拜的对象,这就形成了原始宗教的多神性。随着神灵的众多,祈求神灵的内容和形式也日益增多,这就是原始宗教形式和崇拜形式具有多样性的原因所在。

最后,原始人信仰宗教的主要目的是为了现实的生活。

原始宗教是原始社会的上层建筑和意识形态,曲折地反映着社会物质生活状态。在原始社会里,没有阶级的剥削和压迫,人们集体劳动,共享劳动成果,同甘共苦,无贫富悬殊之分,也不具备产生享福者和受苦者这种幻想的物质基础。原始宗教与现实生活的结合十分紧密。原始人祈求的不外乎是渔猎的顺利、畜牧的繁殖、农作物的丰收、战争的胜利、身体的健康,等等。他们对于死后的鬼魂生活虽存有种种虚幻的观念,但所想象的来世都脱离不了现实的生活，和现实生活并无重大差异。因此，原始人对死后的鬼魂生活没有过分的奢望，没有以后那样的"红尘之苦"的宗教观念，也没有轻生厌世的修行。原始宗教虽也有灵魂转世的观念，相信灵魂会转世为活人，但一般不相信转世为富人、穷人和其他动物，就像因纽特人认为的那样，已故亲属的灵魂又是未来婴儿的鬼魂，因此，原始人不会为来世而去讨好神灵和鬼魂。

总之，原始宗教的这些主要特征，是由原始社会的物质生活条件和思维能力的低下所决定的。正因为这样，尽管原始宗教从唯心主义的本质上来说，和神学宗教一样，是现实世界的异化的反映，但正如恩格斯所指出的，它"没有欺骗的成分"[10]。

原始宗教是原始人的世界观，是早期人类对于他们周围世界及其自身认识的一种反映形式。由于原始宗教把人类在认识周围世界及自身中所遇到困难的克服，寄托于超自然的神秘力量，把这些神秘力量当成万物的终极原因，并拜倒在这些力量面前，因而大大妨碍了人类认识的发展和生产斗争的进行。但原始宗教的出现及其某些活动，在历史上也有其派生的积极意义。

第一，原始宗教的出现，就人类思维能力而言，无疑是一种进步的标志。因为在原始宗教中，不管其关于灵魂和灵魂不死的想法、关于将各种自然现象人格化的想法和为祈求超自然力量攘灾赐福而进行的各种崇拜活动等是多么荒诞，但这一切如没有较高的思维能力是不可能出现的。这较之与自然界浑然一体，尚不能把人类从自然界中分离出来的低级思维阶段，应该说是一个突破，是一次飞跃。

第二，在原始宗教中，包含着人类在生产和生活中对于周围世界的探索和某些经验积累。人的认识，本来就是一个曲折、复杂的过程。一个发展着的过程，总是从不正确到正确，从知之不多到知之甚多。原始人由于生产力水平极其低下，认识能力相当有限，因而只能借助于幻想和神秘的猜测，对他们所接触到的各种自然现象和人类自身进行解释，从而产生了原始的神话传说和各种神灵观念，出现了大自然崇拜、祖先崇拜、图腾崇拜等形式。如果我们剥去笼罩在这些活动中的神秘色彩和表现形式，那么，留下来的可以说是原始人在当时社会条件下对于那些和自己日常生活有重要关系的各种自然现象、人的生理现象和生活现象的最初步认识和探索。这样的认识和探索在最初阶段可能是神秘的比例很大，而科学的比例很小，但随着人们认识的深入发展，科学的比例就会越来越增大，而神秘的比例越来越减小。

第三，原始宗教的某些活动，也能产生一种增强民族或部落团结、增加人们同自然做斗争的勇气和力量的作用。原始社会生产力水平十分低下，人们只有团结起来才能对付自然界的压迫。作为上层建筑的原始宗教，必然对这种社会现实的客观要求产生一定的影响。例如原始的图腾崇拜，它以某种动植物为标记，把整个部落或民族团结在这个标记周围，一起生活，共同从事特定的生产和狩猎活动，这在客观上就起到了增加部落团结和同自然做斗争能力的作用。原始人的丰收祭、图腾祭祖的仪式和在重大行动前的誓师祭典等，都在客观上对增强原始人同自然做斗争的信心和勇气起到一定的鼓舞作用。

第四，原始宗教也是维护当时社会秩序的有效工具。在原始社会里，没有单独的法律条文和相应的社会设施，因而原始宗教就成了维持当时社会秩序的工具。部落或氏族的酋长和首领，也就是宗教活动的主持人或领导者，社会大事和生产活动都与宗教活动紧密地结合在一起。同时，在原始宗教中也有许多关于社会秩序和社会生活的规定，利用人们对于超自然力的迷信和恐惧，来约束人们的行为，以达到维护当时社会秩序的目的。

【关键词】

原始宗教　　自然宗教　　自发宗教　　神话　　灵魂

万物有灵论　图腾崇拜　　巫术

【进一步阅读书目】

弗雷泽：《金叶》、《金枝》选译本，汪培基译，上海文艺出版社，1997 年。

马林诺夫斯基：《巫术、科学、宗教与神话》，李安宅译，中国民间出版社，北京，1986 年。

帕林德：《非洲传统宗教》，张治强译，商务印书馆，北京，1992 年。

马昌仪:《中国灵魂信仰》,上海文艺出版社,1998 年。

【思考题】

1. 宗教有无起源?
2. 灵魂观念对于宗教的产生与发展起着什么样的作用?
3. 原始宗教产生的经济基础和认识论根源是什么?
4. 原始宗教有哪些基本特点?

注　释

〔1〕　赫西奥德:《神谱》,张竹明译,第 7 页,商务印书馆,北京,1996 年。

〔2〕　阿里斯托芬:《阿里斯托芬喜剧集》,罗念生译,第 297 页,人民文学出版社,北京,1954 年。

〔3〕　转引自荣格、凯伦伊:《论神话的起源和基础》,《外国美学》第二辑,第 439 页,商务印书馆,北京,1995 年。

〔4〕　兰茨科维斯基:《宗教现象学导论》,德文版,第 60 页,达姆施塔特,1978 年。

〔5〕　马林诺夫斯基:《巫术、科学、宗教与神话》,李安宅译,第 33—34 页,中国民间出版社,北京,1986 年。

〔6〕　《马克思恩格斯全集》,第 23 卷,第 410 页,人民出版社,北京,1972 年。

〔7〕　《马克思恩格斯选集》,第 4 卷,第 703 页,人民出版社,北京,1996 年。

〔8〕　《费尔巴哈哲学著作选集》下卷,第 459—460 页,三联书店,北京,1962 年。

〔9〕　《马克思恩格斯选集》,第 4 卷,第 223—224 页。

〔10〕　《马克思恩格斯全集》,第 19 卷,第 327 页。

第三讲

古代民族宗教

人类历史上出现的宗教多得不胜枚举，把握起来十分困难。宗教学家们经过多年研究，对宗教作了一些分类，比较方便我们从总体上把握宗教。古代文明社会的宗教包括古代、中古和近古时代的宗教，可以通称为古典宗教。随着经济、政治、文化的发展，人类社会由原始社会进入了古代文明社会，宗教也由原始社会的宗教发展到了古代文明社会的民族宗教、国家宗教和世界宗教。

那么，在世界宗教史上起主要作用的是哪些民族和宗教呢？毫无疑问，就是那些在世界历史上最早建立文明国家的民族。它们是古代埃及，古代巴比伦、古代中国、古代印度、古代波斯、古代希腊，等等。限于篇幅，我们以古代埃及、古代巴比伦、古代中国的国家宗教为例。其他有代表性的古代宗教则放到讲述若干种世界性大宗教时再简略介绍。

一　主要民族宗教的形成

宗教学的创始人麦克斯·缪勒在其《宗教学导论》中提出过一个很有意思的观点,他认为世界历史上的宗教很多,但只有拥有神圣经典的宗教才在世界宗教史上扮演着主要的角色,对后来其他地区和民族的宗教信仰发生了重要的、深远的影响。这样的主要角色为数很少。

缪勒说:"让我们看看在我们称之为世界历史的这一伟大戏剧中扮演两个主要角色的两个种族吧,也就是雅利安人和闪米特人。我们将发现这两个种族各有两个成员才有资格宣称拥有圣典。雅利安人中的是印度人和波斯人;闪米特人中的是希伯来人和阿拉伯人。雅利安族系的印度人和闪米特族系的希伯来人,各产生了两种有圣典的宗教。印度人产生了婆罗门教和佛教,希伯来人产生了摩西教和基督教。不但如此,重要的是要看到在每个族系中,第三个有圣典的宗教几乎都不能言称自己有独立的起源,它只不过是第一个宗教隐约的重复而已。琐罗亚斯德教的根源跟吠陀教较深较广的潮流起源于同一源泉。伊斯兰教就其最根本的教义而言,是从亚伯拉罕的宗教的源泉产生的。亚伯拉罕是惟一的真神的崇拜者和朋友。"[1]在缪勒眼中,世界宗教史的主角是雅利安人和闪米特人。但随后,他又加上中国人,并有保留地把埃及人也列入其中,他说:"除了雅利安和闪米特族系以外,只有一个国家能说它有一个甚或两个有圣典的宗教。中国产生了两个宗教,各以一部圣典为基础——即孔夫子的宗教和老子的宗教,前者的圣典是《四书》、《五经》,后者的是《道德经》。""以上八个宗教的圣书,构成了人类全部经书。"[2]

缪勒指出的八个拥有最早宗教圣典的宗教,实际上也就是人类历史上最早建立文明国家的国家宗教。它们是古代巴比伦宗教、古代希伯来宗教和犹太教(此即缪勒所说闪米特族系宗教,阿拉伯人的伊斯兰教诞生较晚,后成为世界性宗教),古代印度宗教和古代伊朗宗教(此即雅利安族系宗教),古代中国宗教和古代埃及宗教。从这些早期政治国家发展出来的国家宗教,标志着人类的宗教史发展到了一个新的阶段。

如果我们从地理上寻找其发源地的话,那就是:中国的黄河—长江流域;印度的印度河—恒河流域;伊朗高原;西亚的两河流域;北非的尼罗河流域。正是在这些地区,人类诞生了最早的文明,建立了最早的国家。宗教的国家化也发动于这些地区。宗教的这种演变既是这种文明发展的产物,也是它的产婆,更是各文明国家文明的标志。我们通过对这些文明古国的国家宗教的比较研究,可以探讨原始时代宗教国家化或民族化的形成过程及其性质、特点的一般情况。

我们看到,随着原始社会向阶级社会的过渡,此时的宗教出现了三种发展趋势:一是信仰对象的等级化;二是出现了地域保护神;三是社会分化出了宗教专职者和宗教特权阶层。三种情况都表明了一种基本历史事实:随着氏族部落社会的阶级分化和早期国家的出现,原始的氏族部落宗教也逐渐走向国家化或民族化。

综观各民族在原始时代晚期的宗教发展趋势,可以看到其特征是一方面继续强化宗教特权阶层,神化部落首领;但另一方面他们所天赋的超自然能力在巫术领域却逐渐被淡化,转移到主持公众祭祖仪式方面,更多地以"大祭司"身份来显示其宗教职能。他们和宗教特权阶层仍为平民百姓的"福利"通天事神,但这些天、神逐渐变了味。图腾崇拜或氏族祖先崇拜时代,图腾和祖灵所具有的全氏族特性逐渐消退,越来越多地被涂抹上氏族贵族、部落首领和宗教特权阶层的阶级色彩,逐渐变为服务于这些特权阶层之私利的工具。随着原始社会的等级分化,昔日近在氏族成员身边的"神灵"越来越被推到高高的天上,距离下层民众越来越远。氏族—部落社会的人际平等关系让位于等级关系,阶级国家逐渐成型。宗教从原始时代的氏族—部落宗教演变为阶级国家的国家宗教是不可避免的历史发展趋势。但这不是历史的倒退,而是文明的发展。为了比较具体而不是过于空泛地了解人类宗教形态的这种演变过程,我们将分别对上述诸文明古国宗教形态国家化或民族化的过程作简要的概述。

二　古代埃及宗教

埃及的尼罗河谷和尼罗河三角洲地区是人类最早的定居地和古代文明发源地之一。古代埃及国家体制的产生和宗教的国家化，是人类文明发展到一个新阶段的标志。

古代埃及最早的国家机制的雏形是"州"。"州"字的象形文字画的是由河渠交叉划界的土地，说明最初的州实际上是与农业生产和水利灌溉有关系的社会单位，是在农业公社基础上形成的政治联合体。在前王朝时期，古埃及大概形成了四十余个州。由于州与州的兼并终于在公元前四千纪中叶形成上、下埃及两个王国。公元前三千年前后，上埃及王美尼斯灭下埃及，建立了统一王国。统治者的承袭和兴替，形成了古代埃及历史上三十一个王朝。公元前332年，第三十一王朝为希腊马其顿王亚历山大大帝吞并。

在埃及统一王国建立之前，各州崇奉信仰的地方保护神多为动物形象。牛、羊、狮、虎、鳄鱼、兔、蛇，曾分别被各州奉为神圣。它们享有神圣禁忌的保护，人们不得捕杀和猎食，这显然是图腾崇拜的典型表现。公元前四千纪中叶，北部尼罗河三角洲地区各州以布陀州为中心形成下埃及王国。国王奉蛇神为保护神，以蜜蜂为国徽。南部各州以尼赫布特为中心形成上埃及王国，国王奉鹰为保护神，以白色百合花为国徽。上、下埃及统一后，由于不同历史时期的政治中心不同，作为国家神圣象征的最高神也因之而有相应的变化。与此同时，仍容许各地区崇奉自己的地方神。尽管不同地区有不同的地方神和当地的众神殿，但从埃及尼罗河的南端到北端，作为生命之神的太阳神瑞和作为死亡之神的冥王神奥西里斯大体上总是高踞于众神殿的特殊地位，受到埃及人普遍的敬拜。瑞和奥西里斯均被国王视为与自己有血缘关系的保护神。

在埃及，异己自然力量神格化之最高表现就是太阳神瑞。太阳是生命的源泉，是人类生存所依和生活所系，因此受到原始人类的普遍崇拜。大概是因为太阳光芒普照大地的缘故，上、下埃及统一之后，太阳神就成了历代王朝的最高保护神。从旧王朝第四王朝（前2650）国王（法老）开始自称瑞神的儿子。在现存的一幅宗教图画中,画着瑞神将全埃及的地照赐给国王,象征国王统治全埃及之权来自太阳神。在后来的历史发展中,由于王国的分分合合,法老世系的兴替代换,政治中心的不断变迁,使那些原来局处一地的地方神上升到全国的高位,从而与世代崇奉的太阳神瑞混同或合并起来。这样一来,太阳神瑞便在不同的时代和地区里获得了新的动物形象。

作为埃及统一之神圣象征的大神,最为古老的可能是鹰形苍天神霍鲁斯(Horus)。这位神本来是希埃拉孔和埃德福地区的部落神或地区保护神。这一地区的首领大约在公元前四千纪末起事完成统一全埃及的大业,建立第一、第二王朝,于是霍鲁斯便从众多部落神中脱颖而出,成为全国信奉的神。在古代埃及人的宗教观念中,鹰是太阳的象征,太阳的运行被幻想地说成是鹰在天空中飞翔,所以,霍鲁斯被视为太阳神(在后来的神话中,霍鲁斯被说成是奥西里斯的遗腹子,而奥西里斯又是太阳神之子)。在一些古埃及的宗教画中,霍鲁斯被描画为一只头佩日轮的鹰,或一个戴有王冠的鹰头人。鹰(霍鲁斯)与日轮(太阳神)的结合,王冠(国王或法老)与鹰头人(霍鲁斯)的统一,显然是神权与君权合为一体的象征,是宗教国家化的具体体现。古代埃及的国王因此而自称是霍鲁斯的化身。

第三王朝时,王都迁至孟菲斯。于是该地区原来所奉的地域保护神普塔(Ptah)被推尊为全埃及的主神。在孟菲斯的祭司神话中,普塔是最高创世主,是从原始混沌中涌现出来的埃及本身,太阳神霍鲁斯、阿图姆(Atum)、透特(Thoth,古代埃及的智慧和文艺之神,鹤头人身)等神降格为普塔神的表现形式。普塔神的形象原为牡牛形,后表现为人形,而且手中持有象征权力的节杖,反映了他对全埃及的神权统治。

在第五王朝"太阳之城"赫列欧成为统一王国政治中心的时代,该城地方保护神阿图姆地位上升而与瑞神统一为阿图姆—瑞神,成为全国崇拜的最高神。在金字塔经文中,阿图姆的神性变得高大而且重要,被说成是自存自主的创造主,他从该城的"原始水"中浮现出来创造了诸神和宇宙。阿图姆神的形象是狮子形,后来才成为人形。到新王国时代,底比斯的地方贵族统一全埃及,底比斯成为全国首都,该城的地方保护神阿慕恩(Amun,或称阿蒙 Amon)的地位也相应上升而与太阳神合为一体,成为所谓阿慕恩—瑞神,或阿蒙—拉神("拉"为瑞的希腊语 Ra)。阿慕恩为牡羊形,在宗教画中,被画成有公羊般的头,或戴着三重王冠的公羊。

古代埃及众神神性的演变,显然适应了社会的发展和政治的需要。神象征着国家和王权,她的基本任务是维护国家和王权的神圣不可侵犯性。埃及祭司神学逐渐把杂乱的神灵世界统一起来建立起一定的天国秩序。瑞神不仅被说成世界的创造主,而且按照他的旨意建立起世界的秩序。祭司们还把这种世界秩序人格化为一个神——麦特(Madt)。麦特是瑞神的女儿。她的神性是真理、正义和秩序。众神与世人皆必须遵守麦特立下的秩序。法老的任务就是在世界上实现麦特的秩序。在公元前 1300 年阿比多斯(Abydos)的法老塞提一世(Seti I)的庙宇浮雕上,刻着塞提一世向奥西里斯、伊西斯和霍鲁斯三位大神奉献麦特的塑像,意在说明国王或法老是世界秩序的实现者。不仅国王或法老的王权来自于神,而且他们本人生前就被认作神,各神庙都设有敬拜法老的圣所,还有敬拜法老的宗教仪式。他们在宗教观念和宗教仪式上都被神化了。

当然,尽管古代埃及的神本质上是统治者的象征,但他们与民众信仰者也发生联系。在当时的宗教观念中,神与人是互相依赖、互有需要的。神需要人为他修建庙宇、安顿住所、穿戴衣饰、供献食物;人则需要神赏恩赐福、保佑无灾无难、生活快乐、寿命长久。如果某人专门供奉某个保护神,那个神就专门保护和赐福于他。埃及宗教鼓励人们信仰各自的神,因为他们认为如果所有的人都信奉同一个神,这个神便会疲于奔命,无力对所有信众均加福佑。这种神灵观念,也是埃及神灵众多的一个原因。古代埃及人的神灵观念还有一个颇为有趣的特点:他们认为神会衰老,而且还可能因此而辞职让位,将神权传给儿子。古代埃及宗教中神的神性和神灵世界的秩序与埃及社会的情况存在着惊人的相似性,在发展和演变上有着历史的同步性。

在古代埃及宗教国家化的过程中,神庙经济和祭司贵族起了重要的作用。古代埃及人神灵观念形成和发展的自然结果之一,就是要求信神者把幻想中的神灵物质化为可感的偶像,并为之提供生活起居和供人瞻仰礼拜的场所,这就导致了神庙的兴建。

有了神庙和神的偶像,神就生活于其中,就得有一批专门侍候神灵、进行宗教仪式活动的神职人员,于是便出现了祭司,祭司的基本职务是主持宗教活动的仪式。日常任务则是开放圣殿,为神像洗澡、穿衣、装饰、奉献与帝王日常饮食一样的食物和饮料。

祭司与俗人的区分是随着历史进程而日益严格的。大的神庙有四个主祭司,还有为数不少的次级祭司以及歌唱者、音乐师、文士和奴仆。他们之间有严格的等级划分。

埃及诸神各有自己的祭日(神的生日)。各地神庙还有各种定期的祭祖活动,如国王加冕礼及其周年纪念日、收获节之类季节性事件等。届时,祭司们抬出该庙神像游行,往往还会去访问别的神庙。祭日的神殿装饰一新,热闹非凡。在祭仪中,祭司们分别扮演神话中的角色,诵读有关神灵的神话传奇和颂赞神灵的诗篇。

神庙里供着神的偶像,成为神的寓所,这就使它蒙上了神秘的色彩,成了给信仰者以启示和训诫的中心。祭司们因此而享有信众的崇敬,成了社会上的特权阶级。信众为求神恩,经常向神奉献祭物。国王和贵族也赐给神庙以土地、财物和各种特权。古代埃及法老向农民征收收获物的四分之一,而寺庙土地则被免予征税。寺庙有庞大的经济,成了国家经济的重要部分。据记载,拉美西斯末年,埃及寺庙拥有耕地三十万公顷,约占全国耕地七分之一,拥有奴隶十万三千余人,牲畜四十九万头之多。强大的寺院经济使祭司阶级的社会政治地位更加强大,祭司贵族与世俗贵族一起构成统治集团的最上层。法老则既是一国之君,又是祭司之长,是神权与君权的统一,其权力超越二者之上。

祭司权力和寺院经济的膨胀,必然在统治集团内部酿成祭司贵族与世俗贵族的矛盾。在埃及新王国阿蒙霍特普四世时期(约前1491—前1465),国王与祭司的矛盾激化起来,表面化为公开的冲突。当时,底比斯阿蒙神庙拥有巨大的财富,左右全国的政治。阿蒙霍特普为打击阿蒙神庙为代表的祭司贵族势力,便大力推行宗教改革。他在赫列欧城和孟菲斯城地方祭司的支持下,决定恢复对传统太阳神的崇拜。阿蒙神庙祭司当然极力反对。阿蒙霍特普四世宣布全国崇拜宇宙间唯一的神——阿顿,这是以日盘为象征的太阳神。国王把自己名字中的"阿蒙"去掉，改名为埃赫那顿，意为"阿顿的事奉者"。他于底比斯北部三百里处另建新首都，命名为埃赫太顿，在那里和全国兴建阿顿神庙。他通过否定阿蒙神，另立阿顿神的宗教改革，来否定阿蒙神庙祭司集团在国家的特权地位。

阿蒙霍特普四世的宗教改革，在宗教发展史上是用行政手段把传统的多神宗教改造为一神宗教的一次努力，但很快就失败了。他死后，继任法老吐坦阿顿与阿蒙祭司集团妥协，改名吐坦阿蒙，恢复"阿蒙"的传统称号。对阿蒙神的崇拜又重新恢复。这次宗教改革之所以失败，主要原因在于它是统治集团内部的权力之争，人民不但未得其利，反而身受其害。埃赫那顿建筑新首都、新神庙，以及对新贵族、新祭司的大量赏赐，耗费了巨量的财物。这项沉重负担必然转嫁到普通人民身上，人民当然不会支持这样一个不能带来任何好处的新神。这个历史事件充分说明了宗教传统信仰的坚固和祭司集团势力的强大。

古代埃及社会国家化的历史过程是一个从血缘社会到地缘社会，从分散地区到统一国家的发展过程，其中必然充满以大吃小、以强并弱的兼并现象。在这一历史发展过程中，一般总是强大有力的氏族部落和地区首领取得政治上、经济上的特权，发展为政治国家的世袭国王。古代埃及的宗教信仰形态也不得不反映社会形态上的变化。基本情况大致是：当某个氏族、部落成为某个地区的社会政治联合体的主体时，他们的首领也就成了该社会政治联合体的君主，这时候，他们原来所崇奉的图腾神和祖先神一般也就成为该地区的地域保护神；当某个州成为统一王国的政治中心（首领）的时候，它的地域保护神也就相应地升格为全国的最高神。这可以说是贯串于古代埃及宗教历史发展的一条轴线，表现了从原始社会氏族—部落宗教发展为国家—民族宗教的基本过程。

三　古代巴比伦宗教

西亚两河流域（幼发拉底河和底格里斯河）与埃及尼罗河流域一样是世界古代文明的摇篮。约在公元前六千年，这里就出现了定居人口从事农业生产。考古发现证明,苏美尔人约在公元前五千纪在这里建造了世界上最早的神庙,并以神庙为中心发展出世界上最早的城市。约在公元前三千纪出现了一批早期城市国家,其中最重要的有埃里都、乌尔(Ur)、乌鲁克(Uruk)、拉尔萨(Larsh)、乌玛、尼普尔(Nippur)等。神庙的祭司实际上是城市国家的建立者和统治者。第一个已知的国家是侍奉苏美尔伊勒克城保护神的大祭司建立的。

两河流域的政治史是一连串的征服与被征服。两河文明的创造者苏美尔人、阿卡德人(征服苏美尔,建立苏美尔—阿卡德帝国)、阿摩利人(著名国王汉谟拉比统一两河流域,建立第一巴比伦王朝)、赫梯人、伊新人(征服巴比伦城,建立巴比伦第二王朝)、加喜特人(建立第三王朝)、亚述人(征服巴比伦后,建都尼尼微)、闪米特的迦勒底人(征服亚述王国,建立新巴比伦王国),一个接一个地沉积在历史的底层。文明开化最早的苏美尔宗教祭司已经建立了以神庙为中心的城市国家,把自己变为统治者。后来的征服者在成了统治者之后,看到了传统宗教维护国家统治权的好处,更羡慕祭司贵族高踞众民之上的特权和得到众民精神拥戴的地位,因此,他们强化传统的宗教,培植为自己服务的祭司阶级,或者把宗教祭祀大权直接控制在自己手中。随着征服与被征服的历史过程,统治王朝可以兴替,但宗教作为巩固国王统治权的上层建筑不但没有消失,反而日益国家化。

国家的体制、统治阶级内部关系和社会秩序的变化也反映到国家宗教幻想的神灵世界中来,引起宗教观念和天国秩序的变化。宗教历史学家比较了古代巴比伦宗教在不同历史阶段的不同特点,认为它可以分为三个阶段:

第一阶段:公元前四千纪或更早时期,美索不达米亚地区宗教信仰和宗教崇拜的神圣对象,主要是那些与基本的经济活动(农业、牧业)直接有关的大自然异己力量。这些自然异己力量在人们的幻想中人格化为神,但经常表现为非人类的形象。崇拜这些自然异己力量的主要目的在于祈求丰收,信奉的神主要是丰产神。由于居民有不同的行业分工,他们赋予丰产神的神性也因而有所不同。在沼泽地居民、种果树人、放牧人、农民的心目中,丰产神的神性显然是各不相同的。这一阶段的宗教大体上仍属于原始社会末期的部落宗教的范畴。

第二阶段：大致是在公元前四千纪到前两千纪，宗教神灵的形象有了明显的变化，诸神被视为具有人的形象。更为重要的演变是，在苏美尔—巴比伦的宗教神话中，诸神组成的神灵世界开始组织起来，形成一个类似长老议事会（早期国家的最高统治机构）的天国结构。每一位神都在这个天国政府中取得了一定的官职和职能。

第三阶段：公元前两千纪以后，巴比伦、亚述等地由于军事实力和政治势力的膨胀而成为征服者和统治者，他们信奉的民族性、地方性的神也相应提升了自己的神圣地位和神圣权力。在此之前实行军事民主制的天国政府逐渐演变为主神控制的君主专制机构。神灵对世界和社会人事的干预大大加强，要求人类虔诚地放弃一切主动性，绝对地相信和依赖神的安排，与此相应，强调人的罪恶感、祈求神赦罪、向神赎罪的个人性宗教信仰也因此而得到更多的强调。

古代巴比伦宗教的整个演变过程，生动而突出地体现了宗教作为社会的上层建筑，从原始时代的氏族宗教或部落宗教演变为民族宗教或国家宗教的过程。在这个过程中，有以下几个重要方面值得我们关注。

两河流域原始时代对于自然力的崇拜，在苏美尔—阿卡德时代，演变为各个城市国家的保护神。安神（An，阿卡德人称为安努 Anu）是乌鲁克城的地方保护神，原是天气神。其职能是通过安排天体众星的位置来显示一年的年历和季节的变化。英利尔神（Inn）是尼普尔的地方保护神，原是暴风雨和主管农业的神，在神话中是锄头的发明者。伊阿神（Ea）是埃里都的地方保护神，原是水神，他的神庙在两河入海的河口。欣神（Sin）是乌尔的地方保护神，原是古代游牧民崇拜的月亮神。因为在草原上游牧极需通过月的盈亏确定时间季节，通过月亮的位置确定星辰的方位，以便占卜吉凶祸福，因此而发展出对月神欣的崇拜。沙马什神（Schamasch）是西巴尔的地方保护神，原是太阳神。马尔都克神（Marduk）是巴比伦的地方保护神，原是表示生命与丰产的太阳神。奈普神（Nabu）是帕息巴城（Borsippa）的地方保护神，原是保护植物生长繁荣的神。纳格尔神（Nergal）是库德（Kutha）的地方保护神，原是狩猎与战争之神、管理农作物的丰收之神。努斯库（Nusku）是尼普尔城的地方保护神,在神话中是月神欣的儿子,是光明之神。由于有些实力强大的城邦在美索不达米亚的军事和政治角逐中上升到政治中心的地位,他们的保护神在神灵世界中也逐渐扩大自己的权力,成为全地区各城邦普遍崇拜的对象。早在苏美尔—阿卡德时代,安努、英利尔、伊阿就被合称天、地、水三位大神,安努则成为三神中的主位神,被认为是万神之父和诸神之王,是负责处理宇宙事务的众神大会的主持者。太阳神沙马什、月神欣也因所在城市西巴尔和乌尔的重要性而成为各城市崇拜的对象。在巴比伦征服其他城市统一两河流域,成为统一王国的首都之后,该城保护神马尔都克就取代了昔日苏美尔—阿卡德时期诸神的权势而独占至高无上的尊荣地位,这位农业之神变成了战无不胜的战争之神,成为"伟大的统治者""天与地的君主"。亚述人刚勇尚武,其主要神为战神亚述尔(Ashur)。当亚述人成为两河流域的征服者和主人之后,他们也仿效巴比伦的榜样,把亚述尔奉为众神之首,取代了马尔都克作为至上神的崇高地位。总之,在古代巴比伦尼亚人的宗教幻想中,神在神灵社会中的权位是随着信奉者在人间社会中的权位同步消长的。

古代的苏美尔—阿卡德—巴比伦社会是一个阶级社会,宗教中的神不过是国家统治阶级在天国中的投影,本质上是拥有土地的贵族。每一位神都有自己的神庙,神就生活在庙宇之中。庙宇周围的土地和城镇在观念上都属于神所有,并由神经营和管理。在"恩凯(Enki)和世界秩序"这则神话中,恩凯神代表英利尔神来组织世界秩序。他好像一位管理大庄园的大管家一样,在庄园里安排了各种各样的社会工作和经济工作(放牧业、农业、建筑业等),同时指派不同的神分别进行监督。从别的神话可以看到,诸神按照贵族内部民主制的方式组成宇宙国家一级的诸神大会,这是处理宇宙事务的最高权力机构。诸神参加诸神大会,就具有全局性的事务(如选举或废黜国王),进行投票表决。天神安努是诸神大会的"主席",是地位最高的神。各项宇宙事务分别由年长的神担任,各司其职。例如:太阳神尤塔(Uta,阿卡德人称沙马什神),除主管太阳以外,还担任神的法官,统管执法和主持正义的事务,地位仅次于天神安努和地神英利尔,除负责农业外,还执行众神大会的裁决。女神宁哈沙格(Ninhursag)也叫作宁特尔(Nintur)和宁马克(Ninmakh),是石头神,掌管东部附近的山脉和西部多石的沙漠,包括那里的野生动物——野驴、瞪羚、野山羊等,也是生育女神。恩凯神负责掌握河流甜水和能生育的男性精液,他是最聪明的神,有解决问题的能力,经常解决神和人上诉的问题。伊斯库尔(Ishkur,阿卡德人叫作阿达德Adad)是雨神,他的女儿伊南娜(Inanna,阿卡德人叫作伊斯塔尔Ishtar)是战争之神、爱情之神,主管晨星和昏星(显然是金星)之神。这位女神在神话中被赋予广泛的神性和众多的职能,被视为爱护自然界的生命之神,狩猎之神,性欲之神,帮助人类、为人消灾祛病的慈悲之神,因此受到普遍的崇拜。伊斯塔尔的丈夫都姆齐(Dumuzi)——阿卡德人叫塔摩兹(Tammuz),是放牧之神,又是守护植物之神,草木春生、夏长、秋收、冬枯是此神功能的表现。

神灵世界的组织形式和宇宙秩序随着巴比伦尼亚地区社会秩序的变化而变化。由于各城市的互相兼并,巴比伦尼亚的统一,贵族长老议事会的破坏,君主专制制度的加强,神灵世界中的众神大会这种在神灵内部的民主体制也发生了相应的变化。"鲁戈尔埃"(lugale)神话对世界秩序的形成问题有了新的说法,它把世界的有序化说成是征服者的安排:地神英利尔的儿子、年轻的国王尼努尔塔神(Ninurta)在征讨各地获得胜利之后,便对世界秩序进行了重新改组。这则神话反映了人间统治者按照自己的权力和意志重新安排统治秩序的愿望。

公元前两千纪,巴比伦强大起来,建立起君主专制制度的统一大帝国,巴比伦城的祭司们便编造了相应的创世神话,极力抬高该城保护神马尔都克在神灵世界的地位,把马尔都克说成是创世之主,把众神置于马尔都克的支配之下。马尔都克显然是在兼并战争中获胜的巴比伦帝王的象征,有关马尔都克的神话则是适应专制君主的政治需要的产物。

古代巴比伦宗教作为国家宗教并不以抬高国家保护神的神圣权威为限,它常常直接神化人间统治者。贵族们一般都认为他们的祖先是神或具有一定的神性。根据吉尔边美什(Gilgamish)史诗的说法,乌鲁克(Uruk)的国王吉尔边美什是女神宁桑(Ninun)所生。诸如此类说法在古代世界各国非常普遍。

国家统治者常常直接把他们的意志和需要假托为神的命令和安排,巴比伦名王汉谟拉比在一个记载他在苏美尔和阿卡德兴修水利的碑文中一开始就写道:"当安努和贝尔(Bel)授予我治理苏美尔和阿卡德之权时……"他所制定的世界历史上最早的成文法典被说成法律之神沙马什亲自制定和颁布的。现在尚存于世的汉谟拉比法典石碑的碑头部分刻着汉谟拉比从沙马什神那里接过这部法典的浮雕像。亚述国王总是说他们的一切行动都是亚述最高神亚述尔的决定,国王只不过是神意的最高执行长官。亚述国王森纳切里布(Sennacherib)说他采取的军事行动并不是他自作主张,而是执行亚述尔神的名义:"我的第二次战役是亚述尔命令我进行的。"赫梯人的国王甚至就是神,哈图西利斯三世提到他父亲的死时,说:"当我的父亲缨尔西利斯成为神的时候……"赫梯人的主神为手持双面斧的暴风雨之神。在波伽兹科易附近的一幅浮雕中,暴风雨神拥抱着国王。这是神权与王权紧密结合的象征。

在巴比伦和亚述帝国的历史上,几乎每一个国王都要和"主神贝尔"握手,即被贝尔的祭司收养为神的儿子和代表,否则,他的王位就不可靠。宗教的国家化是由制度来保证的。有关的历史资料反映了古代巴比伦人在神人关系上的一致观念:人必须依赖神、敬畏神,但神也有依赖于人的需要。神创造人是为了得到人的侍奉,而人之所以侍奉神则是为了讨得神的恩宠与奖赏。人的存在,本来就是进行劳作,向诸神提供食物、衣着、住房和服务,神则由人所侍奉而摆脱一切体力劳动,过着贵族式的生活。事实上,神就是通过神庙占有土地的土地贵族。神要有存在和居留的空间,于是人便为神修建庙宇,神则存在于庙宇中用珍贵木材做成的雕像之中(但并不完全固定于此)。神要吃饭、穿衣服,还要洗澡。于是一方面,为神(神庙)留出大片土地从事农牧业生产,从而发展为大规模的寺院经济;另一方面又出现了一大批专门侍奉神的生活起居的神职人员,其中有专门传达神启和解释经文的高级祭司,有为歌颂神、安慰神而诵唱赞美诗和哀歌的音乐师,还有为神制作食物的厨师、为神洗澡者以及陪送神像去卧室睡觉的侍者,等等。在神庙中还有女祭司,地位最高的叫作"恩"(En,阿卡德人叫"恩都",Entu)。女祭司通常是有贵族血统的公主们,她们常被认为是所侍奉之神的人间妻子,在神圣婚礼仪式上充当新娘。多数女祭司属于修女一级。此外,还有女祭司献身于神圣的卖淫。在伊兰拉神庙,神娼是受到女神的特别保护的。

正如神和神庙在一个城邦中居于中心地位一样,祭司也是城邦统治集团的核心。城邦统治者通常称为"恩希"(Ensi)。恩希同时就是掌握城市神庙的祭司,恩希的妻子是负责掌握城市女神庙宇的女祭司,而恩希的儿子们则负责掌管诸神儿女的庙宇。从美索不达米亚、西亚以至更广大的世界范围看,大体上可以说,最早的政权体制是祭司政体。我们所知道的苏美尔的早期统治者全是祭司。他们之所以成为国王,只不过因为他们是祭司的首领。宗教的鬼神观念控制着人们的日常生活,宗教的丰产观念和祈求丰产的宗教仪式支配着人们的生产活动。人们由于对神的恐惧和希望,产生了对神的虔诚信仰和对祭司的依赖与归顺。但是在古代世界频繁发生的种族冲突中,祭司政权暴露了固有的弱点:第一,各地方的保护神不统一,各自效忠于本地方保护神的祭司们必然互相排斥,不能有效地联合;第二,祭司的经历和训练不适于进行军事领导。因此,王权势力得以兴起。一般的情况大致是征服势力胜利后成了一个国王,在他周围形成一个由军事首领和行政官僚组成的统治集团。但世俗国王为了维护自己的统治,总是与祭司集团结合起来,甚至把自己变成全国最高的祭司。公元前两千纪的第一巴比伦帝国到公元前一千纪的亚述帝国,历代王朝的国王都力图把政权与宗教、君主的行政权威与祭司的宗教权威融为一体。他们负责进行全国性的礼拜,监督着全国所有庙宇的行政管理。

尽管如此,国王与祭司贵族也时常发生冲突。巴比伦和亚述历史上出现过的许多重大政治事件(如阴谋篡位、朝代更替、私通外国等),多半是祭司集团与君主政权之间钩心斗角的结果。亚述国王森纳切里布曾与巴比伦祭司们发生过一次激烈的争吵和冲突。他于公元前691年彻底摧毁巴比伦城的圣地,把贝尔—马尔都克的神像迁到了亚述,以此打击巴比伦祭司贵族的权力和权威。他后来被他的一个儿子所杀。他的另一个儿子继位以后,可能震慑于马尔都克神的愤怒和巴比伦祭司的报复,终于决定把马尔都克神像送还巴比伦,并重建神庙,国王与神于是重修旧好。迦勒底人统治巴比伦帝国时,国王那波尼德曾发动过一次企图统一全国宗教信仰的宗教革新运动。他把各地信奉的地方神集中到巴比伦的贝尔—马尔都克神庙。可能是因为事情进行得过于仓促,不仅激起其他地方祭司们的反对,而且也引起了巴比伦祭司贵族们的猜疑。他们与虎视眈眈的波斯人勾结起来,引进了居鲁士大帝的军队,那波尼德成了阶下囚。居鲁士按照巴比伦各地祭司的意愿,把各个地方神送回他们原来的神庙。他自己则因此而得到贝尔—马尔都克神的"保佑"和巴比伦各地祭司的支持,在巴比伦建立了波斯人的帝国统治。这些历史的插曲生动地说明了祭司集团在古代政治生活中居于举足轻重的地位。

国家宗教仪典的性质和功能主要是为国家统治者提供神圣的支持。两河流域的宗教性礼拜和祭祀性活动主要有两种:

第一,是对神的礼拜和祷告。古代巴比伦的神作为国家的保护者,主要是为统治阶级提供神圣的支持,满足他们的要求,这就使得国王对神的礼拜和祈祷活动成了国家宗教的正式仪典。国王除了定期性地到神庙礼拜以外,如遇临时性的事件还随时去神庙向神祷告,祈求保佑与支持。尼布甲尼撒王向太阳神祈祷的事项,是要求神保佑他子孙众多、寿命长久、王位稳固、政权永存,在战场上保护他的士兵。他在向马尔都克神祈祷时,把马尔都克称为"万有的主",赐给他生命和国家的统治权,虔诚地表示要顺从神的天命。国家每遇灾难,都被认为是由于开罪神灵,惹起神怒所致。国王则常在此时向神认罪,请求宽恕。

祈祷仪式要奉献可供神食用的祭品。祈祷者对神的虔诚和热情往往通过盛放祭品的容器的珍贵程度显示出来,其中有石制的花瓶和金制的船形容器。除此之外,还有供神使用的圆柱形图章和武器之类礼品。

第二,是季节性的祭仪。古代巴比伦各城市都规定有自己举行宗教祭祖活动的节日和年历,月份都以当地所庆祝的宗教节日命名。只是到了公元前两千年,尼普尔的年历才被普遍接受。年历所定的宗教节日,一般都是农业生产的周期性季节,如庆祝拴上犁头的仪式、解开犁头的仪式、收获仪式等。在宗教节日里,王后有时要遍访她的领地,向诸神和被认为具有神力的已故行政官吏呈献大麦、麦芽和其他农产品。

春天的一系列祭仪实质上是祈求丰收的丰产仪式,收获节日则是具有感恩性质的仪式,这类仪式通过戏剧形式表演出来。常常是行政首脑和最高的女祭司扮演两个神,通过他们的结合来象征性地表达对丰产丰收的愿望。

在巴比伦帝国的后期,新年是重要的节日,在特殊庙宇中进行。起初,它是与播种、收获有关的农业节日,后来变为新国王加冕和授权的仪式。在巴比伦城,这个节日被用来庆祝神话中太阳神马尔都克战胜深水女神提阿马特的故事。除此之外,还有每个月的新月节,第七日、第五日和第二十八日。最后一个节日是当看不见月亮而认为它死了的时候。这些节日明显地具有丧葬仪式的性质。

一个城市或国家是否能正确地举行祭礼,被宗教认为决定着国家的命运和福利,因此,祭仪的管理和执行由城市统治者和国王负责。国王就被认为是具有神力的人物,是他的神力带来了土地的丰产和国家的福利。在公元前三千纪的整个时期内,国王在宗教仪式中变成了保护植物生长的达摩兹神。整个乌尔第三王朝(公元前21世纪—前20世纪)的统治者和伊新王朝(公元前20世纪—前18世纪)的多数统治者都被当作达摩兹神的化身,在仪式中人们祈求他的保佑。国王作为具有神圣权力的人,以严格的宗教仪式来维护其权力。如果其权力受到威胁,国王必须通过复杂的仪式斋戒洁身。通过上述这些仪式的象征性表演,王权与神权、政治与宗教的结合得到具体的表现,国家宗教赋予王权以更神圣的权威。

四　古代中国宗教

中国的黄河—长江流域是世界文明发源地之一。关于宗教,中国历来有所谓"三教九流"的说法,其中"三教"是指儒、道、佛。然而,中国历史上的宗教远远不是"三教"所能概括的。撇开每种宗教的流派不说,仅其门类便有道教、佛教、基督教、伊斯兰教及汉族和各少数民族遗存的各种现在还没有确切名称的古代宗教。其中佛教于汉末开始传入中国,基督教和伊斯兰教则是唐以后陆续传入中国的。这些宗教不管后来是否与中国固有文化相结合,其源头毕竟不在中国。而道教和民间遗存的各种原始宗教,虽然其内容或多或少也受到外来宗教的影响,但从根本上讲是中国土生土长的宗教。然而道教和民间遗存的各种宗教,都是"在野"的宗教,那么中国有没有类似古代埃及和巴比伦那样的国家宗教呢?

根据牟钟鉴先生等宗教学者的研究,中国有一个在史书中以"礼志"或"郊祀志"的面目出现的、随着封建王朝的灭亡而灭亡的"在朝"的宗教。这种宗教既不是原始宗教,也不是道教,更不是佛教等外来宗教。它具有严密的制度和大体不变的承传,并与国家的政治礼制合为一体,是一种"国家宗教"。它是中国几千年封建王朝的"正统宗教",对中国古代政治、经济、科学、艺术、伦理、思想乃至语言文字等各个领域都产生了巨大的影响。学者们称之为"中国宗法性传统宗教"。

中国宗法性传统宗教以天神崇拜和祖先崇拜为核心,以社稷、日月、山川等自然崇拜为羽翼,以其他多种鬼神崇拜为补充,形成相对稳固的郊社制度、宗庙制度以及其他祭祖制度,成为维系社会秩序和家族体系的精神力量,成为慰藉中国人的心灵的精神源泉。这种宗教在中国人心目中占有崇高的地位,它不仅在实际生活中为官方所尊奉,为民众所信仰,而且为学者和史家所关注。在《尚书》《周易》《诗经》及《春秋三传》中,特别在《周礼》《仪礼》和《礼记》中,有着关于早期宗教祭祖活动、理论和制度的庄重的记述。这种在夏商周三代形成的宗法性国家宗教,在秦汉以后非但没有消失,反而在向前发展,不断走向完备。后来各个朝代的史书充满宗教祭祀的资料。

宗法性传统宗教没有独立的教团体系,它的宗教祭祀功能由各层次的宗法组织兼任,这可视为该宗教的特点。由皇族、宗族、家族、家庭所构成的宗法血缘组织,其功能是多重的。当它肩负起宗教祭祀组织功能的时候,它就是作为一种宗教组织在起作用。它也可以再现出作为政治组织、社会组织的特性。政教合一的国家多是这种情况。

中国宗法性传统宗教不能混淆于一般的世俗迷信。因为它不仅有基本的信仰、严格的制度,还有系统的教义、完备的礼仪,并为历代官方所尊奉,为全社会所敬信,其正统地位是无可争议的;而算命、看相、扶乩、风水、占星、巫术等世俗迷信没有系统的教义,也没有严格的组织制度,以赢利作为直接目的,常被作为"怪力乱神"而受到禁止。

中国古代宗教的祭祀活动非常复杂,祭天是其中最典型的。天神崇拜大约发端于父系氏族社会的后期——部落联盟时期。《论语·尧曰》说:"唯天为大,唯尧则之。"《尚书·尧典》说,舜"肆类于上帝"。按照上述文献的说法,尧、舜、禹、汤、周公都敬祭天神,不过有时称天,有时称上帝,有时兼用而已。殷代的帝或上帝最初是英雄祖先,后来被神化为至上神。周人的至上神多用"天"的称谓。"天"字,《说文解字》云:"天,颠也,至高无上,从一大。"以"天"称谓至上神,当发生在天地对称、阴阳并举之后。与大地相对应的茫茫太空即是天。它被赋予主宰自然与社会的至高神性的同时,还保留着其自然形态的浩渺性和复杂性,比起"帝"的称谓,更能表现至上神的高深莫测和包容无边,这些特点深刻影响着后来中国人关于天神的观点。"天"既广大无边,又模糊不定,没有一个具体形象,使得后来的人们在理解天神时歧义纷出,灵活发挥的余地很大,也容易泛化出"天命""天道"等概念。周人有时称"天"为"皇天""昊天""苍天",或者将"天"与殷旧称"帝"结合,称"天帝""皇天上帝",后世最常采用的是"昊天上帝"这一称号。周人的"天"与殷人的"帝"相比,不再是喜怒无常的活灵活现的人格神,而是主持正义公道、关心全社会利益、具有恒常赏罚标准的伦理型的至上神。它不仅仅是王权的赐予者保护者,还是王权的控制者与监督者。天子从天神那里取得统治人间的权力以后,不能光靠祈祷祭祀来获得天神的好感,还要"以德配天""敬德保民",承担一系列社会责任,才能得到天神的恒久信任,保持政权的稳定,否则天命就会转移到异姓的有德者身上。

郊祭是历代君王祭天的基本方式。周人把郊礼正式定为祭天之礼,祭坛设在王城南郊,故谓之郊祭,以就阳位,天地合祭并以祖先配祭,祭之前要在祖庙作一次占卜,用赤色的牛犊作为贡品。所谓"燔柴",就是积薪于坛上,放置玉币及牺牲,点燃后使烟气上达天庭。此外还有一套祈祷、奏乐等仪式。据《春秋左传》记载,鲁君乃周公之后,可以行天子之礼,故而有郊祀之事。

明代郊祭制度有较大变动。据《明史·礼志》,明太祖采李善长之议,分祭天地于南北郊;冬至祀昊天上帝于圆丘。嘉靖中,郊祭事在群臣中引起激烈讨论。世宗以制礼作乐自任,遂确定分祀天地,复朝日夕月于东西郊。清代因明之制。顺治时建圆丘于正阳门外南郊,建方泽于安定门外北郊。圆丘北为大享殿,后更名为祈年殿。祭天作为皇帝的特权不能让予他人,但可遣官代祭,遣官只是作为皇帝个人的使者,替皇帝完成具体的郊祭仪节而已。民间祭拜天的风俗还是有的,只是不能举行高级别的祭天大典。清代后期民间祭天之风日盛,官方不加禁止。百姓常在元旦之日焚香拜天。

封禅是最为隆重的祭祀天地的大典。封禅必须皇帝亲登东岳泰山,在山上筑土为坛以祭天,报天之功,故曰封,在山下除地,报地之功,故曰禅。封禅之礼不能随便举行,亦无定制,必须出现两种情况才可以议行:一是改朝换代;二是世治国盛。最理想的是两种情况兼而有之,如《五经总义》所云:"易姓而王,致太平,必纠泰山、禅梁父何?天命以为王,使理群生,告太平于天,报群神之功。"历来君王都视封禅为不世之殊荣,跃跃欲试者多有,但行之者少,原因是封禅大典耗费巨大,筹办不易,有些皇帝虽自视为治世之君,也常因财用不足和国情不允而不敢举行。行封禅凿凿有据者当首推秦始皇。始皇即位三年,欲行封禅大礼,而群儒不能定其仪节,于是自定其制,从阳道登泰山,立石流德,明其得封,从阴道下山,禅于梁父。

祭祖与丧葬是中国传统宗教的重要内容。祖先崇拜起源于上古父系氏族社会的男性祖先崇拜,其要义在于明确和巩固父系的血统,保证宗族、家族和家庭在社会地位、物质财富、政治权力方面的正常继承和分配。祖先崇拜又可分为远祖崇拜与近祖崇拜,在近祖崇拜中,除"生事之以礼"属于社会伦理外,"死葬之以礼,祭之以礼"便属于宗教范畴。围绕着敬祖、祭祖和治丧,形成了一整套宗法道德观念和宗教祭祖制度,这就是以孝为本的伦理和宗庙、丧葬之制。《周易·序卦》说:"有天地然后有万物,有万物然后有男女,有男女然后有夫妇,有夫妇然后有父子,有父子然后有君臣,有君臣然后有上下,有上下然后礼义有所措。"就自然界万物而言,天地是本源;就人类社会而言,祖先是本源。先有家而后才有国,欲治其国必先齐家,欲齐其家必敬重父兄,"生则敬养,死则敬享"(《祭义》)。《论语》说:"慎终追远,民德归厚矣。"慎终,就是隆重地为父辈或祖辈办理丧事;追远,就是举行祭祀活动,追念有功有德的先祖。于是守孝和祭祖便成为中国宗教礼俗中的头等大事。做官的人父母去世，要辞官回家居丧，成为历代通制。祭祖更是社会上下普遍的经常的宗教活动。

从理论上说，祭祖在祭天之后发生，如《礼器》说"天地之祭，宗庙之事"，又说："祀帝于郊，敬之至也；宗庙之祭，仁之至也；丧礼，忠之至也。"祭天、祭祖、丧葬这三件大事为社会所公认。但事实上敬祖比敬天还要重要，这是因为：第一，天神的观念抽象而模糊，祖先的观念却具体而确定；不敬天者历代多有，怨天骂天者亦不乏其人，但不敬祖者世所罕见。祖先受辱，祖坟被掘，最为人所不堪忍受。"不孝有三，无后为大"，所以中国人极重后嗣，又热心于修祖坟、续家谱，确认门第宗系，有极强烈的寻根意识。第二，祭天活动限于朝廷皇室，祭祖的活动则遍及社会各阶层。国有太庙，族有宗祠，家有祖龛，贫困之家也有个祖宗牌位。丧葬仪节虽有厚薄之差，但在感情上都是强烈的。第三，祖先崇拜的精神深深渗入天神崇拜之中，如视天神与君王的关系如父子，故王称天子，如将天看成众人之曾祖父（董仲舒语），人们常用家族的眼光看待天人关系，视宇宙为一家。

社稷崇拜的地位大致与祖先崇拜相近，是天神崇拜之下的国家祭祀的重要组成部分，政权赖之维持，法统赖之延续，皇室赖之稳定。中国是农业大国，对农业祭祀一直给予特殊重视，而社稷就是最高级的农业祭祖。早在春秋时期它就成为国家政权的代名词，与宗庙并重。社是土神，稷是谷神；但社不是一般的大地崇拜，稷也不是一般的植物崇拜；社只是祭拜特定管辖范围内的地和耕地，与特定的社会组织相联系，稷只崇拜人工培育的粮食作物，即稻、麦、菽、稷、黍五谷。一般的土地崇拜是与祭天相配的祭地，常在北郊设祭坛，向来与社祭相区别。

山川之祭也是中国传统宗教的重要内容。古人认为云雨兴于川谷，出于高山，影响气候的变化，同时山川蕴藏着森林、果实、动物、药材，是民生的重要来源，所以崇敬祭拜，祈求好气候好年景。《礼记·祭法》说："山林川谷丘陵，能出云，为风雨，见怪物，皆曰神，有天下者祭百神……此五代之所不变也。"山川之神，天子不能遍祭，只能祭祀名山大川，后来集中祭祀五岳四渎。五岳是东岳泰山，南岳衡山，西岳华山，北岳恒山，中岳嵩山。四渎就是长江、黄河、淮河、济水。东岳泰山处于文化发达的鲁地，且于四周平原之中突兀高峻,登泰山而小天下,于是逐渐受到特殊优待,成为天子举行封禅大典的唯一场所。

圣贤崇拜从祭祀英雄祖先的传统中发展而来。《祭法》说:"夫圣王之制祭祖也,法施于民则祀之,以死勤事则祀之,以劳定国则祀之,能御大灾则祀之,能捍大患则祀之。"于是黄帝、炎帝、尧、舜、禹、汤、周文王、周武王及周公都被推崇为古圣贤,隆重地加以祭祀。后来陆续出现了姜太公崇拜、老子崇拜、武侯崇拜、伍子胥崇拜、关圣崇拜等。其中最为持久、影响最大的是祭拜孔子。孔子在先秦时期是大思想家,他的学生已经视之为高不可及的圣人,但还不是神。随着儒学定于一尊并成为正宗经学,孔子的地位一日高于一日,渐渐具有了神性,成为膜拜的偶像。西汉元帝起,封孔子之后以爵号,奉祀孔子。

中国的宗法性传统宗教有如下特点:

第一,起源古老。它直接继承原始宗教而来,源头相当久远。它不像一些世界性宗教有确定的创教教主或相应的创教故事。天神崇拜起于原始社会末期,祖先崇拜发生于氏族社会,男性祖先崇拜盛行于父权制氏族社会。中国进入私有制社会以后,非但没有抛弃氏族组织外壳,反而强化和扩大了氏族血统网络,使之与政治经济等级制度相结合,祖先崇拜也因之更加系统发达,成为宗法性传统宗教的核心内容。

第二,连续发展。前一个特点是源远,这一个特点是流长。同世界一些文明古国相比较,希腊、埃及、波斯、印度等国,在其原始社会和早期国家的基础上,也盛行着祖先崇拜、天神崇拜和自然崇拜,但进入中世纪以后,其古代宗教传统都发生了较大的转向甚至断裂:古代的希腊宗教为基督教正教所取代,埃及与波斯都转而信奉了伊斯兰教,印度则有佛教的崛起。在大的文明古国中,唯有中国的古代宗教传统没有中断,进入中世纪以后在某些方面更加兴旺和严整。朝代的更替,没有动摇它的正宗地位;道教的兴起、佛教的传入,也不曾改变它的国家宗教的性质。对于多数中国人来说,包括贵族与平民,敬天祭祖是第一义,佛道信仰在其次,可以信,也可以不信。这种情况一直延续到辛亥革命前后,说明传统宗教具有极大的稳固性。清代康熙时,罗马教廷干预中国天主教徒敬天祭祖、祭孔,其教士被排逐,证明中国具有信仰和礼仪的不可侵犯性。

第三，神明多样。中国传统宗教是典型的多神教。从崇拜的偶像来说，神灵杂多而又有主脉体系，大致可以归结为天神、地祇、人鬼、物灵四大类。天神以昊天上帝为最高神，其次有五帝五神，再次有日月星辰、风雨雷电、司命司中司民司禄等，共同组成天界。地祇有后土、社稷、山岳、海湖、江河、城隍等，共同组成地界，以便与天界相配。人鬼有圣王、先祖、先师、历代帝王贤士等。物灵有司户、司灶、司灵等。这四类神灵共同组成大的鬼神世界，凌驾在人间之上。从祭祀的级别来说，依祭天、祭祖、祭社稷日月的次序，形成一套由高到低的宗教祭祖制度。明代嘉靖皇帝说："天地至尊，次则宗庙，次则社稷。"这大致反映了宗教祭祀的等级序列。

第四，宗法内容。中国的宗法制度成熟于周代，秦汉以后宗法制度不再与政治制度直接合为一体，但对于社会政治生活和日常活动仍然具有支配性的作用。所谓宗法，就是巩固父系家族实体的一套制度，它以男性血统的继承关系为轴心，形成上下等级和远近亲疏的人际网络，决定着财产与权力的分配与分工。嫡长子继承制是宗法制的关键所在，由此而有大宗小宗、嫡子庶子之分。由于宗法制最重父权和父系血统，所以它最需要、仍有强烈的亲祖观念与感情，因而不能不热心于祖先崇拜，借此以培养孝道。国是家的扩大，君为民之父母，孝道推之于君便是忠道。忠道的维护，一是借助于祖先崇拜，君父同体，移孝作忠；二是借助于天神崇拜，君权天授，敬天顺君。传统宗教的基本信条就是"敬天法祖"，这恰恰要落实为忠孝之道。忠孝乃是宗法等级社会的主要伦理规范，所以直接为培育忠孝恩性感情服务的传统宗教便具有强烈的宗法性。从宗教的组织活动上说，传统宗教没有独立教团，神权与君权、族权、父权结为一体，宗教祭祀活动由国家、宗族、家族来兼管。天子独揽主祭天神和主祭皇族先祖的神权，祝、卜等礼官只起助手和司仪的作用；族长和家长握有主祭本族本家先祖的权力。既无另设宗教组织的必要，也就没有入教的手续及教徒非教徒之分，宗法等级组织属下的成员都是传统宗教的信徒，除非他明确信仰了别的宗教。所以传统宗教是接近于全民性的宗教。传统宗教的泛世性导致如下后果：公开背弃敬天法祖信条者固然罕有，虔诚而狂热的信徒也在少数。总之，与宗法等级制和宗法伦理的紧密结合,是中国宗教性传统宗教的最大特点。

第五,教化功能。宗法性传统宗教满足于天命鬼神的一般观念和经典说明,并不特别追究鬼神世界的具体情况和个人灵魂解脱,不去详细论证鬼神的存在及其如何显灵,最看重的是宗教的社会功能,在诸社会功能中,又最看重宗教祭祖在政治和伦理方面的教化功能。《周易》有"神道设教"的说法,最能概括宗法性传统宗教的宗教观。所谓"神道设教",就是通过累建神道来设立教化,宗教祭祀被当作基本的教育手段,所以有"祭者教之本也"(《礼记·祭统》)的提法。传统宗教为达到神道设教的目的,要求人们祭祀神灵时敬肃诚挚,如同见到听到感到神灵就在眼前。但有时过分看重设教,而把神道当作单纯的教育手段,便会给无神论开启方便之门,产生异端思想。荀子说:"君子以为文,而百姓以为神。"在这种思想影响下的宗教祭祀,其礼俗意义和纪念意义大于宗教意义,从而使祭祀活动流于形式。

第六,农业祭祀。中国地处温带,土地肥沃,气候适宜,中原地区早就出现发达的锄耕农业,在农业的基础上发展出中国古老的文明。在数千年中,中国以农立国。农业是社会经济的命脉,与此相适应,农业祭祀十分发达,成为自然崇拜的核心。对于土地和谷物的崇拜形成社稷崇拜,社是土地,稷是谷物,代表着最重要的农业生产资料和劳动成果,一向享有殊荣。从很早的时期起,社稷成为政权的代名词,其地位仅次于祭天和祭祖。明清两代的国家祭坛,按照"右社稷而左宗祖"的古训建筑于皇城近侧,列为国家祭祀大典。州县以下以至乡里,皆立社为祭。此外还有祭先农,与耕籍礼相配合,亦隆重盛大。对于山川日月风雨等自然神灵的祭祀主要是为了祈求风调雨顺、五谷丰登。在祭天与祭祖的活动中亦经常列入祭祀农神祈求丰收的内容。如祭天中的年祭和祈谷,祭祖中的时享,都与农业生产直接有关。明堂祭中的祀五帝三神,亦是适应于农业季节而举行的节气祭典。只要中国还是农业大国,还要靠天吃饭,农业祭祀必然具有崇高的地位。

宗法性传统宗教在中国社会的发展中起着下列各种重要的作用:

第一,这种宗教的神权与君权结合在一起,而且直接受君权的支配,所以教统与政统一向是一体的、共存共生的。在执政者的国事活动中,宗教祭祀占有重要的地位。历代君王在取得最高统治权力以后,必须实行祭天祭祖祭社稷,才表示正式继承了华夏正宗的神统、政统和礼统,成为合法的统治者。佛教、道教在魏晋以后直至明清,受到多数执政者的支持并取得很高的社会地位,但一般不具有国家宗教的性质,皇帝及贵族成为佛教、道教信徒是以个人身份,它们对于臣民没有法定的约束力,其宗教活动一般也不列入国家官方朝典祭仪之中。

第二,这种宗教在社会中下层与族权、夫权相结合,沿袭既久,成为一种民间宗教习俗,宗教祭祖活动成为人们世代相传的一种生活方式。特别是祭祖、祭社、祭江河湖海风雨雷电诸神,普及于穷乡僻壤。从礼与俗的关系上说,上层贵族的一套宗教礼仪,逐渐下移,影响到民间风俗,如祭祖国、祭社、蜡祭等,在礼仪方面大体上是下层学上层而损减规格,民间祭礼不得违背国家典制;另一方面,也有些民间宗教习俗逐步影响到上层,被贵族所吸收,变成国家的正式祭典,如祭灶、祭户、祭关帝、祭武侯等。这样形成上下交流,使得宗法性传统国家宗教具有了民间风俗的社会基础,因而能够盛行不替。

第三,宗法性传统宗教的教统与历代政统的直接结合,以及由此而形成的没有独立教团组织的状况,一方面有利于这种宗教的存在和延续,只要宗法等级社会存在一天,它就需要和保护这种宗教,其他宗教的政治后盾都没有它强大;另一方面,对政权的过分依赖,也使得它由于缺少独立性而没有跨越宗法等级社会的能力,一旦中国封建帝制社会土崩瓦解,传统宗教便随之覆灭。辛亥革命之后,中国宗法性传统宗教的官方郊社制度、宗庙制度及其他重要的祭祀制度便从整体上坍塌。消失得最快的是与皇室相连的祭天、祭太庙、祭社稷等活动,而与家族、家庭相连的祭祖、祭乡社里社等宗教祭祖活动则保留的时间较长一些,只是逐步在降低规模、减损礼仪,从正规性的宗教转向民间性习俗。海外许多华人家庭通过祭祖活动维系着家庭成员与祖国本土的感情联系。祖国就是祖宗之国,祖籍就是祖先生活的地方,这在中国人心目中占据着崇高的地位。

第四,宗法性传统宗教的历史作用具有两重性。一方面它是消极的,它用"君权神授"的信条和祭天活动维护着君主专制制度,用鬼神思想来安抚下层人民,使他们安于不平等不合理的社会现状;神灵崇拜也影响人民从事改造自然、探索自然奥秘的活动,巩固了具有狭隘性的宗亲观念,有利于族权和夫权的强化,对于人们个性的发展和妇女的解放有压抑作用。另一方面,在社会历史条件还没有发生根本变化的时代,特别当崇奉传统宗教的统治集团处在上升时期,或者处在相对健康的状态时,传统宗教对于政治秩序的保护作用便具有积极的因素。例如旧王朝覆灭,新王朝诞生之初,执政者蓬勃有生气,需要尽快稳定局面、恢复和发展生产,这时候天命转移的理论和祭天的活动能起帮助作用,对全社会成员都有程度不等的好处。传统宗教的制约作用有两层:一层是制约民众,所谓"屈民而伸君";一层是制约君王,所谓"屈君而伸天"。在帝制社会里,君王的权威至高无上,但贵族思想家和政治家从整个制度的稳定和上层集团的长远利益着想,又不能放任君王随个人嗜好而胡作非为,必须使君王的行为有所约束,因此构造出主宰人间的天神,它位于君王之上,是君王的监护者。天意永远代表着正确的原则和根本利益;君王不德,天命就会转移,至少天要加以警告或惩罚;君王要想长久保住统治权并传之子孙,就必须时刻谨慎从事,修德益民。辅佐君王的大臣们也常常用神威天意来劝诫君王,督促他除弊兴利,改良社会政治。这样,历史上的神权就具有了两重性:它既是君权的工具,又是君权的限制,许多社会改良的措施都是在敬天的气氛中实施的。

总而言之,宗法性传统宗教是一股巨大的保守力量,它保护了帝制社会,但在历史上也维系了中华民族共同体的团结、稳定,增强了内部的凝聚力,使得中国人有一种归向之心,有一种强烈的家国责任感,关心同胞和种族的兴旺,因而对于社会道德风尚的改良也有一定的推动作用。基于以上理由,我们应当给予传统宗教以应有的历史地位。

五 民族宗教向世界宗教发展

在民族宗教的发展过程中,一些民族宗教突破了民族、国家和地区的限制进行传教,并能为世界各民族、国家和地区的人们所接受,因而成为世界性的宗教。当今世界,基督教、佛教、伊斯兰教是公认的三大世界宗教。

世界宗教是古代文明社会发展到一定阶段的历史产物,是在民族宗教的基础上发展起来的。文明社会之前没有世界宗教,即使在文明社会中,世界宗教也有一个逐渐形成和完善的过程。世界宗教的产生需要有一定的历史条件,这就是世界各民族之间的交往和沟通日益增多。从历史上看,这种世界性的交往和沟通始于封建社会的中兴时期,现有的世界宗教大体上都是在这个时期开始形成的。

与民族宗教相比,世界宗教是一种新的宗教形态,具有不同于传统的氏族—部落宗教和国家—民族宗教的一些特点:

第一,世界宗教的神性和信众具有普世性。佛教、基督教和伊斯兰教越过了血缘的谱系和国家的关卡,在不同种族、不同肤色、不同语言和不同国度里找到了自己的信众。佛教的佛和释迦牟尼、基督教的上帝和耶稣基督、伊斯兰教的真主和穆罕默德,都不再是原始创教者所属的特定种族和国家所专有的神圣崇拜对象,他们的神性、功用和权能都具有了超种族、超国家的普世性。

第二,世界宗教的产生有一个相对明确的创建过程。在氏族部落和民族国家中,任何人从其出生之日起,即面对祖先传承下来的传统信仰和既有的宗教体制。民众接受这种宗教信仰,不是出自个人的信念和独立的选择,而是既有传统以及传统本身的强制所产生的结果。佛教、基督教和伊斯兰教在这方面则不太一样,它们的产生不是传统宗教的复制,而是对它的改革,在基本教义和宗教仪式上具有反对传统信仰及其礼仪的特征。它们是某个地域某些特殊的个人按照自己的宗教信念和宗教体验创建的新型宗教。这种新宗教在其开始阶段通过创建人的传教活动来争取人们的信仰和皈依。最初的信徒之所以接受这种宗教,基本上出于个人的选择。

第三,世界宗教的组织具有相对独立性。三大世界宗教由教主个人创建,其初期信奉者分别皈依入教。这样的宗教在开始阶段是社会的少数,而且又独立于传统的信仰体制之外。为了面对传统宗教的敌视和维持自己的生存,新宗教的信仰者必须在共同信仰的基础上建立起自己的宗教团体组织,以便共同表达自己的信仰,举行自己的宗教仪式,同时形成一种社会力量。释迦牟尼的皈依者建立了"僧伽"组织,早期的基督教徒建立了教会,穆罕默德的信徒则组织了更为严密的具有军事和政治性质的穆斯林公社。

这些宗教组织的出现使宗教有了固定的组织结构,促进了信徒之间在信念和行为上的一体化,加强了宗教首领对全体信仰者的控制力。

为了进一步了解世界宗教,我们将在下面几讲分别讲述三大世界宗教。

【关键词】

民族宗教　　圣典宗教　　宗法性传统宗教
世界宗教

【进一步阅读书目】

牟钟鉴:《中国宗教与文化》,巴蜀书社,成都,1989 年。

于殿利、郑殿华:《巴比伦古文化探研》,江西人民出版社,南昌,1998 年。

张荣明:《中国的国教——从上古到东汉》,中国社会科学出版社,北京,2001 年。

李铁匠:《长河落日——巴比伦文明探秘》,云南人民出版社,昆明,1999 年。

【思考题】

1. 原始宗教进入古代文明社会以后朝着什么方向发展?

2. 世界宗教史上最重要的民族宗教有哪些?

3. 国家宗教的人为因素主要表现在哪些方面?

4. 中国宗教法性传统宗教起着什么样的历史作用?

5. 在民族宗教向世界宗教发展的过程中,有哪些主要因素在起作用?

注　释

〔1〕 缪勒:《宗教学导论》,第 40 页。

〔2〕 同上。

第四讲

宗教与古代哲学

宗教与希腊哲学的起源
神灵观念的理性化与希腊理性神学
希腊化时期的宗教与哲学
基督教接纳希腊哲学

哲学的本质是一种理性思维,哲学生来就与宗教有着不解之缘,二者之间关系十分复杂。马克思曾经指出:"哲学最初在意识的宗教形式中形成,从而一方面它消灭宗教本身,另一方面从它的积极内容说来,它自己还只在这个理想化的、化为思想的宗教领域内活动。"[1] 对于这一论断,我们需要结合宗教与哲学发展的历史作具体的理解。

世界上各个民族的宗教有其独特的发展史,世界上各民族的哲学思维也有发展程度上的区分。由于西方哲学的源头是古希腊以及后来的罗马帝国,而古希腊罗马的宗教发展与哲学的关系具有非常典型的意义,因此我们在这一讲中以古希腊罗马时期的宗教与哲学为例,探讨二者之间的关系。

一　宗教与希腊哲学的起源

西方文化源远流长。学者们在探讨西方文化的源泉时都会不约而同地追溯到它的古代阶段,都会把古希腊文化当作西方古代文化的最主要代表。翻开一些相关的著作或文化史专著,学者们对希腊文化的赞颂比比皆是。例如恩格斯说过:"没有希腊和罗马所奠定的基础,也就没有近代的欧洲。"[2]也有现代西方学者说:"西方精神、现代精神是希腊人的发现,希腊人是属于现代世界的。""现代世界与古代世界之区分,西方与东方之区分,在于人们事务中的理性至上的原则——它诞生在希腊,而且在整个古代世界中只存在于希腊一个国家之中。希腊学者是第一批崇尚理性智慧的知识分子。在非理性起着主要作用的世界中,希腊人作为崇尚理性的先驱者出现在舞台上。"[3]这些总体性的论断无疑道出了人们对以希腊哲学为最主要代表的西方理性精神的推崇。然而,我们在肯定这些论断的正确性的同时一定不能忘记,理性至上的原则只是希腊人进入古典时代以后的一个时期内的精神文化的主导面,希腊民族的精神世界即使在古典时期也还有它非理性的一面,有它神秘的一面。要完整地把握希腊民族精神,我们还需要深入到希腊宗教中去,借此了解希腊人的整个精神世界。

公元前 6 世纪末 5 世纪初,希腊的文化中心已逐渐从偏远的位于小亚细亚的殖民城邦转向希腊本土,雅典成为当时哲学活动的中心。从那时起一直到公元前 4 世纪 40 年代马其顿统一希腊各城邦,希腊民族的城邦制度经历了从繁荣到衰落的历史过程。与此同时,希腊哲学经历了大约一百年的早期发展阶段(公认的第一位希腊哲学家泰勒斯的鼎盛年为公元前 585 年)以后进入了它的鼎盛期,出现了以德谟克利特、柏拉图和亚里士多德为主要代表的体系化了的理性主义哲学,希腊哲学取代宗教成为希腊民族精神文化的主要代表,或者说成为其主导倾向。这一历史阶段被学者们称为希腊古典时代,以区别于公元前 8—前 6 世纪的上古时代。人们通常所说的古希腊文化广义上包括希腊民族在古代各个历史时期创造的文化,既包括希腊民族形成和发展的上古时代,也包括古典时代结束以后的希腊化时代,然而由于希腊民族在古典时代取得的文化成就不仅在西方文化史上,而且在世界文化史上都占有重要地位,因此人们讲的古希腊文化主要是指古典时代的希腊文化。

那么理性主义或理性至上的原则能否概括古希腊民族的整个精神世界

或基本的精神倾向呢？我们认为不能。在漫长的人类历史上，宗教几乎总是居于一切上层建筑的顶端，对其他上层建筑领域发生支配性的影响；各种意识形态和文化形式往往被纳入宗教观念系列之中，具有宗教的色彩。在哲学产生之前的古代希腊，情况也是这样。希腊传统宗教作为一种无所不包的意识形态，把各种文化形式（包括萌芽时期的科学和哲学）置于自己的影响之下。希腊哲学诞生以后，宗教仍在延续，并与哲学结下不解之缘，以不同的形式反映着同一个希腊民族的精神世界。即使到了古典时代，理性主义也只是整个希腊民族精神世界之一极，而不是它的全部。希腊民族的精神文化在古典时期的发展虽然可用理性主义哲学作为它的主要代表，但包括荷马宗教和各种神秘宗教在内的希腊宗教是这种古代文化的底蕴。所以，研究希腊民族的精神文化，不可忽略它的宗教部分。希腊宗教在哲学产生以前是希腊民族精神的代表，在哲学产生以后是希腊民族精神的底蕴，直至基督教兴起以后逐渐消亡。

古希腊人的宗教在哲学产生以前有其独立的发展史，它的资格比希腊哲学要老得多。"我们可以很方便地区分四个时期：第一，史前时期，主要是从公元前2000年起，到以荷马史诗为标志的时代为止；第二，从公元前900到500年，始于希腊人的殖民扩张，终于波斯人的侵略；第三，从公元前500到338年，包括希腊历史的最伟大的那个世纪，终于喀罗尼亚战役和马其顿霸权的建立；第四，希腊化时期和希腊罗马时期。"[4]这样一个漫长的历史进程中，希腊人信奉的不是一种单一的宗教，而是无数种宗教。这些宗教也不是保持着始终如一的面貌，而是在历史的长河中不断发生着变迁。

提起希腊宗教，人们常说的是古希腊人的正统宗教，即按上述分期于第二个时期出现的占主导地位的奥林波斯教，或称荷马宗教。但在古希腊，除了这种正统宗教以外还有其他大量的民间宗教在流行，例如奥斐斯教、厄流息斯教等。

荷马时代（公元前11—前8世纪）及其以后，是希腊社会由原始氏族公社发展为阶级社会的时期。战争的胜利使氏族首领成为拥有战俘奴隶的奴隶主，私有财产制的发展又使公社内部出现阶级分化。氏族长老成为享有特权地位的贵族，长老会议则逐渐演变为对氏族成员实行控制的国家机构。

由于希腊本土被陡峭的群山分割为众多的小块地区,各氏族部落便在各自占有的地区,以某个城市为中心,包括周围的乡镇和农村,建立起一个一个的独立城邦。在马其顿王朝之前的整个希腊古典时代,希腊全境始终未能成为一个政治上集中统一的国家,地区性的城邦国家为数众多。但是,从荷马时代开始,统一的希腊民族意识开始形成,原有的宗教也逐渐融合发展成统一的民族宗教。民族的形成为宗教的统一打下了基础,而统一的宗教一旦形成,就成为维系希腊民族情感的最主要的手段。

古典时代的希腊人的宗教信仰本身已经接受了从米诺斯到迈锡尼、从埃及人到小亚细亚诸民族所信宗教的影响。从起源上说,古典时代的希腊宗教就是古希腊人所源而出的印欧雅利安人种的传统宗教与上述其他宗教的混合物。然而在各种社会因素的作用下,奥林波斯教逐渐成为希腊城邦社会占主导地位的正统宗教。"荷马的诗篇为我们呈现了一种发达的多神教,一个体系,各位神祇已经按照某种家长制相互联系起来,在一位最高神之下组成一个神圣家族。"[5]这种宗教有着许许多多的神灵。在希腊人的万神殿中,大神数十,小神成千上万,再加上山精树怪,不计其数。后来,罗马时期的诗人瓦罗曾搜集神的名字,结果找到了三万多个。

希腊宗教没有权威的圣书,没有固定不变的教义。诗人荷马和赫西俄德都没有为希腊宗教提供一本圣经,而是为希腊宗教进入成熟期整理出一个神灵系统,作为希腊人的崇拜对象。这是希腊宗教的特质。正是在这个意义上,我们可以说,希腊宗教是诗人们凭借想象力发展起来的。

奥林波斯教的崇拜对象是以宙斯为首的十二位主神。他们有男有女,相互之间又有亲属关系,形成一个位居诸神和万民之上的"神圣家族"。荷马时代开始有了对这个神圣家族的合祭。神圣家族的成员起初有宙斯、赫拉、波赛冬、雅典娜、阿波罗、阿耳忒弥斯、阿佛罗狄忒、赫耳墨斯、德墨忒耳、阿瑞斯、赫淮斯托斯和赫斯提亚。后来酒神狄奥尼索斯取代了女灶神赫斯提亚的地位,成为十二主神之一。

"神圣家族"作为奥林波斯教的主要信仰对象,反映了希腊古典社会最典型、最正统的一面。宙斯象征着希腊民族的统一、公正和法律;赫拉象征着合法婚姻;雅典娜象征着智慧和城邦文明;阿波罗象征着光明和音乐;阿瑞斯象征着勇敢和战斗;阿佛洛狄忒象征着美丽;德墨忒耳象征着丰裕;波赛冬象征着航海事业;赫耳墨斯象征着商业繁荣;赫淮斯托斯象征着手工工艺……这些因素综合起来,反映了希腊人的社会政治理想。在这种宗教的祭仪中,野蛮的色彩逐渐消褪。献祭已不仅仅是一种贿赂,而是一种与神的友好的交流。祭礼是庄严的、美妙的,有颂神诗和舞蹈,有祭坛、神庙和祭司,但还没有固定的偶像。荷马以及其他诗人描述的神已不再是粗俗的精灵、飘忽不定的神力,而是有着鲜明人格的、超人的存在。

奥林波斯教的精神是希腊民族精神发展史上的一个重要阶段。在希腊哲学产生之前,这种宗教的神灵观念体现了希腊民族的理想与超越。希腊哲学诞生以后,这些神灵观念被改造、吸收到哲学之中,通过理性的提炼而继续体现希腊民族的理想与追求。美国实用主义哲学家杜威说:"没有希腊宗教,希腊艺术和希腊的国民生活,他们的哲学是不能成立的,而那些哲学家所夸耀的那种科学的效果却是皮相的,无足轻重的东西。"[6]确实,在哲学与科学兴起之前,奥林波斯教的神灵观念是希腊民族精神的主要体现。它对当时社会公众心理的影响比后起的哲学更加广泛。但它在以后的发展中并没有保持原有的地位。奥林波斯教的消亡已经由它自身的缺陷所决定了。当希腊人的理性思维发展起来,有了哲学的时候,这种宗教尚无理性化的教义;当希腊人除了参与公共生活,还想要获得个人情感的满足的时候,这种宗教已经越来越官方化。于是,希腊人探索神秘的生命,想要达到"与神相合"的精神境界的目标只能由其他神秘的民间宗教来满足了。

希腊神秘教主要有狄奥尼索斯教和奥斐斯教。由于这两种民间宗教之间有一定的继承关系,所以我们把它们合在一起论述。狄奥尼索斯教的历史可以追溯到公元前7世纪,但它到了古典时代迅速崛起,广泛传播。这一现象的出现有深刻的社会动因。在古典时代,日益官方化的奥林波斯教是一种贵族性浓烈的宗教。对普通平民来说,它并不能满足人们的精神需要。天神在平民们的心目中颇有可望而不可即的感觉,因此只能敬而远之。他们需要一种比奥林波斯教更加贴近社会现实的宗教来满足他们个人精神发展的需要。狄奥尼索斯教就是这样一种富有平民性的宗教。狄奥尼索斯教徒崇拜的酒神狄奥尼索斯的出身比其他天神要低微。神话中说,狄奥尼索斯是宙斯与凡妇塞墨勒偷情的产物。天后赫拉知讯后妒火中烧,设计哄骗塞墨勒,让她要求宙斯以向赫拉求爱的形象与自己相会。宙斯无法自食其言,只能以霹雳的形象出现在塞墨勒面前。结果,塞墨勒被烧成灰烬。宙斯从火中抢出六个月大的胎儿,缝入自己的髀肉。待胎儿长成后,宙斯割开大腿,产下狄奥尼索斯,把他交给赫耳墨斯。赫尔墨斯把狄奥尼索斯变成一只小山羊,交给倪萨山的神女抚养。狄奥尼索斯在山中长大,发明了酒。赫拉认出他是宙斯和塞墨勒的儿子,将他变成疯子。在一大群山羊神和狂女的陪伴下,他周游世界,在各处创下辉煌业绩。后来狄奥尼索斯返回希腊世界,人们认识到他是神,开始崇拜他。他终于升入天庭,成为十二主神之一。他又下到冥府,迎回死去的母亲。这些神话故事描述了他与神圣家族成员对抗的事迹,象征着与希腊正统精神相抗衡的一种精神倾向。以这些神话故事为主要依据的酒神庆典中,信徒们扮演这位神灵,由羊人和狂女陪伴,手持长笛和酒杯到处游逛,喝得醉醺醺的。这种宗教庆典给了信徒们一种与官方祭典不同的新的感受。你想要与神相通吗?不必去与天神攀亲,不靠祖宗和前辈英雄,也不必顶礼膜拜。只要你信奉狄奥尼索斯,只要你按他的处世方式去行事,你自己就是神。这样,平民们在庆典中与神沟通了,与神认同了。他们体验到了自身的神圣性,这对平民阶层来说,确实是一种精神解放。

狄奥尼索斯教发展到后来有被奥林波斯教融合的迹象。狄奥尼索斯被纳入神圣家族,也有一些城邦尊他为城邦保护神。与此同时,在该教内部也有一些人作了使礼仪规范化的努力,从而使该教演变为奥斐斯教。奥斐斯教因其教祖而得名。在希腊神话中,奥斐斯是个半人半神的角色。他是文艺女神的儿子,擅长音乐和诗歌。他美妙的歌喉来自于天赋,能使顽石动情,跟着他聆听歌声。他曾去埃及游历,后来参加希腊英雄们寻找金羊毛的远航,用音乐帮助英雄们克服了许多困难。远航结束后,他返回故里,娶欧律狄刻为妻。后来他的妻子被毒蛇咬死了。为了使妻子能够复活,他下到冥府,用歌声让艄公卡戎给他摆渡,又驯服了三头狗。冥王哈得斯受到感动,允许他带妻子的鬼魂去还阳,但有一个附加条件,在走出冥界之前,不能回头看妻子的影子。结果在快要走出冥界的时候,奥斐斯忍不住回过头去看了一眼,妻子的鬼魂立即消失,奥斐斯也就最终未能救出妻子。他失去妻子后,致力于宣传一种新宗教。

奥斐斯在历史上是否确有其人至今尚无定论。但大部分西方学者宁可信其有,不愿信其无。我们所能肯定的是,奥斐斯或其他一些宗教改革者对狄奥尼索斯教作了一些改革,使一种新宗教得以诞生,或者说狄奥尼索斯教发展到了奥斐斯教的新阶段。公元前6世纪中叶以前,奥斐斯教在南意大利、西西里等地区非常盛行,后来传入雅典,在希腊本土以至小亚细亚殖民城邦也比较流行,成为一股甚有影响的宗教思潮。这种教义的最后形态经过相当时期才形成。在公元前6世纪出现了该教的《圣书》。它的神秘教义虽然仍旧保持着许多从原始神话和祭仪中得来的成分,但旧的形式获得了新的内容,原有的宗教表象与新注入的理性思考混合在一起。它的信仰和教义对古希腊哲学有较大影响。毕达哥拉斯学派、爱利亚学派、赫拉克利特、恩培多克勒、苏格拉底、柏拉图,乃至后来的新柏拉图学派都烙有这种宗教的深刻痕迹。到了公元后3世纪,一些新柏拉图主义者在与早期基督教的论战中汇辑了奥斐斯的作品。到了现代,又有一些铭文被发现。

奥斐斯教有成文的教义。该教的《圣书》相传由奥斐斯撰写。奥林波斯诸神也被该教列为崇拜对象,并排列成五代,但排法与荷马、赫西俄德不同。它最崇奉的神祇不是天神而是冥神,不是宙斯而是狄奥尼索斯;它最关注的不是现世的福益而是来世的幸福,不是人的肉体而是人的灵魂;它最崇尚的原则不是理性至上,而是自由狂放;它追求的精神境界不是神圣和庄严,而是自由与狂放。这些精神要素都汇聚在狄奥尼索斯身上。他是酒神,是自由与生命的象征。他每年在隆冬肃杀之际去世,到春天复生,意味着生对死的胜利。

奥斐斯教给希腊人带来了一种与荷马正统宗教大异其趣的宗教观念。首先,传统的希腊宗教偏重尘世,虽然也信仰人死之后的哈德斯冥府,但那个幽暗的地府不过是死后灵魂的集中之地,除带给希腊人一种恐怖之感以外,并没有来世幸福的许诺,不能给人以感情上的慰藉。奥斐斯教则偏重来世,着重崇拜地府冥神。"按照奥尔菲派(即奥斐斯教,作者注)的教义,人生就是赎救提坦神族罪孽行的一种忏悔。人的不朽部分是被禁锢在他的凡体之中;灵魂被幽禁在他的肉体之中。肉体是灵魂的坟墓。"[7]该教的神话说到宙斯在和巨灵神泰坦的斗争中用灰烬创造人,其中既有泰坦的灰烬,因而人生来不完善,有原罪;同时也有狄奥尼索斯的实体部分,因而人生来也有某种神性。泰坦的因素就是人的肉体、感官、欲望部分,狄奥尼索斯的则是人的灵魂或心灵部分。所以,人的肉体是灵魂的囚笼或坟墓。人是神灵的家畜,在神灵认为适当的时候,是会自动地将人从人生的牢狱中解放出来的。[8]人的肉体死亡实际上是一种解放。人死之后,灵魂要受到审判。假使灵魂为肉体腐化到不可救药的地步,就被押解到塔塔勒斯的地狱中去受永远的刑罚。假使有法可救的话,那么加以清洗洁净之后,会重被遣送到地上,重新开始它的忏悔生活。灵魂在世上经过三世之后,不受肉体玷污,就被永远开释,去和天上的快乐神灵共同交游。[9]这种灵魂肉体二元论的教义引导着人们对来世的向往。

其次,正统宗教没有原罪的观念,该教则主张人带有原始的罪恶。因为人带有邪恶的泰坦的成分,必须通过"净化"来赎罪,使灵魂在轮回转世中变得纯洁,从而得到解脱,复与诸神同在,享受至福。这就给希腊人带来了善有善报,来世幸福的遐想。今生犯罪,来世必苦;今世为善,来世可转生为富贵之人,甚至成神进入福地。

再次,奥斐斯教给个人提供了一条摆脱人生苦难的解救之道。人生在世就要净化灵魂。净化的方式则有用清净的泉水洁身,节食、禁绝杀生和血祭等。通过这些洁净礼仪,使灵魂摆脱肉体的污秽,最后与神相合。人生是死亡的演习。只有通过死亡,灵魂才能从它的禁锢之中解脱出来,才能从它身体的罪恶之中得到解救。"奥尔菲主义的核心是在以巫术为根源和原始成人入社礼为最后根源的神秘教义当中。原始成人入社礼的形式,在奥尔菲派的神秘教义当中,和厄琉息斯教的、基督教的以及一切神秘宗教的神秘教义一样,都被保存着,同时还被加上一种新的内容。原始的成人入社礼是被用来切切实实地为成年人准备真正的人生的。神秘的入社礼为入社者所准备的,却不是这一个世界而是另一个世界,不是为人生而是为死后。被剥夺了天生权利的、被剥削的和丧失了全部所有的人们,在绝望中,脱离了现实世界而转向到一个未来的幻想世界中去,希冀因此而恢复他们已经失去了的遗产。"[10]

奥斐斯教以它独特的教义和教仪为一部分希腊人提供了精神上的抚慰,代表着希腊民间宗教发展到一个新的阶段。它从民间直接产生出来,不受国家的控制。它也只在民间流行,而没有成为城邦国家的官方宗教。它所实行的神秘主义的仪式使它难以突破相对狭小的入教者的圈子。同时,在希腊古典时代,科学和哲学的世界观已经出现,反传统宗教的启蒙思想对它的发展也起着制约作用。

奥斐斯教不是希腊唯一的神秘主义宗教,而只是当时流行过的神秘教之一。但它发源于希腊,并一直延续到公元后4世纪才绝迹,所以可以看成希腊古典文化中的神秘主义在宗教方面的主要代表。"由于对他(狄奥尼索斯)崇拜便产生了一种深刻的神秘主义,它大大地影响了许多哲学家,甚至对于基督教神学的形成也起过一部分的作用;这种崇拜发展的途径是极其值得注目的,任何一个想要研究希腊思想发展的人都必须好好加以理解。"[11]在希腊古典文化鼎盛之际,这种神秘主义可以称作一股暗流。但是到了这种文化遇到危机或处在一个衰退的时期,这股暗流却又可以起到重要的作用。

总之,希腊民族精神在进入古典时代以前主要是以宗教观念的形式得到表现的。作为正统宗教的奥林波斯教的神灵观念代表着希腊民族精神的一极,象征着希腊民族精神的主导面,体现着作为一个整体的希腊民族的理想和追求;而奥斐斯教一类的民间宗教则以另一类神灵观念代表着希腊民族精神的另一极,象征着希腊民族精神的次要的一个层面,体现着作为个体的希腊人精神解放的需要和情感要求。这两类宗教给希腊民族的精神世界都打上了深刻的烙印。正统宗教给希腊人的精神留下的印记可以简要地归纳为神圣与崇高,而神秘教给希腊人的精神留下的印记则是神秘与解脱。把握了这两个方面,我们就可以从希腊宗教与哲学之间的关系入手,进一步讨论希腊古典时代的神秘主义表现形式了。

二 神灵观念的理性化与希腊理性神学

希腊哲学起源于希腊神话与宗教,希腊神话与宗教是希腊哲学之母。但希腊哲学的诞生却是希腊传统宗教,尤其是荷马宗教遭受厄运的开始。哲学由于它的本性无疑要把包括神话和宗教在内的一切现象当作理性思维的运作对象,神话与宗教虽然贵为哲学之母却不能得免。但是希腊宗教与哲学的关系又不是完全敌对的。哲学一方面起着破除原有的宗教神圣感和神秘感的作用,另一方面却又在提升宗教的品位,为宗教神学的发展铺路架桥,其结果就使希腊人的宗教从拟人化的多神论向非拟人化的一神论方向发展,并产生了希腊人的理性神学。理性的介入一方面使希腊人有可能摆脱原始的自然主义的宗教神秘主义,但又使希腊人陷入新的较为理性化的宗教神秘主义。

上古时代的希腊人对神灵的敬畏,对灵魂的关注,对冥世的想象,对来世的向往基本上是一种世代相传的宗教信仰,既不可能诉诸感官经验的实证,亦非理性推理的逻辑结论,本质上是一种没有理性基础的自然主义崇拜。但在这种自然主义的深处却贯穿着一条思想轴线,即用超自然的和超人间的力量(神)来说明一切。这种宗教观念是一种思维的抽象,具有"世界观"的萌芽的性质,是孕育哲学思维的种子。随着希腊人思维能力的增强,希腊精神的下一步发展就是通过经验和理性去探索自然万物的真正原因和人世间的第一原理。希腊哲学诞生了。[12]

最早的希腊哲学家以万物的始基或本原为思考的主要问题。他们的出现打破了在精神领域内一统天下的宗教神话。在传统精神的束缚下,"自然的秘密只许神知道,人类应当安分于人间的知识,不宜上窥天机"[13]。然而,从泰勒斯开始的一批早期自然哲学家从自然本身去说明自然,不仅打破了"自然秘密"这个禁区,而且在对"自然秘密"的解释中引入了自然物的物理过程。宗教神话赋予天体和天象的神圣性和神秘性被否定了,神灵本身被降格为"自然"现象或自然物,神性也成了一种自然本性。阿那克西美尼说气就是神,"他将万物的原因归于无限的气,但并不否认有神,也不是闭口不谈神;他只是不相信气是由神创造的,而是认为神是由气产生出来的"[14]。塞诺芬尼说,日月星辰和虹("伊里斯")不是神,而是云(DK21B32)[15];自然的一切秘密,人间的各项技艺不是神指点给人的,而是人们在生活中探索得知的(DK21B18)。就这样,希腊人传统的神灵观念开始注入了理性的成分。

希腊人的神灵观念同世界上其他地区和民族一样,经过从自然崇拜、图腾崇拜、动物崇拜到人格化,从多神教到主神教的发展阶段。随着希腊人思维能力的发展,原有的宗教神灵观念受到理性的责疑。在这个方面,哲学家们是主力军。塞诺芬尼指出,神话中开天辟地的泰坦诸神是不存在的。"不要歌颂泰坦诸神、巨人或半人半兽的怪物们的斗争,这些都是古代人的虚构。"(DK21B1)他从道德角度对传统神话中的诸神加以讨伐。"荷马和赫西俄德把人间认为是无耻丑行的一切都加在神灵身上:偷盗、奸淫、彼此欺诈。"(DK21B11)更重要的是,他揭示了传统神灵观念的起源。他指出,神话和一般民众都幻想神和人一样穿衣吃饭,有着和他们一样的声音和形貌。因此,不同民族的人幻想出来的人就有了不同的形象。"埃塞俄比亚人说他们的神的皮肤是黑的,鼻子是扁的;色雷斯人说他们的神是蓝眼睛,红头发的。"(DK21B16)可是,"假如牛、马和狮子都有手,而且像人一样能画画,塑像,它们就会各自照着自己的模样,马画出或雕出马形的神像,狮子画出或雕出狮子样的神像"(DK21B15)。在这里,他实际上指出,神的形象是拟人化的结果。不是神创造人,而是人按照自己的形象创造神。这种批判矛头所指,从根本上触动了传统宗教的根基。

每一种宗教都有祭仪。祭仪是宗教的必要组成部分,是宗教意识的具体体现。希腊哲学家对传统宗教的批判也波及传统的宗教祭仪。一般说来,荷马宗教祭仪是哲学家批判的主要对象,但其他宗教祭仪也在扫荡之列。赫拉克特对他那个时代流行的各种民间宗教祭仪都有诽言。他说:"他们向神像祷告就像和房子说话一样,他们并不知道什么是神和英雄。"(DK22B5)"他们[希腊人]向神的塑像祈祷,好像它们能听见似的,其实它们听不见,也不能给予回报,正像不能提出要求一样。"(DK22B128)"[赫拉克利特向埃及人说:]如果他们是神,你们为什么哀悼他们?如果你们哀悼他们,你就是不再将他们看作神。"(DK22B127)"[爱菲索的赫拉克利特向谁作预言?]夜游者、术士、酒神祭司、女祭司、秘密传教者。[他威吓这些人死后要受罚,预言他们要遭受火焚。]因为人们的神秘的传教仪式是不虔诚的。"(DK22B14)恩培多克勒猛烈抨击当时盛行的血祭。他认为动物的躯体中寄居着与人的灵魂有亲缘关系的灵魂。他谴责道:"你们还不停止那种疯狂的屠宰么?你们不曾看到,在这种同于你们心里的轻率和粗鄙所造成的活动中,你们在自相吞噬!"(DK31B136)"父亲举起他自己的已经变换形态的儿子,口中念着祷词屠杀了他。这个昏庸透顶的傻瓜!人们在牺牲旁边向神祈求恩幸,那个父亲,是听不到牺牲呼号的声子,在殿堂里屠杀他们,准备了罪恶的祭宴。而儿子呢,他们也以同样的方式攫住他们的父亲,或者儿童攫住他们的母亲,撕毁双亲的生命,吃着亲属们的肉。"(DK31B137)

进入古典时代以后,希腊城邦社会发生了巨大变化。在公元前492—前449年的希波战争中,希腊人体验到他们是靠自己的团结、智慧和力量打败了比自己强大的波斯。生活在这个时代的希罗多德,在记述几场重大战斗时始终未提神的干预、神的帮助,同荷马笔下的特洛伊战争恰成鲜明对照。公元前431—前404年爆发了伯罗奔尼撒战争,亲身经历这场战争的修昔底德用大量事实证明这是雅典与斯巴达争夺霸权的结果,在强权面前,神也无能为力,像密提尼等弱小城邦,纵然拥有正义和神的保护也免不了灭亡的命运。神圣不可侵犯的神庙也照样被践踏。社会的发展推动着希腊哲学进入鼎盛时期,它的理性批判能力日趋成熟。随着智者运动这股广泛的社会思潮的出现,希腊哲学对传统宗教的批判达到了一个新的高潮。它表现的具体形式有两种:一种是以智者普罗泰戈拉为代表的疑神论,另一种是以普罗狄科和克里底亚为代表的无神论。

普罗泰戈拉对神是否存在提出了公开的怀疑,他说:"关于神,我不可能感受他们如何存在或如何不存在;我们也不可能感知他们的形象是什么;因为有许多感识方面的障碍,人们不可能亲身体验到神,而且人生又是短促的。"(DK80B4)[16]他还写过《论来世本性》和《论阴间生活》,其主题也是以感觉主义和怀疑主义为武器,怀疑来世,怀疑阴间地府的存在,怀疑灵魂不灭。当然,怀疑还不是否定,但它确实是否定的前导。另一名智者普罗狄科明确地说，没有什么神，是人们的生活需要创造了神。[17]克里底亚则说："聪明的圣人发明了对神灵的恐惧，以便吓唬那些暗中作恶的人。"（DK88B25）应当说，这种疑神论、无神论思潮在当时相当流行，而不仅仅是少数人的看法。当时的悲剧诗人埃斯库罗斯用辛辣的笔法描写了宙斯的残暴、威力神的凶狠、河神的怯懦、赫耳墨斯的奴性，等等。另一位悲剧诗人欧里庇德斯对希腊人普遍崇拜的阿波罗神的道德丑行作了淋漓尽致的揭露。他认为，如果神的行为卑鄙，他就不是神。"谁说天上有神？不，没有！如果有人说有，就告诉他不要傻乎乎地相信那些古老的故事了。"[18]雅典民主政治家伯里克利也认为："神的存在只是一种推断而已，我们谁也没有见过。"[19]

古典时代的宗教批判浪潮产生了一些无神论者，但对绝大多数人来说，要他们在那个时代就彻底否定一切神的存在几乎是不可能的。由于时代的局限性，希腊古典时代发生的这些宗教批判没能打倒宗教，但它给希腊古典文化的发展带来了两个后果：一是使希腊知识阶层经历了一场宗教启蒙，打破了宗教神话在意识形态中的一统天下，使科学和哲学成为古典时期精神文化发展的主要内容；二是传统神灵观念在理性的砥砺下发生了重要变化，品位得到提升，导致一神论观念和理性神学的诞生。恩格斯在讨论神灵观念的变迁时说过："由于自然力被人格化，最初的神产生了。随着宗教的向前发展，这些神越来越具有了超世界的形象，直到最后，由于智力发展中自然发生的抽象化过程——几乎可以说是蒸馏过程，在人们的头脑中，从或多或少有限的和互相限制的许多神中产生了一神教的惟一的神的观念。"[20]希腊神灵观念的变迁证明了恩格斯的论断是正确的。

没有哲学的介入，宗教也能从多神论发展到一神论。犹太教的发展可以证明这一点。[21]但是希腊宗教的发展在古典时代产生出犹太教那样的一神教，无论是荷马宗教还是奥斐斯教到了古典时代仍然还是多神教和主神教。倒是在哲学家的头脑中出现了一神论的观念。他们对传统多神论宗教的批判把非拟人的一神论观念给催生了出来。首先迈出这一步的就是生活在公元前6世纪—前5世纪初的游吟诗人兼哲学家塞诺芬尼。他在否定了传统的拟人化的多神论后，并没有得出无神论的结论，而是力图建立一种非拟人的与宇宙同一的一神论。

塞诺芬尼在批判传统神灵观念时提出了他自己关于神的理论:"有一个神,它是神和人中间最伟大的;它无论在形体上或心灵上都不像凡人。"(DK21B23)"神是作为一个整体在看,在知,在听。"(DK21B24)"神永远在同一个地方,根本不动;一会儿在这里,一会儿在那里对他是不相宜的。"(DK21B26)"神用不着花力气,而是以它的心灵的思想使万物活动。"(DK21B25)这就是塞诺芬尼的一神论理论。他的神性观摆脱了希腊传统宗教的神性观,把拟人而生、具有人形人性的神,变成了一位与人形人性毫无相同之处的理性神。塞诺芬尼的思想本质上是一种哲学理论,然而以后的宗教神学家可以利用它来建立神学体系。"希腊神话为希腊哲学的产生创造了条件,现在,神话要向神学过渡却要依靠哲学了。"[22]

同样的过程在另一位哲学家恩培多克勒那里也能看到。他也对传统的希腊多神教进行了严厉的批判,但没有完全否定这些人格神。他的《净化篇》还保留着一些早期希腊神话和宗教中的人格神。不过他认为,在这些人格神之上,还有一个更高的、神圣的、非人格的理性神。"在他的躯体上并没有人的头,没有两肢从他的双肩迸生出来,他没有脚,也没有反应灵敏的膝盖,也没有毛茸茸的部分;他只是一个神圣的不能言状的心灵,以敏捷的思想闪耀在整个世界中。"(DK31B134)这样的神是没有形体只有智慧的。后来,原先是智者一员,后来成为犬儒派创始人的安提司泰尼用自然与约定俗成的理论去解释神:根据风俗习惯和人为约定,有许多神;根据自然本性,只有一个神。这个理论为后人解决一神与多神、上帝与偶像神的争端开辟了新的道路。

"宗教的本质特征,在于对神的信仰。"[23]神学是"关于神的理论或论述"(奥古斯丁语)。希腊神话与宗教是希腊哲学诞生的温床,但希腊人的神学却是哲学的产儿,是希腊人的理性思维对传统神话宗教的改造和提炼。一神观念或理性神观念的出现为希腊理性神学的诞生奠定了基石。它的系统化是由苏格拉底、柏拉图和亚里士多德完成的。公元前1世纪的罗马多产作家瓦罗曾把神学分为三类:神话神学、政治神学、自然神学。神话神学指诗人们对神与神圣世界的描写;政治神学是官方的国家宗教理论;自然神学则是哲学家的创造,是一种关于神的本性的理论。后来的基督教教父奥古斯丁把神学分为自然神学和超自然神学两类。在他的心目中,基督教产生以前的异教神学理论可以称作自然神学,言下之意,基督教神学是高于自然神学的超自然神学。奥古斯丁承认他的自然神学概念来自瓦罗。但他认为,瓦罗所说的三种神学只有自然神学才属于宗教的范畴。诗人们的神话的神学只代表一个使人相信的美好世界,官方的神学只表明瓦罗希望用国家的权威拯救衰落的宗教,而真正的宗教是人类社团社会生活的一种基本形式,不应限制在某个国家,神本质上是普遍的。只有希腊哲学中才有真正的神学,因为它基于理性对神的存在本身的直觉。

瓦罗和奥古斯丁的神学分类有一定的意义。希腊人的宗教神话以形象思维和诗性语言为基本思维工具。一旦人们用概念和理论说明万物的本原和生成过程时,哲学的思维方式就诞生了。过去人们用神来说明自然和社会,现在用抽象概念来说明,并使用逻辑证明。原始人面对变幻莫测的自然形象,靠狭隘的体验和丰富的想象力塑造了拟人的神的形象。现在哲学家们依靠广阔的生活体验和理性去思索神及神人关系,构思理性神的观念。这样也就有可能挣脱神人同形同性观念的束缚,体验到神是单一的精神实体。这种由哲学家的理性思维产生的神学理论可以称为"理性神学"。它是希腊宗教意识的理性化,是希腊宗教思想发展的主要趋势之一。在整个社会还不能抛弃传统的神灵观念的时候,当哲学家自身也还不能对宗教问题有科学的认识的时候,用理性去构造新的神观,建立系统的神学是很自然的。希腊理性神学是希腊古典时代哲学的一项副产品。

首先是苏格拉底。他在当时雅典公众的眼中是一个无神论者,并因此受到指控,被迫上法庭辩述,但他自己并不这样认为。他说,我从来都敬奉神明,"从幼年起就有一种声音降临于我心中"[24],"经常降临的神的意旨不时地警告我,甚至极小的事如不应做,都要阻止我做"[25]。这位神委苏氏以重任——拯救雅典人的心灵,召唤他们的良知,使之洗心革面,重振城邦。苏氏自称是神赐予雅典人的礼物,以便"不时地唤醒、劝告、责备你们"[26]。他声称,自从他参加过三次征战以后,就根据神的指令肩负起"指导哲学生活,审察我自己和他人的职责"[27]。他说,如果安尼图斯的指控得逞,一下了扑杀了他的话,雅典人将执迷昏睡直至生命终结,神也会派另一个人来代替执行他的哲学使命。[28] 然而,由于雅典人的固执、偏见和无知,最后竟投票处死了苏格拉底。他没有最后的晚餐,但是他说他的遭遇是神的旨意,而且是"神暗示所发生于我的好事","大有希望我此去是好境界"[29]。由此可见苏格拉底是有神论者,而不是无神论者。不过,他信仰的神不是宙斯也不是传统神谱中的任何一位。它不像旧神住在奥林波斯山,而是苏格拉底自己体验到的神。这位神的本性是智慧。"真正的智慧是属于神的,神谕只是告诉我们,人的智慧微不足道,没有价值。"[30]"我认为'智慧'这个词太大了,它只适合于神;但'爱智'这个词倒适合于人。"[31]

在苏格拉底之前,塞诺芬尼和恩培多克勒已经孕育了理性神的思想,但他们只留下了简短的论断。苏格拉底则明确地展开论述了神的本性就是理智。按照色诺芬的记载,苏格拉底认为,全智全能的神是宇宙万物普遍体现的最高理智,这种神就像人身体中的努斯能随意指挥身体一样,"充满宇宙的理性也可以随意指挥宇宙间的一切"[32]。"惟有那位安排和维系整个宇宙(一切美好善良的东西都在这个宇宙里面)的神,他使宇宙保持完整无损、纯洁无疵、永不衰老,适于为人类服务;宇宙服从神比思想还快,而且毫无失误。这位神本身是由于他的伟大作为而显示出来的,他管理宇宙的形象却是我们看不到的。"[33] 苏格拉底认为人是万物之灵,神最为关怀人、眷顾人。神"为供给人们的需要而操心",他的一切作为"都是为了人类的缘故而发生的"。神为人的视力提供光,为人的休息提供黑夜,让星月照耀使人能分辨昼夜时分和月令,提供土地和水使人能生产食物,提供火使人能为保全生命策划一切有益的事情,提供气使人维持生命。神使"其他生物的生长也是为了人类"。他还认为,这位理性神为了人类,合目的地设计和创造了宇宙万物,它们都是"由一位愿意万物都生存下去的神特意设计的结果,是神凭智力造出来的"[34]。这个神是最关怀人类的"聪明仁爱的创造者",不仅创造了人,还为人造了各种器官,使人能够生存和繁衍,还给人安置了灵魂,使人能追求知识。神"能够同时看到一切事情,同时听到一切事情,同时存在于各处,而且关怀万有"[35]。

由于信仰这样一位理性神,苏格拉底可以勇敢地面对死亡。他在雅典监狱中临刑服毒以前还在和他的朋友、学生就哲学家如何对待生死问题进行讨论。他虽然已经知道自己即将死亡，但他表现得非常从容安静，因为他认为一个真正爱好哲学的人是不会害怕死亡的。[36]虽然如此，他又认为不应该自杀。自杀是不合法的，因为有一种秘传的学说认为人生正如一个囚犯，自己没有权力逃脱。苏格拉底说他对于这种秘密传说并不理解，但他宁愿相信这种说法。我们人是属于神的，神是我们的主人，如果没有神的召唤，我们不能自己去死。[37]他还认为，自己现在已经得到了神的召唤。"我认为我死去是到更智慧、更好的神那里去，这是好事而不是坏事，所以我对死并不悔惧。"[38]

可以说，苏格拉底提出了一种完整的理性神论。这种理性神学的理论是古典时期希腊哲学对宗教的渗透。在理性思维的作用下，传统的人格化的多神宗教被哲学扬弃了。希腊神学的发展进入了理性神阶段。它的产生一方面使希腊宗教的品位得到提升，起着破除传统宗教神秘主义的作用；但另一方面，它引入了理性神，主张通过沉思默想达到与神的沟通，因而又给希腊人的理性世界披上了一层新的神秘的面纱。苏格拉底的目的论哲学合乎逻辑地要求他承认有一位最高的神主宰宇宙和人类社会。他从理智主义出发，悄悄地给宗教意识注入精神和道德的因素，使传统的人格神上升为理性神，使已经不适应时代需要的非道德宗教向道德宗教嬗变。在此意义上，苏格拉底是当时希腊人的耶稣。"在基督教以前的整个古代时期，连希伯来人的古代时期也不例外，找不到一个比苏格拉底和基督更相近似的人物。在苏格拉底以后，在提高希腊文化的风格，使之可以和希伯来宗教相颉颃，从而为基督教做好准备方面，也没有一个希腊人比苏格拉底的弟子柏拉图做得更多的了。"[39]不过，苏格拉底毕竟不是耶稣，神也没有同希腊人立约。希腊的文化背景及经济政治制度、伦理规范、风俗习惯、民族特征不同于犹太人。希腊人从来不是靠神和先知引路，而是依靠城邦，过着城邦的政治生活。苏格拉底的思想没有能与社会实践结合。苏格拉底的门徒没有去建立宗教团体，而是按各人对老师学说的理解建立各自的哲学派别，在自己的哲学原则基础上阐明新的神学观念和理论。

柏拉图继苏格拉底之后继续朝着建构理性神学的方向迈进。西文"神学"（Theology）一词来源于希腊文 Theos（神）和 Logos（知），意为关于神的知识、道理、论述、学问或学科。柏拉图是西方最先使用"神学"这个词的人。[40]他在《理想国》第二卷中想为神学确立几条原则或规范,并当作法律确定下来。他提出,为了建立一个理想的城邦,诗人们应避免荷马、赫西俄德以来的希腊诗学传统,把他们对诸神的解释提高到哲学真理的水平,人们应当"始终按照神的真相去表现神"[41]。这也就是说,要用理性思维去思考神的问题,不能把神说成是一切事件的原因,不能描写神带来了灾祸,不能把恶归于神;神不是魔术家,不会变化形体,也不会骗人,凡是与此相悖的故事应当一律禁止。[42]在他眼中,以往诗人们对神的描写充斥着谎言,建立真正的神学有待于哲学家们的努力。

柏拉图理性神学的核心篇章是他的《蒂迈欧篇》。"无论是在中世纪,还是在更早一些的新柏拉图主义里,这一篇都比柏拉图的任何其他作品具有更大的影响。"[43]在这篇对话中,柏拉图发表了同以往神话中的宇宙生成论不同的,同时又和自然哲学相对立的宇宙创造论。对话中的主要发言人蒂迈欧说,要阐述宇宙的生成最好先说明它的创造者和原型。宇宙的创造者[44]就是神。他是善的,没有妒忌,希望万物都像他自己一样只有善没有恶;他将混乱无秩序的运动安排得有秩序,因为这样是最好的,这也就是宇宙的创造;他看到理性比非理性好,所以将理性放入灵魂,将灵魂放入躯体,将宇宙造成一个带有理性和灵魂的生物。[45]我们的这个世界,上至日月星辰,下至地上万物和人类自身,都是生成的,因而必定有一个生成万物的最终原因;它们又都是被创物,因而必定有一个创造者,它就是神,万物之父。那么这个创造者是怎样创造世界的呢?柏拉图用自己的理念论作了解释,说是按永恒不灭的原型(理念)创造同一母体的摹本,犹如工匠按床的范型制造一张张具体的床。创造者愿最初的这个混沌体成为有序的、美好的、合目的的世界。为了避免发生纷争,他只造了我们这一个世界。在这个世界中它先创造了水火气土四种元素和可见的天体。他为了使自己所创造的世界更像他自己而且处于永恒的状态中,因而设法创造了时间,从此有了白天与黑夜、年月日之分。[46]之后他致力于按原型创造宇宙中的生灵。它把生灵分为四个等级:神的后代(诸神和人类)、鸟类、鱼类、陆地和两栖动物。[47]

《蒂迈欧篇》中的神学具有以下几个明显的特征:第一,肯定作为宇宙创造者的理性神的存在,否定拟人的诸神具有真正的神性;第二,始终以理性的目的因解释宇宙和人的产生,反对自然哲学家用物质的必然原因作解释;第三,不排斥自然科学方面的内容,而是将它们纳入一个统一的神学理论,使自然科学知识服务于神学。综合起来看,柏拉图对神的体验同旧约《创世记》的神观有相似之处。他像《创世记》的作者一样,认为太初是混沌一体,神按自己的意愿从混沌中创造万物,而且赋予其美好的秩序;这个序列的最高点是人,人分享神的智慧,管理世界;人们可以从被造物中体验到神的伟大、完满和爱心。柏拉图在对话结束处说,我们关于宇宙的讨论现在可以结束了。有了不朽的生物和有死的生物,这个宇宙也就成为一个完满的可以看见的有生命的东西;它包括一切可见的东西,即理性的影像,它成为一个可见的神,它是"最伟大的,卓越的,美好的,完满的"〔48〕。

作为关于神的理论和论述的神学毕竟是一种理论,有浓厚的理性思辨意味,不可能为世人所广泛接受。可是宗教要想在一个理性化的世界中生根、发展,却非要有一套神学理论不可。柏拉图在他的最后一篇对话《法篇》中指出,当时年轻人的第一条不法行为就是不信神,反对普遍崇拜的神圣的东西。他们认为:第一,神不存在;第二,即使有神也不关心人的事情;第三,神很容易满足,只要向他们作点祈祷就可以了。〔49〕为了扫清这些宗教信仰的思想障碍,他竭尽全力论证神的存在,为希腊人信仰一位理性的思辨的神奠定基石。他对后世西方宗教神学的影响是深远的。

柏拉图的神学理论体系化程度不高。在他那里,神学理论淹没在哲学对话的汪洋之中,使人很难辨别他的真实思想。随着学术门类的分化,这种状况在亚里士多德那里得到了改观。他明确地提出一套体系化了的神学理论。他认为,研究自然生成原理的学问是"第二哲学",而研究原理和原因本身、研究实体及其本性的是"第一哲学"。第一哲学与神学有相通之处,因而又可叫"神学"。这个相通点主要是实体问题。实体可分三种,一是可感的有生灭的自然物,二是可感的无生灭的永恒运动的天体,三是不可感的永恒不动的最高实体。唯有最高实体是单一的、纯形式的(不含质料的),永远现实的、至善的;它自身不动却推动万物运动,故被称为"第一推动者";它是纯理性的、纯精神的,以自身为认识和追求的对象,因而在它那里精神与精神的对象是同一的。它显然就是神。研究它的第一哲学也就是神学。

既然神学和哲学的最高原理是同一的,那么亚里士多德的神必然是理性神、哲学神,神的内涵全靠哲学范畴来表述,靠逻辑推理来论证。神人关系被忽略了,神与自然的关系仅仅是动因与被动的关系,而没有柏拉图的创造与被创造的关系。这种神比柏拉图的理性神更有理性,但却没有情感和体验。然而亚里士多德的神学自有他特殊的意义。正是他十分明确地将神看作单一的、至善的、理性的精神实体,这就与希腊人的神人同形同性论最后划清了界限。这种神学在当时虽然不被希腊人所理解,但到后来中世纪的时候,当基督教的神学理论遭到理性和科学的挑战,基督教神学家可以用这种理论来回敬理性对信仰的挑战,建立严密的神学体系。托马斯就悟到了亚里士多德神学的真谛。不过,正因为如此却又给神学带来了灾难。因为信仰的问题更多的是依靠信念和自身的体验,从本质上说,二者有一个不可逾越的界限,否则信仰也就化为理性了。它是无法全靠理性来认识,用逻辑来证明的。愈是靠理性证明,就愈诱使人们靠逻辑和理性去思索,于是就愈陷入困境。这就是后来经院哲学的烦琐的逻辑论证的命运。

综上所述,希腊人的神灵观念之所以能不断更新、深化和发展,哲学起了重要作用。要想在神学理论上有新的建树必须借助当时的哲学。希腊哲学家的宗教神学思想经过长期的发展,在古典时代行将结束之时,终于达到了"一神"和"理性"神的阶段。首先是苏格拉底以前的自然哲学家对传统神话宗教的批判,但摆脱不了神话的思维方式,基本上还停留在自然神学的水平上;其次是智者的疑神论思想及苏格拉底以人生体验和理性为依托的神;最后是被柏拉图和亚里士多德发展了的高度思辨的、体系化了的神学理论。

三 希腊化时期的宗教与哲学

公元前 4 世纪划时代的大事件是喀罗尼亚战役和亚历山大东征。它标志着希腊古典城邦文化的发展走到了尽头,也标志着一个新的历史阶段——希腊化时期的开始。这是一个东西方文化大融合的时期。"在亚里士多德时代,希腊文明走出了本土疆界,进入了伟大的总的潮流,住在地中海沿岸的古代各民族,通过他们的观念的相互交流、调整,融合成为统一的文明。这个过程是在亚历山大继承人的希腊城邦里通过东方和希腊的思想交融而开始的。希腊文明、罗马文明和基督教文明就是从古代发展到世界未来文明所经历的三个阶段。"[50]当然,这里说的东方还主要是近东。东方文化的真正代表——中国文化在这个时期还没有进入这个文化融合的场景。我们把这一节的任务规定为描述希腊化时期东西方思想融合的宏大场景,刻画希腊化时期的主要哲学流派对宗教浪潮的回应,并交代古希伯来民族文化的概况及其在希腊化时期与希腊文化的融合。我们的叙述仍然以宗教与哲学、理性与神秘为主线,而不是刻板地遵循外在的历史顺序。

公元前4世纪以后,古希腊城邦社会盛极而衰。城邦内部各种矛盾的发展促使了社会的分裂,城邦之间的争战造成了城邦国家实力的削弱。此时,处于希腊本土边陲之地的马其顿王国崛起了。

马其顿位于希腊半岛北部。当希腊各邦已经有了灿烂的文化和高度发展的政治组织时,马其顿人还处在从氏族公社转变到国家的过渡阶段,其文明程度大约相当于荷马史诗中所描述的"迈锡尼文明"时期的那些希腊人。公元前6世纪,马其顿人有了自己的国家组织。在希波战争期间,波斯人曾裹胁马其顿人去攻打希腊;但马其顿人认为自己与希腊人有同族之亲,实际上站在希腊人一边。后来,马其顿与希腊各邦之间的来往逐渐增加,吸收了希腊各邦较为先进的文化。及至伯罗奔尼撒战争期间及战后那段时间,马其顿和希腊各邦的关系变得更加密切。公元前360年,雄才大略的马其顿国王腓力二世即位。他仿照底比斯的军事体制招募牧民和农民,建立了一支强大的军队,大量使用骑兵作战。从此,马其顿成为希腊半岛上武力最强的国家。公元前338年,腓力在喀罗尼亚地方彻底击溃雅典和底比斯的联军,从此结束了希腊半岛上城邦林立的局面。喀罗尼亚战役被史家视为马其顿统一希腊半岛的起点。希腊古典城邦文化的发展告终,希腊文明的发展进入了希腊化时期。

腓力统一希腊各邦以后,原拟兴兵对波斯帝国进行复仇战争,但在宫廷事变中被刺杀。他的事业由他的儿子亚历山大继承下来。公元前336年,亚历山大继承马其顿王位,开始用武力征服地中海世界和波斯帝国,想要建立一个世界性的大帝国。亚历山大征战的结果是缔造了一个地跨欧亚非、版图达到 200 万平方英里的大帝国。马其顿人的武力征讨成为希腊文化传播的导体,军威所至,希腊文化亦随之传到那里。为了巩固统治,亚历山大大帝采取了一系列措施,想要在他征服的区域内,把希腊文明与东方各国的文明熔于一炉。亚历山大攻下底比斯城以后,用极暴虐的手段把底比斯城付之一炬,但留下了它的神庙和诗人品达的一所住宅,以表示他自己对宗教的宽容和对希腊文化的尊重。埃及是个文明古国,当亚历山大领兵踏入埃及时,埃及的大金字塔和狮身人面像已经屹立在尼罗河畔两千五百多年了。当时埃及人因苦于波斯帝国的暴政,对亚历山大的入侵几乎未加抵抗,而亚历山大也采用羁縻政策来笼络人心。他亲自前往埃及西部沙漠绿洲中的阿蒙神庙顶礼膜拜。他模仿古埃及的法老,自称是"日神"阿蒙之子,利用埃及人的宗教信仰和祭司阶层来维系他的统治。他征用埃及的人力物力,在尼罗河口建造了一个新的海港,以他自己的名字命名为亚历山大里亚(Al-exanderia)城。后来这座新城发展迅速,成为地中海世界商业和文化的中心。他先后在他的占领区内建立了七十座大小不等的城市,那些城市成为马其顿人、希腊人与东方人杂居之地。他还鼓励马其顿人与波斯人通婚,自己先是娶了巴克特里亚王公之女罗克珊娜为妻,后来又与大流士三世的遗孤、长女巴西尼结婚;他部下的官兵和波斯妇女结婚的在一万人以上。这些措施对于民族文化的融合有积极的促进作用。

亚历山大用武力缔造的大帝国没能维持多久。随着亚历山大的突然辞世,帝国分裂成若干个王国。其中主要有埃及的托勒密王国、塞琉古王国、马其顿王国(包括希腊的大部分)、帕加马王国,以及短命的莱西马基王国。这些国家已经是新型的国家组织,是专制的君主国家。除了这些国家以外,地中海、西亚以及中亚地区的许多国家加入了希腊化世界文化交流的范围。史家一般把希腊化时期分为两个阶段:早期和晚期。从公元前 4 世纪末叶到公元前 2 世纪初是早期,这是大部分希腊化国家经济与文化高涨的时期,而希腊本身虽然掌握着高度的文化知识,但在古代世界的经济与政治发展中丧失了主导作用。公元前 2 世纪—前 1 世纪是晚期,那些主要的希腊化国家暴露出日益显著的危机迹象,而希腊化世界的一些外围国家却出现了政治与文化的高涨。

希腊文化的东传给东方各民族文化带来了巨大的冲击,产生了许多新的结合点。"在长期的持续中,同时产生出一种东方思想的缓慢的回流;它的踪迹,若干世纪后出现在希腊哲学中。在希腊母邦著名学术中心的旁边,产生了若干适合形势、居民和特殊环境的新的学术中心;把东方和西方的文化连结起来,把不同种族的理智力量,融合成为一种同质的群体。"[51]希腊共同语的形式,对希腊文化的传播起了重要作用。埃及人曼涅托和巴比伦人别洛斯用希腊文写成了关于本民族历史的著作。亚美尼亚国王阿塔瓦兹二世也用希腊文撰写了他的历史著作与文学著作。在亚历山大里亚,东方文化和希腊文化的融合过程不但开始得最早,而且进展得最迅速。这里的犹太人热衷于研习希腊哲学,并把它移植到犹太教的母体中去。早在托勒密六世(约公元前186—前145年在位)时,犹太神学家阿里斯托布罗就从哲学角度对《摩西五经》加以注释,其中明显可以看出亚里士多德的影响。

希腊化时期各民族文化长期碰撞和融合的结果,是形成了地中海世界范围内的政治、经济、科学、哲学和宗教。来自希腊化国家的特殊文化,最终成为一种世界性文化的重要支柱。由于希腊古典文化所取得的辉煌成就以及从亚历山大东征就开始造就希腊化世界这一历史事实,希腊化时期的文化本质很容易被人们理解为希腊古典文化的扩展和延续。然而文化扩展从来就不可能是单向的。希腊化不是希腊文化单向地影响东方国家的文化,也不只是希腊人把他们的文化输往非希腊文化的东方国家,而是东西方文化的汇集和融合。希腊化时期文化的本质是希腊文化和东方文化的综合。那些在亚历山大帝国的废墟上所形成起来的各个希腊化国家,一方面具有东方的特征,一方面又具有希腊的色彩。那些"希腊化"大都市,如埃及的亚历山大里亚、叙利亚的安条克、小亚细亚的帕加马等,成了新文化的渊薮,成为东西方文化融合的中心点。

那么,在希腊化时期精神文化的发展历程中,为什么以理性主义为主要标志的希腊古典哲学没有能够保持其原有地位,成为新文化综合体的主导层面呢?换句话说,为什么在希腊化时代,哲学没有能够成为占主导地位的思想意识形态呢？原因是多方面的。亚历山大大帝国的建立,加速了东西方文化交流的进程。希腊的文学、艺术、科学和哲学在西亚地区和埃及流传开来,但东方的宗教由于有其悠久的传统和深厚的根基,并没有被希腊文化所征服。亚历山大梦想的种族融合并未实现。在帝国广大疆域之中,各民族仍然讲他们本族的语言,信奉其祖传的神灵,保持其习惯已久的生活方式。社会的上层是希腊文明熏陶的希腊马其顿人,而下层却是亚洲和埃及各民族大众。希腊化世界的生活方式和宗教信仰不可避免地是各种不同文化习俗混在一起的大杂烩。古典时代希腊人对智慧的热爱,对传统的理性态度,一旦时过境迁,在希腊本土尚难持续发展,对东方民族就更难谈得上改变他们的性格,征服他们的心灵了。实际情况正好相反,随着时间的推移,东方文化熏染而成的东方思维方式渐渐渗入西方。东方的宗教神秘主义浸透了希腊的哲学;巴比伦的占星术破坏了希腊的天文学;东方的君主专制制度比希腊的民主制更为强有力。首先是亚历山大大帝,而后是希腊和罗马的历代帝王,差不多都按照东方皇帝和埃及法老的方式把自己宣布为神,并建立了一套崇拜自己的宗教仪规。东方诸神和相应的崇拜仪式差不多都被希腊人接受过来。相比之下,希腊人的文化气质过于理性化,对宗教和神并无深厚的信仰,而东方人则信得非常深沉。似乎可以这样说,在精神文化层面,希腊化时期东西方文化交流的特点是:希腊人的哲学传到东方,东方人则把宗教献给希腊。哲学的深奥性使它只能成为少数知识阶层的奢侈品,而宗教的神秘性则拨动了社会大众的心弦,激发起普遍的共鸣。

希腊化时期的宗教发展有两个主要特征:宗教混合主义和神秘教大流行。前一特征表现在各个民族崇敬的神祇大量混同和各民族奉行的祭仪互相借用;而后一特征本来就是东方宗教的主要特点,在希腊化时期,这些神秘教极大地泛滥起来。

随着马其顿人的武力征讨,希腊人的神祇和被征服民族的神祇发生了混合。亚历山大在讨伐波斯王朝的途中,在埃及接受了"希腊和埃及的最高神祇宙斯——阿莫恩的儿子"称号。以后埃及托勒密王朝的历代统治者努力推行希腊神灵崇拜。例如,托勒密四世(公元前222年—前204年在位)自称是酒神狄奥尼索斯的后裔,迫使犹太人举行崇拜酒神的祭仪,把自己打扮成赫利俄斯(太阳神)、宙斯、波塞冬的形象。在推行对狄奥尼索斯等希腊神灵崇拜的同时,他们又改造了对埃及固有的主要神灵萨拉比斯及其妻子伊希斯的崇拜。萨拉比斯神本身,就是由孟菲斯人所崇拜的阿匹斯神同俄西里斯混合而成的,托勒密一世为了沟通其统治下的希腊—马其顿人和埃及人之间的关系,把希腊主神宙斯和俄西里斯神的特征,融合进萨拉比斯神之中,成为彼此都能接受的亚历山大里亚的主神;而伊希斯女神,则是从希腊人的得墨忒耳女神演变而成的地中海沿岸国家的最高女神。当时,对埃及女神伊希斯的崇拜盛行一时,属于这种崇拜的碑铭在希腊化世界比比皆是。如果说对伊希斯的崇拜还带有自发性质的话,那么,对萨拉比斯的近乎一神教的崇拜则是人为的,是由托勒密一世索忒尔确立起来的。他力图通过重建崇拜,在宗教的基础上把埃及人和希腊人统一起来。为了制定新崇拜的信条和仪式,托勒密延请了埃及人马涅托和希腊人提摩太。在托勒密时期的埃及,国家正式的宣誓仪式都必须以"萨拉比斯、伊希斯和其他所有男女神祇"的名义举行。伊希斯作为萨拉比斯的妻子受到崇拜。后来罗马共和国入侵埃及的大将马可·安东尼(约公元前82—前30年)和埃及托勒密王朝的末代女皇克勒俄帕特拉七世的结合,被说成是新狄奥尼索斯神和新伊希斯女神的天作之合。神灵观念的混同必然反映到祭祀仪式中去。萨拉比斯的祭仪把埃及神祇阿匹斯、俄西里斯的特征和希腊的宙斯、波赛冬以及哈德斯的特征合而为一。神灵观念合一和祭仪合一也就完成了宗教的融合。在公元前3—前2世纪,宗教混合主义达到了高度发展的程度。

　　神秘教在希腊古典时代的宗教中早已有之,但神秘主义宗教没有发展成为文化的主流。然而在希腊化时期,神秘主义宗教大有泛滥成灾的趋势,迷信色彩也日益浓厚。占星术在巴比伦很早就发展成一个成熟的体系。公元前280年左右,巴比伦的僧侣柏罗索斯把占星术传播到希腊,然后占星术就在希腊化国家中传播开来。巫术在希腊宗教中原已有之。到了公元前2世纪,原先在亚述、巴比伦、小亚细亚、波斯、巴勒斯坦流行的巫术,汇集到埃及这个接收器里来,一个巫术浪潮席卷了整个希腊化国家。埃及的神秘教是建立在史前期的摹仿和通神仪式基础上的,它想通过保护神附身而得救,进而可以使人死而复生。密特拉斯原是上古印度—伊朗的神灵之一,公元前67年传入罗马，形成一种神秘教，成为罗马国家官方崇拜的神灵，直到罗马帝国基督教化以后，才开始衰退。可以说，从公元前2世纪起到基督教兴起以前，社会公众的宗教需要大体上是依靠各种神秘教来满足的。

东方神秘教的大流行与希腊传统宗教走向没落有直接的关系。古典时期哲学的启蒙、文学的嘲讽，使希腊传统宗教在知识阶层中成为讥笑的话柄；有关城邦保护神的神话虽然还残留在愚昧的民众心里以及官方奉行的宗教祭仪之中，但无情的历史事实启发人们加深对传统神灵的怀疑，加速了传统宗教的衰微进程。但是社会的动荡，人生的苦难，仍然需要某种宗教幻想为失去希望的人们提供精神上的安慰。一种宗教失去了人们的信仰，另一种宗教就会趁机而起，填补信仰上的空白。这就是宗教神秘主义和神秘教大流行的主要原因。

这个时期的哲学怎么样了？东方宗教神秘主义在希腊社会的流传不可能不触动希腊知识界的神经，引起理性的反响。在这股宗教大潮面前，哲学不得不作出回应。文德尔班说："哲学陷入这潮流愈深，就愈明显地显示出：哲学不能用伦理的生活理想满足有教养的人——不能向他们保证预许的幸福。因此结果是（首先是在亚历山大里亚），宗教各种观念混杂的、澎湃的洪流一股脑儿地涌进哲学中来；这一下，哲学在科学的基础上不仅力图建起伦理的信念，而且力图建起宗教。哲学，利用希腊科学的概念澄清和整理宗教概念；对于宗教感情迫切的要求，它用令人满意的世俗观念来满足它，从而创立了或多或少与各种相互敌对的宗教紧密相连的宗教形而上学体系。"[52]不过，这种概括只说出了一部分哲学流派对宗教大潮的回应，而非所有哲学，作为一个整体的哲学从来不是体现统一性的工具。希腊化时期最有代表性的三个流派——伊壁鸠鲁学派、怀疑论学派、斯多亚学派，对宗教潮流的回应是不同的。一般说来，怀疑学派和伊壁鸠鲁学派可以看成对宗教神秘主义的怀疑和否定，而斯多亚学派则可看成希腊古典时期形成的理性主义神学的进一步发展。换言之，伊壁鸠鲁学派是这股宗教潮流的抗击者，怀疑学派是旁观者，斯多亚学派是迎合者。

伊壁鸠鲁学派由"最伟大的希腊启蒙思想家"（马克思语）伊壁鸠鲁（公元前341—前270）于公元前306年在雅典创立，并一直延续到公元后罗马帝国时期。它是整个晚期希腊哲学中最重要、影响最大的学派之一。该学派在雅典开办的哲学学校以一座著名的花园为校址,由此又被称为"花园学派"。这所学校颇有全民教育的气象,平民百姓,妇女儿童,乃至奴隶、妓女都可以在这里学习。学校的成员组成一个"神圣的团体",过着简朴的生活。

伊壁鸠鲁有一个宏大的哲学体系,它由三部分组成:准则学(关于认识的学说),物理学(关于自然的学说),伦理学(关于人生目的的学说)。在这个体系中,准则学为物理学确定了认识的前提,准则学与物理学一起为伦理学奠定了基础。整个体系的中心是伦理学。这个体系被恩格斯称作"希腊古典哲学的最终形式"[53]。

伊壁鸠鲁认为哲学不是消遣手段,也不是精神修炼,哲学的高尚使命是通过对自然和人的认识,医治人的精神疾病,从而达到自我意识。"不能医治人的任何痛苦的哲学家的言谈是空洞的言谈。药物如果不能驱除精神疾病,也就没有任何用处。"[54]这是一种反映出希腊化时代特征的哲学观。他的哲学体系可以看成一种对抗当时宗教潮流的思想武器。他从原子论出发,用原子的运动来解释一切现象,否认超自然的原因,直接导致了无神论的结论。由于时代的局限,他没有直接否定神的存在,但却十分聪明地"把诸神赶到太空中去,也就是赶到无人居住的宇宙空间中去"[55]。他说:"神灵是有的,因为我们关于神灵的知识是明显的。"[56]但神也是由原子构成的,他居住在各个世界之间,是一个不朽的实体,从不干涉自然事物和人间事务。神对我们居住的这个世界丝毫也不发生影响,我们对神也不必抱着敬畏、恐惧的心理。因此,伊壁鸠鲁的观点实质上是一种无神论。他号召人们从对神的恐惧中解放出来,这对于抗击当时流行的宗教潮流和宿命论思想起着积极的作用。

伊壁鸠鲁哲学在西方历史上一直给反宗教的启蒙思想以激励,但在希腊化时期却并未消除社会大众的宗教恐惧,当然也不可能阻止东方宗教向西方世界的推进。同时我们也要看到,任何思想都有时代的特征。伊壁鸠鲁的无神论观点主要矛头指向传统宗教,即拟人化的多神教,这种批判是古典时期希腊理性哲学批判宗教的延续。但随着时代的变化,在宗教狂潮面前,在一神论的宗教和由哲学家发展出来的理性神学已经出现的时候,伊壁鸠鲁的思想还没有进化到彻底否定一切神的地步。另外,从适应时代需要的角度来看,伊壁鸠鲁学派在满足社会大众的精神需要方面显然无法与宗教相比。在一个大多数人还愚昧无知而又迫切需要抚慰的时代,要某种理性哲学去满足人们的精神和情感需要实在也是一种过高的要求。伊壁鸠鲁学派后来的发展说明了这一点。[57]

怀疑论学派创立于公元前 4 世纪后半期。它也像伊壁鸠鲁学派一样,一直延伸到罗马帝国时期。这个学派的起源可以追溯到亚里士多德的同时代人——希腊埃利斯的皮浪(约公元前 320—前 230)。但是,这位怀疑论学派的创始人以绘画为生,生前并未撰写过著作,他的学说主要通过他的学生蒂孟的讽刺作品保存下来。在认识论上,他坚持不可知论观点,认为事物的本性是不可知的、不可理解的,无所谓美丑、正义或不正义;因为,以同样的理由可以提供相应的论据,所以对任何事物只能是不置可否的"悬搁判断"。他还把这种观点贯彻到社会伦理生活中,对人类生活的种种外界环境采取漠不关心的态度,认为哲人面临任何际遇都应保持心灵的完全宁静,不要让任何事物妨碍自己的这种宁静。"最高的善就是不做任何判断,随着这种态度而来的便是灵魂的安宁,就像影子随着形体一样。"[58]以后各个时期的怀疑论者在理论上虽然有不同程度的发展,但其追求所谓"不动心"的心灵宁静的主旨没有变化。

从不可知论出发,自然会引导人们对宗教信仰采取一种不可知论的立场。然而,怀疑论学派中虽然也有人把怀疑主义哲学指向宗教信仰,如卡尔尼阿德(公元前 231—前 129 年)曾批评宗教中的独断论,但就总体上来说,他们对当时的宗教浪潮并没有像伊壁鸠鲁学派那样予以抗击,而是采取了一种"不动心"的旁观态度。这种态度影响到社会,一方面它削弱着人们对传统宗教的信仰,至少是在知识阶层的心目中,神圣宗教的根基动摇了,成了可疑的对象;但另一方面,它又因为不能满足社会大众的精神和情感需要而为东方宗教的传播扫清了道路。罗素对希腊化时代的怀疑主义的社会作用有这样一段评论:"怀疑主义尽管继续打动着某些有教养的个人一直要到公元后 3 世纪,但是它却与日益转向教条化的宗教和得救学说的时代性格背道而驰。怀疑主义者有足够的力量能使有教育的人们对国家宗教不满,但是它却提供不出任何积极的东西(哪怕是在纯知识的领域内)来代替它。自从文艺复兴以来,神学上的怀疑主义(就它大多数的拥护者而论)已经被对于科学的热忱信仰所代替了,但是在古代却并没有这种对怀疑的代替品。古代世界没有能够回答怀疑派的论证,于是就回避了这些论证。奥林匹克的神已经不为人所相信了,东方宗教入侵的道路已经扫清了,于是东方的宗教就来争取迷信者的拥护,直到基督教的胜利为止。"[59]

在整个希腊化时期影响最大的哲学流派要数斯多亚学派。这个学派由芝诺(约公元前490—前425)于公元前301年创建。由于他在雅典市场北面的斯多亚讲学,因此这个学派就被称作斯多亚学派。"斯多亚"的意思是"画廊",所以斯多亚学派又名"画廊学派"。

在思想体系的传承上,斯多亚学派是希腊古典哲学的延续。"斯多亚学派的自然哲学大部分是赫拉克利特的,而它的逻辑学与亚里士多德的逻辑学相似。"[60]但是在希腊化时代东西方文化融合的背景下,斯多亚学派的思想体系本身就是一种东西方思想的混合体,是希腊哲学与东方宗教的混合体。这个学派的奠基人和主要代表,几乎都来自希腊化了的东方国家。他们虽然都接受了希腊文化,却不可能完全摆脱原有的文化背景。在希腊化时代的宗教狂潮面前,他们采取了迎合的态度。"没有一种早期的哲学体系像斯多亚学派那样,如此紧密地和宗教衔接起来……一般地讲,他们的哲学带有一种明显的宗教的调子。在斯多亚学派的体系中,几乎没有一个简单的突出的特征,不是或多或少和神学连接起来的。"[61]

从总体上看,斯多亚学派的思想体系是一个宗教神学化的体系。哲学与宗教在这个体系中是融为一体的。在斯多亚学派成员本身看来,真正的宗教和哲学没有什么差别。他们对希腊传统宗教进行过批评,认为"种种拟人的信仰"是不纯洁的,有关诸神和英雄们的神话是无价值的,传统的宗教仪式是愚蠢的。但另一方面,他们又积极倡导一种由智慧的人掌管的更高级的宗教。他们认为,宗教之所以被普遍接受,就是对神的智慧的证明。"只有有智慧的人,才能做僧侣、祭司,因为他们研究过献祭,研究过建造庙宇,研究过净化,研究过所有其他有关神的事项。"[62]中期斯多亚学派的帕奈提乌把神学分为三种:第一种是诗人的神学,是拟人的和虚妄的,充满荒唐的、毫无价值的无稽之谈;第二种是哲学家的神学,是合理的和真的,但不适宜流行;第三种是政治家的神学,坚持传统的崇拜,它对公众进行教化是必需的。[63]有学者说:"斯多亚学派可以按两种方式来解释,我们在其中,或者能看到对神的'世俗化'和物质化的解释;或者是恰恰相反,在其中能看到对物质的神化和精神化的解释。"[64]这正是后人对这种哲学宗教联合体的两种不同角度的剖析,而且这两种分析是不可能截然分开的。

斯多亚学派的物理学就是一种神学世界观。斯多亚学派认为,整个宇宙是由天地及其中的自然界组成的体系,或是由诸神、人类,以及一切为人类而创造的东西组成的体系,整个宇宙是受理性、天命、神的意志支配的,神不生不灭,是万物的秩序和创造主。那么按希腊理性主义的传统怎样证明这种世界观呢?斯多亚学派认为,宇宙有两种本原:被动的本原和主动的本原。被动的本原是没有规定性的物质,它是不动的和不成形的,但能接受一切运动和形式;主动的本原是指内在于被动的物质的本原,是理性、理性的力量、逻各斯。理性的力量是能动的,是运动的源泉,和物质结合在一起;这种在宇宙中发生作用的力量也就是神,神是永恒的,是物质的创造主。宇宙之所以是美的,是因为它只能来自能思维的心灵,从而证明神的存在。他们沟通哲学与宗教的方法是寓意解经法。斯多亚学派致力于从古代作者的作品和古老的传说中寻找哲学的解释,使古老的宗教信仰和哲学见解联系起来,对荷马和赫西俄德的诗篇,他们认为其中的奥秘不能单从字面上来理解,而应找出其哲学含义。他们把宙斯解释为神圣本原、唯一的原初存在、产生和吸引万物的神;天神宙斯就是原初的火、世界精神、普遍的宇宙理性、规律、法律、命运。就这样,他们把神灵观念和理性论证、把宗教神话典籍和哲学思辨结合起来了。这种寓意解经法对后来的神学家发生过深刻的影响。"这是古代标准解释学的方法的起源,后来希腊化的神学家和基督教神学家,为了解释《圣经》的经文,欣然使用了这种方法。"[65]在东方宗教的影响下,斯多亚学派日趋神秘主义。有些斯多亚派的代表人物还提倡巫术、占星术、见灵术(显灵术)。例如,克律西波深信一切事物都是按照命运发生的,占卜是对神的存在和天命统治的最有力的证据。他还提倡交感巫术,认为人和精灵是相互交感的,精灵主理人间事务。

以上，我们已经简述了希腊化时期的三个主要哲学流派对当时盛行的宗教狂潮的基本态度。由此可见，整个希腊化时期的哲学由于时代的急剧变更和社会公众心理的迫切要求，把目光转移到伦理问题、道德问题与宗教问题上来。[66]当时虽然有以伊壁鸠鲁学派为代表的无神论哲学在起着抗击宗教潮流的作用，但并未能遏制这股东方宗教西传的势头。而其他派别或是旁观，或是迎合，宗教与哲学的融合在斯多亚学派中得到了最明确的表现。作为希腊古典哲学的延续，这些流派还保留着理性原则，但随着东方宗教向希腊哲学的渗透，希腊化时期的哲学也充斥着神秘主义。这种神秘主义倾向的发展是古代社会在希腊化时期晚期经历危机的必然结果，预演了未来几个世纪中犹太宗教与希腊哲学的融合、新柏拉图主义和基督教神学的融合。

马克思在他的博士论文中说："希腊哲学在亚里士多德那里达到极盛之后，接着就衰落了，这也没有什么可惊奇之处。不过英雄之死与太阳落山相似，而和青蛙因胀破了肚皮致死不同。"[67]希腊古典哲学是理性的英雄，在西方文化的发展史上有其不朽的地位。然而，适合它生存发展的文化环境变了，东方式的大帝国取代了城邦，君主制取代了奴隶主民主制。"由于希腊生活的理想世界已分崩离析，由于民族的宗教日益淹没在客观世界的习俗中，由于被剥夺了独立性的和破碎的政治生活不再唤起虔诚，每个人的心灵深处深深感到只有依靠自己；因此更迫切需要人生目的的科学理论，更迫切需要保证个人幸福的智慧了。这样，处世哲学，继希腊哲学之后，变成了哲学的基本问题。"[68]适者生存，希腊化时代的各种哲学不得不适应一个宗教日益占上风的时代，于是乎，"一方面，它们不再有原来的为理论而理论的兴趣，只沿着处世哲学观点所决定的方向发展；另一方面它们缺乏独创性，它们自始至终只不过是改头换面的旧传统，受基本的实践思想的支配。甚至像斯多亚学派和新柏拉图学派那样全面的体系也不过利用希腊哲学概念以谋求获得实践理想的理论基础而已"[69]。而此时的宗教却取得了一个大发展的机会。"在希腊化时期的宗教和国家关系中，最意味深长的事情是，我们看到，为区域性的国家创造一种宗教和政治领域的新联合，迈出了最初的步伐。"[70]它不仅为社会上层统治者所利用,而且可以起到满足社会心理需要的作用。希腊的民众在遭受苦难的折磨,"悲观是这个时期希腊的状况"[71]。"希腊哲学已经取得的进展,以及希腊哲学对于通俗宗教愈来愈激烈的公开对抗,带来了这样的后果:亚里士多德以后的哲学所探索的处世哲学的特殊任务就是要找到宗教信仰的代用品。"[72]哲学与宗教神学在斯多亚学派那里完全合流了,希腊理性哲学这位英雄不得不日落西山。

四 基督教接纳希腊哲学

基督教兴起之时,希腊哲学已经有了数百年的历史。德谟克利特、柏拉图和亚里士多德的宏伟思想体系尽现希腊哲学鼎盛时期的辉煌与风采,至今令人瞩目;随后出现的希腊化时期的各种哲学流派虽然锐气渐消,出现了严重的实用化、伦理化、宗教化趋势,但仍不失为与东方宗教抗衡的一股精神力量。罗马帝国建立以后,从共和时期延续下来的对希腊传统的仰慕,以及帝国最高统治者对希腊文化的倡导,使得帝国境内出现了全社会性的希腊文化热和哲学热。希腊哲学的发展从外观上呈现出一派繁荣景象。原有的各种希腊哲学流派得以延续和发展。伴随着帝国都市化运动的进程,哲学讲堂成为城市里的常见景观。贵族青年从小接受包括希腊哲学在内的文化教育,哲学家们出入宫廷,参与政事。尼禄的宫廷顾问塞涅卡、罗马皇帝马可·奥勒留都成为斯多亚学派的重要代表。柏拉图梦寐以求的"哲学王"的理想在罗马帝国变成了现实。

然而希腊哲学好景不长,在短短的一个世纪里,基督教迅速崛起,以一种强劲的姿态开始了它对地中海世界的宗教征服。得益于大批有希腊文化背景、精通希腊哲学的知识分子的皈依,基督教迅速地改变了自己神秘教的原始状态,拥有了自己的神学与哲学。在一个倾心于宗教的时代,哲学自身也在向宗教靠拢。斯多亚学派是罗马帝国的官方哲学,但在东方宗教的影响下,其学说越来越多地显露出宗教因素,在爱比克泰德和马可·奥勒留那里,斯多亚学说完全变成了一种解脱哲学或拯救哲学。罗马帝国虽然出现过像卢克莱修、琉善这样反宗教的哲学家,但他们对宗教的批判说到底是对传统拟人化多神论宗教的批判，面对后来吸取了希腊哲学的一神论的基督教，这类批判就无能为力了。从公元 2 世纪开始，基督教的教父们对罗马帝国的各种多神论宗教进行了批判，矛头所指，兼及伦理化、宗教化趋势日益严重的各种希腊罗马哲学。各种哲学流派与各种非基督教的宗教一道成为基督教思想家批判的靶子，并在与基督教的论战中败下阵来。新柏拉图主义的出现似乎给这种局面带来一丝转机。"新柏拉图学派的成长，不只是作为罗马帝国中的一个学术机构，而且还是一个宗教时代的一种精神运动。"[73]普罗提诺以柏拉图哲学为基础，以宇宙精神化的手法，把一个广泛接纳各种希腊哲学、犹太神学和早期基督教神学内容的庞杂的思想体系，当作整个希腊哲学发展的终极结果奉献给世人。普罗提诺思想体系的形成，使古典柏拉图主义有了"新"意，使它超越斯多亚学派成为罗马统治者最青睐的哲学，成为批判基督教的主力。然而，基督教的思想家已经抢先把柏拉图主义纳入了基督教的思想体系。新柏拉图主义者在与基督教思想家的抗衡中，除了与罗马皇帝的亲密关系以外，已无理论上的优势可言。随着罗马帝国政局的变化，基督教上升为国教。到了公元 529 年，东罗马皇帝查士丁尼下令关闭雅典所有的哲学学校，希腊哲学在外在形态上走向了终结。

　　以上所述就是罗马帝国的基督教与希腊哲学抗衡的宏观场景。如果我们能够客观地看待这一段思想史，不以哲学本身之兴衰为唯一权衡，那么不难看出，基督教与西方哲学的关系在这一时期主要表现在基督教思想家对各种希腊哲学所作的有选择的接纳，而不是该时期的思想家站在希腊哲学的立场上对基督教进行接纳。当然，这样说并不否认希腊哲学家对基督教思想的汲取，例如诺斯提主义哲学家对基督教信仰的汲取和改造，也不否认希腊哲学与基督教思想家在某些方面达成共识，例如希腊哲学中的理性神观与基督教的一神观。学者们常说："基督教思想家汲取希腊哲学的理解、辩护方式，为基督教的信仰作辩护。"然而，汲取就是有选择的接纳。马克思当年在谈到柏拉图与基督教的关系时说："说基督教里有柏拉图的成分比说柏拉图那里有基督教的成分要正确得多。"[74]同理，解释基督教与西方哲学的关系重要之处不在于它们之间在思想观念上有无相互汲取的地方，而在于这种汲取是站在什么立场上进行的，亦即以何者为本位的问题。包括查士丁、克莱门、奥利金、特尔图良、奥古斯丁等一大批基督教思想家在汲取希腊哲学时从未偏离他们的基督教立场,有着十分明确的护教目的,这是一个不争的事实。

基督教与希腊哲学的关系是在具体的文化环境中生成的。解释两者关系的最佳途径是依据史实作具体的说明。在罗马帝国文化的大熔炉中,基督教的对手不仅有形形色色的宗教,还有历史悠久的高度理性化的希腊哲学。作为一种新宗教的基督教能否在自身中包容这样一份历史遗产,是基督教能否征服同时期其他宗教和哲学流派的关键。

基督教在其初始阶段并不具备一套抽象的神学理论体系。使徒们在传道中要阐发神的启示和耶稣基督的启示,对启示的内容作过一些理性化的解释,这就是所谓的《新约》神学思想。然而基督教思想并没有到此止步,而是在与各种哲学思想的交锋中继续发展。异教哲学家对基督教的批判越多,基督教教义的理性化程度提高得越快。在基督教与希腊哲学各个流派的思想交锋中,基督教一方有虔诚的信仰,但无系统的神学理论;而希腊哲学一方有成熟的理性批判能力,但无统一的信仰,而且又在相互攻伐。然而也正是在这样丰厚的理性批判精神的文化氛围下,基督教神学思想迅速地理论化、体系化了。完成这项工作的是古代基督教教父。使徒教父们有神学思想,但在理论形态上大体与保罗相仿,还谈不上系统化、理论化。而希腊教父和拉丁教父的著作则大大地系统化、理论化了。希腊哲学在罗马帝国文化中所占的巨大份额使基督教教父们不得不思考基督教应当怎样对待希腊哲学,并在面临希腊哲学家对基督教的批判时发表自己的见解,由此构成了罗马帝国精神文化领域内与希腊哲学家对峙的另一个阵营。

古代基督教哲学与基督教神学是合二为一的,它确切地说是一种神哲学,或者说是一种以神为主要思考对象的哲学。在古代教父思想家的努力下,原始基督教的经验被理性化,基督信仰的主要观念有了哲学的支撑,一元论的基本立场得到确认,一种系统的以基督神学教义为外观的哲学产生了。源于原始宗教与神话的希腊哲学滋养了这种新神学和新哲学,而它自身亦与其他希腊罗马宗教一道走向终结。反之,古代教父哲学在希腊罗马哲学的哺育下,开创了基督教哲学的历史。它本身是西方古代哲学发展的一个重要组成部分,同时又是基督教哲学的初始阶段和中世纪经院哲学的先驱。

在古代基督教思想家那里,占上风的观点是将基督教教义解释为真正的、最高的哲学,并企图证明基督教教义已经把可以在希腊哲学中发现的那些具有持久价值的所有学说融合于自身。"天下的一切至理名言都属于我们基督徒。"[75]基督被称为导师,这个导师就是理性本身。通过这种方式,基督教教义便与理性哲学尽可能地接近了。对基督教思想家来说,完全不加选择地"接纳"希腊哲学或完全不加改造地"使用"希腊哲学的情况并不存在,也不可能。

从狭义的哲学发展看基督教与希腊哲学的关系往往看不清其意义所在,而若把握了古代西方文化向中世纪过渡的全景,那么,双方所处的位置及其作用就可以看得比较准确了。有学者这样评价奥古斯丁:"奥古斯丁不只是对中世纪人的思想的形成,做出了许多贡献,而且,通过使用正在崩溃的大厦的材料,有助于使某些古代的成就继续保持生命,为了在不同的基础上,缔造一种新的文化。"[76]这一评价同样适用于所有古代基督教教父对希腊哲学的接纳和使用。由教父思想家确立的信仰至上原则和包容理解或知性在内的信仰主义就是中世纪基督教信仰的特点。随着这一原则的确立,哲学理性只能处于仆从的地位。西方的中世纪就是这种哲学境遇的最典型时期。

【关键词】

多神崇拜　　一神论　　希腊哲学　　理性神学
信仰与理性

【进一步阅读书目】

范明生:《柏拉图哲学述评》,上海人民出版社,1984 年。

范明生:《晚期希腊哲学和基督教神学》,上海人民出版社,1993 年。

王晓朝:《希腊宗教概论》,上海人民出版社,1997 年。

王晓朝:《神秘与理性的交融》,杭州大学出版社,1998 年。

【思考题】

    1. 宗教对于希腊哲学的诞生起了什么样的作用？

    2. 以柏拉图为代表的希腊哲学家对希腊宗教的批判具有什么样的性质？

    3. 为什么说西方理性神学源于希腊哲学家对神的思考？

    4. 希腊哲学与基督教具有什么样的关系？

注　释

〔1〕　《马克思恩格斯全集》,第26卷第1册,第26页,人民出版社,北京,1972年。

〔2〕　《马克思恩格斯选集》,第3卷,第524页,人民出版社,北京,1972年。

〔3〕　汉密尔顿:《希腊方式》,徐齐平译,第4—5页,浙江人民出版社,杭州, 1988年。

〔4〕　法耐尔:《希腊宗教史纲》,英文版,第16页,战神出版社(Ares Publishers Inc.),芝加哥,1921年。

〔5〕　法耐尔:《希腊宗教史纲》,第17页。

〔6〕　杜威:《论哲学的改造》,许崇清译,第10页,商务印书馆,北京,1958年。

〔7〕　柏拉图:《高尔吉亚篇》492—493;《克拉底鲁篇》400C。本书注明柏拉图和亚里士多德的原著时采用学术界通用的标准页,可以很方便地从各种版本中寻找原文。

〔8〕　《斐多篇》62D。

〔9〕　《斐多篇》70C,107C—114C;《斐德若篇》248C—D。

〔10〕　汤姆逊:《古代哲学家》,何子恒译,第268页,三联书店,北京,1963年。

〔11〕　罗素:《西方哲学史》,上卷,何兆武译,第37页,商务印书馆,北京,1963年。

〔12〕　希腊哲学的诞生有多方面的原因,参阅汪子嵩等:《希腊哲学史》,第1卷,绪论,人民出版社,北京,1988年。

〔13〕　亚里士多德:《形而上学》982B30。

〔14〕　奥古斯丁:《上帝之城》,第8卷,第2章,英文版,剑桥大学出版社,1998年。

〔15〕　古希腊哲学家残篇标准编号,参阅汪子嵩等:《希腊哲学史》,第1卷,第123页。

〔16〕　中译文引自汪子嵩等:《希腊哲学史》,第2卷,第194页。

〔17〕 塞克斯都·恩披里柯:《驳数理学家》,第 9 卷,第 18 节、第 51 节,英文版,娄卜古典丛书,1933 年。

〔18〕 《柏勒洛丰》残篇,第 286 条。

〔19〕 普罗塔克:《伯里克利传》,第 6 节,《希腊罗马人物对比传记》,伦敦,1914 年。

〔20〕 《马克思恩格斯选集》,第 4 卷,第 220 页。

〔21〕 参阅朱维之:《希伯来文化》,第 71 页,浙江人民出版社,杭州,1988 年。

〔22〕 汪子嵩等:《希腊哲学史》,第 1 卷,第 577 页。

〔23〕 何光沪:《多元化的上帝观》,第 2 版,第 1 页,贵州人民出版社,贵阳,1999 年。

〔24〕 柏拉图:《申辩篇》31D。

〔25〕 柏拉图:《申辩篇》40A。

〔26〕 柏拉图:《申辩篇》31A。

〔27〕 柏拉图:《申辩篇》28E。

〔28〕 柏拉图:《申辩篇》31B。

〔29〕 柏拉图:《申辩篇》40C。

〔30〕 柏拉图:《申辩篇》23A。

〔31〕 柏拉图:《斐德若篇》278D。

〔32〕 色诺芬:《回忆苏格拉底》,第 1 卷,第 4 章,第 17 节,商务印书馆,北京,1985 年。

〔33〕 色诺芬:《回忆苏格拉底》,第 4 卷,第 3 章,第 13 节。

〔34〕 色诺芬:《回忆苏格拉底》,第 1 卷,第 4 章,第 7 节。

〔35〕 色诺芬:《回忆苏格拉底》,第 1 卷,第 4 章。

〔36〕 柏拉图:《斐多篇》61C。

〔37〕 柏拉图:《斐多篇》62B。

〔38〕 柏拉图:《斐多篇》63B。

〔39〕 施特劳斯:《耶稣传》,第 1 卷,吴永泉译,第 251 页,商务印书馆,北京,1981 年。

〔40〕 柏拉图:《理想国》386A。

〔41〕 柏拉图:《理想国》379A。

〔42〕　柏拉图:《理想国》377D—383B。

〔43〕　罗素:《西方哲学史》,上卷,第189页。

〔44〕　希腊文"得穆革"的意思就是"创造者""巨匠"。

〔45〕　柏拉图:《蒂迈欧篇》29D—30C。

〔46〕　柏拉图:《蒂迈欧篇》38C—39D。

〔47〕　柏拉图:《蒂迈欧篇》39D—50B。

〔48〕　柏拉图:《蒂迈欧篇》92C。

〔49〕　柏拉图:《法篇》884—885B。

〔50〕　文德尔班:《哲学史教程》,上卷,罗达仁译,第209页,商务印书馆,北京,1987年。

〔51〕　策勒:《斯多亚学派、伊壁鸠鲁学派和怀疑论学派》,第15页,英文版,伦敦,1885年。

〔52〕　文德尔班:《哲学史教程》,上卷,第213页。

〔53〕　《马克思恩格斯全集》,第29卷,第529页。

〔54〕　《伊壁鸠鲁残篇》,第54节。

〔55〕　《马克思恩格斯全集》,第30卷,第651页。

〔56〕　第欧根尼·拉尔修:《著名哲学家的著作与学说》,第10章,第123节,英文版,娄卜古典丛书,1925年。

〔57〕　参阅范明生:《晚期希腊哲学和早期基督教神学》,第148页,上海人民出版社,1994年。

〔58〕　北京大学编:《古希腊罗马哲学》,第342页,商务印书馆,北京,1962年。

〔59〕　《西方哲学史》,上卷,第304页。

〔60〕　《马克思恩格斯全集》,第40卷,第267页。

〔61〕　策勒:《斯多亚学派、伊壁鸠鲁学派和怀疑论学派》,第322页。

〔62〕　第欧根尼·拉尔修:《著名哲学家的生平和学说》,第7卷,第119节。

〔63〕　奥古斯丁:《上帝之城》,第4卷,第27节。

〔64〕　阿姆斯特朗:《剑桥晚期希腊和早期中世纪哲学史》,第124页,英文版,剑桥,1967年。

〔65〕　科埃斯特:《新约引论》,第1卷,第151页,英文版,纽约,1982年。

〔66〕　"希腊化—罗马哲学从伦理观点逐渐过渡到宗教观点,其内因存在于哲学本

身,其外因存在于时代需要的迫切需要。"文德尔班:《哲学史教程》,上卷,第282页。

〔67〕《马克思恩格斯全集》,第40卷,第194页。

〔68〕文德尔班:《哲学史教程》,上卷,第211页。

〔69〕同上。

〔70〕埃伦伯格:《希腊国家》,第215页,英文版,纽约,1972年。

〔71〕策勒:《斯多亚学派、伊壁鸠鲁学派和怀疑论学派》,第14页。

〔72〕文德尔班:《哲学史教程》,上卷,第212页。

〔73〕阿姆斯特朗:《剑桥晚期希腊和早期中世纪哲学史》,第277页。

〔74〕《马克思恩格斯全集》,第40卷,第141页。

〔75〕查士丁:《护教次篇》,第13章,英文版,纽约,1972年。

〔76〕阿姆斯特朗:《剑桥晚期希腊和早期中世纪哲学史》,第348页。

第五讲

佛教基本知识

佛教的创立与发展

佛教的基本教义

佛教在中国的传播及其经典

佛教的主要礼仪

一般地谈论宗教对于初学者过于抽象。为了把握宗教学的基本知识，我们从现在起，用三讲的篇幅分别讲述三大世界宗教的基本知识，然后再进入对宗教学其他问题的讨论。佛教与基督教、伊斯兰教并称为世界三大宗教，也是产生最早的世界宗教。它长期以来主要在亚洲地区流传，19 世纪末开始传入欧、美、非洲和大洋洲。据 2000 年的一个统计，它现在拥有35998 万信徒。[1]

一 佛教的创立与发展

佛教诞生于公元前 6 世纪的古印度，由古印度迦毗罗卫国(今尼泊尔南部)净饭王的儿子释迦牟尼创立。佛教诞生于一个民族矛盾和阶级矛盾十分尖锐、社会动荡不安、新旧思想交替和宗教生活盛行的时代。

公元前 2000—前 1000 年间,原先居住在中亚地区的"雅利安人"向东进入印度恒河流域定居,对原来的土著居民实行压迫和剥削,土著居民绝大多数沦为种族奴隶。到了公元前 6 世纪,印度奴隶制经济急剧发展,手工业从农业中分化,商品经济发展,出现了较大的城市,如王舍城、舍卫城、波罗奈城等。据佛典记载,当时从恒河流域的上游到下游还建立了以城市为中心的 16 个国家。其中最强大的是恒河南岸的摩揭陀国和西北边的桥萨罗国。迦毗罗卫国是居于东北方的一个小贵族政治共和国。由于国与国之间经常发生攻伐与兼并,到了释迦牟尼晚年,该国被桥萨罗国琉璃王吞并。

当时印度各国通行种姓制度。"种姓"是梵文 Varna(瓦尔纳)的意译,也译作"族姓"。"瓦尔纳"的原意是颜色、肤色。雅利安人肤色白,土著居民肤色黑。雅利安人从种族上把自己和被征服的土著居民区别为"雅利阿"和"达萨"两个瓦尔纳(种姓)。在社会和政治生活中,雅利阿种姓占统治地位,而达萨种姓则居于被统治的地位。这两个瓦尔纳是职业世袭、内部通婚、不准外人参与的社会等级集团。后来随着阶级分化和社会分工的发展,雅利阿内部又派生出婆罗门,刹帝利和吠舍三个种姓,加上达萨,即第四级种姓"首陀罗",共为四级"种姓",也就是社会四个等级。第一级婆罗门,即僧侣。他们自认为是创造宇宙的主宰"梵天"(天神)的代表,地位最高贵、最显要。当时的印度,凡决定国家大事乃至家庭生活,都要举行一定的宗教仪式,这些仪式必须由婆罗门来主持,否则就不合法。婆罗门掌握神权,主持祭祀,是人民精神生活的统治者。第二级刹帝利,即武士。他们担任国王和文武官职,掌握政治和军事实权,是古印度国家的世俗统治者。僧侣是祭司贵族,武士是军事贵族。这两级都是不事生产的贵族奴隶主阶级。第三级吠舍,是农民、牧人、手工业者和商人,负有缴纳租税和服徭役的义务。第四级首陀罗,是奴隶、杂工和仆役,要替主人耕牧、从事家务劳动,没有任何权利,备受压迫和剥削,社会地位极低。以上四个种姓界限分明,壁垒森严,其社会地位、权利义务、职责、生活方式和风俗习惯都不相同,而且是世代相承的。

释迦牟尼的时代随着国家机器的加强,刹帝利在政治和军事上的地位越来越高,他们对婆罗门的特权日益表示不满,要求扩大自己的权力,支持各种非婆罗门思潮。工商业主随着手工业的发达,商业的繁荣,财富积累的增加,希望提高自己的社会地位,对政治权力也产生了强烈的要求。当时奴隶们也通过逃亡、破坏水利工程和谋杀奴隶主等种种方式,与奴隶主进行斗争。这些社会力量的形成、发展,削弱了婆罗门势力在政治、文化、宗教、思想各方面的控制。这种错综复杂的政治斗争反映到思想领域,推动了代表各个阶级利益的思潮的产生、流行。当时对于社会和人生问题,出现了数以百计的不同见解。据佛典记载,当时佛教以外的思想体系或宗教派别,即所谓"外道",就有 96 种。归结起来,主要是两大对抗思潮,即婆罗门的守旧思潮和沙门(修道人)的革新思潮。

婆罗门教是当时居于统治地位的宗教。它以《吠陀》为天书,奉之为神圣的经典;尊奉梵天、毗湿奴和湿婆为三大主神,这三大主神分别代表宇宙的"创造""护持"和"毁灭"。它提出吠陀天启、祭祖万能和婆罗门至上三大纲领,宣扬整个宇宙是一个统一体,主观与客观、自我与世界、个人的灵魂与宇宙的灵魂,都结合在这个统一体中。人们所认识的世界并没有内在的实体,内在的实体属于"神我"——大梵,这是永恒不变的无始无终的真实存在,人的灵魂是这个存在的一部分。婆罗门教宣称社会上四大种姓都是"梵"生出来的:"梵"从口里生婆罗门,从肩上生出刹帝利,从脐处生出吠舍,从脚下生出首陀罗。因此社会上的人也就理所当然地有高低贵贱的等级差别。它还宣扬因果报应、生死轮回的观念,认为人的灵魂不灭,而转世的形态又取决于此生是否按婆罗门教教义行事。如果虔诚奉行婆罗门教,死后可投生天界,相反就会变为畜生,甚至下地狱,并强调只有属于前三个种姓的人才有信仰宗教、祭祖鬼神和死后灵魂升天的资格,而首陀罗则根本没有举行宗教仪式的权利,自然死后也谈不上灵魂升天了。这就是说,首陀罗不论是在社会生活还是在宗教生活方面都是没有出路的。

当时反对婆罗门教的教派,著名的如耆那教,信奉业报轮回、灵魂解脱、苦行主义、清净与染污的伦理学说。此教认为,人的现世命运是由前世的"业"(思想、言论、行为)决定的,为此就要通过宗教的修持,使灵魂获得解脱。灵魂是无所不在的,是半物质性的实体,和其所依附的形体相当,并随体积的增长而增长。灵魂的解脱,也就是道德的清净。道德上的染污是由不洁净的微细物质从皮肤毛孔中进入灵魂内部所引起的,而要获得道德上的清净,就必须堵塞进入不净物质的孔道,以使灵魂最后证得"涅槃",获得解脱。为此,耆那教又反对祭祀,而主张严守戒律,并提出了五条戒律:不杀生、不欺诳、不偷盗、不奸淫、戒私财。此外还提倡诸如绝食、身卧钉床、日晒、火烤、投岩、拔发、熏鼻等苦行,以为这也是解脱的道路。再如顺世论,是古代印度著名的唯物论学派,它反对梵天的存在,提出构成世界万物的独立常存的元素是地、水、火、风("四大"),人和世界都由"四大"合成,人死后复归于"四大",因而否定灵魂的存在。它认为人生的幸福不在天堂,也不在下世,而在今生。强调人生的目的在于满足肉体的各种欲望,即以求得快乐为满足。它主张种姓平等,反对轮回、业报、祭扫、苦行。这种学说是对婆罗门教最激烈的批判和反对。还有一种直观主义学派,对一切问题都持相对主义立场,不作决定说。例如,对于有无来世,有无果报,他们认为,说有就有,说无就无,也可说亦有亦无,还可说非有非无,由此人们称之为难以捉摸的如泥鳅的学说。以上这些学说的具体观点虽然各不相同,但是在反对婆罗门教的政治、思想统治方面则是一致的。这就是释迦牟尼创立佛教时的社会、政治、思想、宗教的背景和环境。

佛教创始人释迦牟尼姓"乔答摩",名"悉达多"。人们尊称他为"释迦牟尼"(Sakyamuni)。"释迦"是他的族名,"牟尼"的意思是明珠,喻圣人,因此"释迦牟尼"的意思就是释迦族的圣人。佛教徒则称之为"佛"或"佛陀"。据说在他创立佛教教义以后,许多人到他那里询问他是什么。人们想问的不是他的名字、出身和家世,而是"你是什么?"他们问他:"你是神吗?""不是。""你是圣人吗?""不是。""那么你是什么呢?"他回答说:"我醒悟了。"他的这个回答成了他的头衔,因为这就是佛的意思。佛陀是 Buddha的音译,用今天的汉语音译,应当是"布达"。这个梵文词的词根 budh 含有醒来和知道的双重意思。佛的意思就是"启悟了的人",或者"醒悟了的人"。当世界上其他的人都处在沉睡中,处于自以为清醒的人生而其实仍在梦境的状态时,他们之中的一个把自己叫醒了。"佛陀"一词是印度早就有的,佛教给它加了三种含义:一是正觉,即对一切法的性质相状,无增无减地、如实地觉了;二是等觉或者遍觉,即不仅自己觉悟,而且能平等普遍地觉他,使别人觉悟;三是圆觉或无上觉,即自觉觉他的智慧和功行都已经达到最高的、最圆满的境界。所以佛陀即圆满觉悟的人。

关于释迦牟尼的生卒年代有不同的说法,一般认为生于公元前 624 年,卒于公元前 544 年,享年 80 岁。他所处的时代正值我国春秋时代,与孔子同时。他当时是迦毗罗卫国国王的长子,父亲名净饭王,母亲名摩耶。根据当时印度的风俗,摩耶夫人生产前回到母家去,路过蓝毗尼花园,在树下休息的时候,产下了悉达多王子。

摩耶夫人产后七天便去世了,悉达多王子由他的姨母养育。他自小从婆罗门学者们那里学习文学、哲学、算学等社会科学和自然科学知识,学识广博,又从武士们那里学习武术,是一个骑射击剑的能手。他父亲净饭王因为他天资聪明,相貌奇伟,对他期望很大,希望他继承王位后,建功立业,成为一个"转轮圣王",即统一天下的君主。

悉达多太子幼年就有沉思的习惯,世间许多现象都会引起他的感触和深思:饥、渴、困、乏,弱肉强食,人会生、老、病、死,促使他思索如何解脱世界上的这类痛苦。他感到从他当时读过的书上找不到答案,他未来的王位和权力也不能解决这类问题。于是他就有了出家修道的念头。他的父亲净饭王早就发现了儿子的心思,曾经用各种办法阻止他,企图通过生活上的享受来打消其出家的念头。于是在他 16 岁时便为他娶了邻国的公主耶陀罗为妃,生有一子。但是这一切并没有能够阻止他,他 29 岁时感到人生无常,在一天夜深人静的时候,偷偷地离开皇宫,换下王子的衣服出了家。他的父亲曾力劝他回去无效,就在亲族中选派五个人随护他。他先后寻访三个有名的宗教家学道,仍不能满足自己解救人类痛苦的要求,便离开了他们,来到尼连禅河岸边的树林里,和那里的苦行人在一起。为了寻求解脱,他尝尽了艰苦辛酸,坚持不懈,经历六年苦行,但都没有获得所期望的结果,方悟到苦行是无益的。他于是放弃以前的做法,一个人来到菩提伽耶的一棵菩提树下坐禅,并发誓说:"我如果不证得到无上觉,宁可让此身粉碎,终不起此座。"经七天七夜,最后终于战胜了烦恼魔障,获得了彻底觉悟,成了有大智慧的人,时年 35 岁。此后四十五年间,佛陀把自己觉悟的内容向社会各阶层宣说,拥有了越来越多的信徒。他最初找到原来的五位侍者,为他们说法，从而组织教团，形成佛教。佛教把佛陀第一次说法的活动，称作"初转法轮"。

"转法轮"的概念是从印度传过来的。"轮"，是印度古代战争中使用的一种不战而胜的武器，形状像个轮子。印度古代有一种说法，即征服四方的大王叫"转轮圣王"。所以，传说释迦牟尼出生时，空中出现此轮，预示他前途无量。释迦牟尼创立佛教，是无上乘的教法，因此人们就把战争用的"轮"，即不战而胜的武器比喻佛所说的教法，名曰"法轮"。佛教的理论出现于世，使一切不正确的见解和说法都破碎无余，所以佛教把佛法的弘扬称为"法轮常转"。后来传到中国，法轮成为佛教的标志和象征。因此，有的寺院房子上建有法轮，僧人的香袋上也绣有法轮，表示佛教徒对佛教的无上乘教法的信仰和崇拜。世界佛教徒联合会将"法轮"的图案作为佛教的教徽。

佛陀在鹿野苑初转法轮后到摩揭陀国去的路上，受到他的教化而皈依的人很多，其中有拜火教的婆罗门姓迦叶的三兄弟率领一千多人皈依佛教。他到了摩揭陀国首都王舍城后，皈依的人更多。其中最有名的出家弟子有舍利弗、摩诃目犍连、摩诃迦叶等人。回到故乡，佛陀的异母弟弟难陀、堂兄弟阿难、提婆达多和他的儿子等都出了家。他的姨母也皈依了佛教，成为僧团中第一位出家的女弟子。

根据记载，佛自己足迹所到的地方主要是中印度地区。他的弟子到四方游化更远一些。斯里兰卡和缅甸都有佛曾经到过的足印的传说。

佛陀最后在毗舍离城生了病，度过雨季后，偕弟子们向西北走，最后到了拘尸那伽一条河，洗了澡，在一处四方各有两棵娑罗树的中间安置着的绳床上侧卧着安详逝世。佛陀逝世后，遗体举行火化。摩揭陀国和释迦族等八国将佛陀的舍利分为八份送到各地建塔安奉。其中摩揭陀国安奉在菩提伽耶的那一份舍利，到公元前3世纪，被阿育王取出，分成许多份送到各地建塔。

在释迦牟尼创立佛教和他逝世后一百年间，佛教主要在古印度恒河中游一带流传，佛教教团比较统一，都奉行释迦的教法，信徒持戒严谨，基本上以乞食为生。历史上通称这一期间的佛教为"原始佛教"，也称"早期佛教""初期佛教"。

佛教的创立是东方文明史上的重大事件。它不仅影响了印度宗教和思想的各个部门,影响了后来印度历史的发展,而且由于它的向外传播,也影响了亚洲许多国家的宗教、伦理、哲学、艺术、民俗的变化和发展。约在佛灭后一百至两百年,佛教发展迅速。特别是阿育王(公元前286—前232)在位时,广建佛塔,支持布教,尊佛教为国教,并派传教师到周边国家传教,使佛教逐渐成为世界性的宗教。由于弟子们对佛陀的教义和戒律理解不同,佛教分为上座部、大众部二大派。其后又分成十八部或二十部,从此原始佛教发展到部派佛教。部派佛教在印度佛教史上很重要,是通向大乘佛教的桥梁。

公历纪元前后,有一部分佛教徒根据《大般若经》《维摩经》《法华经》《解深密经》等阐述大乘思想和实践的经典,进行修行和传教,形成了大乘佛教中观派(阐发空、中道、二谛等思想)和瑜伽行派(弘扬万法唯识、三界唯心的理论),构成空宗和有宗两大系统,而将早期佛教称为小乘(声闻乘)。其后大乘(菩萨乘)佛教经过龙树、世亲等人的宣扬,得到较大发展。

7世纪以后,西印度产生了密教。它以《大日经》《金刚顶经》为基本经典,吸收了中观和唯识学派的观点,又吸收印度民间的宗教信仰,以持诵咒为主要修行方法。9世纪初,密教发展很快,相继形成金刚乘、俱生乘、时轮乘等系统。13世纪时,伊斯兰教的势力扩散到古印度各地,佛教在南亚次大陆的印度本土几乎销声匿迹了。

佛教在印度沉寂了六百年之后,于19世纪末掀起了"复兴运动"。1891年斯里兰卡贵族达摩波罗居士在科伦坡创办摩诃菩提会,次年总部迁至印度加尔各答,上座部佛教又从斯里兰卡北传印度,影响颇大。

佛教创建以后,迅速地向周边国家和地区传播。一大主流传于东南亚一带,在锡兰(斯里兰卡)、缅甸、泰国、高棉、寮国等东南亚国家和我国云南边境地区盛行,被称作南传佛教。另一主流经中亚向北沿丝绸之路传到中国汉地,后来传到韩国、日本、越南,属于北传大乘佛教。据史书记载,汉语系佛教大约在公元前2年传到中国中原地区,是为汉传佛教;藏语系佛教从8世纪沿着喜马拉雅山脉传到我国西藏地区,后来又传到蒙古,称为藏传佛教。

上述两大主流最大不同之处在于:南传佛教之三藏经典用巴利文书写,佛教徒重实践;北传佛教之三藏经典用梵文书写,佛教徒重义理的发挥。按其传播地区的语言划分,分为巴利语系佛教、汉语系佛教和藏语系佛教。巴利语系佛教即南传佛教,又称上座部佛教,俗称小乘佛教;汉语系佛教即北传佛教,又称大乘佛教。

二 佛教的基本教义

广义的佛教包括它的经典、仪式、习惯、教团的组织等。狭义的佛教仅指佛陀的教言,亦即佛教徒所说的佛法,包括四圣谛、缘起法、四法印、八正道等教义,解释人生和世界的问题。

四圣谛指的是:世间的苦(称作苦谛)、苦的原因(称作因谛或集谛)、说苦的消灭(称作灭谛)、灭苦的方法(称作道谛)。"谛"是真理的意思。佛教经典非常多,其实都没有超出这四圣谛,而四圣谛所依据的根本原理是缘起法,佛教的所有教义都从缘起法而来。

缘起即"诸法由因缘而起",意思是说,世间一切事物或现象,都是相待相持的互存关系和条件,离开关系和条件,就不能生成任何事物和现象。佛曾给"缘起"下了这样的定义:"若此有则彼有,若此生则彼生;若此无则彼无,若此灭则彼灭。"例如,没有树木就没有森林,而树木则是由树的种子发芽后长出来的,因此没有种子就没有树木。树木是要靠土壤、阳光、空气、水分才能成长的,因此没有土壤、阳光、空气、水分等一切条件就没有树的种子的生长。所以,森林、树木、土壤、空气、阳光、水分是相待相持的互存关系和条件,离开了它们就没有树木,没有树木也就没有森林。

互存关系也就是因果关系,如种子是因,芽是果,树木是因,森林是果等。实际上没有绝对的因,也没有绝对的果,在前一因果关系中,种子是因芽是果,在后一因果关系中,芽是因树是果,在再后一个因果关系中,树是因森林是果。世界就是这样由时间上无数的异时连续不断的因果关系组成的无限网络构成的。所以,佛教常说的一个偈语是:"诸法因缘生,诸法因缘灭,吾师大沙门,常作如是说。"

缘起说被视为佛教的根本思想,被认为是普遍的客观真理。以佛教的法语表示,即是"见缘起者即见法,见法者即见缘起",又言"见缘起者见法,见法者见佛"。这就是说,若能真正理解缘起法,也就真正理解了佛教。

四法印是佛教教义的另一重要内容。印是印玺,盖有国王印玺的文件有通行无阻的作用。法印就是"佛教的标记"。"诸行无常、诸法无我、有漏皆苦、涅槃寂静"是佛教的最基本义理,可以用来印证各种说法是否正确,故称四法印。印定其说,即是佛说,否则即是魔说。四法印是判定佛教真伪的标志,掌握了它,便能对一切佛法通达无碍。理解了四法印,也就理解了佛教的根本思想。

四法印之一是"诸行无常"。这里的"诸"是指一切事物和一切现象,指宇宙中的万事万物,"行"是迁流变动的意思,一切现象都是迁流变动的,所以叫作"行"。"无常"是指没有恒常的存在,没有一成不变的事物和现象。"诸行无常"的意思就是宇宙的一切事物和一切现象都是此生彼生、此灭彼灭、相待相持的相互关系,没有恒常不变的存在。所以任何现象的性质都是无常的,表现为刹那生灭。"生灭"二字,实际上包括"生、异、灭"三字或"生、住、异、灭"四个字。这里每一个字表示着一种状况:一个现象的产生、发生叫作"生";当它存在着,发生作用的时候叫作"住";在它存在或者发生作用的过程中,同时也在发生变化,如动植物的成长和老化等,叫作"异";通过变化一种现象消失了,叫作"灭"。"刹那"是个极短的时间单位,佛经中说弹指一下的时间就有六十刹那,一个刹那具有"生、住、异、灭"的过程。一个人有"生、老、病、死",佛教把人从生到死视为一期,在这一期有"生、住、异、灭",也即是"生、老、病、死",但从各个组成部分来说,则是刹那的"生住异灭"。一个物体的生住异灭,一个世界的生住异灭,实际上都是刹那生灭相续地存在,佛教认为,没有什么事物不是刹那生灭的。

四法印之二是"诸法无我"。它的意思是说,"世界上一切事物和一切现象并无本体论的所谓我的存在"。"无我"的意思是无固定性,亦即无自性。佛教认为,世上一切人和一切有情感的生物都叫作有情。所谓有情,无非是各种物质要素和精神要素的集合。比如,人的身体组织是由地、水、火、风、空、识六大要素所构成的,地为骨肉,水为血液,火为身体温度,风为呼吸,空为种种空隙,识为种种精神活动。有情的组织分为色、受、想、行、识五蕴。色是指世界上的各种物质,包括人的眼、耳、鼻、舌、身五根(人的五个感觉器官)以及这些感官的感觉对象;受是感受(感到苦、乐、不苦不乐等);想是印象(事物的相貌、颜色、大小、长短、方圆等);行是推动身心活动的力量;识是对所认识的对象进行判断和推理。世上的一切是种种要素的集合,而各种要素又是刹那间依缘而生灭,找不到一个固定的、独立的有情在支配着身心,也就是找不到"我"的存在。所以佛教说的"空",不是平常说的没有,而是说世界上没有一个永恒不变的"我"存在,没有一个自性本体的法存在,没有一个常恒不变的主宰体存在。

四法印之三是"有漏皆苦"。"漏"是烦恼的意思。佛教认为众生不明白一切法"缘生缘灭""无常无我"的道理,而在无常的法上贪爱追求,在无我的法上执着为"我",或为"我所有",这叫惑。惑使人烦恼。烦恼种类极多,贪(贪欲)、愤(仇恨)、痴(不知无常无我之理叫作痴)是三毒,加上慢(傲慢)、疑(犹疑)、恶见(不正确的见解),合在一起为六大根本烦恼。世间有无量的苦,这苦不是孤立地、偶然地自己生起来的,也不是造物主给予的,而是有因缘的。困惑所造的烦恼就是业,因业而有生死苦,就是有漏皆苦。

四法印之四是"涅槃寂静"。"涅槃"(梵文 Nirvana)这个词的原意是"熄灭",意译"圆寂"。它是佛教全部修习所要达到的最高理想,一般指熄灭生死轮回后的一种精神境界。佛教认为,人生有着重重烦恼和痛苦,涅槃即是对"生死"诸苦及其根源"烦恼"的最彻底的断灭。

人生痛苦的根源在于烦恼,那么如何使人摆脱这个痛苦的根源,达到理想境界呢?佛教在这方面的论述很多,其中最主要的是所谓"八正道",意谓通向涅槃解脱的正确方法或途径。八正道的具体内容是:(1)正见,对佛教真理四谛等的正确见解;(2)正思,对四谛等佛教教义的正确思维;(3)正语,纯净语言,说合乎佛法的言论,不妄语、不谩语、不恶语、不谤语、不绮语、不暴语、远离一切戏语;(4)正业,从事清净之身业,不杀生、不偷盗、不邪淫、不做一切恶事;(5)正命,过符合佛教规定的正当生活,远离一切不正当的职业;(6)正精进,勤修涅槃之道法;(7)正念,明记四谛等佛教真理;(8)正定,修习佛教禅定,心专注于一境,观察四谛之理。佛教认为,按此修行可由凡入圣,从迷界此岸达到悟界的彼岸。

三　佛教在中国的传播及其经典

关于佛教何时传入中国,历史上说法不一。近年来,中国佛教协会确定以西汉哀帝元寿元年(公元前 2 年)大月氏使臣尹存口授《浮屠经》给博士弟子景卢为佛教传入中国中原地区的标志。自那时起,在长达两千多年的历史中,由于传入时间、路线、民族等不同因素,中国佛教形成了上座部佛教、汉传佛教、藏传佛教三大教派俱全的独特格局。

公元前 3 世纪中叶,阿育王之子摩晒长老前往锡兰传教,佛教在锡兰迅速发展,巴利文三藏佛经正式记录成册。到了 5 世纪,觉音法师注释巴利文三藏,奠定了南传佛教的基础。大约到 14 世纪,缅甸、泰国、高棉、老挝等国已经完全变成以锡兰为传承之上座部佛教。

上座部佛教早在 7 世纪就从缅甸传入我国云南边境地区,后来情况不明。11 世纪后期,缅甸蒲甘王朝重兴佛教,上座部佛教再次从缅甸传入云南边境地区,此后不断发展。1277 年开始有傣文的贝叶经出现。云南省有傣族、布朗族、景颇族、佤族、德昂族、阿昌族等 6 个民族全民或者部分信仰上座部佛教。所用经典系巴利语三藏的傣语音译本,重要部分有傣语翻译。此外,傣语和布朗语的佛教注疏和著述也不少。

汉传佛教始于西汉。公元前 2 年,大月氏国派了一个名叫尹存的使者出使中国,向博士弟子景卢传授佛经《浮屠经》。这部佛经由于年代久远,战乱频繁,已经失传。东汉明帝于永平十年(公元 67 年)派人赴印度求法,请回摄摩腾、竺法兰二位印度僧人到洛阳白马寺宣扬佛教,并翻译出第一部汉文佛典《四十二章经》。这是现存最早的经文。东汉以后,印度大小乘佛经不断传入中国,译成汉语。

魏晋时期盛行老庄玄学,佛教大乘般若学说在思辨方法上与玄学相似,所以很快风行社会。南北朝时期,后赵石勒、石虎,前秦苻坚,后秦姚兴,梁武帝等君主大力支持佛教。同时教内出现佛图澄、道安、鸠摩罗什、慧远等高僧大德,讲经说法,著书立说,翻译经典,影响很大。当时出现了许多以研究一部或几部佛典为中心的佛教学派:有研究《大涅槃经》的涅槃学派,研究《成实论》的成实学派,研究《十地经论》的地论学派,研究《摄大乘论》的摄论学派,研究《中论》《十二门论》《百论》的三论学派等。它们为后来中国佛教宗派的成立奠定了基础。南北朝虽然发生了北魏太武帝和北周武帝两次灭佛事件,但从总体来看,佛教已经普及到社会各个阶层之中。

佛教经南北朝时期的普及发展,为隋唐时期佛教中国化提供了基本条件。隋唐是中国封建社会的盛世,也是佛教在中国发展的一个兴盛时期。这个时期出现了一大批高僧大德,例如鉴真和尚、一行禅师、各宗派祖师等。玄奘法师更是一位杰出人物,他置生死于度外,从印度取回了大量的经卷,进行翻译,是著名的佛学家和翻译家。经过长期与中国文化和社会习俗的融通、结合,中国佛教形成了一些具有民族特色的宗派,主要有八宗:(1)天台宗;(2)净土宗;(3)华严宗;(4)禅宗;(5)律宗;(6)唯识宗;(7)三论宗;(8)密宗。

唐代是中国汉地佛教的鼎盛时期。自唐武宗灭佛后,佛教开始衰退。唐朝以后中国佛教没有突破性的发展。宋以后,佛教各大宗派逐步走向融合,直至今日各派很少有门户之见。元朝时期藏传佛教兴盛。晚清则出现了居士佛教。

藏传佛教也是佛教的一支,俗称喇嘛教,主要流行于我国西藏、青海、云南、四川、甘肃、内蒙古、新疆等省区以及尼泊尔、蒙古、哈萨克斯坦、印度等国家。公元7世纪,佛教从中国汉地和印度传入藏族地区。佛教传入后与当地苯教发生激烈冲突,而两教在相互斗争中也互相吸收,此后不断发展,11、12世纪,形成带有藏族地区特色的藏传佛教。它把以释迦名义编述的大小乘佛法统称为显教,把法身佛大日如来所说的教法称为密教,所据为《大日经》《金刚顶经》《现观庄严论》等显密经典。藏传佛教也有不同的宗派,主要有:宁玛派、噶丹派、萨迦派、噶举派、格鲁派。它们虽然各有特点,但在教义上基本是把显、密二教结合起来,提倡显、密兼学兼修。藏传佛教由于莲花生大师、阿底峡尊者、八思巴帝师、宗喀巴大师等人的努力,发展迅速,影响深远,成为藏族人民灿烂的民族文化的组成部分。

中国是北传佛教的中心。朝鲜半岛、日本、越南等地佛教以中国为祖庭。中国是唯一具有世界三大语系佛教的国家,佛教成为中国优秀传统文化的一个重要组成部分。

佛教的经典非常之多,按体例的不同,分为"经""律""论"三藏;按语言的不同,分为巴利语佛经、藏语佛经和汉语佛经。

三藏经典并不是释迦牟尼佛本人所写,而是由弟子们根据他生前讲的法记诵而成的。在佛逝世的那一年,佛的弟子五百多人进行第一次集结,将佛一生所说的言教经汇集(含有编辑的意思)起来,以传后世。佛逝世一百一十年后,由长老耶舍召集700位学德兼优的僧众进行第二次集结。在佛逝世二百三十五年后,阿育王时代,有很多外道混入佛教,扰乱了教义,以国师目键连子、帝须为首的1000比丘诵出三藏,清除外道,这是第三次集结。佛逝世四百年后,在大月氏国统治西印度时代,以世友菩萨为首的500比丘造论解释"六足发智论",共30万颂、九百多万言,这是第四次集结。距今九十多年前,缅甸国王邀集众多比丘校勘巴利文大藏经,并将三藏全文和校勘记刻在石碑上,称为第五次集结。1954—1956年,缅甸联邦政府为了纪念释迦牟尼逝世两千五百年,发起第六次集结,邀请缅甸、柬埔寨、斯里兰卡、印度、老挝、尼泊尔、巴基斯坦、泰国等国的比丘2500人参加。他们做了两年工作,根据各国的版本和第五次集结的校勘记录对巴利文三藏进行严格的校勘,印成了最完善的巴利文三藏。

在佛教徒第一次集结时,侍从释迦牟尼时间最长的大弟子阿难背诵了释迦牟尼对佛教教义的许多论述,整理确定下来后被称为"经"。持律最精的优波离背诵了释迦牟尼有关戒律的教导,整理确定后被称为"律"。第一次集结除了诵出经与律外,还由大弟子迦叶诵出了不少佛学弟子们发挥佛教教义的论述,被称为"论"。

佛经三藏有几种语言:(1)巴利文经典:巴利语是古代印度的一种语言,是佛陀时代摩揭陀国一带的大众语。据说佛就是用这种语言说法的,所以佛的弟子们也用这种语言记诵佛所说的经教。除巴利文三藏外,还有梵文三藏。传到南方去的用巴利文,是上座部佛教。传到北方去的用梵文,多数是大乘佛教的经典。巴利文经藏分五部,即长部、中部、相应部、增支部、小部。巴利文律藏分三部:分别部、度部、附篇。巴利文论藏分七部:法聚论、分别论、界论、双论、发趣论、人施设论、论事。(2)藏文经典:藏文经典主要是从梵文翻译的,汇集为藏文《大藏经》。藏文《大藏经》主要分两部分:一是正藏,即"佛语部"(含经部、律部),名为"甘珠尔",即经藏、律藏,共 1108 部;二是副藏,即"论疏部",名为"丹珠尔",共 3461 部。(3)汉文藏经:传到我国最早的佛经是《浮屠经》,经过战乱失传了。汉明帝派人求法,请回来最早的佛经叫《四十二章经》。随着不断大量翻译传入,佛经越来越多,到了宋代,集中刻印成《大藏经》,为 971 年(宋开宝四年)刻本。历代先后有二十余个刻本。清代雍正、乾隆年间刻的《大藏经》通称"龙藏",共有 1692 部、6241 卷。

四　佛教的主要礼仪

佛教徒尊奉佛教创始人释迦牟尼为本师,而自称为释迦牟尼的弟子。佛教徒有四类,称为四众弟子,就是出家男女二众、在家男女二众。出家男女又有四类,即比丘、比丘尼、沙弥、沙弥尼四众。出家的男众为比丘,比丘是梵文音译,意思是乞食,指僧人托钵乞食,也含有怖魔、破恶、净命等意思。比丘就是出家后受过具足戒的男僧。出家女众名为比丘尼,"尼"是梵语中"女"的音译,指出家后受过具足戒的女僧。俗称比丘尼为尼姑,尼是比丘尼的略称,姑是汉语。比丘又俗称为"僧人"。僧是梵语"僧伽"的略称,意思是众,凡三个比丘或以上和合共处称为众,即为僧伽。

古代印度各教派都提倡人到一定年龄以后,要出家修持。出家者称为"沙门",意思是止息一切恶行。由于印度其他教派没有传入中国,沙门也就成为出家佛教徒的专称了。世俗还称比丘为"和尚"。和尚是印度俗语,梵文的音译为"邬波驮耶",意译是"亲教师",即师傅。在中国一般是对佛教师长的尊称,后又成为僧人的通称。上述称呼在书面上多用比丘、沙门,在口语上多用僧人、和尚。对那些佛教界的上层人物,有佛理素养又善于讲解经文的,人们尊称为"法师"。有时为了对一般僧人表示尊敬也称之为法师。在中国蒙藏地区,人们称僧人为"喇嘛"。喇嘛为藏语的音译,意思是"上师",是藏传佛教对有学问的高僧的一种尊称,相当于汉族地区所称的和尚,同样是师傅的意思。汉族人则常把蒙藏僧人统称为"喇嘛"。

在家信教的男众称为"优婆塞",在家信教的女众称为"优婆夷"。"优婆塞"是梵语,意思是清信士、近事男、近善男,即亲近奉事佛、法、僧"三宝"者。"优婆夷"也是梵语,意思是清信、近善女,也是指亲近奉事佛、法、尼"三宝"者。俗称在家的佛教徒为"居士"。"居士"是梵语"避罗越"的意译,原指居积财富的人士,后来转为居家修道人士的专称。

佛教信仰者离开家庭独身修道要经过一定的程序,是有条件的。一般的程序是按照佛教戒律的规定,先到寺院找一位比丘,请求他作为自己的"依止师"。这位比丘再向全寺院的僧侣说明情由,广泛征求意见,取得一致同意后,方可收其为弟子。然后再为他剃除须发,授沙弥戒,此后这人便成沙弥了。出家人至少7岁才能受沙弥戒。沙弥至20岁时,寺院住持、依止师经过僧侣的同意,召集10位大德长老,共同为他授比丘戒,才能成为比丘。受比丘戒满五年后,才可以离开依止师,自己单独修行,云游各地,居住于各寺院中。至于女人出家,也同样要先依止一位比丘尼,受沙弥尼戒。年满18岁时,受式叉摩那戒,成为"式叉摩那尼"(学戒女)。到20岁时先从比丘尼,后从比丘受比丘尼戒。这样经过两度受戒后才能成为比丘尼。

佛教这套出家程序,在不同地区、不同时代的具体做法也有所不同。在中国汉族地区,唐宋时比较严格,元代以后就比较宽松了。大约自元代开始,受戒者还要在头顶上燃香,作为终身誓愿的标志。近年来佛教界已在汉族地区废除了这种陈规。

佛教对出家的佛教徒在服饰方面有着统一的严格要求,对于在家的居士则没有特殊规定。佛教最早规定,比丘穿的衣服只有三衣:一是五衣,即由五条布缝制而成的内衣,日常作业和就寝时穿用;二是七衣,是由七条布缝制而成的上衣,礼诵、听讲时穿用;三是大衣,由九条布以至二十五条布做成,遇有礼仪或外出时穿用。比丘衣服的每一条布,分别由布块连缀而成。这种式样叫作"田相",状似田地畦垄,纵横交错,表示众僧可以为众生的福田,故也称"福田衣",也就是袈裟。在中国寒冷地区穿这三衣难以御寒,所以又增穿一种圆领方袍的俗服。后来一般人废弃了这种衣服的式样,而僧人却一直保持着,这样,久而久之,圆领方袍便成为僧人专有的服装了。

佛教各派有着非常复杂的礼仪。在原始佛教时期,僧众的日常行事,除了出外乞食,每日各自修行。修行的方法:一是闻佛说法,或互相讨论;二是修习禅定。佛教初传入中国,弟子随师修行,也没有统一规范日常行事。在东晋时代,道安法师创立僧尼规范:一是行香、定座、上经、上讲之法,即为讲经仪规;二是常日六时行道、饮食唱时之法,即为课诵临斋仪规;三是布萨、差使、悔过等法,即为忏悔仪规。当时天下寺院普遍遵行。宋明以来又在此基础上形成了寺院普遍奉行的朝暮课诵,逐渐统一为每日"五堂功课""两遍殿",并且有钟、鼓、磬、木鱼等法器伴奏。早晚殿课诵成为汉传佛教寺院修行的重要宗教活动之一。

佛教修行者为在短期内求得较佳的修行成果,常作限期之修行,通常多以七日为期,称为打七,又称结七。比如在七日中专修念佛法门,愿求往生西方极乐世界,称为"打佛七";专修禅宗法门,直接参究心性的本原,称为"打禅七",略称"禅七"。打七活动时间有一七(一个七日)乃至十七(十个七日)的不同。每一禅七的开始与结束,称为"起七""解七",各有其规定仪式。

佛诞节也称"浴佛节",是纪念释迦牟尼佛的重大节日。据说悉达多太子诞生之日,有九条龙口吐香水洗浴佛身。因此佛教于每年四月八日举行法会,在大殿里用一盆供奉太子像(释迦牟尼诞生像),全寺僧人和信徒用香汤为佛像沐浴,作为佛诞生纪念。关于具体日子,东南亚各国的佛教徒以四月十五日为佛诞节,也是佛成道日、佛涅槃日,中国的藏传佛教地区也是如此。汉传佛教习惯以阴历四月初八为佛诞日,十二月初八为佛成道日,二月十五为佛涅槃日。元代《敕修百丈清规》规定四月八日为释迦如来诞辰,此后南北均以四月八日为浴佛节,举行浴佛法会,至今相沿不变。1991年,根据赵朴初会长提议,中国佛教协会决定:汉传佛教将阴历五月的月圆日作为佛吉祥日,每年举行纪念活动,其他传统的佛教节日仍按原来的习惯进行。

盂兰盆会是汉语系佛教地区的佛教徒根据《盂兰盆经》而于每年七月十五日举行超度宗亲的法会。据《盂兰盆经》所载,佛弟子目连为了拯救他的母亲,向佛陀请求解救之法。佛陀指示目连在七月十五日众僧自恣时

(印度雨季期间,僧众结夏安居三个月,此日乃安居结束之日),以百味饮食供养置于盂兰盆中以供养三宝,以这样的功德使七世父母和现生父母在厄难中者脱离饿鬼道,生人世或天界受乐。

水陆法会的全称是"法界圣凡水陆普度大斋胜会",也称"水陆道场""水陆大会""水陆会""水陆斋""水陆斋仪""悲济会"等,是中国佛教规模最大、最隆重的一种经忏佛事。法会特意标出"水陆""普度",是指一切众生都能因经法会之缘而得救度。"大斋胜会"指此法会是以食施、法施为主而令众生得到解脱的法会。举行水陆法会的时间较长,最少七天,多则可达四十九天。参加法事的僧人有几十甚至上百。法会上设内坛和外坛,以各种饮食为供品,供养圣凡水陆一切众生;设法华坛、华严坛、楞严坛、净土坛等坛口,诵经设斋,礼佛拜忏。由于这种法会规模较大,故富者可独力营办,称"独姓法会";贫者只能共财修设,称"众姓水陆"。

焰口即"放焰口",又称"焰口施食仪",是密教举行的一种仪式,来自《救拔焰口陀罗尼经》。"焰口"有时又译为"面燃",是佛教经典中所说的鬼王之名。据《焰口施食仪》说,人生饿鬼中,苦难异常,佛陀为了使饿鬼得度而说施食的方法,体现了佛陀度人苦厄、普度众生的愿力。此后,这一施饿鬼食法便成密教修持者每日必行的仪规。中国唐朝末年密教失传后,施食仪规也失传了。直到元代,由于藏族喇嘛进入汉地,密教随之复兴,焰口施食之法也得以复传。

诵戒,又称布萨,梵文音译为优波婆素陀、布萨婆沙,意译为长净、增长、净住、说戒。同住的比丘每半月集会一处,或齐集说戒堂,请精熟律法的比丘读诵戒本,以反省过去半月内的行为是否合乎戒条;如果有犯戒的,则应该在大众面前忏悔,使比丘都能长住于净戒中,长养善法,增长功德。

【关键词】

佛教　　释迦牟尼　　四圣谛　　四法印　　八正道

【进一步阅读书目】

方立天:《中国佛教与传统文化》,上海人民出版社,1988 年。

陈兵、邓子美:《二十世纪中国佛教》,民族出版社,北京,2001 年。

【思考题】

1. "佛"或"佛陀"是什么意思?
2. "四圣谛"指的是什么?
3. 如何理解佛教的基本教义?
4. 佛教传入中国对中国文化的发展起了什么样的作用?

注　释

〔1〕　中国人民大学基督教文化研究所编:《基督教文化学刊》第 6 辑,第 148 页,宗教文化出版社,北京,2001 年。

第六讲

基督教基本知识

基督教的前身

基督教的诞生与发展

基督教的经典

基督教的核心信仰与基本礼仪

　　基督教是一种世界性的大宗教。"基督教"一词在英语中称 Christiani-ty,是指信奉耶稣基督为救世主的所有教派,包括罗马公教(Catholic)、正教(Orthodox)、新教(Protestantism)三大派及其他一些小教派。它与佛教、伊斯兰教并称世界三大宗教,但较之佛教和伊斯兰教,在世界各地分布更广,占人口比例更高,影响也更大。

　　"基督教"这一称谓在中国的使用比较混乱,往往有广义和狭义之分。广义的基督教,也就是英语中的 Christianity 之意;狭义的基督教则是指其中的新教,即英语中的 Protestantism。这种状况是由于历史原因造成的,因为长期以来华人都习惯把新教称为基督教。中国大陆的新教教会也从不称自己为新教,只称基督教或耶稣教,而将罗马公教称为天主教,正教称为东正教。港、台华人为解决这一混乱状况,把广义基督教称为"基督宗教",以与专指新教的狭义基督教相区分。这一用法现已渐被一些大陆学者所采用。

我们用基督教一词专指广义基督教,而称狭义基督教为新教。

一　基督教的前身

基督教的前身是古希伯来人的宗教——犹太教。

希伯来人就是远古的以色列人或犹太人。公元前 14 世纪上半叶,埃及在巴勒斯坦的统治变弱。这时,东方的游牧民族希伯来人从沙漠侵入巴勒斯坦,与当地的伽南人不断争战,逐渐定居下来。现存的历史文献记载中第一次提到以色列,是公元前 1223 年,埃及法老梅尼普塔炫耀战功的碑文中刻记:"以色列已化为废墟,但它的种族并未灭绝。"[1]另外一种说法是:公元前 2000 年左右,希伯来人的祖先从幼发拉底河流域游牧到了伽南地区(即今巴勒斯坦),当地人叫他们"哈比鲁人"(Habiru),意思是从大河那边来的人;后来以一音之转而为希伯来人(Hebrew)。公元前 1000 年左右,他们开始自称"以色列人",因为相传他们的族祖雅各被神赐名以色列。以色列(Israel)是"与神角力"的意思。传说雅各曾于夜间和天使摔跤,直到天亮,天使让他改名以色列。这种说法把希伯来人的历史追溯至更远。

位于中东的巴勒斯坦是希伯来文化和犹太教的起源地。它的地理位置至关重要。"新月形沃壤"包围着阿拉伯的沙漠,东自波斯湾,西至埃及边境,而巴勒斯坦便位于"新月形沃壤"的西南端。这是一个极易招致邻近的沙漠游牧部族和互相敌对的各大帝国侵略的地方。侵入巴勒斯坦的希伯来人,在文化上无异于他们周围的半开化民族,处于原始游牧状态。定居下来以后形成了两个大的部落联盟,住在北部和中部的称为以色列部落,住在南部的称为犹大部落。以色列部落人数较多,地盘也较大而肥沃;犹大部落人数较少,土地贫瘠。

从公元前 11 世纪末叶起,统一的以色列王国形成,进入以色列王朝时期。扫罗统辖以色列部落取得对腓利士丁人战争的胜利,成为以色列人的第一个国王。大约在同一时期,犹大部落的首脑大卫已经在南部建成独立的王国。扫罗战死后,大卫夺取了他的王位,建立了统一的以色列—犹太国,把腓利士丁人逐出巴勒斯坦,建都耶路撒冷。大卫的儿子所罗门当政

(公元前 970—前 933 年)时,国势空前强盛,文化繁荣,进入以色列民族历史上的黄金时代。

所罗门死后,王国分裂为二:北国以色列以撒玛利亚为都城,南国犹大以耶路撒冷为都城。内部的分裂再加以四周强大邻国的向外扩张,使以色列人长期沦于异族统治之下。公元前 722 年,以色列国灭亡,变为亚述帝国的一个行省,南部的犹大国沦为亚述附庸。国人或被俘虏,或流亡异国。公元前 612 年,亚述帝国亡于巴比伦。公元前 597 年和公元前 588 年,巴比伦王尼布甲尼撒两次率军攻陷耶路撒冷,犹大国灭亡。以色列人进入"被虏流亡时期"。人们称这些流离在外的以色列人为犹太人。这个称呼含犹大亡国的遗民之意,起初带有贬义,日后约定俗成,称呼也就相延下来。

公元前 539 年—前 333 年,波斯帝国战胜巴比伦,统治巴勒斯坦达两个世纪。波斯统治者为了利用以色列人抵挡埃及和新兴的希腊入侵,释放一批被巴比伦人俘虏的以色列人返回故里。这些以色列人在一些先知的领导下重建以色列。这段时间被称为"波斯统治时期"。

公元前 333 年,巴勒斯坦进入希腊统治时期。公元前 301 年,埃及托勒密王征服巴勒斯坦,把上万犹太人运往亚历山大城。这一时期的犹太人逐渐分布到地中海沿岸各处。这些散居在外的犹太人在希腊文明的影响下,与异族杂居,比巴勒斯坦的犹太人更多地接受了希腊文化。尤其是在亚历山大里亚城,犹太人大批聚居,经商致富,它成为犹太人吸收希腊文化的中心。同时,希伯来文化也传播到整个地中海世界,与各民族文化发生着融合。

从公元前 2 世纪起,罗马开始强盛。当时巴勒斯坦处于塞琉西王国统治之下。公元前 165 年,以色列人趁塞琉西王国的衰微发动起义,恢复耶路撒冷圣殿,又靠与罗马结盟,于公元前 141 年取得独立。公元前 63 年,罗马大将庞培进军耶路撒冷,屠杀一万两千名犹太人,扶植傀儡。从此,以色列沦为罗马帝国的附庸。

罗马帝国时期,犹太人虽然已成亡国遗民,但犹太人的社团没有灭绝,犹太教没有灭绝。犹太人凭借他们独特的精神在广阔的地中海世界书写着他们民族史的新的一页。

犹太教又称摩西教,是宗教史上最早出现的系统的一神教,是基督教的前身。犹太人的宗教活动各不相同,但一般都具有一个共同的特点,即信仰一个贯穿于历史事件始终,以某种方式选定犹太人作为自己子民的唯一的上帝。

按旧约《圣经》所说,在人类发生了一系列灾难以后(亚当和夏娃、该隐和亚伯、大洪水、没有建成的通天塔等),上帝决定只与一个民族发生联系。上帝选中了亚伯兰,为他更名亚伯拉罕,与他立约。上帝答应他,只要他做一个完善的人,就让他成为一个伟大民族之父,拥有一片土地,为所有相信这一誓约的人祝福。[2]他的儿子以撒、孙子雅各,以及雅各的十二个儿子继承了亚伯拉罕的誓约。这些人就是犹太人的祖先。

《圣经》中的记载表明,犹太人的这些祖先信仰主导他们命运的唯一的上帝(耶和华),但他们的宗教活动具有明显的泛灵论色彩。比如,希伯来人有敬拜岩石之风。其主要表现是:奉为圣所,堆石为证,垒石为坛,以石罚恶。再比如,崇拜天体在希伯来人中也是一种比较普遍的现象。在众天体中,他们对月亮的崇拜尤为突出。再比如,对畜牧的崇拜,特别是对牛的崇拜,在《圣经》中也有多处记载。《出埃及记》第32章中,亚伦等人在西奈山下铸造金牛犊,对它进行膜拜。《列王记》上第12章记载了以色列人把牛的形象当成上帝耶和华崇拜。这种崇拜一直延续到何西阿时期。

多神崇拜和偶像崇拜在希伯来人中也是常见的。王国时期,所罗门在筑建耶和华圣殿的同时,也造了巴力神庙。分国后,亚哈王和玛拿西王也曾为巴力筑坛献祭。希伯来人对巴力的崇拜一直延续到亡国前后。亚斯他录是爱神兼战神,巴力的妹妹,伊勒神王和阿舍拉海神的女儿。在苏美尔和腓尼基的传说中,她是巴力的妻子。在希伯来人的神话中,她是一个美丽的人间女子,天使因求爱心切,泄露了天机,使她得道升天,成为一位女神。王国时期,所罗门所建的神庙中也有她的神像。

上述情况表明,作为犹太教前身的希伯来宗教是多神教。希伯来一神教的滥觞虽然可以追溯至希伯来人的氏族始祖亚伯拉罕,但在他那里还只是一种信仰一位主神的朦胧思想。一神教的正式形成大约是在公元前13世纪的摩西时代,从它诞生之日起,直到公元前6世纪犹大国沦亡的这段漫长时期内,希伯来民族虽长期处于一神信仰与异教信仰的激烈斗争中,但一神信仰始终处于主导地位,并不断得到巩固和发展。

犹太教最重要的事件是出埃及。按《圣经》的说法,上帝播下的种子——亚伯拉罕的子孙此时居住在埃及,在那里受奴役。带领他们离开埃及,摆脱奴役,返回伽南,是上帝给摩西的旨意。在这一事件中,上帝向以色列人的领袖摩西显现了他的名字和律法,最终把他的选民从埃及人的奴役中拯救出来。在这一事件中,上帝耶和华直接插手帮助他的子民。他分开红海水让以色列人通过,而当尾随的埃及人试图过海时,海水回复原样,埃及人身陷汪洋。这件事成了犹太教逾越节的来由。穿越红海以后,以色列人在前往伽南的途中抵达西奈山。此时上帝又通过摩西,向以色列人宣布了他的律法,即"摩西十戒":(1)我是神圣的上帝,是我把你们带出埃及,摆脱奴役,除了我,没有别的上帝;(2)你们不要制造任何偶像;(3)不要妄称神圣上帝的名字;(4)记住安息日为圣日;(5)孝敬父母;(6)不许杀人;(7)不许奸淫;(8)不许偷盗;(9)不许做假证;(10)不许贪恋别人的妻女和财产。(《出埃及记》20:2—17)这些戒律强调了对上帝的服从和忠诚,以及对犹太社会成员的正直礼义行为。除《创世记》和《出埃及记》外,"摩西五经"的其他几部经典,《利未记》《民数记》《申命记》都在此基础上确立了调节社会生活各个方面的律法。无论这些律法是何时汇集成典的,这些规定成为犹太教《圣经》最重要的组成部分。正因如此,犹太教被学者们定义为一种律法的宗教,犹太人本质上是服从上帝律法的人。

在犹太人的心目中,摩西是他们的民族英雄。从宗教发展的角度来看,摩西此举创立了人类历史上最早的一神教。他初步制定了一神教的教义、教规,设立了专职祭司制度,并以律法形式规定了希伯来人的宗教信条和伦理道德准则。然而,一神教的确立和发展不是一帆风顺的。摩西的一神教面临着来自两方面的严重挑战:一是希伯来人所进入地区的多神崇拜,二是四邻异族神祇的传入。耶和华上帝不时遭到本族人的冷遇,甚至被遗忘。

与偶像崇拜和多神崇拜的斗争在摩西时期就初露端倪。按《圣经》的说法,当摩西在西奈山与上帝立约时,因他四十昼夜未下山,山下以亚伦为首的希伯来人就铸造金牛犊,并向其跪拜。摩西下山后,怒摔法版,命利未人处死那些叛教者。[3]希伯来人占领摩押、米甸后，又崇拜当地神祇，不少希伯来人在外族女子的引诱下背弃耶和华，改拜她们的巴力神。[4]一些有才干的士师(部落或氏族联盟的领导人)为了增强民族团结，排斥和抵制异神，并捣毁其偶像。其中基甸表现得最为突出，他拆毁巴力的祭坛，砍下坛旁的木偶，另筑起耶和华的祭坛。[5]为了抵御异教神祇和宗教崇拜仪式的影响，希伯来一神教在这个时期建立了圣所，它们成为希伯来人宗教活动的中心。最大的圣所设在示剑和示罗。这种中心圣所有专门安放约柜、祀典的器具，设有祭坛的房间，还有欢宴的大厅等。固定圣所的诞生使希伯来一神宗教的崇拜仪式得到巩固。

希伯来人进入王朝时期以后，王国的统治者为了巩固民族团结、王国统一，大力扶持希伯来一神教，把它定为国教，并建立起等级分明的祭司制度。大卫继承摩西以来用食物献祭的传统，并发展了其他崇拜形式，如诵诗、奏乐等。他把供职的祭司分为二十四班，每班都配有歌队，每逢献祭时，诗声朗朗，鼓乐齐鸣，使献祭仪式呈现出庄严肃穆的气氛。所罗门继承王位后在耶路撒冷的锡安山上建起一座雄伟的圣殿，使之成为一神教的崇拜中心。圣殿内壁和室内所有设施都涂上一层厚厚的金粉，显得金碧辉煌，耀眼夺目。圣殿由门厅、主厅和圣堂三大部分组成，约柜被安放在最里层。神秘而幽暗的圣堂内，一般人是不能进去的，祭司长每年也只能进出一次。圣殿的建成，轰动了四邻各国，来圣殿朝拜者络绎不绝。

然而，以色列王国的统治者们并非清一色的一神论者。所罗门受那些来自不同国度的皇后、嫔妃们的影响，在信奉耶和华上帝的同时也信奉异教神。为了讨得那些皇后、嫔妃们的欢心，他在锡安山上也建起了异教神庙，甚至在耶和华的圣殿内为异族神献祭祈祷。此外，还为亚斯他录、摩洛、基抹等异神建起了丘坛，让人敬香献祭。公元前722年，亚述的萨缦以色二世侵入以色列王国首都撒玛利亚，以色列王国至此沦亡。这一惨痛教训使犹大王国多少意识到民族分裂的危害性。国内统治者开始整顿内政，修改律法，以求缓和阶级矛盾。这时为鼓舞民族斗志，加强民族意识，耶和华神被抬高到至高地位。在约西亚国王的领导下，一场影响深远的宗教改革运动勃然而兴。约西亚受同时代先知的影响较大，他宣布耶和华为全国唯一神，废弃了对各种偶像和"天上万像"的崇拜,捣毁了与多神崇拜有关的丘坛和神殿,镇压了拜物教的祭司,把除耶路撒冷圣殿外的所有神堂改作俗用,修改制订了一神教的教义和教规(公元前621年),确立了一神教在国内的绝对地位。

总之,犹太教是在与多神教和偶像崇拜的斗争中得以逐渐巩固的。犹太人所处的生存环境使他们的宗教信仰极易受到外界的影响。在多神教和偶像崇拜的汪洋大海中,一神论的犹太教能够保持下来不能不说是一个奇迹。但是,该时期一神教对多神教的斗争更多地表现为宗教实践的进展,而非教理教义的提升。

波斯帝国征服巴比伦以后,犹太人得以回归故土,政治上处于从属地位,但宗教制度几乎未被打乱。祭司中地位较高的逐渐变得关心政治,对宗教教理则漠然视之。与此有联系的是一个由顾问和律法解释者组成的机构,称为长老议事会。人数最多不超过七十一人。由于这种管理制度,圣殿和祭司制逐渐代表了希伯来人宗教生活中较为正式的一面。另一方面,犹太人自认为是生活在耶和华的神圣律法之下的神圣民族,他们要求有一种与众不同的宗教。相对说来此时已不大有先知说预言。上述种种原因促使犹太民族转而研究律法,而这些律法又按照许多有增无已的传统来加以解释。犹太律法既是宗教戒律又是民法。律法的解释者,即经学教师,日渐成为宗教领袖。犹太教逐渐成为信仰一部《圣经》及对这部《圣经》所作的为数众多的传统解释的宗教。为了更充分地理解律法,实施律法,也为了祷告和崇拜,凡有犹太教之处,犹太会堂也发展起来。其典型形式是包括某一地区全体犹太人的地方性集会,由几位"长老"管理,其中以一位"会堂管理人"为首。这些人有权将违犯律法者革出教门或施以惩罚。礼拜仪式十分简单,任何一个希伯来人都可主领,但由"会堂管理人"负责安排。仪式包括祷告,诵读律法和先知书,翻译且有时加以讲解(讲道),然后是祝福。在犹太人的宗教生活中,祭司制已不具代表性,会堂的重要性日渐增加。在基督时代即将到来时,圣殿在犹太人的宗教生活中已越来越不是必不可少的了,以至公元70年时圣殿虽全部被摧毁,却无损于犹太教的诸要素。

二　基督教的诞生与发展

　　基督教的兴起几乎与罗马帝国的发展同步。它起源于犹太教,在一个短暂的时期内仅仅是犹太人这种信仰的一个流派或支派。

　　罗马帝国发端于拉丁姆平原上的小城罗马。按照罗马建城的传说,该城是由它的第一位国王罗莫洛于公元前753年建立的。在漫长的岁月里,它逐渐发展起来,起初扩张到整个意大利半岛,进而统治了环绕地中海的广大地区,乃至极远之地。罗马帝国的真正历史始于第一位"奥古斯都"屋大维。经历了罗马共和国末期三巨头之间争夺帝国最高权力的斗争之后,屋大维成为帝国的唯一统治者。公元前27年,他顺利地当上了皇帝,被元老院尊为"奥古斯都",意思是庄严、伟大、神圣。在他之后有五十多位统治者拥有皇帝或恺撒的头衔。

　　罗马是帝国的首都,罗马城的名字也就成为帝国的名称。历史学家通常把罗马陷落(476年)以前的帝国历史分为两个时期:帝政时期和帝国晚期。两者以公元235年亚历山大·塞维鲁即帝位,或者戴克里先于284年即帝位为分期的界限。

　　帝政时期的罗马帝国不断地扩张它的疆域。它的边界东起幼发拉底河,南至撒哈拉大沙漠,西滨大西洋,北至莱茵河、多瑙河。后来它扩展得更远,把不列颠、米索不达弥亚、欧洲东部都置于其统治之下。它的领土跨越欧、非、亚三大洲。它把那个区域所有开化的民族都联系在一起,六千多万人生活在这个帝国中,有凯尔特人、贝伯人、意大利人、希腊人、叙利亚人、埃及人、阿拉伯人、色雷斯人等等。无数的风俗、语言、传统构成了帝国文化的大拼盘,被征服的各民族在整个帝国时期相互融合,但也保持着自己一定的文化特色。政治上的统一是帝政时期的一个最明显的特征。奥古斯都统一全国给这个世界带来了和平,而在过去,它长期被小国间的纷争、派别间的争夺、领导人的野心、层出不穷的叛乱所困扰。在帝国的统治下,这个广阔的区域享有了长达两个世纪之久的内部和平,而这种和平的程度过去没有,以后也不多见。

　　罗马的最高统治者,无论其公开宣言是什么,总是把国家的统一和稳定看得高于一切。他们对帝国的管理有两个基本目标:维护法律秩序和征税。为了达到这极为有限的目标,最早的一些皇帝采取了共和国的元老院制度并加以扩充,增加了许多元老席位,但同时又第一次使用非民选的官员担任公职,这些人属于骑士阶层或者不太显赫的贵族。更有讽刺意味的是,他们还使用家奴和自由民来担负行政管理工作。帝国政府实行的是共和外衣下的集权制。在它的创立者屋大维统治的时候(公元前 31 年—公元 14 年),帝国有二十八个行省。以后通过新增和重划,到了它的再造者戴克里先统治时(公元 284—305 年在位),行省数达到九十九个。在帝政时期,帝国统治者逐渐抹去了罗马公民和行省属民的差别,促进了民族同化。公民权不断扩大,帝国境内的所有自由男子到 212 年都享有了公民权。原有的民族情结被淡化了,一种更具普遍意义的人类意识能够被人们比较普遍地接受了。

　　罗马帝国早期的文化繁荣,主要是引进希腊的教育制度并积极吸收希腊文化的结果。公元前 4 世纪末马其顿的统治崩溃之后,希腊城邦和古典文化走到了尽头。希腊人经受了一场苦难,于前 146 年为罗马所灭,罗马人成了地中海世界的主人。然而与希腊人相比,罗马人在文化上是落后的,精神上是不充实的。罗马人拥有武力却没有成熟的哲学。它征服了希腊却又为希腊人高雅的文学、艺术、戏剧所慑服。罗马民族有自己的民族语言拉丁语,在日常生活中使用的是拉丁语。但是有许多领导人都是由希腊奴隶和家庭教师教育的。他们大多认为希腊语更优美,表达力更强。帝国建立以后,希腊人的建筑艺术、雕塑和绘画、圆形露天剧场在罗马迅速蔓延。那些军事上发迹的贵族发现自己的舌头同已有的身份太不相称了,于是希腊人的修辞学特别受欢迎。总之,文化饥渴、精神贫乏的罗马人见到希腊的好东西就拣,糅合成一个混杂的体系,为己所用。

　　在宗教方面,罗马人的信仰也是希腊式的拟人化的多神,二者有相通之处。许多拉丁神都可找到相应的希腊神。不过有一点值得注意:希腊人不用武力维持自己的宗教和信仰,如前所述它同城邦政治一直保持距离;罗马却不一样,它靠武力征服世界,建立跨越欧、亚、非的大帝国。可是这时的罗马还没有与之相适应的世界性的宗教。官方虽然组织了对罗马神的祭祀活动,但得不到民众的普遍支持。帝国内各民族有自己的宗教,许多宗教仍然在发展。为了维护自己的统治,罗马只好尊重无法用武力解决的各民族的信仰,将各民族各地区的神都请进万神殿。万神殿成了罗马世界的神化了的缩影。维护各民族各地方的神就是维护罗马世界的稳定,维护罗马的统治。

在哲学方面,希腊古典时期和希腊化时期涌现的各种哲学流派都在延续,其中最重要的就是新柏拉图主义和斯多亚学派。前者以柏拉图哲学为基石,吸取赫拉克利特等哲学成分建立了希腊史上最为完备的哲学神学理论。后者是希腊人经历一番苦难后人生体验的总结,是早期基督教神学伦理学的重要来源。尼禄宫廷的顾问塞涅卡、罗马皇帝马可·奥勒留成为后期斯多亚学派的代表。新柏拉图主义则在雅典、罗马、叙利亚、亚历山大里亚建立了各自的学园。

在长期的民族解放斗争中,各种犹太政治势力不断分化、组合,到公元1世纪20年代末期,形成了以下几个主要派别:撒都该派,是罗马统治下的既得利益者的代表,其成员全是祭司和贵族,把持着大祭司的职位,控制着犹太人的议会;希律党人,其成员为坚决拥护希律王朝的犹太人,积极配合罗马人对犹太的统治;法利赛派,强调与异己者完全隔离,成员大部分是平民,接受"祖传律法"的教育,在文化和宗教方面严格维护犹太教的传统与生活习惯,极力反对希腊化,保持着本民族的特色,是严格的犹太正统派,但却过于追求表面形式,使本来充满活力的信仰变成僵化的仪式;此外还有激进的奋锐党,以及遁入旷野和山洞的艾赛尼社团、库姆兰社团。以色列人自古以来就自命为上帝的"选民",然而,除大卫和所罗门统治的几十年的兴盛外,他们备尝民族压迫与亡国之痛。犹太人被掳和数百年来历次反抗都被残酷镇压的命运使得对弥赛亚(救世主)的期望成为犹太人共同的理想;希腊文共同语为这个广阔世界中不同思想的传播提供了一种共同语言;罗马大道使各民族的交通成为可能;施洗约翰及其悔改运动为一种充满生命力的宗教运动预备了道路。

按传统的说法,基督教的创始人和权威大师耶稣出自犹太教。耶稣的直接门徒是犹太人,最早的基督教徒被当作犹太教的一个支派。[6]然而,基督教是一种新的创造。它具有一个世界性大宗教的道德禀赋。在短短不到一代人的时间里,基督教离开了犹太教的母腹,作为争先恐后向新建立的罗马帝国效忠的许多宗教之一,出现在这个古代大帝国中。凭借其犹太人遗产、远见卓识和有进取心的成员、创始人的"牺牲与复活"、早期领导人的非凡经历和坚定信念,基督教在三个半世纪内已经在力量上超过了它的所有竞争者,乃至胜利地挫败了帝国官方要蠲除它的企图,清楚地表明它是胜利者。在五个世纪内,基督教成了帝国的官方信仰,也是希腊罗马世界几乎无可争议的宗教之主。

一种宗教在一个文化变迁、思想混乱的历史时期赢得大量信众是常有的事,而这种迅速发展的宗教又往往与具有社会影响力或政治影响力的一整套观念联系在一起。公元 180 年以前,基督教的社团相对比较弱小,不太为外人所知。它只是来自古代东方,在帝国大城市的居民中觅得栖身之所的众多祭仪之一。然后,从罗马皇帝马可·奥勒留逝世到康士坦丁大帝支持基督教这一百二十多年里,基督教获得了长足的进步,教徒数量有了惊人的增长。而此刻的罗马帝国受到内乱的困扰,苦难和动荡取代了前两个世纪那些强有力的皇帝统治下取得的繁荣。惊恐不安的人们向宗教寻求避难所。为时代所崇尚的社会模式被削弱,传统信仰发生动摇。在这种情况下,传播新的信仰变得相对容易起来。各种秘密祭仪到处流传,新柏拉图主义的体系成形并流传开来。得益于这些外在条件,基督教迅速地发展起来。吉本(Gibbon)把康士坦丁时代的基督教徒人数估计为不超过"帝国臣民总数的二十分之一"。以后的估计大体上在总人口数的八分之一到二十分之一之间。随着信众的增加,基督教的成分也变化了。以前的基督教几乎全部由贫苦阶层组成,绝大多数基督徒都是农民、匠人、妇女、儿童、乞丐、奴隶。到了 3 世纪初,越来越多有文化教养的人士进入教会,其中包括一些著名的学者,比如克莱门特、亚历山大里亚的奥利金、特尔图良等。政府官吏也有许多加入了基督教,有些还是行省总督一类的高级官僚。

基督教向异邦人的世界扩展的时候,它的皈依者主要是讲希腊语、有希腊文化背景的民众。希腊语多年来都是唯一的教会用语,但这种状况没能一直延续下去。公元 2 世纪下半叶，基督教已经在讲拉丁语的帝国西部站住了脚。公元 3 世纪末，在埃及西北部，特别是迦太基周围的地区（即现在的突尼斯和阿尔及利亚），已经有了可与基督教在小亚细亚的教会相媲美的组织。北非成了拉丁基督教文献的最初产地，包括一部分《圣经》在内的基督教重要书籍在这里译成拉丁文。

尽管基督教的信仰是从北非开始冲击罗马帝国文化的，但拉丁基督教要在所谓的"永恒之城"罗马而不是在北非建立它的大本营也很自然。公元 1 世纪罗马的早期基督徒主要是从帝国东部迁来的讲希腊语的人，因此罗马教会用希腊语进行布道、教义问答和礼拜仪式。公元 150 年左右，罗马教会的弥撒使用了拉丁语。此时，克莱门特的第一封信札已经译成拉丁文。到了 2 世纪中叶，《圣经》的主要部分以及其他早期基督教文献译成了拉丁文。到了 2 世纪末，维克特（Victor）——一位出生于非洲但有拉丁血统、讲拉丁语的人，当了主教。他和其他来自非洲的基督徒进一步增强了罗马教会的拉丁成分。3 世纪上半叶，原先在礼拜仪式中使用希腊语的教士变成以讲拉丁语为主了。一些对"拉丁基督教"的形成至关重要的早期基督教作家在罗马辛勤地耕耘着。基督教的信仰与占主导地位的拉丁文化在罗马结合起来，罗马教会逐步拉丁化了。

在我们分别讲述了罗马帝国文化成形和基督教兴起的一般情况以后，读者就可以明白我们为什么要说这两者是同一个问题的两个方面了。在罗马帝国建立之初，基督教及其所代表的文化可以说是无足轻重的。它只是帝国初期数百种宗教之一，丝毫也看不到有成为宗教之主的希望。然而，罗马帝国文化的成形期也就是基督教的上升期。帝政时期结束，罗马帝国文化由盛而衰，基督教成为帝国晚期文化发展的主流。原先处于以希腊罗马两大传统为主的多民族文化共生状态的罗马帝国文化进入了新的融合阶段。此时的帝国文化经过长期的量变而质变为基督教文化，长期以来一直进行着融合的东西方文化此时真正整合为一个有机的整体。基督教成为罗马帝国晚期以降的西方文化的代表。

基督教的创始人是耶稣。历史对耶稣的记载是有限的，而且历史上的耶稣也并不等于信仰中的基督。历史资料对耶稣记载的真实性与可靠性，并不因《福音书》中记载的重复性与宗教性而削弱。从《福音书》中我们可以知道耶稣的一些情况:马利亚由圣灵感孕怀耶稣,罗马政府的人口普查使耶稣得以降生在伯利恒,为躲避希律王的迫害,他的父亲带他逃亡埃及直到希律王死后才返回。我们对耶稣童年的认识现在还无法超越《福音书》中的记载,历史资料对耶稣的关注不在于他的出生,而在于他的传道和死亡。耶稣受洗表明他已成为基督,是上帝的儿子,为拯救世人而执行上帝赋予他的使命。《福音书》中记载的有关耶稣基督的言论行为,甚至他的神迹奇事,都是围绕着他的这个使命。耶稣的影响力并没有因为他的受难而消失,他的门徒反而将福音"传到地极"。

公元 1 世纪中叶,当时基督教还是犹太教内部的一个小社团。使徒们把"福音"的内容集中为报告耶稣的言行、受难及复活的信息,"福音"一词遂成为专有名词。《福音书》中的耶稣没有提出当时有教养的犹太人所不熟悉的教义,也没有形成全新而完整的宗教理论和道德学说,但他针对当时的现实问题所发表的各种议论与犹太教正统派有着明显差异。犹太人认为,犹太教的神是最完美的神,耶路撒冷城是上帝在地上的居所,圣殿是上帝的圣殿,因此,世人当"归"上帝之圣城——耶路撒冷城。基督教则认为,上帝的救恩已来临,上帝就在信徒心中,信徒当去万国万邦传福音、做见证。是否承认耶稣是"弥赛亚"成为基督教与犹太教的重要区别之一。

耶稣在传教的过程中拣选了十二门徒,曾称彼得为"矶法"(Cephas,阿拉米语的译音,意为磐石),为众门徒之首。但当耶稣受难的时候,部分门徒由于软弱而离开了。事后,他们发现罗马当局无意株连他人。按照耶稣在世时的教训,使徒们又重新聚集,并增补马提亚为使徒,以替代卖主的犹大,并同耶稣的母亲和弟兄及一些妇女聚会。这些人成为初期教会的核心。

初时基督教作为犹太教的一个异端派别出现,在穷苦的犹太人中传播,约在 1 世纪中期由于保罗等人的努力,这种信奉耶稣为基督(救主)的信仰传到东地中海沿岸各地的非犹太人中,并最终与犹太教彻底分离,走向世界,成为一个独立的新宗教。初时基督教主要成员是穷苦的贫民和奴隶,曾引起罗马统治者的怀疑和敌视,但随着一批知识分子和富裕阶级的加入,基督教在罗马帝国的影响扩大,一些明智的统治者更注重对它的利用。公元

4 世纪，罗马皇帝君士坦丁大帝大力扶植基督教，使其得到更为迅速的发展。公元 392 年，罗马帝国最终将基督教定为国教。

基督教从创立起，就存在着东西方两种文化的分歧。东部教会以希腊文化为基础，神秘主义色彩浓重；西部教会以拉丁文化为基础，注重律法。这种分歧体现在对教义神学的理解上，325 年尼西亚信经的通过就因这类神学分歧而颇费周折。330 年君士坦丁大帝将帝国的首都从罗马迁往君士坦丁堡，从此更加深了东西部教会争夺教会首席权的斗争。由于罗马远离君士坦丁堡，皇帝难以控制，尤其是 476 年西罗马帝国灭亡之后，罗马主教在西部教会的地位更为突出，最终发展为天主教传统的教皇制。而东部教会则始终依附皇权，发展为以君士坦丁堡牧首为首席地位的正教传统。1054 年东西两部分教会终因权力之争和神学分歧而导致彻底分裂，罗马教皇与君士坦丁堡牧首都将对方开除教籍，从此西部教会正式称为罗马公教，东部教会则称为正教，又称东正教。其后随着东罗马帝国的衰亡，东正教按民族和地区分化为十五个相互独立的教会，而君士坦丁堡牧首保持名誉上的首席称谓，即"普世牧首"。

中世纪天主教在西欧是封建制度的支柱。在 1096—1291 年的近二百年中教会以收复耶路撒冷圣地为名进行了八次十字军东征，给东西方人民都带来了巨大的灾难，但它在客观上促进了东西文化的交流。东方灿烂的文化使当时落后的西方人耳目一新，大大开阔了他们的眼界，为日后西欧文艺复兴运动的产生奠定了基础。

14 世纪起欧洲兴起了文艺复兴运动，对罗马教会神本主义思想进行了冲击，人文主义抬头，与此同时，新兴市民阶级力量逐渐壮大，这些都为 16 世纪宗教改革运动创造了条件。1517 年德国的马丁·路德首先拉开了宗教改革的帷幕，他高举《圣经》的绝对权威反对教皇和神职人员的特权，从此新教从罗马天主教会内脱颖而出。于是基督教由原来的两派变为三大派：东正教、天主教、新教。随着时代的变化，新教形成了愈来愈多各不相同的教派。

自 1496 年哥伦布发现新大陆，随着欧洲殖民主义势力向海外扩张，基督教各派，尤其是天主教和新教各派加强了传教工作。天主教成为拉丁美洲人民的主要信仰,新教在北美洲取得主导地位。19—20 世纪以来,基督教各派又进而在亚非等非基督教传统的国家进行了大量的传教活动,并在有些国家取得迅速发展。

20 世纪,由新教首先发起的世界基督教合一运动有所进展,在此基础上于 1948 年在阿姆斯特丹正式成立了世界基督教联合会(又称世界基督教协进会),新教主流派和一些东正教教会参加了这一组织,罗马天主教会虽没有参加,但在其后与之有一定的联系。该组织只是联谊性的,对任何参加的教会组织都无行政上的制约作用。

1962—1965 年罗马天主教会为适应现代社会的发展,召开了举世闻名的第二次梵蒂冈大公会议,进行全面改革,积极开展与其他教派以及不同意识形态间的对话等活动,使天主教以新面貌出现,扩大了天主教在现代社会的影响。

基督教的历史可以分为古代、中世纪、近代和现代四个时期:

第一,古代基督教,从公元元年至公元 590 年,亦即从基督降生到大格里高利(Gregory the Great)。

第二,中世纪基督教,从公元 590 年至 1517 年,亦即从大格里高利到宗教改革。

第三,近代基督教,从公元 1517 年至 1878 年,亦即从宗教改革到现代主义兴起。

第四,现代基督教,从 1878 年教皇利奥十三世(Leo XIII)即位至今。

由以上四个时期组成的整个基督教历史又可以分为以下十个阶段:

第一,基督的生活与使徒教会,时间上是公元元年至 100 年,从《圣经》中所说的基督"道成肉身"到使徒约翰之死。

第二,遭受罗马帝国迫害的基督教,从公元 100 年至 311 年,亦即从使徒约翰之死至君士坦丁大帝(Constantine)。

第三,与罗马帝国和解并处于蛮族大迁徙风暴之中的基督教,从公元311 年至 590 年,即康士坦丁大帝至教皇格里高利一世(Pope Gregory I)。

第四,在条顿人(日耳曼人,Teutonic)、凯尔特人(Celtic)和斯拉夫人(Slavonic)建立的民族国家中传播的基督教,从 590 年至 1049 年,即从格里高利一世到格里高利七世(Gregory VII Or Hildebrand)。

第五,处于教皇统治下并产生经院神学(the Scholastic theology)的基督教,从1049年至1294年,即从格里高利七世到教皇卜尼法斯八世(Boniface VIII)。

第六,处于中世纪天主教衰落与宗教改革前酝酿时期的基督教,从1294年至1517年,即从卜尼法斯八世到马丁·路德(Martin Luther)贴出著名的《九十五条论纲》。

第七,处于宗教改革时期的基督教,从1517年至1648年,即从路德发起宗教改革到英国议会下令实施《基督教信纲》。

第八,处于天主教正统教义受到挑战时期的基督教,从1648年至1790年,即《基督教信纲》实施至法国大革命。

第九,处于福音在欧洲和北美复兴、向全球传播时期的基督教,从1790年至1878年,即从法国大革命至教皇利奥十三世(Leo XIII)即位。

第十,处于现代与后现代主义时期的基督教,从1878年至今。

在历史上,基督教先后有四次大规模传入中国。第一次是在唐贞观九年(635年),称为景教。会昌五年(845年)唐武宗灭佛,基督教被殃及,自此在中原消失。第二次是公元13世纪末至14世纪中叶的元代,称为"十字教"或"也里可温教",但随着元代在中国的衰亡也消失了。第三次是在16世纪的明清之际,以利玛窦为代表的一批天主教会内的耶稣会传教士来华传教,取得一定的成果,后因来华传教士中有人对利玛窦的在华传教方针进行攻击,引发了"中国礼仪之争",而罗马教廷支持后者,导致康熙禁止基督教在华的传教活动。第四次是鸦片战争之后,基督教凭借不平等条约在华传教,引发了大量的教案和20世纪20年代的非基运动。与此同时,爱国的中国基督徒在20世纪初发起了中国基督教自立运动以及其后的本色化运动。1949年后,中国基督教会继承了这种爱国传统,切断了与外国修会和差会的联系,发起了自治、自养、自传的"三自"革新运动,有力地推动了中国教会的本色化。

三　基督教的经典

基督教各派都以《圣经》为其经典，《圣经》也称《新旧约全书》，由《旧约全书》和《新约全书》这两大部分所组成。

《旧约全书》所包括的经卷由基督教从犹太教经典继承而来。犹太教视这些经卷为其圣书，但不承认基督教创立之初所产生的《新约全书》为其圣典。犹太人认为《旧约全书》记载了上帝与世人所立的"契约"，并把本民族视为"上帝的选民"。他们声称上帝最早与义人挪亚及其后裔以"虹"立约，后来又与犹太先祖亚伯拉罕立约，定立"割礼"，最后则与犹太民族英雄摩西订立"十诫"律法，让犹太人永守其"约"。

犹太教的"立约"之说对基督教产生着深远的影响，基督教依此而认为其救主耶稣基督降世意味着上帝与人重新立约。由于有了这一"新约"，过去上帝与犹太人订立的律法之约则称为"旧约"。这就是《旧约全书》和《新约全书》名称的来历与含义。

除《新旧约全书》外，基督教还有《圣经后典》（外典、次经、旁经）。"圣经后典"一词的原文是 Apocrypha 或 Deuterocanonicals，共 15 卷，约 182 章，其卷数在历史上说法不同，而且各卷的排列次序也不完全相同。天主教《圣经》中的《旧约全书》一般包括《后典》的大部分经卷，但宗教改革家马丁·路德不承认这些《后典》经卷是"神圣的经典"，而仅视其为"有益的读物"。这样，新教的《圣经》一般不包括《后典》各卷。直至现代基督教普世运动和对话运动开展以来，人们才对《后典》采取重视和承认的态度，将之收入新版《圣经》之中，作为单独部分排列在《旧约》与《新约》之间。

西文"圣经"（Biblia，英文的 Bible，法文的 la Bible，德文的 die Bibel）一名则与古代腓尼基人的商业贸易有着渊源关系。"腓尼基"（Phoenicia）在希腊文中意指"紫红之国"，原为地中海东岸（今叙利亚、黎巴嫩沿海地带）一盛产纺织品和染料的古国，因善于从一种海生介壳动物中提取出紫红色的染料，被古希腊人称为"腓尼基"。古腓尼基有一名为"毕布勒"（Byblos）的城邦当时曾以从事埃及出产的纸莎草纸（Papyrus）贸易而远近闻名，于是，"毕布勒"一词常被古希腊人用作"书"的同义词。后来，Byblos 就衍化为希腊文中性复数词 ta biblia，即"诸书"。当犹太教的经典被大量译为希腊文本后，希腊人遂用 ta biblia 来专指这类经典。在拉丁文中，该词又衍化为阴性单数词 Biblia，遂有"唯一之书"的含义。到公元 5 世纪初，君士坦丁堡主教克利索斯顿将 Biblia 用作基督宗教正式经典的专称，从此沿袭至今。所以从词源上来讲，Biblia 一词实乃出自古腓尼基城名 Byblos。西方传教士来华后按中国人称重要著作为"经"的习惯，遂将其经典之名亦汉译为《圣经》。

（一）《旧约全书》概要

《旧约》共 39 卷，约 929 章；但天主教的《旧约》因参照古代《七十子希腊文本》而增补了 7 卷，合为 46 卷，其他经卷中亦有些增补。人们通常将这些增补的经卷或章节作为《后典》来看。公认的 39 卷《旧约》包括自公元前 11 世纪末以来相传的犹太古代律法、典籍和各种文学作品，于公元前 6—前 2 世纪之间逐渐形成。《旧约》大体可分为"律法书""先知书"和"圣著"三个部分。

"律法书"包括《创世记》《出埃及记》《利未记》《民数记》和《申命记》5 卷，亦称"摩西五经"，约在公元前 5 世纪左右汇集成书。其中《创世记》介绍了创世的传说，人类始祖失乐园的经过，该隐与亚伯的命运，挪亚方舟与洪水灭世，以及以色列先祖亚伯拉罕、以撒、雅各的故事和约瑟的传奇遭遇；《出埃及记》介绍了以色列人在其民族英雄摩西率领下离开埃及，到达西奈的经历，上帝与以色列人立约、授予摩西"上帝的十诫"，以及以色列人的宗教生活；《利未记》是一本宗教法典手册，内容包括献祭条例、祭司职责、有关不洁净的律例和圣律等，涉及宗教礼仪和伦理说教；《民数记》记载了以色列人从西奈东进前后的两次人口统计，讲述了各种律法及利未人的特殊职责，以及以色列人对约旦河以东地区的征服；《申命记》则重申了上帝给摩西的命令，内容包括摩西的三次重要讲道和他对以色列人的祝福，并记载了摩西之死和埋葬的情况。

"先知书"共有 21 卷，约在公元前 190 年编集成书，是关于一些民间"先知"的著作汇编。其中包括"早期先知"6 卷：《约书亚记》《士师记》、

《撒母耳记》上下和《列王纪》上下；"晚期先知"15 卷：《以赛亚书》《耶利米书》《以西结书》《何西阿书》《约珥书》《阿摩司书》《俄巴底亚书》《约拿书》《弥迦书》《那鸿书》《哈巴谷书》《西番雅书》《哈该书》《撒迦利亚书》和《玛拉基书》。

《约书亚记》叙述了约书亚在摩西死后带领以色列人渡过约旦河、征服迦南地的历史，以及以色列人获胜后按其十二支派来分疆划界、安居乐业，从而应验了上帝对之赐福的许诺。

《士师记》描述了以色列人征服迦南后的生活与发展、战乱与堕落，以及其士师俄陀聂、以笏和珊迦、底波拉和巴拉、基甸、陀拉和睚珥、耶弗他、以比赞、以伦、押顿、参孙等人拯救以色列民族的故事。

《撒母耳记上》追溯了以色列人最后一任士师撒母耳的生平，论及了撒母耳奉扫罗为王，随后又另选大卫为王等历史。

《撒母耳记下》则重点讲述了大卫的生平，其成功与失败、统一以色列王国并建都耶路撒冷以及其统治末期诸事。

《列王纪上》记载了以色列人神治政体的历史，从大卫王之死、公元前970 年所罗门继位以来以色列王国的鼎盛，一直叙述到所罗门死后王国的分裂和公元前 853 年亚哈王之死。

《列王纪下》则从亚哈王之死叙述到公元前 586 年耶路撒冷失陷、犹太人开始巴比伦之囚这一时期以色列、犹太诸王的生平历史。

《以赛亚书》是先知以赛亚对犹太人的警告、预言和教诲，以规劝人们嫉恶如仇、从善如流、悔罪信主、受恩归道。

《耶利米书》是通过先知耶利米的预言来展示上帝对犹太人所犯罪恶的严厉审判，指出犹太人因背弃上帝才遭到巴比伦人兵临城下、尼布甲尼撒王毁城掳人的厄运。

《以西结书》是被掳往巴比伦的先知以西结对所见异象的讲述，以及对亡国后产生绝望的同胞们的告诫、抚慰、勉励与期望。

《何西阿书》是以先知何西阿对北方以色列王国十个支派说预言的方式来表明上帝并没有遗弃其犯罪而忤逆的百姓，对之仍有着无限的怜爱。

《约珥书》是先知约珥对以色列民族的劝告，他号召人们谦卑悔改，在其期盼的"主日"来临之前就应悔罪归主。

《阿摩司书》是先知阿摩司劝以色列人迷途知返、痛改前非、悔罪自新、敬神归主的号召。阿摩司原为南方犹大王国的牧羊人，后来蒙召去北方以色列王国说预言，被视为最早的先知。

《俄巴底亚书》是先知俄巴底亚谴责以色列南部邻居以东人的预言集，因为以东人在耶路撒冷失陷时曾对犹太人的苦难幸灾乐祸。

《约拿书》是描述先知约拿去尼尼微城布道警世的故事。约拿先是违抗主命、乘船逃往他地躲差，后因海中遇险，误入鱼腹三日，方回到出发地，这才去尼尼微完成使命。

《弥迦书》是先知弥迦在南方犹大王国所说的预言，以北方以色列王国的覆灭作为前车之鉴来劝告南方犹太人及早改邪归正。

《那鸿书》是先知那鸿为庆祝尼尼微城倾覆而作的诗歌，其目的是安慰因惧怕亚述人而惊惶不安的犹太人，振兴其民族精神。

《哈巴谷书》是先知哈巴谷因其民族蒙难而发出的抱怨、哭诉和祈祷，以及上帝的回答使哈巴谷坚定了义人将凭信仰而存活的信心。

《西番雅书》是先知西番雅对犹大王国百姓们的警告和关于上帝审判即将来临的预言。

《哈该书》是先知哈该对流放后重返家园的犹太人齐心协力重建神殿的号召。

《撒迦利亚书》是先知撒迦利亚应召在耶路撒冷对人们的布道，他通过异象来解释上帝的启示，做出有关未来命运的神谕。

《玛拉基书》是先知玛拉基劝诫民众停止欺瞒上帝、恢复敬神守律义行的号召，以及关于上帝将对世人施行审判的预言。

"圣著"包括13卷，分为三部分。一为《诗篇》《箴言》《约伯记》；二为《路得记》《耶利米哀歌》《传道书》《以斯帖记》《雅歌》；三为《但以理书》《尼希米记》《以斯拉记》和《历代志》上下两卷。其中《诗篇》《雅歌》和《耶利米哀歌》为诗集，《箴言》《约伯记》和《传道书》为文艺体裁的哲理书，《路得记》和《以斯帖记》为宗教故事，《以斯拉记》《尼希米记》和两卷《历代志》为历史记载，而《但以理书》则为"启示文学"的代表作。"圣著"中许多卷章都反映了公元前 3—前 2 世纪流行的犹太"智慧文学"和公元前 3 世纪末以后流行的犹太"启示文学",它们曾对早期基督教以及《新约全书》中的《启示录》等卷的形成产生过巨大影响。

《诗篇》传统上归为大卫所作,全卷共收集 150 篇诗歌,代表着 5 个不同的集子,其内容包括赞美、抒情、训诲、祈祷、忏悔、哀挽、庆颂等诗篇圣歌。

《箴言》由 7 集箴言汇编而成,取自以色列历史上的不同时期,其中许多箴言被归为所罗门的作品,属于犹太文化中的"智慧文学",其特点是以文学描述的体裁、用简洁精警的言辞来表达睿智古奥的哲理,启窦人之灵性,为人们提供教诲和忠告。

《约伯记》是包蕴哲理、深沉含蓄的文学名篇,它用义人约伯的经历来抒怀,以一种超然的审视来探讨人生苦难及其意义,提出并回答"为何义人也会受苦遭难"的问题。

《路得记》以大卫的曾祖母路得乃一摩押女子来主张犹太人可以与异族通婚,全书通过路得的故事来说明真正的宗教是超越国界的。

《耶利米哀歌》是 5 首哀叹耶路撒冷被毁的哀歌,传统上归为耶利米所作,其形式为古代希伯来诗歌中流行的字母顺序诗,内容则是倾诉对耶路撒冷沦陷和犹大神权政治覆亡的悲哀与痛心,祈求获得民族的拯救与复兴。

《传道书》也是犹太"智慧文学"中的一部,其主题为"凡事皆空",反映出犹太人经历"巴比伦之囚"后在悲观和沮丧中谈论人生的虚无,总结人生的经验,提出对人生的箴言和劝训,找寻人生之谜的真实答案。

《以斯帖记》讲述犹太美女以斯帖设法拯救流落波斯的犹太人免遭仇敌陷害谋杀的故事,用来解释犹太人确定"普珥节"的来历,说明上帝在冥冥之中对其选民的保护和救赎。

《雅歌》又名"所罗门之歌",传统上被归为所罗门的作品,其形式为 6 支情歌或 6 幕爱情歌剧,源自古代希伯来人的爱情诗歌。但世人对其内容则是仁者见仁、智者见智,基督教通常对之加以寓意性解释,认为它是上帝爱以色列人,以及基督爱教会的比喻,其中以色列人或教会被喻为新娘,她为新郎所爱,又紧紧追随新郎。

《但以理书》属犹太文化中的"启示文学"作品,描述了但以理及其朋友在巴比伦时所发生的事情,并以但以理"见异象""传启示"的方式预示了犹太人的历史发展和将来的得救。

《尼希米记》记述了犹大总督尼希米两次返乡,在耶路撒冷推行各种改革,以及对以斯拉宗教改革工作的支持。

《以斯拉记》也记载了犹太人于公元前538年从流放地第一次返回家乡的情景和伴随的事件,并论及犹太文士以斯拉发起的宗教改革和重建神殿活动。

《历代志上》是复述以色列人的族谱及从亚当至公元前970年大卫之死这段历史,以其祭司活动为重点。

《历代志下》则复述了从公元前970年所罗门统治直至公元前538年波斯王古列允许流亡巴比伦的犹太人返回耶路撒冷这段历史。

(二)《新约全书》概要

《新约》共27卷,约260章,最初用希腊文写成,约在公元1世纪下半叶至2世纪末定型,于4世纪初确立。《新约》按其内容可分为"福音书""使徒行传""使徒书信""启示录"四个部分,其中《帖撒罗尼迦前书》《哥林多前书》和《启示录》等为最早的作品,形成于公元50年与70年之间,《彼得后书》乃最晚的作品,约于125年形成。

"福音书"包括《马太福音》《马可福音》《路加福音》和《约翰福音》4卷,亦称"四福音"。其中《马可福音》《马太福音》和《路加福音》因取材、结构、故事、观点大体相同而被称为"同观福音",《约翰福音》则风格迥异,具有希腊哲学和诺斯替教派思想的烙印。

《马太福音》传为马太所写,内容是以报"福音"的方式来陈述耶稣基督的家谱、生平、教诲和对人世的拯救,其中包括重要的"登山宝训"和每个基督徒必须熟记的"主祷文"(第6章9—13节),是基督教会中应用最广、引用最多的一卷。

《马可福音》传为约翰·马可所写,一般认为是"四福音"中最早的一卷,而且是《马太福音》和《路加福音》的蓝本。全文简要叙说了拿撒勒人耶稣的生平,突出了耶稣的传教实践及其救世的业绩。

《路加福音》传为路加所写,其内容以预言施洗约翰的诞生为开端,详述了耶稣的诞生和生平,最后以耶稣死后复活升天为结束,并特别强调了基督对罪人的仁爱及其救赎的普遍性。

《约翰福音》传为约翰所写,因深受希腊哲学的熏陶、形成较为完备的神学形态而被称为"神性福音"。其内容主要以耶稣生平来强调上帝之道,宣扬"道成肉身"的神迹。

《使徒行传》据传为《路加福音》的作者路加所写,其内容与"福音书"相呼应,记载了耶稣升天后使徒们的信仰生活,主要描述了早期教会的创建以及彼得和保罗的传教生涯。

"使徒书信"共有21卷,前13卷被称为"保罗书信",即《罗马人书》《哥林多前书》《哥林多后书》《加拉太书》《以弗所书》《腓立比书》《歌罗西书》《帖撒罗尼迦前书》《帖撒罗尼迦后书》《提摩太前书》《提摩太后书》《提多书》《腓利门书》。其他7卷书信为《雅各书》《彼得前书》《彼得后书》《约翰一书》《约翰二书》《约翰三书》《犹大书》。

《罗马人书》是保罗写给罗马朋友的书信,在这些书信中陈述了他对耶稣基督之福音的理解,阐明了基督教神学中的许多理论问题,并指出基督的救赎不能只限于犹太人,而应包括外邦人。

《哥林多前书》是保罗写给希腊哥林多教会的书信,以解答哥林多人提出的各种具体问题,并阐述和注释基督宗教的基本教义、伦理、律法和要仪。

《哥林多后书》是保罗访问哥林多教会后所写,以阐明自己的使徒地位,弥合该教会出现的分裂。

《加拉太书》是保罗写给加拉太基督徒的书信,以帮助其摆脱犹太教中狭隘民族主义的束缚。

《以弗所书》是保罗被囚禁在罗马时写给小亚细亚各教会的"公函",概括了教会的本质与目的,揭示了基督教救赎的奥秘,阐述了上帝、基督和教会的神学意义。

《腓立比书》是保罗写给以异族人为主的腓立比教会之信,勉励其按照基督的榜样来生活,使教会兴旺发达。

《歌罗西书》是保罗对歌罗西基督徒发出的警告,以防止他们被散布错误学说的假教师引入歧途。

《帖撒罗尼迦前书》是保罗写给当时马其顿省会帖撒罗尼迦教会的书信,既赞扬其在艰难之中保持了信仰,又告诫其防止对基督复临、信徒复活等教义的误解,消除教会内部的争议。

《帖撒罗尼迦后书》是保罗为纠正帖撒罗尼迦教会关于基督即将复临之观念所写,以鼓励信徒在日常生活中抛弃惰性,坚持纯正的信仰。

《提摩太前书》是保罗所写的第一封"教牧书信",即为教会和其负责人(教牧人员)以耶稣基督之名行使传教职责提供教义理论和传教实践上的准备。

《提摩太后书》是保罗对提摩太作为福音传播者和教师而进行的工作所给予的忠告与劝勉。

《提多书》是保罗写给其伴侣提多的"教务公函",为教会监督等教牧人员的资格及其行为规范提供基准和告诫。

《腓利门书》为"保罗书信"中的最后一封,乃保罗劝说已皈依基督的歌罗西城富翁腓利门领回其逃掉的奴隶并对之以爱心相待而写,此卷常被称为"基督自由的宣言"或"教会释奴宣言"。

《希伯来书》可能为第二代保罗派教徒所著,写给称为"希伯来人"的犹太基督徒,阐述并强调了耶稣基督空前绝后的救赎意义,旨在使基督教摆脱犹太教传统的束缚。

《雅各书》传为"耶稣的兄弟"雅各写于耶路撒冷,行文颇有犹太"智慧文学"的风格,论及信仰、智慧、道德、宣教等方面的教诲。

《彼得前书》传为使徒彼得所写,旨在鼓励人们过圣洁的生活,以忍耐之心来经受人世的苦难,并持守对基督坚定不移的信仰。

《彼得后书》亦为托名"西门彼得"之作,旨在反对诺斯替异端学说对教会的影响,强调"真知"只能来自耶稣基督。

《约翰一书》传为使徒约翰所写,论及生命之道、耶稣救世的福音、光明与黑暗之争、教徒的爱心与信德等,并对诺斯替异端加以反驳。

《约翰二书》亦称约翰所写,旨在鼓励教徒坚持真理、以爱心为大,抵制任何虚假的说教与蛊惑。

《约翰三书》传为约翰所作,称赞了该犹,尤其是表扬了他对旅人们进行的传教工作。

《犹大书》传为"耶稣基督的仆人、雅各的弟兄犹大"所作,其内容是对基督徒提出警告,反对那种否定基督真实人格的异端"幻影说"。

《启示书》的作者为约翰,故称《约翰启示录》。此乃《圣经》中最后一卷,体现出犹太"启示文学"的典型风格。其内容是通过一系列"异象"来揭示上帝终将战胜邪恶势力,实施其末日审判,给世界带来新天新地。

四 基督教的核心信仰与基本礼仪

基督教各派有不少共同的信仰,例如都信奉"三位一体"的上帝,即相信上帝是唯一的真神,而它有三个位格——圣父、圣子和圣灵,这三个位格互不混淆,但其本质相同、本体相通、神性相通,由此联结成一体,世界万物都由这一上帝所创造和主宰;都相信人类始祖亚当和夏娃因偷食"禁果"而犯了罪,这种罪世代相传,被称为"原罪",它使整个人类陷入罪中,无法自拔;都相信上帝爱人类,不惜派遣其爱子耶稣道成肉身,降世为人,代人受过,被钉死在十字架上以救赎人类,人们因信基督而得赦免,由此得永生。因此耶稣的降生和牺牲是上帝与人立的新约,宣告上帝与犹太人所立旧约的结束,从而带来上帝救赎全人类的福音。基督教各派教义神学基本内容大体相似,包括上帝论、基督论、圣灵论、人论、教会论、圣事论、终极论等方面。而对这些的解释各派则不尽相同,各有所侧重,有时甚至完全相左。东正教和天主教较重视圣母论,而新教则无此论。所有这些神学论证都力图阐明人与上帝的关系,而当代基督教神学则愈来愈重视阐述上帝—人—自然三者间的关系。

在圣礼方面,新教只有洗礼和圣餐两件,而天主教和东正教除了这两件外,还有其他圣礼。在教会建制方面,基督教各派都有较严密的组织形式,都有神职人员主持教务工作,但对神职人员所起作用的理解有所不同。在这方面天主教和东正教比较一致,认为他们起着神与人(信徒)交往的中介作用,而新教则否定这种作用,强调人人都可与上帝直接交通,无须神职人员作中介,牧师只是起着牧导、为信众服务的作用。各派具体的组织形式也各不相同:天主教是教皇制,即教皇为全世界天主教教会的最高领袖,下设有各级主教,再下一级是神父、执事等,组成了金字塔型的教阶制,有时这种建制也称主教制,因为教皇也称罗马主教;东正教是牧首制,即由牧首—主教—司祭组成教阶制,但它不像天主教有自上而下的统一的世界性组织,而是基本以国家民族为单位建成各自独立的东正教会,全世界现有 19 个独立机构,君士坦丁堡的牧首享有"普世牧首"的称号;新教所包括的教派众多,各教派都自成体系,其体制复杂多样,有长老制、公理制、主教制、联邦制等,但在实施主教制的一些教派中,主教的权限远不如天主教和东正教大,而且新教绝大多数教派的神职人员只有牧师,仅少数教派中有主教。此外这三派还有不少其他差别,例如天主教神职人员不能结婚,新教的牧师(或主教)则都可以结婚,东正教主教不能结婚,但一般司祭则可以结婚等,这些较小的差别在此不一一列举。

【关键词】

| 犹太教 | 基督教 | 新教 | 东正教 | 耶稣基督 |
| 圣保罗 | 旧约全书 | 新约全书 | 福音书 | 三位一体 |

【进一步阅读书目】

〔英〕罗伯逊:《基督教的起源》,宋桂煌译,三联书店,北京,1958 年。

〔德〕大卫·弗里德里希·施特劳斯:《耶稣传》,商务印书馆,北京,1981 年。

〔英〕约翰·托兰德:《基督教并不神秘》,商务印书馆,北京,1982 年。

〔英〕穆尔:《基督教简史》,商务印书馆,北京,1981 年。

〔美〕沃尔克:《基督教会史》,孙善玲等译,中国社会科学出版社,北京,1991 年。

王晓朝:《罗马帝国文化转型论》,中国社会科学文献出版社,北京,2001 年。

【思考题】

1. 基督教有哪三大主要派别?

2. 基督教的主要经典有哪些？

3. 基督教的基本信仰是什么？

注　释

〔1〕　转引自杨真：《基督教史纲》，上册，第 5 页，人民出版社，北京，1978 年。

〔2〕　《创世记》17。

〔3〕　参见《出埃及记》32：27。

〔4〕　参见《民数记》25。

〔5〕　参见《士师记》6：23—28。

〔6〕　参阅《使徒行传》28：22。

第七讲

伊斯兰教基本知识

伊斯兰教的诞生与发展

伊斯兰教基本信条

伊斯兰教的礼仪

伊斯兰教的经典

伊斯兰教在中国的传播与发展

伊斯兰教是当今世界信徒最多的三大宗教之一。7 世纪初兴起于阿拉伯半岛,距今已有近 1400 年的历史。"伊斯兰"系阿拉伯语译音,字面意思为"和平""顺从"等;作为一种宗教指顺从独一无二的主宰安拉。信仰伊斯兰教的人被称为"穆斯林",意为顺从者、和平者。

伊斯兰教在中国历史上没有统一的译称。元明清各代虽曾有人将其音译为"伊悉兰""阿昔兰""伊斯略目""伊斯兰"等,但未能通用。在宋元时代中国将居住在葱岭东西信仰伊斯兰教的民族统称为"回回"。随元军迁入中原内地的回鹘人、中亚人、波斯人和阿拉伯人,因其宗教信仰和生活习俗与回回相同,故也被称为回回,他们所信奉的宗教随之被称为"回回教",简称"回教"。到了明代,"回教"便成了伊斯兰教的通称。同时,中国穆斯林依据自己宗教教义的某些特点或起源地域名称,也称为"清真教""真教"

"天方教"等。1949 年后,考虑到回族已是中国一个少数民族,信仰伊斯兰教的也不仅限于回族,为把回族与回教区别开来,国务院于 1956 年颁发通知,正式将回教更名为伊斯兰教,恢复了它的本来名称,现已全国通用。但港、澳、台和境外华人中仍称为回教。

伊斯兰教自兴起以来,一直保持着向世界各地传播和发展的势头,并以其独特的精神活力影响着当代国际政治关系。据统计,2000 年全世界穆斯林约有 11 亿 8824 万人。[1]其神学思想体系、社会制度、道德规范、生活方式、饮食禁忌、文化艺术等对伊斯兰教各民族的文化思想产生过深远的影响。由于其教义简明、教规严谨,主张人类平等、反对强暴、扶助弱小,赢得了人们特别是被压迫民族和人民的信仰,所以被认为是一个发展最快的宗教。

一 伊斯兰教的诞生与发展

伊斯兰教兴起前的阿拉伯半岛,社会动荡不安,经济生活落后,多神崇拜盛行。各部落社会之间战争连绵不断,仇杀迭起,劫夺不断。而拜占庭和波斯两大帝国对这块半岛上富饶的农业区和商道的争夺,更加剧了阿拉伯社会的动荡。阿拉伯人的经济生活以游牧为主,只有南部也门地区从事农业生产。当时的阿拉伯半岛面临严重的社会危机,人们普遍希望打破部落和氏族间的壁垒,消除相互间的仇杀,实现政治统一和社会安宁。伊斯兰教正是适应这种特殊历史的需要在阿拉伯半岛西部地区应运而生。

伊斯兰教的创始人穆罕默德于 570 年出生于麦加古莱什部落哈申家族,父母早丧,12 岁便随伯父艾布・塔利卜出外经商,曾随商队到过叙利亚、巴勒斯坦等地。他 25 岁时与海底彻结婚,婚后经济状况大为改善,这使他有更多的时间和精力去思考一系列的社会问题。他开始对阿拉伯人因贫困活埋女婴、虐待妇女和奴隶等恶习感到不安,对好强斗勇、掠夺仇杀、蒙昧迷信的行为感到愤恨。他常在僻静处沉思。他最常去的一个地方,就是后来著名的希拉山洞。此山洞位于麦加郊外以北 5 城里处的希拉山上,他每年定期到那里静居隐修,求索人生的真谛。约在 610 年的一天夜晚,他在希拉山洞里突然接到了天启——他听到一个声音命令他宣读"你当奉你的创造主的名义而宣教,他曾用血块创造人。你应当宣读,你的主是最尊严的,他曾教人用笔写字,他曾教人以人所未知"(《古兰经》96:1—5)。时年40岁的穆罕默德,从此以"安拉使者"的身份,开始了他的宣教生涯。

麦加时期(610—622)穆罕默德的宣教活动是秘密进行的。他号召人们放弃多神崇拜,只崇拜唯一神安拉。他宣称,他是安拉从阿拉伯人中选派的使者和先知;除了安拉外再没有神,安拉是独一的,是宇宙万物的创造者和主宰者;将来会有一个审判的日子,服从安拉命令者将入天园,违抗其命令者将下火狱。几年后,穆罕默德的宣教活动由秘密转向公开,经过不懈努力,信仰者穆斯林日益增多。麦加统治阶层的古莱什部落的某些成员,从一开始就反对穆罕默德宣教。起初他们认为这是一种异端邪说,不屑一顾;对穆罕默德是"安拉的使者"的说法嗤之以鼻,并对其追随者加以斥责。但当穆斯林人数与日俱增时,他们对穆罕默德及其追随者由攻击、嘲笑和刁难变为迫害,许多穆斯林因此惨遭杀害。于是,在614年和615年,先后有两批穆斯林迁徙到阿比西尼亚(今埃塞俄比亚),以躲避麦加贵族的迫害。619年海底彻和艾布·塔利卜相继去世,穆罕默德的处境更为艰难。在麦加贵族中颇有影响的人物欧麦尔皈依伊斯兰教,更使麦加贵族感到恐慌和不安,迫害也更严重。622年9月初,穆罕默德历经艰险,成功地避开了麦加贵族的追杀,于9月24日抵达叶斯里卜城,受到当地居民的热烈欢迎。叶斯里卜城从此改称为"麦地那·纳比"(意即先知之城)。这一迁徙是伊斯兰教发展史上一次重大的战略转移,被称为"希吉莱"。十七年之后,第二任哈里发欧麦尔将这一年定为伊斯兰教历纪元元年。

先知穆罕默德迁到麦地那后,把军事、经济和宗教结合起来,而不再是以部落血缘为纽带的社团,同时积极倡导"穆斯林兄弟"的精神,加强内部凝聚力。从此,伊斯兰教的传播进入一个新时期——麦地那时期(622—633)。

麦地那穆斯林政权建立后,麦加贵族经常侵扰麦地那周围地区。为了反击麦加贵族的侵袭,穆罕默德决定组织穆斯林武装,进行"圣战"。624年5月,经过白德尔一战,穆斯林军队以少胜多,缴获了大量战利品。此次战斗的胜利,增强了麦地那穆斯林的信心。625年,穆斯林虽在伍候德之战中失利,但成功地保卫住了麦地那。627年的壕沟之战,穆斯林成功地防御了麦加联军的进攻。随后,穆罕默德着手清除麦地那内部动摇分子和敌对的犹太部落,巩固了政权。628 年,穆斯林与麦加人签订《候德比叶协议》,双方同意停战十年,使穆斯林获得了休养生息的机会。630 年 1 月,麦加古莱什贵族破坏《候德比叶协议》,穆罕默德即率军 3 万,兵临麦加城。麦加贵族中颇有影响的首领力卜·苏福扬在与穆罕默德见面后,宣布皈依伊斯兰教。这样,先知穆罕默德兵不血刃,进入麦加城,并捣毁了天房内的所有神像,规定克尔白四周为禁地,禁止非穆斯林入内。

征服麦加后,穆罕默德在候奈因山谷一战粉碎了多神教部落的联合进攻,接着又领兵北上,与北部的基督教部落和犹太部落签订协约,同意缴纳人丁税的条件,以保持原来的信仰。由于这次军事行动没有发生大规模流血冲突,史称“和平之战”。当先知穆罕默德率军返回麦地那时,声威大震,沿途许多部落纷纷皈依伊斯兰教,甚至遥远的阿曼、哈达拉毛和也门等地都派来代表团表示皈信伊斯兰教,这一年史称“代表团年”。630 年,先知率众赴麦加朝觐,发表著名的辞朝讲演,其中包括一段启示说:“今天,我已成全你们的宗教,我已完成我所赐你们的恩典,我已选择伊斯兰教作为你们的宗教。”(《古兰经》5:3)辞朝后返回麦地那不久,先知便染病不起,于 632 年 6 月 8 日归真,享年 63 岁。

至此,先知穆罕默德的传教使命也基本完成,伊斯兰教开始传遍整个阿拉伯半岛。伊斯兰教的兴起与传播成功地解决了当时半岛上的社会危机,使四分五裂的阿拉伯民族团结成为一个整体,统一在伊斯兰旗帜之下,进而跃入世界文明民族之林,为日后阿拉伯民族的进步、伊斯兰文明的发展奠定了坚实的基础。

先知穆罕默德去世后,艾布·伯克尔被推选为第一任哈里发。艾布·伯克尔之后由欧麦尔、奥斯曼、阿里三人先后继任哈里发,史称“正统哈里发时期”(632—661)。这个时期,他们平息了阿拉伯半岛上的反叛活动,进行了大规模的对外征战。第二任哈里发欧麦尔执政时,穆斯林军队在不长的时间内,迅速击败了拜占庭帝国和波斯帝国。640 年完全攻占叙利亚、伊拉克、巴勒斯坦等地;642 年灭波斯萨珊王朝,占领波斯全境;同年征服埃及,占领亚历山大港。第三任哈里发奥斯曼继续西征北非,并东征亚美尼亚,平定波斯和呼罗珊地区的叛乱。哈里发国家的疆域,此时东至阿富汗,西抵埃及和北非一带。由于哈里发国家对新征服地区实行以缴纳低于拜占庭帝国时期税赋的人丁税为条件的宗教信仰自由政策,大量被征服地区的居民纷纷改信伊斯兰教,当地上层显贵为维护自身利益,也皈依伊斯兰教。随着这一时期对外征战活动的展开,伊斯兰教冲出阿拉伯半岛成为世界性宗教。

661年,第四任哈里发阿里遇刺身亡,出身于伍麦叶族的叙利亚总督穆阿维叶夺得哈里发职位,并把哈里发选举制改为世袭制。从此,哈里发国家变为世袭的君主制国家。伍麦叶王朝(661—750)发动了更大规模的对外征战。东线,穆斯林军队沿地峡继续前进,在阿富汗及中亚大部分地区建立了自己的统治,势力直达帕米尔高原,并征服印度西北部的信德和南旁遮普。西线则彻底清除了拜占庭帝国在北非的残余势力,控制马格里布地区(包括今突尼斯、阿尔及利亚、摩洛哥等),并使当地的柏柏尔人很快接受了伊斯兰教。711年,拥有大量柏柏尔人的穆斯林军队远征西班牙的西哥特王国,不到十年,征服整个比利牛斯半岛,伊斯兰教由此传入西南欧洲。732年,穆斯林军队又远征今法国高卢地区,在高卢西南部的普瓦提一战中受挫,遂撤回比利牛斯山以南。伊斯兰教向西方传播的强劲势头,至此陷于停顿。在此期间,穆斯林军队还曾三度围攻君士坦丁堡,但均未得手。到8世纪中叶,阿拉伯帝国最后形成,疆域东起印度河流域,西临大西洋,北至里海,南抵撒哈拉,成为一个横跨欧、亚、非三大洲的大帝国。帝国对新征服地区居民的宗教信仰采取宽容政策,缴纳人丁税就可以保持自己原来的宗教信仰和人身安全。新统治者的赋税,一般比原拜占庭和波斯统治者要轻。同时,伊斯兰教教义简单,没有严格的教阶制,易为广大群众理解和接受,于是在新的地区得到了迅速的传播,穆斯林的人数急剧增加。

747年,呼罗珊一带爆发了大规模武装起义,艾卜·阿拔斯夺取了哈里发职位,建立了阿拔斯王朝(750—1258)。阿拔斯王朝一度政治局面安定,经济发展。在这样一个和平安定的环境中,以阿拉伯语为基础,由信仰伊斯兰教各民族共同创造的伊斯兰文化出现前所未有的黄金时代。学术领域内,百花齐放,争奇斗艳。穆斯林学者们翻译和研究古代希腊、罗马、叙利亚、波斯及印度的古老文化遗产,进一步丰富和拓宽了伊斯兰文化的内涵。古兰经注学、圣训学、教义学、教法学等都有很大的发展,并形成了不同的学派。在哲学、医学、数学、天文学、化学、地理学、文学、历史等自然科学和人文科学方面人才辈出,成就辉煌。同时,由政治主张和宗教学说的差异产生了带有政治性质的教派。由于长期和平繁荣的生活,统治者中滋生出奢侈享乐之风,政治日趋腐败。9世纪中叶后,帝国衰落,各地总督割据一方。10世纪末,帝国出现三足鼎立局面,与巴格达的阿拔斯王朝(中国史书称为"黑衣大食")并存的,有开罗的什叶派法蒂玛王朝(909—1171,中国史书称为"绿衣大食")和西班牙科尔多瓦的后伍麦叶王朝(929—1031,中国史书称为"白衣大食")。10世纪末,塞尔柱突厥人兴起,1055年进入巴格达,控制军政大权,阿拔斯王朝名存实亡,哈里发成为塞尔柱人手中的傀儡。后经欧洲十字军东侵,加上蒙古西征,阿拔斯王朝在成吉思汗之孙旭烈兀率领的蒙古军队猛攻下彻底覆亡。虽然伊斯兰教的哈里发国家已不复存在,但伊斯兰教的传播并未因此而停止,大批蒙古人改信伊斯兰教,伊斯兰教仍在不断地向各地传播。

13世纪中叶奥斯曼土耳其人崛起。1299年,酋长奥斯曼(1258—1326)自称"土耳其王",并在统一小亚细亚以后,正式建立奥斯曼帝国(13世纪中叶—18世纪末)。1453年穆罕默德二世在位时灭拜占庭帝国,将君士坦丁堡改称伊斯坦布尔。其间,由于基督教势力的振兴,伊斯兰教的势力被逐出西班牙,但信奉伊斯兰教的奥斯曼土耳其人却占领了全部巴尔干半岛,在东欧获得巨大的发展。16世纪,苏莱曼一世在位时,奥斯曼土耳其已成为一个横跨欧、亚、非三大洲的大帝国。与此同时帖木儿的六世孙巴布尔率兵马从阿富汗攻入印度北部,占领德里,建立了伊斯兰教的莫卧儿帝国。这一时期遂成为伊斯兰教再一次大规模传播的时期。约在18世纪中叶,莫卧儿帝国趋于衰落,版图迅速缩小,最终在1857年的印度大起义中覆亡。18世纪,奥斯曼帝国对内实行高压政策,加剧了国内的社会矛盾和民族矛盾,加上欧洲列强相继入侵——1798年,法国拿破仑一世占领了埃及;沙皇俄国先后在1736、1768年占领原属奥斯曼帝国的亚述和克里米亚等大片领土;英国还唆使阿拉伯各省起来反对奥斯曼帝国的统治——帝国遂走向崩溃。

1919 年国内爆发了由凯马尔领导的资产阶级革命,1922 年宣布废除奥斯曼苏丹,之后又宣布废除延续千余年的哈里发制度,帝国遂最后覆灭。

伊斯兰教传播较晚的一些地区,构成了伊斯兰教世界的"外围"或"边缘"地区。其中最重要的是西非、东非、东南亚等地区,伊斯兰教在这些地区的传播经历了一个漫长的历史过程。在西非和中非,自 8 世纪就有穆斯林商人、学者和传教士自北非穿越撒哈拉沙漠,把伊斯兰教传入内地部落,但直到 17 世纪后才有较大的发展。在东非,伊斯兰教的传入比西非要早得多。阿拉伯商人与东非的商业贸易原本十分频繁,在伊斯兰教兴起后也从未中断,19 世纪后半叶获得进一步的发展并产生了斯瓦西利语(这种语言带有大量的阿拉伯语),这对伊斯兰教在非洲的进一步传播起到了不可低估的作用。伊斯兰教传入南非则得力于印度和马来半岛穆斯林的移民。伊斯兰教在东南亚的传播,主要是穆斯林商人活动的成果。13 世纪末,印度古吉拉特的穆斯林首先把伊斯兰教带到苏门答腊和爪哇等岛屿;中国穆斯林对伊斯兰教在爪哇的传播也做出了自己的贡献。到 17 世纪左右,伊斯兰教在马来半岛已取得优势。在 14—15 世纪,伊斯兰教传到了菲律宾南部,在西班牙人入侵前,苏绿群岛和棉兰老岛曾建立过政教合一的伊斯兰素丹国。在欧洲,8 世纪阿拉伯人征服西班牙后,伊斯兰教曾得到很大发展。15 世纪末,穆斯林势力被逐出境,当地居民大都恢复了原先的基督教信仰。20 世纪以来,伊斯兰教主要是通过移民、劳工、商业贸易等活动传入西欧、北美、南美和日本、朝鲜等地。

先知穆罕默德所建立的伊斯兰社会统一局面持续不到四分之一世纪便出现分裂,第三任哈里发奥斯曼遇害后,穆斯林因哈里发问题发生分歧,出现内讧。第四任哈里发阿里执政期间,纷争不断,导致内战,于是造成伊斯兰教的第一次大分裂,随之出现了一些教派。延续至今并影响较大的有逊尼派、什叶派、哈瓦立及派和苏菲派等。

(一)逊尼派

全称"逊尼和大众派"。"逊尼"系阿拉伯文音译,意指先知穆罕默德的道路和教训,故逊尼派被认为是伊斯兰教正统派。由于在政治上拥护现有的统治秩序,逊尼派曾得到历代哈里发的承认和支持,故有"主流派"之称。该派在宗教上尊崇《古兰经》的神圣地位,认为它是天启语言,为立法和解决一切问题的首要依据;同时强调《圣训》是立法、立论第二位依据,也是穆斯林的言行标准。逊尼派在同哈瓦立及派、什叶派斗争的过程中,建立了自己的政治思想体系,后来又在同反伊斯兰教正统思想的各种学说斗争中建立并完善了自己的神学、哲学和教法学的体系。随着哈里发国家的衰落,该派逐渐从最初的政治派别转变为宗教派别。

逊尼派在教法学上基于对宗教功修和解决社会问题的不同意见而形成四个学派:哈乃裴学派、沙斐仪学派、马立克学派、罕百里学派。逊尼派历来是伊斯兰教中人数最多的一派,约占世界穆斯林人口总数的90%左右。

(二) 什叶派

什叶派是伊斯兰教第二大教派。它是在第四任哈里发被刺后争夺哈里发职位的斗争中,拥护阿里后裔为哈里发的穆斯林与夺得哈里发地位的当政者之间的对抗中形成的。什叶派的形成经历了一个漫长的历史过程,在发展过程中逐渐形成有别于逊尼派的神学、教法学及圣训。但什叶派内部并不统一,曾分裂为许多支派,主要有:十二伊玛目派、栽德派、伊斯玛仪派等。什叶派在伊斯兰世界有着比较广泛的影响,特别是在伊朗,十二伊玛目派占主导地位,其人数约占该国人口总数90%以上。

(三) 艾巴德派

该派亦称"易巴德派"。伊斯兰教其他各派历来将该派列为哈瓦立及派的一支。但该派则称,尽管在对哈里发问题和反对伍麦叶王朝等方面同哈瓦立及派有共同之处,但二者无隶属关系,说该派的雏形早在奥斯曼时代就已出现,而哈瓦立及派却是在阿里与穆阿维叶的斗争中形成的。

艾巴德派认为伊斯兰教的理想时代是先知及第一、二任哈里发时期,故应以实际行动恢复那个时代的纯朴面貌,而对第三任哈里发后期执政和第四任哈里发在隋芬之战中接受"依《古兰经》裁判"而同穆阿维叶妥协持否定态度,提出伍麦叶和阿拔斯王朝绝大多数当政者不具备担任穆斯林领袖的资格,同时主张穆斯林领袖的职责是执行教法、主持正义、忠于安拉、领导教众抗拒敌人、保护教民,反对领袖的世袭制。

该派在神学主张上近似逊尼派;在教法学方面主张以经训和"公议"为立法依据,但奉行变通、易行的原则。该派的思想家和学者多为阿曼人,主要流传于阿曼等地。

(四)苏菲派

严格地说,苏菲派不是一种教派,而是7世纪末8世纪初产生于伊拉克南部的一种伊斯兰神秘主义哲学思想。禁欲主义、安神思想及印度的神秘思想对苏菲主义产生了很大的影响。经过两三个世纪的发展,苏菲主义又陆续建立起了自己的特殊组织——门宦(即道门,也译为教团),各个门宦都以其创始人命名,并以其创始人或继任人的陵墓为中心,建立了规模不等的道堂、扎维亚或拱北。各门宦有自己的领袖、信仰以及独特的活动仪式,但也有一些共同的特点。

苏菲主义首先认为伊斯兰教法只能约束人们的外在行为,而不能激发人们内在向往安拉、亲近安拉的自觉性。因此,必须用修道方式净化人们的心灵,调动人们内在的宗教热忱。其次认为安拉不仅是伟大的造物主,而且是永恒的美。因此,人们要通过发自内心无私的真情去热爱、向往、亲近安拉,追求安拉的爱,从而实现爱者与被爱者融合的最高境界。再次是崇拜贤者(亦译为圣徒崇拜)。伊斯兰教信仰的安拉同人间唯一的联系渠道,是先知穆罕默德的接受启示、传达启示;但由于先知的逝世和人们距先知时代愈来愈远,苏菲主义认为有必要在人与安拉之间建立中介,因而就需要有人通过艰苦修行,净化心灵,脱离尘世污染,接受安拉的"真知",达到显示"贤微"的品位,成为贤者,从而充当这种中介。

在历史上产生影响并且流传至今的主要门宦有:卡迪里耶、毛拉维耶、纳格什班迪耶、库布热维耶、白克塔西耶、沙兹里耶和提加尼耶等。每个门宦在发展过程中又分化出一些小的支系。我国西北各省的伊斯兰教门宦多是源于卡迪里耶和纳格什班迪耶等,但又受到中国传统文化的影响而有自己的特色。

二　伊斯兰教基本信条

先知穆罕默德传教初期,在麦加传达安拉的启示说,"你们的神是唯一的""除了安拉外,再没有神",以此申述反对多神崇拜、强调崇拜唯一神安拉的基本信仰。此后通过与多神教、犹太教及基督教在神学问题上的争论,这一基本信仰进一步得到完善。后来他在麦地那接受的一段启示中明确地提出:信安拉、信大使、信启示、信众先知和信末日(中国穆斯林称此为五大信纲)。伊斯兰教的神学家根据《古兰经》有关经文的精神和圣训明文,提出"信前定"为第六项信仰,故又有"六大信纲"之说。现将这六项信纲归纳为以下六个论点加以说明。

(一)唯一神论

伊斯兰教坚持严格的一神论,认为安拉是唯一应受人们崇拜的神。"安拉"系阿拉伯语的音译,是古代闪族人对造物主的称呼。伊斯兰教继承了这一称呼,并确认安拉是宇宙的最高主宰。中国回族穆斯林将其译为"真主"。波斯语、乌尔都语和突厥语称安拉为"胡达"(意为"自有者")。伊斯兰教认为:(1)安拉是独一而固有的真实存在,不是抽象的概念。(2)安拉是万能的,具有绝对的权威,天地万物的创造、日月星辰的运行、昼夜的往复、风雨雷电的发生、动植物的生长等自然现象以及人类的产生和繁衍、人生的富贵贫贱与人类社会发展演变等现象,无一不由安拉的意志所决定。(3)安拉是永恒的,先于万有而存在,万有毁灭之后仍存在:"前无始,后无终""任何东西都要消亡,而安拉的本体永存不灭"。(4)安拉是绝对完美,"任何东西都不与他相似",因而不能用形象描述他,不能为他造像、设像和画像。(5)安拉造化了人类并赐予其理性,使他们优于其他被造物,并为人类创造世间的一切,因而人们不仅要信仰安拉,顺从他的意旨,而且要崇拜他。

(二)造化论

这是在相信安拉具有固有的创造德性基础上产生的一种认识。伊斯兰教认为,无论是宇宙的形成还是人类的产生,均不是偶然的巧合或自然的机缘,而是安拉意欲造化的必然结果。因而伊斯兰教倡导人们观察人类自身,观察宇宙万象及其奥妙变化,以认识安拉的存在及其所具有的伟大能力。

(三) 先知论

信仰先知是古代闪米特人的宗教思想内容之一。伊斯兰教继承和发展了这一思想,认为安拉为引导与劝诫世人摆脱苦难和邪恶,在不同的时代、不同的地区对不同的民族,派遣一些受其恩宠的人作为先知(也称"安拉的使者",中国穆斯林也译"圣人")传达安拉的启示,并引导人们弃恶从善、遵循正道、信仰一神安拉。所有先知均是安拉从人类中挑选出的品格完美且节操高尚的优秀者,这些先知所宣传的宗教是一脉相承的一神教。他们忠于自己的使命,决不违背安拉的命令,是可以信赖的。先知虽为安拉所选之优秀者、劝诫者和报喜者,备受人们的尊敬和爱戴,但却无资格受到人们的崇拜。

伊斯兰教既号召人信仰安拉所派遣的所有先知,同时指出其他先知的使命已经结束,而穆罕默德的使命是针对全人类的,他不仅是继承以往先知的使命,集众先知之大成者,而且是安拉派给世人的"封印至圣"即最后先知。伊斯兰教认为以任何方式否认穆罕默德"封印先知"地位者都不是穆斯林。

(四) 启示论

伊斯兰教所说的启示(也译为"默示")是指安拉以特殊而隐微的方式教给他所选择的先知以宗教原则和治世济人的知识。安拉在不同时期选派过许多先知,他们根据安拉的启示救人于苦难,导人于正道。伊斯兰教传说先知有124000之多,但接受启示的为数并不多,《古兰经》只提到了降给易卜拉欣的经典、降给穆萨的《讨拉特》、降给达吾德的《则甫尔》、降给尔萨的《引吉勒》和降给穆罕默德的《古兰经》。启示的集录被称为"天启经典"或"大经",统称"经典"。信仰经典就是信仰其天启神圣性。天启经典虽多,但在主张一神论这一点上是一脉相承的,"后降之启示是证实先降之启示的"。启示论与先知论相辅相成、密切关联,同为伊斯兰教神学思想的重要内容。

启示论虽承认《古兰经》及其之前所降的一切启示,但《古兰经》说,已往的启示有的业已失传,如易卜拉欣的经典;有的被遗忘、"隐瞒"或遭篡改,已失原貌,如《讨拉特》《引吉勒》等。只有《古兰经》是证实前经、包容前经的,并且"受安拉之保护不会变更"。因此,启示论的核心就是信仰《古兰经》为安拉的语言,是穆罕默德的最大奇迹。

(五)两世论

"两世",指人类生活的现实世界(今世)和现世终结后的彼岸世界(后世)。两世论是以相信后世存在为前提,认为今世与后世有必然联系,提倡"两世兼顾"(或"两世并重"),以达到"两世吉庆"的目的。

伊斯兰教认为,人类生命并不以死亡为终结,死亡只是今世生活的了结;在今世生活结束后,还有一个与之完全不同的后世生活。今世生活是人类生活的必经之路,是通向后世生活的桥梁;而后世生活是人类生活的必然归宿,是今世生活追求的目标。因此要求人们在今世生活中勤奋耕耘,努力进取,积极创造物质和精神财富,建设安定、和平的生活。只有今世的物质生活具有一定保证时才有条件追求后世的精神生活,所以今世生活又是后世生活的基础。正如圣训所说:"今世乃为后世的栽种之场所。"因此,伊斯兰教反对出家、禁欲与苦行。伊斯兰教对今世生活坚持积极进取的态度,并允许人类满足自身的各种正当欲望。

但同时伊斯兰教认为,今世生活是"短暂的",后世生活才是"最好和最永久的",是"人类的最终归宿",因而反对依恋今世生活和沉迷浮华享受,并告诫人们不要因今世享受而忘却追求后世生活的努力,同时严禁因企盼后世或因今世的苦难、失败、挫折而消沉堕落甚至轻生自杀,主张生死、苦乐"惟有主命",为安拉对人类的考验,鼓励人们以"坚韧"、虔诚信主、勇于牺牲、乐于奉献的态度对待现实,怀着"恐惧与希望"的心情迎接后世的来临。

(六)前定论

"前定"就是认为"安拉在万象未显之前预定了万事万物的有,并预定这些事物在一定时间、以一定形式、按一定数量而发生",并相信这是由安拉意志决定的必然，人类的意志无法改变。《古兰经》在提到伊斯兰教的五项信纲时，没有直接提到信前定的问题；将它列为伊斯兰教的信纲，是根据《古兰经》中有关精神和圣训而定的。

人类的善恶行为，是否全属安拉前定，伊斯兰教的神学家意见不一。绝对前定论者强调《古兰经》中安拉创造一切、预定一切的内容，认为人的一切，包括富贵贫贱、生死存亡、凶吉祸福、美丑善恶，甚至人的一言一行，皆不出安拉的预定，因此说人类的行为是受制被动的，宛若空中飘浮的羽毛，无任何自由可言。人类犯罪也属前定，不必由己负责。此派被称为"被迫论者"，也称"定命论者"。同时还有一些人主张相对前定，根据《古兰经》中有关每个人都要为自己行为负责，行善者有赏、作恶者受罚的经文内容，强调人类在总的前定范围内有选择自己行为的自由。他们反对"被迫论"，主张安拉创造了人类的意志，同时给人类以意志自由。人类犯罪是自取的，安拉惩其罪行是公道的。这部分人被称为反宿命论的"能动论者"，也称"自由论者"。自称为"逊尼大众派"学者、兼顾经训中关于前定思想的相对与绝对论者们提出：在信仰安拉是万事万物的创造者和定夺者的同时，承认人类有意志和行为的自由。人类可以运用安拉给予自己的理智判断善恶，选择正道，每个人都要对自己的言行负责。因而行善有赏，作恶受罚；安拉前定是绝对的，人的自由是相对的，"前定如大海，自由如舟楫"。他们认为，信仰前定能使人在受挫折或不幸时自我慰藉，而不致暴戾或气馁，有助于渡过难关；同时能使人在顺利和取得意外成功时相信此乃安拉之默默预定，不致得意忘形，忘乎所以。相信人有行为自由便是承认人的主观能动性，他们要求人们发挥这种能动性，凡属有益之事要尽自己的努力求得预期的结果，先"尽人事"而后"听天命"，不能完全听天由命。

三　伊斯兰教的礼仪

伊斯兰教要求人们信仰并服从安拉，从心灵深处感觉到安拉的存在和伟大，同时在行为上表现出对安拉意志的服从，履行一定的宗教功修，把信仰同行为的实践结合起来。伊斯兰教认为，信仰若无实践的支撑，便失去了活力,变得惨白无力。伊斯兰教对每一个穆斯林规定的基本功修称为"五功",简称"念、礼、斋、课、朝"。此五功为"主命"功课,是每个穆斯林都必须履行的义务。

(一)念功

这是穆斯林心存安拉和非穆斯林立誓皈依的一种方式。所诵念的内容是"除了安拉,再没有神,穆罕默德是安拉的使者"(简称"清真言")以及"我作证除了安拉,再没有神;我作证穆罕默德是安拉的奴仆和使者"(简称"作证词")。"清真言"和"作证词"不只是新入教者必须宣读的誓词,每个穆斯林均须经常诵读,以表示对自己信仰的重新肯定和加深。

(二)拜功

这是穆斯林身体力行的主要功修之一,因为《古兰经》多次强调拜功对穆斯林的重要意义和作用。履行拜功前必须进行沐浴,取得身心上的洁净。沐浴有"大净"和"小净"之分。"大净"即用清洁的水,按一定的顺序、方式冲洗全身;"小净"即洗净身体的局部,如手、脸、口、鼻、足等。宗教意义上的沐浴,不仅可清除身体上的污秽,而且可荡涤心灵上的不洁。拜功的仪式主要由端立、诵念古兰经文、鞠躬、叩头、跪坐等动作构成。主要拜功有一日五次拜,每周一次聚礼拜(即主麻拜),一年两次会礼拜(即古尔邦节和开斋节的拜功)。

由于拜功被认为是伊斯兰教的"支柱"和区分是否穆斯林的主要标志,因此穆斯林每到一地都设法修建礼拜场所——清真寺。清真寺的主要建筑为礼拜殿,殿内除设有一宣讲台外,不设神龛、圣坛,也无任何人物或动物的画像或塑像。每个穆斯林不分尊卑贵贱,无论国王还是乞丐,进殿后一律席地跪坐,以体现伊斯兰教所号召的穆斯林一律平等的精神。世界穆斯林礼拜时均以麦加的天房为朝向。中国在麦加之东,故中国穆斯林礼拜时面向西。

(三)斋功

成年穆斯林在伊斯兰教历的莱麦丹月(斋月),需戒白昼饮食和房事一个月。斋戒时,不起妄念,不与人争,"举心准敬,默语惟恭"。但封斋有困难者,如病人、年迈者、出门旅行者、孕妇和哺乳者可以暂免,或过时再补,或纳一定的济贫施舍。

斋月逢大月为 30 日,逢小月为 29 日。斋月的起讫均以见新月而定。斋月结束之次日即教历 10 月 1 日为开斋节。

伊斯兰教不主张禁欲或苦行,而且鼓励人们享用安拉赐予人类的各种合法洁净的食物。但是伊斯兰教教导人们节制各种物欲和情欲,而斋戒是有助于人类控制物欲与邪念的一种重要方式。同时,斋戒还可以激发人们对饥饿者、贫困者的同情恻隐之心。

(四) 课功

"课功"也称"纳天课",是伊斯兰教对占有一定财力的穆斯林规定的一种功修。伊斯兰教认为,财富系安拉所赐,富裕者有义务从自己所拥有的财富中拿出一定份额,用于救危济贫等慈善事业。"营运获利"的金银或货币每年抽 2.5%,农产品抽 10%;各类放牧的牲畜各有不同比例的天课。

天课取之于穆斯林,用之于穆斯林,是一种用以缓解贫富对立的宗教课税。与一般意义上的施舍、捐赠不同,纳天课者必须有一定的资财,具备此条件者则必须按比例交纳,故带有一定的强制性;而且天课有明确的用途,《古兰经》对此有明确的规定,不能转赠或挪为他用。而一般的施舍和捐助则是一种自愿行为,所捐之数额、种类均无任何限制。

(五) 朝功

这是穆斯林在规定的时间内,前往麦加进行的一系列宗教仪规的总称。626 年,穆罕默德根据启示并参照古代阿拉伯的朝圣仪式,规定了朝觐制度。朝觐者经过亲身体会和深刻反省以达到返璞归真、纯洁心灵、涤除罪过、安度余生的目的。

伊斯兰教规定,教历每年 12 月 7—10 日为法定的朝觐(即"正朝")日期。在此期间之外去麦加瞻仰天房称为"到朝",可随时举行。所谓"朝觐"系指"正朝"。凡身体健康、有足够财力的穆斯林在路途平安的情况下,一生中到圣地麦加朝觐一次是必尽的义务。不具备条件者则没有这个义务。

朝功的主要仪规有:(1)受戒。(2)巡礼天房(克尔白)七圈。(3)在禁寺内的"索法"与"麦尔卧"之间奔走七次。(4)驻米那山谷宿营。(5)小驻阿拉法特山谷。(6)返米纳射石打鬼。(7)宰牲济贫。宰牲日为伊斯兰教历12月10日,故将此日称为宰牲节或古尔邦节。朝觐者在此日开戒,参与麦加穆斯林大聚会。未能参加朝觐者可就地宰牲,举行会礼庆祝节日。

四　伊斯兰教的经典

伊斯兰教兴起时阿拉伯民族处于蒙昧时期,是一个没有文化的"文盲民族",穆罕默德是产生于这个民族中的一位文盲先知(见《古兰经》3:20, 7:156—157,62:2),所以劝化这个民族,使其摆脱愚昧是这位先知的首要任务。因而他接受的第一段《古兰经》启示就是要人学习文化(96:15),号召人们学习知识(20:114),用心观察宇宙万象以便取得确切的知识(2:164)。指出"有知识无知识的人不一样"(39:9),获得知识者的品位高于无知的人(58:11)。他说"求知始自摇篮而终至坟墓",又说"求知是男女穆斯林的天职",甚至有"学者的墨汁胜于烈士的鲜血"的论述。这些经训说明了伊斯兰教对于文化的重视和鼓励;也正是在这类有关经训的指导下,中世纪哈里发国家的文化事业得到全面发展,最后形成了以《古兰经》、圣训中的思想为指导,广泛吸取古代阿拉伯、希腊、罗马、波斯和印度的优秀文化成果,并以阿拉伯语为主要表达工具的伊斯兰文化(也称阿拉伯—伊斯兰文化),对人类文明的继承和发展做出了巨大的贡献,并与中国文化、印度文化、希腊及罗马文化并称为四大文化体系。

《古兰经》与圣训是这个文化的指导思想,也是其主要渊源,故在这里加以简要介绍。

(一)《古兰经》

《古兰经》是先知穆罕默德在二十三年传教期间陆续宣布的安拉的启示。他在接受启示初期,并未设有专人记录,而是通过弟子的背记和个人自发的记录保存。迁徙麦地那以后,才设专门记录,将启示记录在椰枣树叶、石片、骨板、羊皮等物上，同时鼓励人们背记。先知逝世时，启示的全部记录虽经官方收藏，但还未整理成册，社会上流传着不同的个人记录本。直至第三任哈里发奥斯曼时期，为了保证启示内容和编排的权威性和统一性，防止启示因背记者的陆续谢世而散失，才正式组织专人将个人抄本收集起来，同官方收藏的记录进行核对，汇编成统一的《古兰经》抄本，并下令焚毁其他记录本。这个统一抄本被称为"奥斯曼定本"，至今全世界穆斯林通用的《古兰经》即为此定本。

《古兰经》包括114章，各章长短不一，全经均等地分为30卷。其主要内容如下：

（1）与多神教徒、有经人（犹太教徒、基督教徒）之间的斗争和论争。论争的焦点主要是关于安拉的唯一性、《古兰经》的天启性、穆罕默德的先知地位和末日报偿的必然性等问题。

（2）关于伊斯兰教的根本信仰。《古兰经》号召人们放弃多神崇拜，独尊唯一神安拉。通过争论阐述伊斯兰教的基本原则，确立以"唯一神论"为核心的信仰纲领。

（3）关于穆斯林的基本宗教义务和社会义务。

（4）关于伊斯兰教的伦理道德规范。

（5）关于穆斯林的生活规范和饮食禁忌。

（6）关于教法律例。民事方面如借贷、财产继承、家庭婚姻等；刑事方面如对偷盗、奸淫、诬蔑、叛乱等罪的刑罚。

（7）人物故事和传说。主要是关于历代先知的故事和穆罕默德传教的有关事迹，他们所宣传的同是信仰一神安拉的宗教，号召人们学习他们，听从他们的教诲，才能得到善果。同时提到一些反面人物，他们一般有钱有势，狂妄自大，利用各种手段反对当时的先知们传教，遂招来天怒，遭到诛灭，要求人们引以为鉴。

《古兰经》的内容涉及的方面极其广泛，它对伊斯兰—阿拉伯文化思想史的深远影响，是古今学者一致公认的。《古兰经》是一部宗教经典，是伊斯兰立法的首要依据和伊斯兰教信仰学（即神学）、伦理学以及历史学等宗教学科赖以建立的思想基础。而且阿拉伯语的语言学、修辞学、语法学也源于《古兰经》,是为了理解《古兰经》原文的原义、行文结构而建立的。《古兰经》是阿拉伯文学的最高范本,其独特的韵律与行文风格一直是阿拉伯文人和诗人效仿的典范。《古兰经》也是一部研究伊斯兰教先知和当时阿拉伯半岛社会情况的文献史料,它所反映的具有深远意义的社会变革,不仅改变了阿拉伯民族的历史走向,而且对当今世界仍产生着巨大影响。

目前《古兰经》在全世界约有七十多种语言的译本,英、法、德等语的译本各达数十种版本之多。我国汉译本现有十多种,比较著名的有王静斋、马坚的译本,20世纪80年代出版了买买提赛莱和阿卜杜·艾则孜分别译出的维吾尔文和哈萨克文版本。

(二)圣训

圣训是先知穆罕默德在二十三年传教期间发表的言论和示范行为以及他默认的门弟子重要言行的总称。中国穆斯林意译为"圣训"或"圣谕"。先知在世时,担心门弟子将他的言论同《古兰经》启示混淆起来,所以只让人们记录启示,不许记录他的言论。先知逝世后的一个世纪左右是伊斯兰教迅速发展的阶段。哈里发国家在政治、经济和法律等领域遇到先知生前从未出现的一些问题,需要将安拉的启示《古兰经》和先知一生的全部言行作为治理社会、解决问题的依据,于是出现了搜集、传述圣训的活动。而这个时期,也是哈里发国家政治、教派、民族、氏族斗争甚为剧烈、各种学说最为活跃的时代,各种势力和思想均企图借助先知圣训来标榜自己的主张或行为是正确的,随之也出现了借先知名义伪造"圣训"的现象。加上先知去世年代已久,人们的记忆逐渐模糊,口头辗转相传的圣训不免发生差讹,这就给辨别圣训真伪造成了很大的困难。为了保存真圣训并防止假圣训进一步扩大,8世纪初,伍麦叶王朝哈里发欧麦尔二世(717—720)命人开始辑录、整理、汇集圣训的工作。最早辑录成书的是教法学家马立克·本·艾奈斯辑录的《穆宛塔圣训集》,这是8世纪中叶的事。到了9世纪才陆续出现了较多的圣训集,其中以逊尼派的"六大圣训集"最有权威性:《布哈里圣训实录》《穆斯林圣训实录》《艾卜·达乌德圣训集》《铁尔密济圣训集》《奈萨仪圣训集》《伊本·马哲圣训集》。同时,什叶派注重收集阿里及其后裔所传述的圣训。他们辑录的圣训集中最著名的有"四大圣训集",亦称"四圣书"——《宗教学大全》《教法学不求人》《圣训辨异》《教法修正》,加上阿里言论集《辞章典范》等。此外,艾巴德派的《穆斯奈德圣训实录》亦相当出名。

圣训是对《古兰经》的阐释和发展,所以每一种著名圣训实录的内容都相当广泛,既包括关于伊斯兰教信条、功修、道德修养、生活规范、家庭婚姻、学习知识等问题的具体解释和论述,也包括关于政权、军事、经济和民事、司法等方面问题的论述,同时还包括关于创世、古代圣贤人物传说以及穆罕默德本人及部分弟子事迹的记载,所以圣训集既是伊斯兰教的重要典籍,也是研究伊斯兰教不可不读的文献。

五 伊斯兰教在中国的传播与发展

(一)传入的时间标志

伊斯兰教兴起后不久即传入中国,传入的具体时间史料无确切记载,历来说法不一。据《旧唐书》载,永徽二年(651),大食国遣使来唐朝贡。于是,中国伊斯兰教研究者多以此年为伊斯兰教开始进入中国的标志。据考,实际传入时间比这要晚。天宝十年(751),唐朝军队在中亚恒逻斯之战中为阿拉伯军队所败,被俘人员杜环在阿拉伯境内漫游十年,回国后写了一本《经行纪》(该书已佚,作者之叔杜佑在《通典》中曾转录一部分),将伊斯兰教称为"大食法"。此为迄今所见最早介绍伊斯兰教的史料。

(二)穆斯林蕃客

伊斯兰教在中国的传播经历了一个渐进的过程,是伴随中、阿通商贸易的发展逐渐展开的。信仰伊斯兰教的阿拉伯和波斯商人,陆续由海陆两路来华,海路由波斯湾经阿拉伯半岛到达广州、泉州和杭州等港口城市;陆路从阿拉伯半岛经西南亚和中亚到新疆天山南北进而到达长安。自唐永徽二年(651)至贞元十四年(798)的一百四十七年间,大食国以朝贡使者名义来华经商者达 37 次之多;在宋代自开宝元年(968)至南宋乾道元年(1165)的二百年间,这类朝贡使者多达49次。这说明当时哈里发国家同中国官方的友好往来是相当频繁的。这些来华朝贡的使者中大部分为商人,也有传教士。他们被指定在长安、广州、泉州、杭州、扬州等地居住。其中有些人与当地人结婚,永留不归,被称为"蕃客"。中国朝廷选择其中德高望重者任"蕃长",负责管理他们的日常生活和宗教事务。他们在住地修建清真寺,进行宗教活动,并建有自己的墓地。在长期居留过程中,逐渐成为中国早期的穆斯林群体。

(三) 元时回回遍天下

伊斯兰教通过通商和外交途径开始传入中国,但唐天宝年间为平安禄山之乱借来的回纥兵留居内地和成吉思汗西征引入大批穆斯林则与战争有关。12世纪末13世纪初,成吉思汗建立蒙古汗国后,进行了持续近半个世纪的西征,后回师东征中原,迫使中亚居民和波斯、阿拉伯人充当士兵和工匠,并编成庞大的"西域亲军",东迁到中国各地。同时,由于当时与中亚各国的边境开放,陆路交通畅通,西亚、中亚穆斯林商人大量入华,与元军中的穆斯林一起,同汉、维吾尔、蒙古等族人民相处杂居,当时统称"回回"。随后,回回多变侨为定居,"皆以中原为家,江南尤多",故《明史·撒马尔传》中有"元时回回遍天下"之说。伊斯兰教在中国扎下了根。

(四) 伊斯兰教在新疆取得主导地位

伊斯兰教在新疆的广泛传得力于10世纪建立的喀拉汗王朝和14世纪建立的东察合台汗国。喀拉汗王朝第三代君主沙图克早年皈依伊斯兰教,并在王族中传播该教,即汗位后,迁都于喀什噶尔(即今喀什),取号布格拉汗(?—955),在位二十三年,在南疆大力推广伊斯兰化。其子穆萨·阿尔斯兰汗继续推行伊斯兰化政策,宣布伊斯兰教为国教,实行伊斯兰教法。这使伊斯兰教分南北两路向内地传播。南路沿大戈壁入叶尔羌(今莎车)向东伸展,北路传播到阿克苏和库车,进而在新疆得到广泛的传播。在13世纪初该王朝衰落之际,成吉思汗第七世孙图赫鲁·帖木儿(1312—1361)皈依了伊斯兰教,在北疆建立了东察合台汗国,并下令其部属臣民改宗,曾有16万蒙古人同时改信伊斯兰教。他的后继者继续奉行其政策达两个多世纪,使伊斯兰教在新疆取代佛教成了占主导地位的宗教。

(五)从明代到民国时期的发展

在明朝建立过程中,不少被称为色目人的回回将领为建功立业,其后又在发展地方经济、保卫疆土当中做出了重要贡献。朝廷遂视回回为一支不可忽视的力量,对其采取"优容抚治"的策略,明朝几代皇帝都盛赞伊斯兰教,资助修建清真寺,"蒙古诸色目人"中"果有才能,一体授用",不少回回进入明朝文吏武官行列,在政治上占有一定的地位。在这一时期,以唐宋时的蕃客、元时的色目人为基础,以伊斯兰教为纽带,不断融会改信伊斯兰教的维吾尔、汉、蒙古等民族成员,一个新的回回民族(简称为回族)形成了。回回民族的形成,更进一步促进了伊斯兰教在中国的继续传播与发展。穆斯林通过与其他民族联姻,人口也有较快的增长,清真寺普遍建立,经堂教育出现,用汉文编著介绍伊斯兰教的经籍以及维吾尔、哈萨克民族全部皈依伊斯兰教,是伊斯兰教在明朝取得发展的重要表现。

清朝建立后,前期的几代统治者对"华夷之别"一类观念极为敏感,尤其对明朝以来出现的大汉族主义保持一定戒心,故对少数民族的宗教信仰和传统习惯采取尊重和宽容的态度,实行"齐其政而不易其俗"的政策,允许伊斯兰教存在和发展。例如先后发生过广西、山东、北京等地地方官吏诬陷伊斯兰教、歧视回民制造冤案的事件,朝廷最后都能据实处理,而且通令全国防止此类事件的发生。同时由于清朝前期全国统一,社会安定,各族穆斯林得以休养生息,经济情况改善,人口自然增长,从东北到江南新建了不少清真寺,通过经堂教育培养了一些教职人才,伊斯兰教在稳定中有所发展。清朝中后期,朝廷腐败,社会矛盾激化,有些地方官吏利用回教派系之争和回汉个人纠纷,煽起民族矛盾,先后引发了 17 和 18 世纪陕、甘、滇、新等地穆斯林的反清起义,结果数以百万计的穆斯林或被逐出家园流离失所,或战死于清军刀下,从而使这些地方的伊斯兰教蒙受惨重的损失。

辛亥革命时期,孙中山提出"汉满蒙回藏五族共和""五族一家立于平等之地"和信仰自由的主张,因而在当时被称为"回族"的我国信仰伊斯兰教的各族穆斯林对推翻腐败透顶的清王朝十分拥护,"翊赞共和,厥功甚伟"。北洋政府和民国政府对伊斯兰教和穆斯林所奉行的政策骨子里都是利用、限制和同化,但同时都宣称"尊重各民族之宗教信仰自由",对伊斯兰教的存在和穆斯林习俗表示认可和尊重。在时代潮流的推动下,中国社会情况同清朝相比已发生了重大的变化。穆斯林在民主革命斗争和反抗外侮战斗中做出了自己的贡献,从而在政治舞台上形成了一支力量,他们在各地兴办教育、普及文化,建立回教文化团体,促进内部联系和团结,出版经籍和报刊,宣传伊斯兰文化,从而使伊斯兰教的发展具有了时代的特点。

(六)新中国带来的新局面

中华人民共和国成立后,我国穆斯林同全国人民一样从"三座大山"的压迫下得到了解放,在政治上实现了平等,积极参加社会主义建设,成为国家的主人。在党和政府的宗教信仰自由政策的指引下,伊斯兰教得到相应的发展。尽管中间遭到极"左"路线的干扰破坏,但从 1979 年改革开放以来,经过拨乱反正,国家重申了宗教政策,恢复了遭受破坏的宗教设施,而且新建了一些清真寺,使全国大小清真寺达到了三万四千余座,并且兴建了 9 所伊斯兰教经学院,培养宗教后继人才。目前在清真寺和经学院内学习的人达两万多。除 1952 年成立的全国性伊斯兰组织——中国伊斯兰教协会外,还陆续成立了 26 个省级伊斯兰教协会和 400 个县级伊斯兰教协会,协助政府贯彻宗教政策,管理伊斯兰事务,可以说这是中国伊斯兰教史上最好的时期之一。

伊斯兰教在中国经过一千三百多年的发展,迄今信众已达两千多万。回、维吾尔、哈萨克、乌孜别克、柯尔克孜、塔吉克、塔塔尔、东乡、撒拉、保安等十个少数民族均信仰该教,而且在历史上几乎是全族信教的。其中回族和维吾尔族人口较多,分别约为 900 万和 800 万。伊斯兰教的文化思想及教义教规对这些民族的历史、文化思想、伦理道德、心理状态和生活方式均产生过深远的影响,特别是对回族、东乡族、撒拉族和保安族来说,没有伊斯兰文化就没有这些民族自身的文化。另外,在汉、蒙古、藏等民族中,也有少量人信仰伊斯兰教。伊斯兰教传入中国后,不同程度地受到中国传统文化的影响,为了适应不断发展变化的中国社会,形成了具有中国文化特色的支派和门宦。因而可以说,伊斯兰教的传播不仅是一种宗教的传播,也是一种文化思想的交流和传播。

【关键词】

伊斯兰教　　真主　　先知穆罕默德　　古兰经　　朝觐

【进一步阅读书目】

马贤、马忠杰主编:《伊斯兰教基础知识》,东方出版中心,上海,1997 年。

李兴华等合著:《中国伊斯兰教史》,中国社会科学出版社,北京,1998 年。

秦惠彬主编:《伊斯兰文化与现代社会》,沈阳出版社,2001 年。

【思考题】

1. "伊斯兰"和"穆斯林"的词义是什么?

2. 伊斯兰教的信仰对象是什么?

3. 伊斯兰教有哪些主要经典?

4. 伊斯兰教怎样看待今生和来世的关系?

注　释

〔1〕　中国人民大学基督教文化研究所编:《基督教文化学刊》第 6 辑,第 148 页,宗教文化出版社,北京,2001 年。

第八讲

宗教的基本要素

宗教意识
宗教组织
宗教礼仪
宗教器物

我们在讨论宗教定义的时候讲过,宗教之所以能够持久地存在与发展,根本原因在于它能够满足人们的特殊需要,对个人、群体、民族、国家乃至全人类发挥独特的功能。而一种成熟形态的宗教由若干种基本要素构成,简要说来可以分为宗教意识、宗教组织、宗教礼仪和宗教器物。这四个方面可以作为我们把握某个具体宗教的四个维度或方向。在把握了三大世界宗教的概况以后,我们在本讲中进一步说明宗教四大基本要素的主要作用。

一　宗教意识

宗教意识对宗教的其他层面有着决定性的意义。宗教发展的历史过程和事实已经充分表明:宗教礼仪的规范化及其文明程度,宗教组织的状况,宗教器物的使用状况,都首先取决于宗教意识的发展。由于原始社会的人类还不具备高度的抽象思维能力,因此原始宗教还不可能具有系统的神学理论。因此,其宗教礼仪完全依靠直观感受来确定。这就使得原始宗教的礼仪常常带有不文明的野蛮性,人祭和血祭就是这种状况的典型表现。社会发展到了文明时代后,宗教由原始形态发展到了神学形态,开始有了系统的神学理论,理论思维在宗教意识中发展起来,取代了原始宗教的直观感受,宗教礼仪逐渐摆脱了原始宗教礼仪的野蛮性和残忍性,变得越来越具有文明的规范化的特点。现代宗教礼仪的文明程度比起古代神学宗教的礼仪更要高得多。这虽然要归功于整个社会文明的进步和发展,但宗教神学思想和理论思维的提高,则是直接起作用的因素。

宗教作为人类社会的产物,必定要适应社会环境。基督教、伊斯兰教和佛教之所以能够成为世界性的宗教,最根本的一条就是因为它们的宗教观念和思想的发展程度较高。这三大宗教均有较为系统的宗教理论体系,不仅有世代相传的圣书经典,还有以经典为依据的适应时代变迁的系统教义。其信仰文明程度较高,主要表现为都拥有能为众多国家和民族接受的崇拜对象和信条,从而超越了民族、地域宗教的狭隘性。这三大宗教的信仰都有雄厚的道德基础,不主张野蛮残忍的宗教礼仪,也不以追求眼前个人实利为目标,所以迷信和巫术成分在其历史过程中逐渐淡化。因此与世界上其他宗教相比,基督教、伊斯兰教和佛教在宗教意识方面具有较高的素质。

宗教意识也决定了宗教组织的发展程度和形式,这主要表现在宗教组织的制度规范化程度有赖于宗教意识的水准。世界各国的宗教组织发展史都表明,宗教组织制度规范化的程度总是与宗教意识相适应,宗教组织制度的规范化程度随着宗教意识的变化而变化。神学理论的每一重大进展,往往都会推动宗教组织向更完善化方向发展。今日的宗教组织的完善程度,是原始时代和古代文明时代的宗教组织无法比拟的。世界三大宗教具有完备的经济、政治、文化、教育等方面的组织系统,这对于一个没有较高宗教意识的宗教来说是根本无法设想的。

宗教观念从其形态来看,可以分为感性和理性两个层面。它们都对宗教的产生和发展起到了自身的独特作用。一般说来,发展程度较高的宗教,其理性因素便较高;发展程度较低的宗教,其理性因素便较低。世界三大宗教是目前理性因素最高的宗教,而各种原始宗教(包括目前现存的原始宗教)则是理性因素最低的宗教。

宗教观念的理性因素,在维持宗教的生存与发挥宗教的功能的过程中,常常表现出其固有的保守性和稳定性同其变化的适应性的矛盾。任何一种宗教,为了维护其生存和保持其固有的宗教特征,必须要有相对稳定的神学理论和教义。这对于发达的高级宗教尤为重要。如基督教的存在及其特征,便是以《圣经》为标志的;伊斯兰教的存在及其特征,是以《古兰经》为标志的;佛教的存在及其特征,是以"佛经"为标志的。如果三大世界性宗教没有这些稳定不变的神学经典和圣书,那么,它们的存在则是难以设想的,更谈不上巩固和发展。这三大世界性宗教的经典和圣书已承传了近两千年,其内容甚至连词句都保持不变,而且正是由于这样,才保持了这些宗教体系的稳定性及固有特征。如果这些宗教的经典和圣书经常变幻不定,那么,这些宗教体系的稳定性及固有特征就丧失了,当然也就不复存在了。

但是,宗教是社会历史的产物,它们也必须随着人类社会经济、政治和文化方面的变化而变化,否则也会被社会历史所淘汰。为了避免这一命运,许多宗教都在不断改变自身,其中就包括改变它们各自的神学理论。世界三大宗教之所以能一直保持到现在,除了有稳定不变的宗教经典和圣书外,还在于有解释这些经典和圣书的教义。这些教义可以根据时代的要求以新的含义来解释各自的经典和圣书,以便适应时代的要求,因而能为不同时代的人们所接受,从而使自己的功能得以较好发挥。所以,尽管这三大世界性宗教的经典和圣书连字句都没有变,但解释这些经典和圣书的教义已有变化。特别是在当代,这三大世界性宗教都出现了各种适应时代要求的新的教义理论,以便在当今世界经济、政治和文化科学迅速发展的社会历史过程中求得生存和发展,否则就难免有被历史淘汰的危险。

宗教观念的理性因素虽然在维持宗教的生存与发挥宗教的功能中具有极其重要的意义,但任何宗教都不可能把理性主义贯彻到底,否则就会导致对宗教本身的自我否定。因为这样一来,就会打破宗教所固有的神秘主义性质,宗教就不成其为宗教了。因此,我们还要阐述一下宗教神秘主义问题。

神秘主义是宗教学家、哲学家、神学家、社会学家、生物学家、心理学家共同关心的一类现象,但究竟什么是神秘主义,各种定义莫衷一是,学者们基于自己的立场和研究方法而各执一词。然而,相比而言,神秘主义与宗教的关系最为密切,宗教学的研究频繁地使用这个概念。我们似乎可以说,在现代学术研究中,神秘主义首先是包括宗教心理学和宗教社会学在内的宗教学研究的问题,而这些研究的结果对解释宗教至关重要,因此,宗教学家、神学家和哲学家对神秘主义现象的关注是可以理解的,学术界加强对宗教神秘主义的研究也是必要的。

神秘主义一词的英文 mysticism、法文 mysticisme、德文 mystizismus,皆源于拉丁文 mysterium。这个拉丁语词的含义有秘密祭神礼、奥迹、奥义、神秘等。这个拉丁语词又源于希腊文 mysterion,词根 Muein,意思有引导、介绍入会、秘密的东西、放弃肉体感觉、代之以超验的启示等。

Mysticism 一词以及它的一些同源词有多种含义:

Mysticism:(1)神秘主义:神秘主义者们所传说的神秘交融或与最高实在直接灵交的经验。(2)神秘教义:关于神秘知识的一种理论;一种教义或信仰,认为对上帝、精神真理、最高实在或类似事物的直接认识可通过直觉、直观或启发获得,而且不同于一般感知和推理的方式。(3)玄想,一种缺乏基础的信念;谬论,以对无法表达的知识或力量的直接获得和直觉为先决条件或以这种可能性为基础的任何理论。

Mystery:(1)上帝所启示的宗教玄义,人不能单凭理智去理解,而且经过启示仍不能完全理解的宗教玄义。(2)基督教的礼仪或圣事。(3)基督教以外的其他秘密宗教仪式,其特点是向信徒出示神物,叨念忏语,演示仪式(如洗手、吃喝、杀牲),旨在使信徒们在今生过得更好,并保证让他们死后由于这样的祈祷能与所崇拜的上帝同在。(4)神秘。没有或不能被解释的事物,也就是说大家所不知的事物。指一件难以解释或怎么都说不清楚的事,或指不为外人所知,但又有趣因而促使人们去猜测之秘事。[1]

从上述释义我们可以看出,神秘、神秘主义及其同源词基本上是在宗教范围内使用的,具体所指又涉及宗教意识、宗教礼仪、宗教组织等各个层面。人们在非宗教的意义上也在使用"神秘"一词,但那基本上可以看作"秘密"

的同义词。请看下面这则广告词:"钻石,在大自然中经过亿万年光阴,方才焕发出醉人的华彩,每一颗都是独一无二,弥足珍贵,给人一种神秘莫测的感觉。然而要衡量一颗钻石的价值与品质,却一点也不神秘。"在这种世俗的意义上,神秘的意思等于不了解,不懂,尚未被认识,是秘密。所谓神秘的对象一旦被人们了解了,也就不再神秘了。然而,在西方宗教传统或宗教学研究中,神秘主义是指宗教的某些组成部分或要素,用作形容词时则用于描述某种宗教的特征或宗教思维的类型。当然,在这个词的宗教意义中,世俗的一般含义仍然保留着。也就是说,一种宗教被人们了解得越多,它就越不神秘;反之,人们对某种宗教越不了解,也就越觉得它神秘。

神秘主义是一种十分普遍的宗教现象,与宗教的各个层面和包括基督教在内的各种宗教都有关。所以,怎样界定"神秘主义"对我们的研究是前提性的,亟待回答。在西方国家,神秘主义作为一种普遍的宗教现象早已引起学者们的关注,为神秘主义下定义者不乏其人。定义是进行理论探讨和学术研究的重要起点。当学者们对神秘主义看法各异的时候,分析一下已有的定义,对我们认识神秘主义研究的复杂性是有帮助的。

"神秘主义是融修行术与秘传知识为一体的一门学科,是上升到最高水平的个人宗教。神秘主义可以与宗教有关联,但并非必然如此。神秘主义者往往是宗教团体(例如教会)并不培养也不知如何对待的人物。"[2]这一定义从学科分类的角度描述了神秘主义的所指。但实际上,至今为止还没有一门学科愿意给自己冠上"神秘学"的称号,相反,倒是那些很难登上科学殿堂,或至今仍在科学的门槛边徘徊的类科学或准科学经常被人们贴上神秘主义的标签。更何况,这个定义将某种宗教现象,即修行术,定为神秘主义的主要内容,这样一来,对神秘主义的研究也就被局限在宗教的一个要素之中了。在这样的定义下,我们很难看清宗教意识与宗教体验的关系,更无法弄清宗教神秘主义的发展。我们认为,神秘主义是一种普遍的宗教现象,是与宗教的各个层面都有关系的一种性质,而不是一个独立的可作为研究对象的实体。宗教意识、宗教礼仪、宗教组织和宗教体验都有神秘与不神秘之分。学术界在使用神秘主义这个词时,更多地也是用于属性判断,而不是用作实体陈述。当然,我们这样说并不意味着反对研究修行术,而是认为修行术是宗教的重要内容,也是我们在研究宗教神秘主义时要加以关注的。

与上述定义类似的一类定义是把神秘主义限定为一种宗教体验,即所谓人神合一的体验。美国《哲学百科全书》"神秘主义"词条的作者列举过一些现代西方学者给神秘主义下的定义,例如:"神秘主义是个人与神合一时的直接感受";"神秘主义是这样一种心灵的态度,在心灵中所有的联系都被心灵与神的联系所吞没";"真正的神秘主义是这样一种意识,我们所经验到的每一样事物都是一种成分,并且事实上只是一种成分,亦即在存在的本质上,它只是别的事物的符号"。不过词条作者指出:"显然,这样的对神秘主义现象作宗教和哲学解释的定义不会被所有沉思者所接受。例如,不相信一个人格神的佛教神秘主义者,会排斥这些定义中的前两个;他也会对第三个定义产生怀疑,在什么意义上可以把涅槃的体验理解为其他别的事物的符号?"[3]其他类似的定义还有:"总的说来,神秘主义是一种在现世通过个人的宗教体验而获得的关于神的间接的知识。它原来是一种祈祷者的状态,从得到程度不同的各种短暂而又罕见的神圣的触及到在所谓的'神秘的合一'中达到实际的与神永恒的联合。神秘主义者自己为他们的体验的真实性提出的最确定的证明是它的效果,亦即在谦卑、仁慈、甘愿受苦这类事情上的增长。神秘主义是一种广泛的体验,不仅在基督教中有,而且在其他许多非基督教的宗教中也有,例如,佛教、道教、印度教和伊斯兰教。"[4]"神秘主义就是人与神的心灵合一。"[5]这些定义表明,在现代西方宗教学和哲学研究中,神秘主义主要是被理解为一种特殊的宗教体验,即人神合一的心灵体验。这种理解是一种狭义的神秘主义。它表现了当代宗教学研究的一个重要趋势,但并不表明对宗教神秘主义研究的全部范围。

用作属性词的神秘主义实际上有广义和狭义之分。在最广泛的意义上,宗教就是神秘主义。因为,无论从何种学科、何种角度界定宗教,都与对神的信仰有关。而从理论上说,所谓神,"是指人类的这么一种观念,它的内容或对象可能被认为具有超自然的、超在的、精灵的、人格的、高于人的、无限的、绝对的、神圣的、神秘的、终极的(或根本的)性质,也可能被认为具有内在于自然的、泛在的、物质的、非人格的、有限的、相对的、非神圣的、非神秘的、非终极的(或非根本的)性质,但无论如何,它总被认为是一种超人间的力量"[6]。所以,宗教可以定义为"对超人间的力量的信仰以及与之适应的思想观念、情感体验、行为活动和组织制度的体系"[7]。在宗教的诸种要素之中,对神的信仰是核心。由于神的观念所具有的上述性质,可以说宗教之为宗教,本身就是神秘主义的。神秘主义与宗教的本质特性紧密联系,不可分割。然而由于各种宗教信仰对神的理解有不同,与之相应的思想观念、情感体验、行为活动和组织制度也千差万别,要对不同的宗教作神秘宗教和非神秘宗教的区别也是可以的。但是,这样区分出来的非神秘宗教与神秘宗教只有神秘程度上的差别,而不能作绝对意义上的理解。我们通过解剖具体宗教的各个层面或要素,能够区分它们的神秘程度。在次一级的意义上,神秘主义指的是宗教信仰者的宗教感情或宗教经验。由于个人经验所具有的差异性,它必然带有神秘性。尤其是所谓与神合一这样一种宗教体验,很难说它具有非神秘性。正如美国《哲学百科全书》"神秘主义"词条的作者所说:"给神秘主义的体验下定义就像解释和评价它的意义一样意见纷呈,而各种看法又彼此冲突。这并不奇怪,因为用来表达和描述神秘主义的体验的语言是极为悖理的、象征性的、诗意的。即使一位神秘主义者选择看来像是严肃而又精确的形而上学术语来表达,那也只是一种对逻辑的表面上的让步,因为他会在一种远离通常含义的意义上使用这些术语。"[8]这种神秘主义的体验是宗教神秘主义的最直接的意义。在对神秘主义的含义作了这样几个层次的划分以后,我们在具体的语境中就比较容易区分它的所指为何了。

人类的精神生活,不仅有理性的因素,而且还有大量的非理性因素。情感、欲望、激情、意志,都是非理性的因素。当人们在理性的精神生活中找不到所需要的应答和要求时,往往就倾向于到非理性的精神活动中去寻求补偿,而宗教则常常是获得这种补偿的处所。宗教感情、宗教情绪和宗教激情就是宗教非理性因素的基本表现形式,它们在实际的宗教生活中具有重要的作用,许多宗教功能是通过它们而得以发挥的。

宗教感情在宗教意识形态中具有十分重要的地位,它对于维护宗教信仰的凝聚力具有不可缺少的引力作用。这种宗教感情是在特定的宗教环境中长期熏陶培植出来的。当人们反映现实生活所具有的依赖感、有限感、恐惧感、感恩感、需求感、崇拜感、罪恶感和孤独感等心理活动，一旦与宗教信仰结合在一起，就会很自然地把自己的命运同敬神和利己、爱神和爱己紧密地联系在一起，并在宗教环境和宗教群体的感染力的推动下，产生一种特有而稳定的宗教感情。这种感情如果与特有的民族文化、民族习俗、民族生活、民族感情结合在一起，就更具有极大的稳定性、专一性、狭隘性和不可伤害性。谁要伤害这种感情，往往会引起严重的冲突乃至流血斗争。这种非理性的宗教感情，在强化宗教共同体、增强其内部凝聚力方面，具有十分重要的意义。没有这种感情，宗教团体是很难维系与巩固的。

宗教感情也不是凝固不变的，它常以宗教情绪的形式反映出来。这种情绪总是随着人和自然关系的变化、人与社会关系的变迁，以及人与人之间关系的变动和个人遭遇的不同而波动起伏与变化，因而具有较大的变动性和不稳定性。一般说来，在人遭到天灾人祸或陷入绝望的时候，往往会引起宗教情绪的高涨，甚至会出现群体性的求神攘灾的行为；在阶级对抗的社会中，如果被剥削、被压迫阶级无法生活下去而陷入绝望时，宗教情绪往往也会产生向上的波动。这种情绪如果在宗教的引导下，往往会导致社会动荡和社会革命，这种情况在人类的历史上屡见不鲜。在当今时代，宗教情绪也会随着社会经济、政治和文化的变化而变化。

宗教情绪如果持续地向上发展，必然会导致宗教激情。这是宗教情绪达到了高昂状态的一种宗教感情。它往往是在种特殊的情况下，为了维护宗教利益或体验到神恩、受到宗教团体的极大恩惠以及宗教感情受到激化而产生的。宗教利益常常由宗教共同体来代表和体现。宗教团体是宗教信徒表达宗教情感和过宗教生活的地方。共同体在经济、政治、情感等方面都不容外来势力的干涉和伤害，如果一旦有危害共同体的现象出现，这一共同体的教徒就会被激发出高昂的宗教激情而为之斗争，甚至不惜流血牺牲。在印度，印度教与锡克教及伊斯兰教之间的冲突；在爱尔兰，基督教的新教与天主教之间的冲突；在黎巴嫩，基督教徒与穆斯林之间的冲突，伊斯兰教内逊尼派与什叶派之间的冲突……大都是属于这一类的冲突。宗教感情发展到极端，便会出现宗教狂热。这时，人们的宗教感情便具有完全非理性的特征,并为毫无理智的宗教偏激情绪所支配,从而做出丧失理智的行为,例如,为表达对神的虔诚而自残,或为报答神恩而宰子献神,或切割自身某个器官来敬神。1988 年印度少女鲁尼亚剪下自己的舌头祭印度中央邦赖普尔一印度教神。这种宗教狂热若以群体现象出现,则危害性更为严重。宗教狂热若被引入政治领域,会给人类社会带来灾难性的后果。

宗教意识的非理性因素要受各宗教的基本学说与教义的规范与制约,故又总是在确定的宗教意识的理性因素控制与指导之下表现出来和发生作用的。完全不受宗教意识理性因素约束的宗教感情、情绪和激情是没有的。正因如此,宗教感情、情绪与激情才能始终服务于确定的宗教目标并由既定的宗教信仰所引导,从而对宗教发挥出应有的作用。

二 宗教组织

宗教组织是构成宗教的基本要素,对宗教组织的界定要区别于其他社会组织。它是一种与统一的宗教信仰目标与行为体系相联系的、共同遵照一定的制度规范的宗教信奉者所结成的社会群体。

群体生活是人类生存的基本方式。宗教徒作为具有宗教信仰与体验的人尤其离不开群体。具有各种不同宗教信仰、宗教体验和宗教感情的信教者组成各种宗教群体。在宗教群体的共同活动中,宗教信徒不仅获得了实现个人信仰的宗教意义,而且通过群体内个体角色在共同目标与规范的指导下相互沟通与认同,也获得了群体意义。宗教群体的规模大小不等,小至家庭,大至跨国界的教会组织。宗教群体透过信教者的宗教活动与实践,在社会生活中发生一定的影响,也获得了与其他社会群体发生相互作用的社会意义。

宗教群体具有宗教性与社会性这两重性。任何宗教都有某种组织形式,在宗教要素中具有核心意义的宗教意识只有通过宗教组织才能形成一个宗教的社会实体,规范化的宗教礼仪也只有在组织中才能得以实现。从这个意义上讲,宗教组织乃是宗教其他构成要素发挥自己作用的组织保障。宗教作为一种客观存在的社会实体,又是社会组织系统中的一个子系统。

宗教信徒不是游离于社会实际生活之外的抽象的人,也不可能不食人间烟火,而是活动于现实社会之中。信教者由于具有某些共同的信仰和期望、感情和志趣、行为规范和价值取向,有着同样的宗教生活与满足宗教心理的需要,形成各种宗教群体,并为了达到这些特殊目的而有意识地建立起各种宗教团体。这些团体一旦建立,就要有一定的制度与手段加以维系。宗教组织一旦建立,就会对宗教自身和社会产生积极的或消极的作用。

宗教组织是社会生产和分工发展到一定阶段的产物,是宗教制度化发展的结果。在各种制度化宗教中,宗教组织形态各异,具有不同的表现形式。不同名目和形态各异的宗教组织成为不同宗教的象征,例如,寺庵代表佛教、宫观代表道教、教堂代表基督教、清真寺代表伊斯兰教。这些宗教组织不但具有作为一般社会组织的结构性要素,如权力机构、制度、经济资源、成员资格,还具有不同于其他社会组织的一些特征。首先,任何宗教组织均认为自己具有"神圣性",从组织的象征体系到其行为和活动都笼罩着神圣性的光环;其次,任何宗教组织都是宗教徒的联系纽带,起着培养、维护和实践宗教信仰的作用;再次,宗教组织以宗教信条、教义和经典为依据建立起组织的价值规范和道德约束机制,以此指导和约束其成员的行为与活动。

宗教社会学的奠基人之一马克斯·韦伯将宗教运动的创始人称为具有"卡里斯玛"品质的先知,卡里斯玛是英文 Charisma 的音译,意为超人的品质与人格魅力(感召力)。韦伯将创立宗教的先知视为个体具有卡里斯玛灵性的人,可分为多见于西方宗教中的作为神与人中介的伦理先知和多见于东方宗教中的以个人德行为榜样的楷模先知两种类型。不论哪种先知,均为独具超凡品质与魅力的卡里斯玛式人物,即卡里斯玛领袖。宗教运动一般由宗教领袖凭借其吸引力与感召力建立起最初的信仰崇拜团体。信徒对卡里斯玛领袖存在一种神秘感和敬畏感,甚至认为卡里斯玛领袖与神具有特殊关系,可以通神或与超自然力量沟通,因而宗教创始人的言行往往在信徒心目中被视为真理。卡里斯玛领袖及其言行通常成为宗教运动最初勃兴的原动力。但单凭这一点还不足以推动宗教的发展。

在宗教组织中,宗教领袖或领导人的确立是宗教组织制度化的首要环节。大多数宗教在其初创时尚未制度化,因而其组织较为松散。然而当宗教发展到一定阶段,组织与制度趋于形成时,各种宗教组织一般均尊崇或追认其最初创始人为领袖或教祖,他们享有崇高的威望,其言行和著述则往往成为各宗教组织制度和规范的滥觞。一些宗教组织的领袖或权威来自师徒相承制度或教师制。例如印度流传的耆那教是祖师制的代表,传说耆那教有二十四祖,真正创始人是被教徒尊称为"大雄"的第二十四祖筏驮摩那。锡克教的名称源自梵文锡克(Sikha),意为门徒,因其信徒自称是祖师的门徒而得名。该教一创建就建立了祖师制,教团组织的法定领袖被教徒们奉为神明。佛教各宗的寺院组织也是典型的祖师制。如禅宗初祖菩提达摩、二祖慧可、三祖僧璨、四祖道信等。大的寺院设有掌管全寺的最高领导人方丈,其继承人通常为衣钵相传的传法弟子。

宗教组织的形式与结构受制于该组织的信仰内容和社会目标,并为之服务。在人类早期社会中,宗教的组织结构与机制往往与社会的组织结构职能交叉,甚至合一或重合。在氏族社会中,原始宗教同氏族社会组织融为一体。在特定的历史阶段或特定的历史条件下,宗教的组织机构同政权机构、司法机构、文化教育机构全部或部分重合的情况也是常见的。比如西方中世纪基督教的教阶制及其相应的一套组织设置,是西欧封建等级制度在教会内部的反映。基督教新教出现于近代,其教会机构设置又不同于天主教。明清之际,在中国伊斯兰教内,出现了苏菲神秘主义与中国封建制度相结合的门宦,采用集政治、经济、宗教于一体的封建宗法制度,内部建立了以清真寺为中心划分若干教区、等级森严的宗法管理制度。中华人民共和国建立后经过民主改革,废除了教主的封建特权与宗教特权,组织情况也随之发生了根本变化。

现有正式的宗教组织主要以两种形式出现:一种是像基督教、伊斯兰教那样入世型的宗教社区组织;一种是像佛教、道教那样出世型的注重个人修行得道的寺院宫观组织。

从中世纪起,罗马天主教会为了统治罗马帝国的需要,模仿世俗官僚等级体制建立起罗马教廷组织和教会组织,与之相配套的是教阶制度。这种组织与制度是到目前为止世界上各大宗教中世俗官僚化色彩最浓、制度化发展最为完备的宗教组织权力体系。罗马教廷是以教皇为君主的政教合一的城市国家(梵蒂冈),不仅有一套严密的组织管理和执行机构,而且拥有法庭等组织监督机构和司法机构。罗马教皇(教宗)被称作基督、圣父在世间的代表,是罗马教廷的最高统治者,对整个教会和教徒拥有管辖权。20世纪60年代中期,梵蒂冈第二届大公会议召开后,为适应时代需要,罗马教廷成立世界主教团与教宗共同行使教会的最高权力。罗马教廷目前由国务院、九个部、三个神圣法院、十二个委员会及若干行政办事机构组成,每一部门都以由教宗任命的枢机主教为首,下设由教宗任命的秘书和助理秘书。枢机团是教宗的顾问团和高级助理,由枢机主教组成。

罗马教廷采用主教制(教区制)管理世界各地的天主教徒。主教制相当于教廷在世界各地的地方性教务行政组织,以主教为主体管理教会,其基本单位是大主教区和教区。大主教区是天主教固定的地方组织,有地域性大主教区和全国性大主教区,由总主教或枢机主教以及相应的国家或地方性主教团统一管理。教区是主教管辖的特定区域,其中央机构是主教公署,下设副主教、法官、书记和教区参议等负责各种教区事务的人员。与主教制相应的制度是教阶制,主体由司祭(主教和神父)、助祭和副助祭三个正级品位组成。

由上可见,在罗马天主教教会组织中居主导地位的是与教徒宗教生活密切相关的教会教区组织和教廷机构,这是一个庞大的跨越国界的宗教组织。

佛教组织的主体是以寺院为中心的出家的修行组织。在佛陀时代,出家修道已在印度成为风俗,佛祖释迦牟尼本人出家,使出家风气在佛教中得到鼓励,建立了最初的佛教僧团,开创了僧伽制度。后来佛教分化出来的大乘佛教和上座部小乘佛教均具有出家修行的倾向。

佛教在不同的国家和地区形成了各不相同的寺院组织,例如在中国汉地佛教为丛林寺庙制度,藏传佛教为喇嘛寺庙制,南传佛教在泰国为僧王制度。

出家人组成的僧团称为僧伽。在北传汉地佛教中,自唐代以后僧侣在寺院居住修道。各寺院大多采用了禅宗的组织形式及丛林制度,并采纳了禅宗的丛林清规。"丛林"原指禅宗寺院("禅林")如树林丛集,现泛指佛教僧众聚居之处。佛教传入中国内地后,中国的僧团组织除戒律外,还制定了其他一些约束僧尼言行的"清规",并就寺中各机构和职能作出规定。丛林清规戒律就成为与中国佛教丛林组织相配套的管理制度。

汉地最早的清规由东晋僧人道安创立。他要求僧人住寺修行。唐代僧人马祖道一创立了十方丛林制度,其嗣法弟子百丈怀海禅师制定了禅宗的清规,编了《百丈清规》一书(现已佚),后渐成中国汉地佛教各派僧团组织的管理制度。在大的寺院中组织体系较为完备,一寺之主称为寺主、住持或方丈。"丛林"分为子孙丛林和十方丛林。前者寺院主持或方丈由师徒相继,不传外人。后者寺院的主持或方丈是在僧众监督下,由十方名宿大德中选贤担任。当代某些佛寺作了革新,住持由寺院僧人用差额方式民主选举,任期有明确规定。在较大的寺院中建有职责分明的管理制度。住持或方丈为一寺之首,下设四大班首、八大执事,各司其职,分管各类事务。四大班首管理或指导宗教修行活动。八大执事的职责是:"监院"综理全寺事务及财务;"知客"负责接待外来宾客;"僧值"管理僧众威仪及治安;"维那"主掌宗教仪式的法则;"典座"分管斋堂伙食;"寮元"负责管理云游来寺僧侣及众寮事务;"衣钵"辅助住持个人事务与协调关系;"书记"执掌寺院文书。较小的寺院一般设职较少,有的一身兼数职,情况不等。

宗教组织制度化对于宗教的持续发展是必要的,但与此同时也会对宗教产生消极影响。宗教既需要制度化,又最容易受到制度化的损害。宗教组织的制度化既可以起到保障宗教延续性、稳定性和有效性的作用,保证成员在交往过程中有伦理性或强制性的规范,增强内部的凝聚力与依赖性,又可能产生出某种僵化的机制,从而限制教徒的创造力和灵活性。

一般而言,在宗教组织制度化形成前后,其成员皈依宗教组织的信教动机会有所变化。在制度化之前由第一代宗教领袖所领导的第一代成员,信教动机往往较为单纯,他们对宗教领袖及其传述的"启示"或"预言"表现出绝对的信奉与忠诚,并愿意为此做出个人的奉献乃至牺牲。历史上许多宗教运动在其初创期所表现出的虔诚、统一与团结甚至宗教狂热可为佐证。然而,随着稳定的制度化结构的出现和发展,宗教组织渐趋稳定,利益成为冲突的主因,而复杂的信教动机又使利益冲突加剧。入教动机的复杂化影响了成员对宗教组织的虔信程度,进而对宗教组织的发展产生了消极影响。原先统一的宗教组织会由于目标不一而分裂、分化出更小的组织,如宗派、教派或某些膜拜团体。而保留了原先单纯信仰动机的组织则遵循原有宗教领袖的启示或教诲,表现出原教旨主义倾向。

宗教的感性象征体系是教徒在组织中为了表达共同的信仰而形成的一套符号标志,在宗教组织的早期对其成员具有有效的规范意义。然而随着制度化的发展和成熟,某些宗教象征符号渐渐成为司空见惯或乏味的东西而被后来的教徒所淡忘。崇拜仪式的规范程序也因为连续不断的重复,对一些教徒失去了昔日的吸引力。原本借助集体崇拜仪式来体现终极性意义的东西变成了一种呆板的例行公事,导致了宗教意识的削弱。

宗教组织在行政管理上也会发展出一套具有科层结构的机构和制度。这些机构和制度发展到一定程度常常形成类似世俗行政机构所常见的繁冗的机构和复杂的办事程序,官僚化现象由此滋生。官僚主义作风会导致组织功能的丧失,从而影响其工作效率和组织对社会变迁的适应性,宗教组织亦不例外。

宗教信仰原本是人的精神需要,参加宗教组织是个人建立在宗教体验基础上自发自愿的行为,也是宗教制度的根本依靠。但是在制度化过程中,宗教组织采用高压手段与严厉的惩治性措施,既在一定程度上保持了教徒信仰的一致性与组织的团结,同时也使之失去了自发自愿的初衷。随着制度化的进展,一些成员会对新领导集团由于制度化而获得的权威地位和特权提出异议甚至发难。为了保持宗教组织机构的完整性和权威地位,新的领导集团往往会采取强迫性的组织控制措施。例如天主教中开除教籍(即绝罚)就是一种维护宗教组织制度合法性和权威性的排除异端的措施。在天主教历史上,异端成员还曾遭受宗教裁判所的酷刑。

宗教组织为了谋求发展,总是寻求与所处时代的社会制度及文化价值观相联系,与世俗的统治阶级联手,尽力用世俗法律权威与公众舆论及情绪支撑信徒对宗教信仰的忠诚。在中世纪,西方宗教组织上层与世俗统治者相互利用,以维护统治秩序和宗教的权威,共同强化宗教的一致性。这种联盟通常建立在强力威慑的基础上,使宗教组织与世俗政权更趋于保守。在这种情况下,对宗教的皈依及表面上的对宗教组织的忠诚掩盖着某种深层的对社会与宗教组织日益增长的不满或怀疑情绪。其结果是,政治上的反叛与社会的动乱必然变成宗教上的对抗,历史上无数内乱与宗教战争就是明证。

总而言之,宗教组织的制度化发展不是一帆风顺的,往往会不断产生某些制度化所招致的消极后果,以及对社会发展适应性调节能力的退化和滞后。宗教复兴运动、新兴教派以及其他革新或改革运动都是宗教组织寻求克服上述机能失调或功能障碍的途径。对制度化的宗教组织的反叛是新兴教派发展的重要原因之一,宗教组织中多数内部冲突和分裂都可归结为对制度化弊端的反感和对组织再生的渴望。一个新的宗教组织的产生虽然主要是各种社会因素的产物,与社会结构及社会变迁的过程紧密相连,但也有不少宗教组织是在旧的宗教组织躯体内,在制度化所带来的消极后果的驱使下产生的。显而易见,制度化对宗教组织是必需的,但同时也在不断加剧宗教组织内部、宗教与社会的关系中原有的那些张力和冲突。这就是宗教组织制度化发展的必然结果。

三　宗教礼仪

宗教礼仪是构成宗教的基本要素之一,是宗教意识的行为表现,是信教者用来沟通人与神之间关系的一种规范化的行为表达方式。各种宗教都按照各自的信条和教义以及已经形成的传统方式,进行各种崇拜活动,借助符号化的象征手段,构成一套严格规定的程式,以显示自身的神圣性和庄严性,并在人们心理上造成极为严肃敬穆的宗教气氛,培养宗教感情,坚定宗教信仰。宗教礼仪的主要类型有献祭、祈祷、节庆等。有学者认为,"无论从历史上说还是从心理学上说,宗教的仪式先于教义,这看来已是现在公认的准则"[9]。然而在具体的宗教发展中,要想辨清孰先孰后是极其困难的。

献祭是向崇拜对象祭献贡物,宗教信仰者通过这种形式来表达自己的敬畏和意愿。贡物具有宗教象征意义,宗教信仰者把这种象征物作为同神沟通的媒介,这是宗教徒的虔诚意识和祈求意识的物化表现。这种行为具有强烈的功利意义,宗教徒有求于神,故必须以贡物来表达虔诚。这样,贡物实际上就是人与神之间实行互补的媒介物,人的贡物越贵重,从神那里得到的补偿也就越多。正因如此,古代和中世纪的一些国家对祭神的规模都有具体规定,只有国家的最高统治者才能对神进行最隆重的物祭仪式,而一般臣民则不允许。

宗教的物祭形式种类繁多,归纳起来大致可以分为人祭、血祭和食祭。在人祭中,人被认为是最富有生命活力的祭献象征物,施祭者或为增进部族的活力和生殖力,或为保持土地肥沃和丰饶,或为复仇而安慰死者的亡灵,或为赎罪和祈求作战胜利以及免除各种灾害等。人是最高贵的祭献物,人祭具有非人道的残忍性,因此已被文明社会所淘汰,但在现代社会里也偶有发生。比如1983年1月17日在印度中部某地,村民们竟然杀死一名14岁的男孩,将他的鲜血洒在农作物上,祈求丰收。血祭要比人祭文明,只用宰杀的牲畜、动物来祭献神灵,以血的神秘感和珍贵感作为人神之间的契机。这种祭献方式在原始时代、古代和现存原始宗教以及有些民间宗教中较为盛行。由于血祭多少还带有一种不文明的蒙昧意识,故一般不为现代文明素质较高的宗教所采用。食祭的祭献方式比血祭更为文明一些,它用糕饼瓜果或荤素菜肴来敬神灵,在民间信仰中最为盛行,在低层次的佛教信仰者中也被采用。尽管食祭比人祭、血祭要文明,但也是以物祭神,故不为基督教、伊斯兰教和高层次的佛教信仰者所采用。

献祭是一种以物为象征符号的礼仪,通过奉献贡物来向神表示虔诚、意愿和祈求,而祈祷则是以特定的言行规范来达到这一目的。祈祷通过信教者以具有规范化的符号动作来表示意愿和表达对神的崇拜,摆脱了献祭所具有的那种神和人之间物物交换的关系,赋予宗教礼仪更为崇高的神圣性,使宗教礼仪更加符号化和象征化,提高了宗教礼仪的层次性,因此成为一切宗教体系所不可缺少的重要组成部分。

各种宗教的祈祷方式丰富多彩,宗教礼仪的演化有复杂的社会过程。它由各民族在特定的自然环境、社会条件和持久的民间习俗中逐渐形成,并由宗教人员加以提炼和规范,而非由宗教信仰者任意自行设计的。为了把握宗教礼仪的演化,我们以早期基督教为例来说明这一过程。

据《圣经》记载,基督教的创始人耶稣受难,给他的门徒很大的打击。

当他被捕时,他的门徒四散逃命;连彼得也矢口否认耶稣是自己的老师。[10]耶稣去世后,他的门徒便去了加利利,在那里等待耶稣的复活。[11]"我们素来相信,要拯救以色列人的就是他,可今天却是他遇难的第三天了。"[12]当门徒们相信耶稣已经死而复生出现在他们面前时,他们的焦虑消失了。这些使徒们的体验是最初在巴勒斯坦出现的耶稣崇拜的心理起点,是现已自动发展成一种组织的那种基督崇拜共同体得以出现的真正前提。"随着这些体验而来的,便是将耶稣视为'复活的基督'的信仰和礼仪;早期基督教会就是在此基础上建立起来的。"[13]

这种早期基督教社团主要关心的就是每天举行集会。[14]不久,这种集会改在"主日"这一天举行[15],会上进行礼拜仪式,包括圣训、布道、祈祷和分食面包。这些聚会充满着期待情绪,信众们盼望他们的主在不久的将来会第二次降临。他们通过圣餐"获得与基督直接而又亲密的结合"[16]。这种仪式随着"基督的降临"而达到高潮,"基督经过蒙难和复活已把自己和他的信众团体结合在一起,并借此把他的信众团体和自己的血肉溶为一体"[17]。

基督教诞生的时代无疑是神秘教最盛行的时代,因而有学者认为基督教也是当时的一个神秘教,或者至少在教义和礼仪上,有许多地方窃取了或仿效了当时流行的神秘教。另一类观点则认为,基督教与其他神秘宗教在礼仪方面有共同点,但形成这些共同点的原因可以到宗教的共性中去寻找,而并非基督教的窃取或仿效,重要的不在于这些宗教行为的外在表现的相似性,而在于这些行为所体现的宗教信念和情感。

基督教与犹太教有渊源关系。犹太教的教义与祭仪都对基督教有影响。《圣经》中记载的耶稣和他的门徒都是犹太人或犹太教徒。耶稣在完成他的教训和传道活动以后,其直接门徒曾经四散。然而耶稣死而复活这个信念使他们重新聚集起来,为复活做见证。到了五旬节那天,他们有了所谓圣灵降临的体验,从而进一步坚定了信念。[18]他们相信,如果门徒通过信仰、悔改、洗礼,明白承认皈依那升天的基督,基督将赐他以圣灵。这个聚集在耶路撒冷的基督教社团就是最早的教会。这些人仍然到圣殿礼拜,遵守犹太律法。很明显,基督教教堂礼拜的形式来源于犹太教教堂的礼拜形式。耶路撒冷教会在公元 70 年城市被毁之前,一直存在并发挥着领导管理作用。使徒保罗无论走到哪里，第一件事就是去犹太教堂布道。无疑，早期基督教礼拜的仪式也就是犹太教的礼拜仪式。

早期基督教与众不同的仪式，是圣餐的神秘仪式或圣事（Sacrament），这个词就是从希腊文"神秘"中译出来的，即领主的肉和血。起初这是在教堂晚餐结束时举行的，后来一些教会把这种仪式与晚餐分开，列入主要是白天举行的礼拜仪式中，成为最庄严的一部分。大约在2世纪中叶，护教士查士丁在护教书中描述了罗马基督徒的礼拜仪式，内容大体如下："礼拜日的集会是诵读一段使徒的回忆录（福音书），或先知的著作；接着，主持人（主教）开始讲道，告诫他的听众，要照他们刚才听到的这些好的教导生活；然后全体会众起立，共同祷告。这部分仪式结束后，便举行圣餐礼：饼和掺水的酒送到主教那里，由他以圣子和圣灵的名义，对万有的父奉献赞美的荣耀，最后感谢上帝赐给我们这些恩惠，接着大家齐声应和：阿门！执事们即把切成小块的饼和酒，分给出席的人，也带给缺席的信徒。"[19]

洗礼很早就成为基督教的一种礼仪。这种仪式由犹太教的法利赛派首创，他们在接受新成员时举行洗礼仪式。施洗者约翰在约旦河为人们施行洗礼，作为忏悔的象征。耶稣传教时，他的信徒们都进行了洗礼；保罗不论到哪里，都为新皈依者洗礼。洗礼最初可能用浸水方式，全身或半身浸入水中。《十二使徒遗训》写道："奉父、子、圣灵之名，在流水中施洗，但是设若没有流水，在别的水中施洗亦可；设若不能在冷水中受洗，也可以用温水。假如水不够用，那么只拿一点水，奉父、子、圣灵之名，三次浇在头上也行。"这就说明，基督教的洗礼在很早就施行了。施洗前，受洗人要尝一点混合的奶与蜜，以象征基督新生婴孩；随后在头上抹油，行按手礼，借以表明领受圣灵之意。中世纪以后，西方教会行注水礼日增，12世纪以后全用注水礼。东方教会仍用浸礼。

早期由犹太教徒转变而来的基督教徒除了继续参加犹太公会的礼拜仪式外，还有自己的特殊仪式。他们每日在私人家中一起祷告，互相劝勉和"擘饼"[20]。这种仪式的目的有两个：它既是维系团契的纽带，又是帮助穷人的一种方式。然而通过这个仪式所要表达的意义是，这是主的晚餐的继续。基督教以此纪念耶稣基督在受难之前与门徒共进晚餐。因此这个仪式一开始就具有圣礼的意义。圣餐礼又称圣体礼。在最后的晚餐时,耶稣拿起饼和葡萄酒祝祷后分给门徒说:"你们拿着吃,这是我的身体。""你们都喝这个,因为这是我立约的血,为多人流出来,使罪得赦。"[21]天主教的圣体礼称弥撒,分为祈祷和领圣体两部分。第一部分称预祭,包括诵读经文和讲道。第二部分为圣体圣事,包括奉献饼和酒、弥撒正祭的祈祷和领圣体圣血。

圣餐礼可以看作犹太教与基督教在礼仪方面的最大分歧或起点。这种礼仪在那些城市基督教社团中有良好的基础。在古罗马帝国,大城市的下层民众往往组成同行业的社团。这些组织是劳动者的互助组织,其成员按月付费作为公共基金,办理成员的救济和殡葬。它们有一种半宗教性的入会仪式,还有集会与活动。这类团体为初期基督教的活动提供了条件。初期基督徒相信弥赛亚很快降临,轻视财产,又沿袭犹太教传统,把每天公共用膳作为一项宗教活动看待,称作"爱筵"。公元 2 世纪初期,在叙利亚基督徒中间流传的《十二使徒遗训》是经基督徒删改的犹太著作,其中叙述信众一起吃饼、饮酒,在饭前饭后向救主谢恩并祈求神的国降临。罗马帝国奴隶的食品通常是每人每天半公斤面饼,半公升变酸的葡萄酒。初期基督徒社团的公共用膳"爱筵"也只能供应这类微薄的食物。但此时的饼与酒还不曾用以象征救主的身体和血。

初期基督教进一步发展后,共同吃饼、喝葡萄酒,象征吃喝救主的身体、血液,成为象征与基督一体的"圣餐礼"。公元 2 世纪中叶,罗马教会的护教士查士丁在他的著作中写道:"在太阳日,我们的人聚集举行礼拜,因为那是诸日中的第一日,神从黑暗中创造了世界;还因为在那一天,我们的救主耶稣基督从死中复活。他被钉死在星期六晚间,次日即太阳日,他向门徒们和信众显现。"[22]这表明,基督教的定期集会已经与它的信仰核心联系在一起。

奴隶制罗马帝国的开始阶段,即基督教诞生的时候,民众思想上大都倾向于其他包含较浓的神秘色彩、具有救世意味和较为注重仪式的东方宗教,如发源于小亚细亚的大母神(赛比利)与阿提斯崇拜、埃及的伊希斯崇拜与萨拉比斯崇拜、发源于波斯的密特拉教等。尤其对下层民众来说,

"现状不堪忍受,未来也许更加可怕。没有任何出路。悲观绝望,或从最下流肉体上的享乐中寻求解脱——至少那些有可能让自己这样做的人是如此,可是这只是极少数人。除此以外,就只好俯首帖耳地服从于不可避免的命运"[23]。在这个时候,唯独基督教宣扬"信徒因基督的牺牲而得救"这样一种信仰。这是初期基督教的最本质的特征。当时各种宗教,包括犹太教都已流于形式,献祭仪式以及十分烦琐的饮食和洁净的清规戒律成为宗教的主要内容。而在基督教的信徒们看来,"一切时代的、一切人的罪恶,都可以通过一个中间人的一次伟大自愿牺牲而永远赎掉。这样一来,以后就没有必要再做任何牺牲,许许多多的宗教礼仪也就随之而失去依据;而摆脱这些妨碍或禁止与异教徒交往的礼仪,则是世界宗教的首要条件"[24]。基督教的宗教礼仪实际上是通过简化犹太教的宗教仪式,摆脱烦琐的饮食和洁净的清规戒律而建立的。这种简化有利于它的广泛传播,也使"信徒因基督的牺牲而得救"这个信念更加突出。由此而来的一个后果当然也是使它的神秘主义色彩得以淡化,或者说成为与当时的其他神秘教相比不太神秘的宗教。

在基督教思想家中,使徒保罗最先对圣事的意义作了阐述,他说:人奉耶稣基督的名受洗,就是经历了基督的死和复活——他与基督同死,同埋葬,又与他一起复活,获得新的不灭的生命。从主晚餐的饼和酒,领圣餐者分有基督的肉体和血,这不是比喻或象征,而是真的。保罗用代替已经死去的、还不认识基督的亲友受洗的事例,用吃主的饼,饮主的杯,但不"分辨这是主的身体"(即不与普通的饼和酒区别开来)的人的不幸后果,突出地说明他那些观念是真实的。[25]他称基督教的福音为奥秘,在他的听众看来,这确实是名副其实的奥秘教义。它包含一位神的神圣事迹,他在世上度过悲剧的一生,战胜了死亡,因而为人开辟了不死的道路。拯救要靠与他融合一致,与他一起受难,一起复活;只有承认基督是主,加入他的教会,才能得救。

基督教入教的仪式是洗礼,这是基督教与一些神秘教相同的地方。吃主的肉体与血,使人分有他的神性,因而取得不死的保证,这种圣事与神秘教也有类似之处。此外,基督教也像某些神秘教一样,向一切人敞开拯救的大门,而不论他们的种族、性别或地位如何。确实,基督教是在类似神秘教的外表下,以注重个人得救的宗教团体的面貌出现的。它一开始就在最早传播的地区取得成功,这是因为它向人们提供了他们所能憧憬的最美好的事物——不死的保证,也为这种保证提供了最容易理解的方式——与神的融合一致。

尽管我们说基督教的思想和祭仪与当时各种神秘教有相似之处,但是断言基督教的思想和仪式是从神秘宗教中剽窃而来可能过于大胆了。应该说,基督教最早的传教士向外邦人传教的时候,在非基督徒眼中,传教士们的福音及其独特的宗教仪式确实带有神秘的色彩。但是,基督教与当时其他神秘宗教又大不相同。它演出的拯救戏剧,不是一个纵欲和狂暴的野蛮神话,而是一位神的故事:这位神是上帝的儿子,他降临人世,自愿舍身拯救众人,又用他的复活,赐予他们永恒的生命。它之所以与神秘宗教很不相同,也由于源于犹太教。它从犹太教接受了独一上帝的思想——这位上帝便是宇宙的创造者和统治者——因而使它的救世计划能与更广泛的一神论神学理论相适应,而这也是神秘宗教所没有做到的。上帝和人的关系,特别是把上帝看作天父的思想基本上也来自犹太人的想象。这些因素与通过主耶稣获得拯救的神秘教义结合起来,便构成了基督教的特色。在神秘主义宗教中,英雄的死只是毫无意义的灾难,唯有基督的复活才具有宗教价值。

以上的情况表明,基督教礼仪的产生与犹太教社团有一定的关系。它最初的形式与犹太教有类似之处,但它体现的宗教信仰已经有了区别。这些礼仪本身并无多少神秘可言,基督教的神秘在于它所体现的信仰。圣事(Sacrament)是基督教最重要的礼仪,而"奥秘"一词的一个意思就是圣事。

除了上述洗礼和圣餐礼以外,天主教、东正教信奉的圣事还有坚振、告解、终傅、神品(授职礼或祝圣神父)和婚配。新教则大都只承认圣餐与洗礼两件圣事。我们将这些圣礼略述如下:

坚振,受洗后一段时间,再接受主教所行的按手礼、敷油礼,据说可使圣灵降于其身,以坚定信仰,振奋人心。

告解,亦译为神工,被认为是耶稣为赦免教徒所犯的罪,使他们重新获得上帝的恩宠而亲自定立的。由教徒向神父告明对"上帝"所犯的罪过,并表示忏悔,神父指示他应如何做礼赎而获得赦罪。礼赎指以忏悔、修行的方式赎罪。

终傅，在教徒病危时，由神父用经主教祝圣过的橄榄油，敷擦病人的耳、目、口、鼻和手足，并诵念一段祈祷经文。这被认为可以帮助受敷者忍受病痛，赦免罪过，安心去见上帝。

神品，通过主教祝圣仪式领受神职，也叫授神职礼或派立礼。按照特定仪式，诵念规定的经文，主教把手按于领受者头上，以使之圣化而奉献上帝。新教派如圣公会也称授主教职为祝圣，授一般圣职为派立礼。

婚配，教徒在教堂内，由神父主礼，按规定的礼仪进行。

上述圣事都被基督徒视作与耶稣基督直接或间接相通的途径。以圣餐礼为例。当时罗马帝国东西部的教会都认为上帝的大能使基督降临在圣餐中，但何时降临，双方有分歧。东部的基督徒认为是在祝祷时，此时祈求圣灵降临，使经过祝祷的饼酒发生变化。西部的基督徒认为，在圣餐礼中读到那句经文——"这是我的身体……这杯是上帝的新契约，用我为你们所流的血而设立的"时，变化就实现了。尼斯的格列高里和亚历山大的奚利耳认为，圣餐是化身成人的重演，正如基督曾与人的肉体合一那样，他使自己同酒和饼合为一体。圣餐既是献祭，同时又是沟通。东部教会把沟通置于突出位置，它的圣餐教义与其拯救理论一致，圣餐被视为根本上赋予人生命的大奥秘，领餐者领受的是具有改变其生命能力的主的身体和血。这种观点也得到西部教会的赞同。但西部的拯救观念认为得救即是与上帝建立正当的关系，所以西部教会强调献祭这一面，倾向于认为上帝只对基督为之舍身献祭的那些人施恩。一般而论，东方举行圣餐礼倾向于把它戏剧性地加以神秘化。在仪式中，神性、永恒性在赋予人生命的精力中显现出来。到5世纪时，这种与祝圣相联系的神秘意义，通过用帷幕在仪式进行到最庄严部分时掩蔽祭台的方式表现出来。以后到了8世纪的时候，拜占庭教会举行圣餐礼时用上面绘有圣像的圣障遮住祭坛，神父在圣障后面举行"使人敬畏的奥秘"仪式，而与此同时，站在外面的执事带领会众进行各种祈祷。

总之，基督教初创阶段的教仪以简洁和精神象征的力量为主要特征。基督教在最初产生的几个世纪里，在思想上是凭借着信仰，在实践上是凭借着道德而最终战胜了深陷于外在性的律法主义禁锢中的犹太教和囿限于同样外在性的自然主义藩篱中的罗马多神教的。而在基督教成为官方宗教以后,基督教教仪的官方化与模式化则使早期发展阶段具有的外在形式上的神秘主义大大淡化了。早在 3 世纪的时候,基督教的崇拜仪式就分成两部分。第一部分是向慕道友和一般公众开放的,包括读《圣经》、唱诗、讲道和祈祷。第二部分是基督教的真正"奥秘",包括念信经、主祷文和圣餐礼。到了 6 世纪,全民皆为基督徒,慕道友不复存在,基督教崇拜中的公开部分和秘密部分的区别也就消失了。但与此同时,基督教信仰的"奥秘"也因各种礼仪和节期而大大加强了。

基督教成为罗马帝国的国教,这一事件是基督教发展史上的大事,不仅对基督教思想有重大影响,而且对基督教的礼仪有直接作用。人们一般把 325 年尼西亚宗教会议看作基督教成为罗马国教的标志。但更准确地说,这一事件在基督教发展史上是一个重大转折点,它使基督教获得公开合法存在的社会地位。但是,313 年的米兰敕令并未做出禁止异教的决定,尼西亚会议同样也没有这样做,直到狄奥多西一世于 392 年颁布法令正式禁止异教,基督教才正式成为罗马帝国的国教。至于基督教被罗马帝国统治者推行到全国,取代旧的罗马国教,则又经历了更长的时间。

尼西亚宗教会议为基督教教会组织深深地打上了罗马帝国的烙印。由君士坦丁的宗教顾问何西乌(西班牙柯都伐教会主教)主持,由君士坦丁亲致训词的尼西亚宗教会议制定了教会法规二十条。其中规定:按帝国行省划分教区,每两年召开一次宗教会议;主教由皇帝任命,其主要职责是监视异端;主教权力得到加强,禁止神职人员从一个教会转入另一个教会。公元 4 世纪的罗马皇帝继续支持和利用基督教。在他们的支持下,基督教教会在城市中已压倒罗马神庙。反基督教法令的废除,君士坦丁及其继承者给予教会的优待,导致基督徒人数激增,各种旧宗教也相应衰落。从 4 世纪末叶到 5 世纪初,基督教与其他宗教的信徒不断发生流血冲突。基督教教会由于有了罗马帝国统治者的支持,已经发展到以暴力镇压其他宗教了。435 年,东罗马皇帝狄奥多西二世颁布法令,除重申拆除异教神庙外,还规定信奉异教者判处死刑,对基督教会则进一步授予各种政治、经济特权。公元 5 世纪末,教会已将城市异教势力根除,自身势力由城市伸入农村。此时的农村还有大批的世俗大庄园主,于是由皇帝下令把大片地区拨赠教会,庄园主则被要求强制他们的奴隶和隶农信奉正统基督教。如此一来,地方教会与世俗领主浑然一体。

在这个过程中,基督教礼拜的主要特点没有变,但是查士丁在公元2世纪中叶所描写的那些简单仪式,终于逐步变成了堂皇壮丽的典礼。一切宗教仪式本来都有这种倾向,但《旧约》的影响使其发展大为加快,因为基督教的圣职人员被看作继承了从前体制中的祭司的地位。大祭司的华丽服装,其余祭司的礼服,庄严的仪仗,利未族唱诗班抑扬顿挫的歌声,吊炉中升起的缭绕香烟……这一切似乎都成了宗教礼拜的神圣典范,只有这样才能确保教会可以同古代宗教仪式的排场并驾齐驱。

圣餐是基督教礼拜的中心。在基督教尚未成为国教之前,各地的圣餐礼已经形成了各自的特色。起初人们并没有赋予这类事情以重要意义,因而把它们定为圣礼,规定它们的程序,后来习惯逐渐成了仪式,而后又逐渐发展为多少有些堂皇和复杂的典礼。与此同时,祈祷和讲道的主题被固定下来,整个圣礼就成为固定的仪式。当全体人民都成为基督徒以后,从前专为尚未领洗的皈依者安排的诵读长篇经文和诗篇的仪式得到简化,从而把公众礼拜全部包括于弥撒之中。弥撒可以补赎受洗后所犯的罪,由此保证悔改的罪人得赦免。弥撒就是悔改的罪人为取得上帝的谅解而举行的赎罪祭,它不但对活人有效,对炼狱中的死者也有效。

在基督教中,最早只向圣父上帝和主耶稣基督礼拜,后来才有了从属的礼拜对象,产生了对圣徒的次要的礼拜仪式。殉道者是一向受到尊敬的。每年到了他们殉道的那天,总会在他们的墓旁举行纪念仪式,以及祭宴;这种祭宴同异教风俗没有什么两样,实际上是继承了后者的做法。祈祷本来是替殉道者祈福的,但这好像降低了他们的身份,因此又为他们筑起了小教堂,还把他们的遗骨供奉在教堂里。这样,在殉道者的神圣传说以外,又出现了一些关于圣徒显示奇迹的故事。

基督教在与旧宗教论战的时候,坚决反对偶像崇拜,教会崇拜仪式中当然也尽量避免任何类似偶像的东西。但这个阶段过去以后,图像开始进入教会,描绘圣史或圣徒故事的画既可以作装饰,又有教育意义。开头,表现基督的画带有象征性质,最普通的就是十字架底下一只羔羊。不久,开始时作为祈祷中的辅助物的图像,变成了祈祷的对象。到了公元 6 世纪,圣像崇拜在正统的东方教会已很普遍。神像造成的奇迹传说层出不穷。修道士对这种崇拜和神话也极尽渲染之能事。基督教成为国教以后,它的礼仪在各种因素的作用下有神秘化的趋势。改宗的异教徒在数量上大大超过了基督徒,他们习惯于富丽堂皇的崇拜以及大量神秘的礼仪。福音书中除了洗礼和圣餐礼外,没有其他任何礼仪的前例,但后来,各种异教的神秘仪式加了进来。热心的罗马皇帝们建立了大教堂,并把异教的庙宇、圣所、寺院或礼拜堂交给基督徒们使用,并且挂上十字架的标记以保证它们属基督所有。连同僧人、祭司、占卜师都给了教会,连白麻布袈裟、法冠等都保留了下来。在基督徒中也产生了对预兆、前兆、星兆的信仰,也产生了偶像、祭坛、音乐、教堂献祭。总之,在成为国教之后,基督教的崇拜仪式也逐渐建立,并极大程度地公开化、世俗化了。

各种宗教都有其节庆和相应的仪式。宗教节庆不仅综合了大量繁多的宗教活动,还包括了世俗的尽可能多的娱乐方式。从参与者的范围来说,它往往不仅超越了宗教教派的界限,还超越了信教者和不信教者的界限。例如圣诞节和中国的庙会就是这样的宗教节庆。所以,宗教节庆礼仪是宗教性、世俗性、娱乐性和群众性融为一体的宗教礼仪活动。这对于激发宗教感情、强化宗教意识和扩大宗教影响,都具有异常特殊的意义,所以各宗教组织都非常重视宗教节庆礼仪活动。宗教的节庆礼仪是一种节日形式的宗教礼仪活动,它把崇拜、纪念和娱乐融为一体,内容主要是崇拜、纪念和歌颂崇拜的对象。节庆礼仪的内容大致可分为三个方面:一是纪念崇拜对象的降世和升天,也即诞生和逝世。例如,佛教有纪念释迦牟尼诞生的佛诞节(农历四月八日)和纪念他逝世的涅槃节(农历二月二十三日);基督教有纪念基督诞生的圣诞节和迎接耶稣诞生的降临节,有纪念耶稣被钉十字架而死的"受难节";伊斯兰教有纪念穆罕默德诞生的"圣纪"(伊斯兰历三月十二日);等等。二是纪念有关崇拜对象的圣事的奇迹、圣迹。基督教有纪念耶稣被钉死后复活的"复活节",有纪念天使告知圣母马利亚由"圣灵"感孕而生耶稣的"圣母领报节";伊斯兰教有纪念穆罕默德升天遨游朝觐耶路撒冷圣地的"登霄节",有易卜拉欣受安拉"启示"宰羊代子献祭示忠诚的"古尔邦"节;佛教有纪念释迦牟尼示现神变、降伏邪魔的"灯节";等等。三是纪念崇拜对象的成道、降经和传经事迹。比如,佛教有纪念释迦牟尼在菩提树下沉思成道的"成道节"(农历十二月八日),有纪念佛陀在鹿野苑首次讲经的"转法轮节";基督教有纪念圣徒受灵后开始传教的"五旬节";伊斯兰教有纪念安拉降经文的"大赦之夜"。这些丰富的宗教内容同唱歌、舞蹈、塑像、绘画、游戏等娱乐活动结合在一起,就会产生一种巨大的宗教感染力。

上述礼仪主要是以规范物的符号形式来表现信教者的宗教意识,相对来说比较容易和粗浅。对于虔诚的宗教信徒和神职人员来说,更重要的宗教行为在于遵循教规、恪守教义和专一修行。教规是以宗教内部立法的方式,要求信教者必须自觉遵守的一种宗教行为规范,以此表达对神的虔诚和对教会的忠诚。广义的教规包括内容众多的宗教禁忌、宗教戒律和宗教组织的行政法规等,但其核心内容主要是宗教戒律(其中包括宗教禁忌)。宗教戒律的内容很多,但对于一般教徒来说,其内容概括起来大致有崇拜、生杀、婚姻、财物、饮食和伦理等几个主要方面。这种戒律内容的深度和广度不同,会产生不同的宗教效应。从崇拜戒律方面来看,基督教和伊斯兰教坚决禁止偶像崇拜和多神崇拜,这对于维护最高万能之神的神圣权力是至关重要的,并使上帝和真主真正地成为世界性的神,恰恰是基督教和伊斯兰教成为世界性宗教的重要原因之一;佛教把释迦牟尼作为最高的主神来崇拜,也达到了同样的效应。从杀生戒律方面来说,佛教以"普度众生"为宗旨而禁忌杀生,这种禁忌杀生观能把人们对生命具有的恻隐感放大延伸而升华为人生观和世界观,从而产生极大的宗教效应。从宗教的伦理戒律方面来说,一般宗教都主张去恶从善,提倡博爱和仁慈,这对于厌弃人间弊恶和饱经社会风霜的人具有很大的吸引力,加之宗教的去恶从善本身具有升入天国和求得来世幸福的补偿性,这就产生了极大的宗教效应。

属守教义比起遵循教规在礼仪的宗教意识上更深入了一个层次,它不仅限于在宗教内部律法的意义上盲目恪守教义,更重要的是要求从理性层面把握宗教教义,并以高度自觉的态度来遵守。恪守教义比遵守教规较少外在的强制性,但从维护一个宗教体系的生存来说,恪守教义具有更加严肃的内在强制性,因为整个宗教体系的大厦是以教义为立教之本的。恪守教义之所以重要,乃是因为教义是每一种宗教自我设计而得以确立、存在、发展和独立的蓝图,其中包括宗教的世界观和人生观、信教的宗旨和目的、宗教的任务和要求,以及宗教礼仪和行为规范等。所以任何一个宗教体系一旦失去这样的蓝图,也就难以生存了。

宗教修行是宗教礼仪中的最高层次,它要求修行者摆脱世俗事务,通过特定的内省礼仪形式(如佛教的坐禅等)从事修道、修心和修身,全方位地把人的思路封闭在宗教意识的范畴中,引导意识脱离现实而达到与外界隔绝的"感觉遮断"式的状态,经过内省从"自我否定"而达到"自我新生",使言行意超脱世俗而达到升华的神圣境界(如佛教的"涅槃"境界),并从中获得种种特有的宗教体验。宗教的修行可以分为两种:出世修行和在俗修行。出世修行者无论从形式到内容都过着出世性的修行生活,主要集中在宗教的神职人员中;在俗修行者主要集中在少数具有较高宗教修养的虔诚教徒中,他们在生活方式上是在俗的,但在思想上则保持高度自觉的宗教修道、修心、修身意识。修行方式还有内修和外修之分,内修主要通过内省方式,外修主要通过善德行为的方式。实行宗教修行者虽属少数,但却是信教者中的中坚、榜样和典范,特别是一些高僧更享有这方面的权威,他们那种出俗不凡的思想境界和行为规范,对于创教立教、树立宗教形象和扩大宗教影响具有难以估价的力量。因此,宗教修行是最富有宗教自我表现意识的一种最高层次的宗教礼仪。

四　宗教器物

宗教器物是宗教实体的物化标记,是基本的宗教要素之一。宗教器物广义上包括宗教场所(庙宇、寺院、教堂、圣地、修道院)在内,狭义上仅指神像、圣物、法器等宗教特有的器物。

宗教团体需要有一个举行宗教活动的空间场所。庙宇、圣地、修道院这些宗教器物的最大特点就是为宗教团体提供一个宗教活动的空间,把宗教神职人员和信徒结合在一个特定的充满宗教气氛的空间中举行各种礼仪活动。这个空间首先是一个具有艺术性的宗教建筑。宗教建筑的宏伟和精巧，为教徒提供了一个参与宗教礼仪的空间，并引发宗教意识，使人有一种置身于神圣殿堂的内心感受。在这些宗教场所，每当举行宗教礼仪时，都伴有音乐、读经和唱诗，为信教者提供了一个最佳的宗教听觉空间。佛教、道教礼仪活动中的那种肃穆悠扬的唱腔和打击音乐融为一体，会使人有一种魂魄出窍、漂移不定的内心感受。基督教礼仪活动中的圣经唱诗班的那种自然轻盈的声韵和管风琴的悠扬声和谐共鸣，会使人油然产生一种天使般的愉悦感受。伊斯兰教寺院圣职宣礼员领念带有节奏的专门经文，教徒随声应召入寺礼拜，会使人有一种随应安拉感召的内心感受。宗教场所把神职人员和信众组合在一起，通过诵经、听经、讲经、释经和各种宗教礼仪活动，使之互相交流宗教体验，加强彼此之间的宗教情感交流，产生宗教神圣亲和的内心感受。

庙宇寺院对于举行宗教活动有着至关重要的作用，此外它还是宗教组织力量的物化显示。庙宇、寺院、教堂建筑规模的大小和建筑艺术的高低，都可以表现宗教组织的实力大小及其盛衰之势。梵蒂冈的"圣彼得大教堂"是世界上最大的教堂之一，相传为使徒彼得的墓地、历代教皇的葬地，是教廷的重要活动场所，也是教皇发布通谕的地方，因此已成为天主教的物象标记。纽约的"神圣约翰大教堂"是世界上最大的新哥特式教堂，是基督教新教实力的一种体现。我国西藏的"布达拉宫"是世界上最大的佛教寺庙，象征着藏传佛教的宗教实力。位于麦加的"圣寺"是伊斯兰教最著名的清真寺，拥有七万多平方米的空间，寺中的朝拜中心"天房"据说是安拉创造的人类祖先阿丹依照天上宫殿原形建筑的。宗教组织总是千方百计地筹集资金来建筑具有标记意义的大寺院和大教堂。摩洛哥国王耗用了6亿美元的巨资，在海上建造了一座举世无双的"哈桑二世清真寺"。我国的佛教寺院和道教宫观大都建在风景优美之处，把自然美和神性美融为一体，使信徒产生一种天人合一和返璞归真的心理感受。正是由于这种触及内心的感召力，千百万善男信女不怕路途遥远去朝山进香。

宗教圣地一般都是宗教圣人的诞生地和墓葬地，或为宗教重大事件的发生地。有着悠久历史的宗教圣地给信教者一种特别神圣的空间感受。耶路撒冷之所以成为犹太教、基督教、伊斯兰教信徒的圣地,乃是因为基督教相信上帝的圣子耶稣在此钉死于十字架并复活,伊斯兰教相信安拉的使者穆罕默德在此登霄并以该城为礼拜的朝向,犹太教的"哭墙"也在这里。麦加之所以成为伊斯兰教圣地,乃是因为该地是穆罕默德的诞生地和伊斯兰教的发源地,世界各地穆斯林每年都来此朝圣。麦加的朝圣规模宏大,每年朝圣人数有数百万之多,可称世界之最。麦地那因为是穆罕默德的葬地而成为圣地,穆斯林常来此谒陵。

中国佛教四大圣地也是世界闻名。五台山据说是文殊菩萨显灵说法的道场,现有隋唐历代皇帝敕令建寺的遗址百余处。五台山方圆五百里,五峰环抱。金代建筑佛光寺的文殊殿内有五百罗汉壁画,真有"佛光翠绿五峰中"的神秘感。普陀山据说是观音菩萨的圣地。唐代大中年间有一印度僧人来这里亲见观音,遂传该地为观音圣地。北宋以来相继建普济、法南、慧济诸寺,再加上众多宝塔名胜,曾是僧侣云集之地。普陀山四面环海,海景变幻莫测,给人一种"四海普度众生观世音"的神圣感。九华山是地藏菩萨显灵的圣地。传说释迦牟尼涅槃一千五百年,地藏菩萨降生于新罗国,唐代时渡海至此,遂传戒于此。山上建有肉身塔、百岁宫等古刹八十余座,百岁宫供有"应身菩萨"即无暇禅师的肉像,至今仍颜面如生。在山上二百里九十九峰的"天河绿水"之中,身临其境,真有"人入仙山云雾中"的感觉。峨眉山是普贤菩萨的圣地,相传是普贤菩萨显灵说法的道场。万年寺造有普贤骑白象的塑像,方圆十里藏有佛像一百余尊,有报国寺、伏龙寺等大小寺院百余座,皆坐落于美丽多姿的云海中,金顶更有奇妙的"佛光"普照。可以说中国的佛教圣地把神灵和人间的环境美结合在一起,形成一种独特的神圣美。

神学院、佛学院、修道院是宗教组织培养宗教神职人员的地方。目前我国佛教有佛学院,道教有道学院,天主教和基督教也有自己的神学院,分别培养自己的神职人员。这些宗教团体自办的学校为宗教神职人员的生存和发展提供了一个特定的宗教场所。

神像、圣物、法器等宗教器物都具有特定的神性象征意义,神像本身就象征着被崇拜的神,圣物是一种被赋予神性神意的象征物,法器则是用示意动作的符号形式来体现神性神意的一种工具。这些器物对于强化宗教意识具有重要作用。

神像为信教者直接提供了象征性的崇拜对象。佛教的神像极多，但最重要的是大雄宝殿的释迦牟尼佛像，被称为"大雄世尊"，成为体现佛力的最高象征，也是佛教信徒皈依的最高象征。耶稣被钉十字架的圣像，体现了圣子耶稣为替世人赎罪被钉十字架而死的奉献精神，教徒挂上这种"十字"项链，表示对耶稣的崇敬皈依之意。道教的神像更是繁多，有道教的尊神像、神仙像和俗神像数百种，而具有人间特征的俗神——门神、财神、关帝、妈祖等在民间广为供奉。门神多贴于门上，有避邪驱鬼、攘灾迎福之象征功能；财神赵公元帅是财富的象征；关帝具有降神助威、降魔伏怪而又忠信仁义的象征功能；妈祖有千里眼和顺风耳，具备察奸报信的护航功能。印度教的神据统计有一亿多，但被供奉最多的神像是三大主神之一的湿婆神，她是既有毁灭功能又有创造功能之神。伊斯兰教不供奉神像，但无时不在、无处不在、无所不能的真主阿拉在信教者的心目中有其自身特定的意念形象。

总之，宗教器物与宗教场所的结合，为宗教活动的开展提供了物质基础，起到了激发和坚定宗教信仰的作用。

【关键词】

宗教意识	宗教组织	宗教仪式	宗教器物
卡里斯玛	献祭	祈祷	节庆
禁忌	修行	宗教场所	神像

【进一步阅读书目】

陈麟书：《宗教学原理》，第二篇"宗教实体的基本要素和基本功能"，宗教文化出版社，北京，1999 年。

戴康生、彭耀主编：《宗教社会学》，第四章"作为社会组织的宗教"，社会科学文献出版社，北京，2000 年。

【思考题】

　　1. 宗教意识为什么会从感性阶段向理性阶段发展？

　　2. 什么是宗教神秘主义？

　　3. 宗教组织的制度化对宗教的发展会产生什么样的作用？

　　4. 宗教礼仪与宗教信仰有什么关系？

注　释

〔1〕　参阅辅仁大学神学著作编译会编：《英汉信理神学词汇》，第 167 页，光启出版社，台北，1986 年。

〔2〕　《简明不列颠百科全书》，第 7 卷，第 152 页，百科全书出版社，上海，1992 年。

〔3〕　爱德华主编：《哲学百科全书》，第 420 页，英文版，麦克米兰公司，纽约，1967 年。

〔4〕　克洛斯：《牛津基督教会辞典》，第 935 页，英文版，牛津大学出版社，伦敦，1957 年。

〔5〕　弗格森：《早期基督教百科全书》，第 632 页，英文版，伽兰出版公司，伦敦，1990 年。

〔6〕　何光沪：《多元化的上帝观》，第 2 版，第 6 页，贵州人民出版社，贵阳，1999 年。

〔7〕　同上书，第 1 页。

〔8〕　爱德华主编：《哲学百科全书》，第 429 页。

〔9〕　卡西尔：《人论》，中译本，第 101 页，上海译文出版社，1985 年。

〔10〕　《马太福音》26:70。

〔11〕　《马太福音》28:16。

〔12〕　《路加福音》24:21。

〔13〕　奥戴：《宗教社会学》，中译本，第 69 页，中国社会科学出版社，北京，1990 年。

〔14〕　《使徒行传》2:46；5:42。

〔15〕　《使徒行传》20:7；《哥林多前书》16:2。

〔16〕　《哥林多前书》11:23。

〔17〕　《哥林多前书》10:17。

〔18〕　《使徒行传》2。

〔19〕 查士丁:《护教首篇》,第 66 章。

〔20〕 《使徒行传》2:46。

〔21〕 《马太福音》26:27—28。

〔22〕 查士丁:《护教首篇》,第 67 章,第 7 节。

〔23〕 《马克思恩格斯全集》,第 19 卷,第 333—334 页。

〔24〕 《马克思恩格斯全集》,第 22 卷,第 535 页。

〔25〕 《哥林多前书》11,12,15。

第九讲

宗教的社会功能

社会整合与控制功能

社会心理调节功能

社会化与交往功能

宗教社会功能的两重性

我们在前面指出过,宗教的各种基本要素都有一定的作用,发挥着不同的功能,从而使得宗教作为一个整体存在于社会之中,成为社会结构的一部分。研究宗教的社会功能可以从各种宗教要素出发,分析它们对个人和社会的具体作用和作用途径,并作出价值判断,但也可以把宗教作为一个整体,研究宗教与其所处的世俗社会的相互影响,阐述宗教在社会系统中的作用。研究宗教的社会功能是宗教学的重要内容之一。

社会是一个大系统,由很多要素组成,我们把这些要素称作社会的子系统。宗教作为整个社会大系统中的子系统,依附于整个社会,受社会大系统的控制和影响,但也有其相对独立性,可以独立进行运作,这种运作的优劣会对其他社会子系统或整个社会大系统产生影响。作为一个社会子系统的宗教与社会整体的关系密不可分。社会整体对宗教的作用是制约性的,但从另一方面来看,宗教对社会整体的作用或功能也很明显。[1] 社会功能指某一社会子系统或社会现象在维持社会秩序、保护社会系统正常运作方面所具有的影响力。一个社会系统，是有其工作目标的，较低的目标是保证社会各部分的正常运作，较高的目标则是促进社会向更好更完善的方向发展。任何一个社会子系统，必须具有为达到这个目标服务的特殊社会功能，否则，它便不可能在这个社会中长期存在。宗教在社会系统中的功能就是我们在这一讲中要加以详细说明的内容。

一　社会整合与控制功能

社会整合是指将社会存在和社会发展的各要素联系到一起，使它们一体化。宗教能够使社会的不同个人、群体或使各种社会势力、集团凝聚成一个统一的整体，从而有利于社会的发展。法国社会学家杜克海姆最早论述了宗教这一功能。他指出，原始宗教都有促进原始氏族、部落内部的团结一致的重大作用。

宗教的整合功能主要通过宗教信仰来发挥。宗教信仰首先使接受了它的个人、群体、社会集团形成一个具有共同意识的宗教共同体并进而产生组织上的整合。在此基础上，宗教信仰又能以其不同于世俗思想观念的特点，在宗教共同体内唤起一种强烈的认同意识，从而增强和促进共同体内部的团结与一致。宗教的整合功能建立在宗教信仰能在信徒中唤起共同的思想信念的基础之上。一种宗教如果不能唤起这种共同的思想信念，便不会产生整合的功能；如果它在这方面显得很弱或者变得越来越弱，其整合功能也就会很弱或者越来越弱。

宗教的整合功能还要通过宗教的其他要素才能产生和发挥。宗教组织不同等级不同层次的神职人员，不仅起到传道布道的媒介作用，而且把具有共同信仰的信徒组织起来，从而起到了凝聚的作用。宗教组织通过特定的教规约束宗教信徒的行为，促使宗教组织成为相对稳定的社会实体，从而使宗教成为社会系统中强有力的子系统，并影响世俗社会。

宗教的整合功能发生于信奉同一宗教的个人、群体和社会集团之中；信奉不同宗教的个人、群体和社会集团，不仅常常难以整合，而且极易造成对立,即使这些个人、群体和社会集团属于同一民族或国家。近几十年黎巴嫩、阿富汗、北爱尔兰的宗教教派纷争情况,便典型地说明了这一点。

宗教领袖一般都是宗教意识和宗教组织的最高体现者,其宗教权力总是被广大宗教信徒普遍认同,从而产生特殊的号召力与凝聚力,成为宗教体系中的核心力量。宗教领袖能在发挥宗教的整合功能方面起重大的作用,杰出的宗教领袖更是如此。佛教的释迦牟尼、伊斯兰教的穆罕默德、基督教新教中的加尔文和路德等,都发挥过这样的作用,其历史影响一直延续至今。

宗教的整合功能在不同的情况下会产生不同的后果,从而对社会历史的影响也是不同的。例如:当宗教的整合功能发生在宗教共同体与民族、国家共同体相一致的条件下时,它就会促进民族或国家内部的一致和团结;而当这种整合发生于宗教共同体与民族、国家共同体不一致的条件下时,它常常会破坏民族与国家的一致和团结。一个国家或民族的宗教派别越多,而各教派的内部整合程度越高,这个国家内部的分裂程度便会越大,从而产生宗教纠纷和其他社会冲突。而且,在宗教信仰者与非宗教信仰者之间,由于认同上的差异,也会造成种种纠纷。世界上因宗教不同而造成冲突(包括战争)的地区非常多。如中东地区就经常发生犹太教教徒、伊斯兰教教徒和基督教教徒之间的武装冲突;英国北爱尔兰存在着天主教和基督教新教徒之间的冲突;在印度,印度教与伊斯兰教、锡克教等教派之间的冲突连年不断,每年有数千人为此丧生;阿富汗、波黑的教派间的战争更加悲惨。凡此种种,都不利于社会的进步和发展。

"所谓社会控制就是社会对作为社会行为主体的行为的各个方面予以约束。"[2]社会控制以社会秩序的稳定为目标。广义的社会控制指人们依靠社会力量,以一定的方式对社会生活的各个方面施加影响,协调个人与社会之间的关系,协调社会各部分之间的关系,以保持社会的相对稳定;狭义的社会控制指运用各种手段对犯罪行为及越轨行为进行预防、阻止和处置。社会控制的手段很多,初步分类可以分为法律手段、行政手段、习俗手段、道德手段、艺术手段、舆论手段以及宗教手段。而运用宗教手段来实现社会控制就是运用宗教信仰、感情、仪式、教义约束人们的行为。宗教对人能够起到的这种约束就是它的社会控制功能。与其他类型的社会控制手段相比，宗教在社会控制方面的特殊性在于它可以使统治者的权力获得神圣的合法性与权威，能够为人类建构的社会秩序涂上神圣的色彩，从而达到维系社会稳定的目的。

宗教是超世的，因而宗教对世俗生活、社会文明从根本上是否定的。宗教不会主张用一种社会制度去取代另一种社会制度，在宗教徒眼中任何世俗社会都是有缺陷的、不完美的。宗教想要改变的是人，而不是社会，不是对具体社会不满，而是要超越社会生活本身。正是这种超越性，使宗教采取了与世俗社会相容合作的态度，在客观上起到了稳定社会秩序的作用。

在宗教与所处地区或国家的主导意识形态不矛盾的社会中，尤其是在阶级社会中，统治者一般都乐意把宗教作为一种主要的社会控制手段，在实践中加以应用。统治者往往运用宗教来巩固自己的统治秩序，实现其多层面的社会控制。利用宗教进行社会控制所达到的极致就是国教统治，宗教成为全民性信仰，成为占统治地位的官方意识形态，成为维护统治秩序的最大精神支柱。"君权神授"这一观念是封建统治者经常用来强化其权威的宗教手段。中国皇帝被奉为天子，罗马皇帝被奉为神的化身，日本天皇被奉为天照大神之子，于是，人间的权力便获得了超人间的神圣权威。即使在宗教与社会主体意识形态不相一致的社会中，宗教客观上仍在起着维护世俗社会公德和正常秩序的作用，在多个层面影响着社会。这是因为世俗社会的规范对人的约束力是有限的。社会成员万万千千，各不相同，面对与社会无利害冲突或心性较为柔顺的社会成员，只要灌输社会的行为规范，他们就会规规矩矩地照办；而另一些和社会有着利益冲突或精力过剩、行为易于越轨者，尽管也知道社会的行为规范，但未必就受其约束，往往我行我素。诚然，每个社会为保证其社会规范的实施，都有一系列相应的制度、法律、措施来对其成员的行为进行控制和监督，但这些手段无法普及一切场合，有许多需要进行行为选择的时刻是在个人独处之时，这是社会的一切监督、控制工具所达不到的地方。而宗教（许多时候借助于神灵）却可以作为一种无形的观照者，时刻监督个人遵守社会的行为规范，因而控制相当数量的越轨或偏离行为并使之避免发生。对少数不轨分子，宗教可以通过其仪式为他们赎罪,使他们从犯罪、越轨而导致的心灵束缚中解脱出来,重新被整合到社会群体中去。

美国人类学家塞雷纳·南达说:"宗教信仰实际上就是以超自然的神秘方式实现社会控制。"[3]一切居于统治地位的宗教都具有强烈的维护与稳定现存社会秩序的功能,而居于非统治地位的宗教虽然也有这样的作用,但更多地则会起相反的作用。宗教的社会整合与控制功能在不同的社会历史条件和不同的社会制度下,产生的社会历史后果也是不相同的。这种后果可能是消极的,也可能是积极的,或者是二者兼而有之,又各有所偏重。因此,对具体问题要具体分析,不能一概而论。

二 社会心理调节功能

在历史上已经有过的任何一个社会中,自然与社会的双重压迫一直都在威胁着人们的安全感,使人们生活在对那些强大的异己力量的恐惧中。宗教的一个重要功能就是对社会个体和群体进行心理调节,借助于超人间的力量,为社会成员提供心理上的慰藉和安全感。

社会是由具体的社会成员组成的,多数社会成员心理的稳定与平衡是社会系统正常运行的必要条件之一。一个社会群体的成员如果彼此之间充满怨恨,或者对社会持有一种不信任乃至仇恨的态度,每个人内心都焦躁不安、疑虑重重,或者充满莫可名状的恐惧感,那么这个社会要想获得秩序上的稳定,一定会面临许多困难。人类生活在一个充满着危机与不确定性的自然环境中。在无情的大自然面前,我们常常是软弱无力的。原始社会由于生产力水平低下,人类对世界的了解、驾驭、控制能力都很差。如今世界虽然已经进入现代文明,但仍有许多不可预料的灾祸会随时随地向人类袭来。火山、洪水、地震、环境污染、癌症、艾滋病……它们的肆虐无时不在威胁人类的生存。在这个充满危机和不确定性的世界上,人们时时被惊扰,加上现代社会的快速运转和高度竞争带来的精神压力,使人们更加紧张。原始人有原始人的烦恼,古代人有古代人的忧虑,现代人有现代人的精神压力,而宗教作为一种心理调适机制,在从原始社会至现代社会的若干种社会形态中,始终执行着它的心理调适功能。

马克思曾经指出宗教是人民的"鸦片"[4],他指的是:第一,宗教使人超脱现实,在人们的意识中创造出幻想的世界;第二,宗教使人得到寄托于空想的自我安慰。过去我们在理解马克思这段论述的含义时,只注重了其批判性,用以为宗教确定性质,而忽略了马克思在其中首先指出的宗教的心理调节功能。宗教的心理调节功能是指通过特定的宗教信念把人们的心态从不平衡调节到相对平衡的功能,并由此使人们在心理、生理、精神和行为上达到和谐的状态。宗教的心理调节功能指向人,指向一个个有血、有肉的生命个体。而人不仅是特殊的肉体存在,更重要的是特殊的精神存在。这种精神性的存在寓寄于肉体性的存在之中,既受制于肉体性的存在,又超越于肉体性的存在。人类普遍存在的宗教精神与神圣感正是人的精神存在的一个重要层面,是人性的一个重要内容。这就是宗教具有心理调节功能的根源。

罗素曾提出过一个观点,他认为宗教基本上是以对无知的事物的恐惧为基础的,而凭借科学的力量,人们能够逐渐掌握、了解事物,能够战胜多少世代以来一直生活在其中的怯懦与恐惧。人们再也无须寻求子虚乌有的帮助,再也不用幻想天上的救星,而是依靠自己的努力把世界改造成适于生活的地方。然而,丰富且生动的事实却告诉我们,宗教的命运并非如罗素所言。相反的是进入现代社会以来,在科学技术大发展、文化知识大普及的背景下,在战胜无知、掌握了解事物的过程中,人类不仅没有远离宗教,反而信教人数骤增;宗教不仅没有消亡,反而进入了一个新的发展时期。这一普遍的社会现象足以向我们外在地展示了人类的宗教精神。无论用什么名字称谓这种普遍的人类精神指向,只要我们承认它在人类全部精神生活中是最重要的、最根本的、导向性的,那么就有必要思考它在现代人的精神生活中的作用及其对人们的整个生活的影响。

人的内在精神需要使宗教的心理调节功能成为可能。当一个人在社会实践与社会生活中不能实现各种人生需要时,就会感到自己是处于一种被剥夺的地位,心理上会由此而产生一种相对被剥夺的不平衡的心理现象,即本来应该得到的东西而被剥夺从而引发了心灵上的痛苦。宗教则能为人们提供安抚这种心灵痛苦的镇静剂和镇痛剂。英国历史学家汤因比说："逆境的加剧会使人回想到宗教"[5]。当一个人从理性和实践上难以平衡自身心态的时候，往往会到宗教的神圣领域中去寻找一个"避风港"，求得心灵的安抚和精神的支持，以便消解心灵的痛苦。[6]各种宗教正是通过对世俗价值的贬抑和对神圣价值的推崇，来使人们缓解、摆脱对世俗功名利禄的执着，从而达到心理调节。宗教还通过忏悔方式给犯有罪过的人留下了一条悔过自新重新做人的后路，使他们消除沉重的负罪感，把心态调节到正常状态。

宗教的心理调节也会引起生理上的良好调节作用。现代心理学研究的成果表明，一个经常受到精神折磨、心情苦闷的人，生理上的免疫功能会下降，甚至会下降50%，这样的人得病率高，寿命短，死亡率当然也高；与此相反，一个心情愉快、心胸开阔的人，生理上的免疫功能就会随之提高，从而有益于身体健康。甚至本来身体有病的人，也会由于虔诚地笃信神明而消除病痛。因此，我们说正是人性中内在的宗教精神和对神明崇敬的情感，构成了宗教心理调节功能深刻的内在基础，并因而使宗教所具有的调节功能得以发挥作用。

各种宗教都有一系列的礼仪并通过礼仪激发教徒宗教情感，在宗教礼仪活动中、在物象礼仪的物祭形式中，人以物化的符号形式与神明进行沟通，向神明表达虔诚、意愿和祈求等种种宗教心态，并体验神旨、神意；在膜拜、祈祷、忏悔、祝福等宗教示象礼仪中，人以规范化的特定动作符号来体验人神之间的沟通；在更高层次的意象礼仪，即宗教修行中，修行者摆脱一切世俗心态，通过特定的内省礼仪形式，全方位地封闭在人神融合的交流体验之中，达到与外界隔绝的人神状态。另外，宗教的某些修行方法，通过清静养心，往往能把修持者的心态调节到非凡的极佳状态，使人由修心而达到修身强身的目的。在这个方面，道教的内丹和佛教的坐禅就是很好的例子。一旦人们认同了自己所崇拜的上帝和神明，就会产生神与人之间特定的心理活动和心理感受，其中包括神圣感、圣洁感、敬畏感、仁慈感、德性感、羞耻感、忏悔感、新生感、谦让感、虔诚感等。总之，这些宗教情感产生的过程就是心境达到平和、向善的过程。

宗教通过礼仪、修行等活动激发、培养宗教情感，净化灵魂，消解不良心态的同时，还通过宗教象征符号起到启发人们宗教美感的作用。宗教象征符号是人们意志、愿望和目标的物化表现，具有神圣的感召力。至上神是宗教神圣美感力量的最高象征。此外，教堂、庙宇、圣诗、圣书、圣物等也是宗教美感力量的象征物。同高度抽象化了的至上神的理性化美感相比，它们具有一种生动直观的感性美力量。当教徒们走进教堂做礼拜时，仁慈的圣像、优美的赞美诗、和善的牧师、可亲的教友、讲道的教诲、穆静的祈祷、严肃的气氛、神圣的建筑等，都会使人们的身心沉浸于神圣超然的情操美感之中。对于一个长期处于为生活和事业而紧张奔波和备受折磨的人来说，这种神圣超然和心旷神怡，这样肃静、优美的宗教环境，的确是能够令人享受情操美感而具有吸引力的安抚所，更是虔诚教徒增强情操美感的场所。这就是宗教象征美的实际效果。

宗教的超越美也是宗教情操美感功能得以发挥的重要因素。人类的精神生活不仅需要理性的实际知识，而且还需要超现实的幻想来丰富。文学艺术所提供的神话童话固然能够起到这方面的作用，但不能在幻想中为个人提供切身的利益感，而宗教的超越美却能在这方面发挥它特有的功能。现实生活中无论如何荣华富贵，但总不免有生老病死和各种烦恼痛苦，宗教就是要超越这种局限与不完善，试图去达到一种终极的绝对的完美归宿。这种超越美在精神上为人们开拓了一个彼岸乐园的天国世界和佛国净土的未来世界。在这美妙的天国里，与神同在，衣锦食美，酒乳成河，林荫花丛，人人相亲，个个和爱。这为现世中备受穷困折磨的人们提供了一个超越的美好世界，也为富有者提供了一个永远保持荣华富贵的幻想世界。当人们面对神奇的大自然或莫测的内心活动时，总感到在现存世界之后还有一个妙不可言的神圣世界，往往体验到一种超自然、超人性的宗教超越美。

宗教器物的艺术美不仅在视觉层面有其丰富的象征内涵，也是超越美的物化，使超越美具有一种实体感。圣像、圣物、圣器、圣地和寺庙教堂等，都是用高超的艺术塑造和制作出来的，把宗教象征美、超越美和现实的艺术美结合起来，从而更具有神圣的美感陶冶功能。寺庙和教堂是宗教器物美的综合，因此当人们特别是宗教信仰者进入寺庙和教堂时，就会产生一种油然而生的神圣感。

在宗教情感领域中,上帝(真主、佛)是真善美的化身,崇拜和歌颂上帝(真主、佛)也自然而然地成为一种心灵美。虔诚的信徒真诚地用神圣的灵光来洗刷被世俗凡事污染了的心灵,使自己的意念和灵魂纯洁。同时他们以神的博爱、仁爱、慈悲和利他主义精神来处理人与人之间的关系,用善思善行来体现情操美。由此,他们会因内心神秘地体验到上帝(真主、佛)的爱而感到自信和自豪,获得了一种自赎和自我完善的满足感。这种虔诚不懈的教徒往往成为道德上的楷模而被人称颂。通过他们,宗教情操美感功能体现得更为具体生动和感人。特别是有些虔诚的宗教笃信者,还要运用修道、修心、修身的种种修持方法,做到清心寡欲,把自己的精神和心灵升华到一个超凡去俗的更高的精神境界。他们是宗教美感功能的巨大辐射点,具有较大的历史影响和社会影响。宗教的这种美感功能至今还是其他美感功能所不能替代的,它继续发挥着作用,因为在特定的情况和历史条件下,有的人还需要运用神秘的和神圣的感染力来补充和填补精神上、心灵上、情感上的不足和空白。

情操美和心灵美构成了人性美,概括地说宗教的人性美主要是通过两方面来体现并引发人们的美感共鸣:一方面是圣徒、传教士或高僧大师们所具备和表现出来的奉献精神、仁慈胸怀、自我牺牲、坚忍不拔、忍辱精神等高尚品质,由此散发人性美;另一方面是广大信众或教友之间,神职人员、宗教组织与教徒之间的相互爱护、相互关照、相互支持而不计回报的亲密和谐关系,由此表现出人性美。这些人性美是在神性美的光环下开启的,是以神性美为源泉和依持的,因而宗教人性美有其独特的坚定性和强大的感染力,对于人们的情操美发挥着不可低估的陶冶功能。宗教正是通过对信众美感的培养,使信众的精神面貌和精神品位得到一定改善,从内心产生一种愉悦感,进而发挥宗教的心理调节功能。

三 社会化与交往功能

在社会学中,社会化是指人成长发展和融入社会,在此过程中,个人通过与社会的互动,形成个人的社会属性,促使个人与社会保持一致。个人在社会生活中,学习和掌握社会生活的知识技能,熟悉社会的风俗习惯、道德、法律,确立生活目标和道德观念,取得被社会认可的地位,成为具有"社会资格"的人。

社会化是一个长期的、复杂的过程,它贯穿于人生的各个时期。家庭、学校、职业组织、大众传媒都对社会化产生着作用。从世界大多数国家来看,尤其是西方国家和阿拉伯国家,宗教组织至今仍是社会化的主要机构。

宗教的社会化功能通过多种途径来发挥。个人要在社会中生活,首先要学习一些文化知识。通过这种学习,使自己了解人类一些最基本的知识和自己所在社会一些最基本的文化,以便更快地社会化。宗教有自身特殊的体系,也以自己特殊的方式帮助个体实现社会化,宗教教育便是促使个体社会化的基本途径之一。现存的若干种宗教教育无不带有传播人类或本社会、本民族文化的特征。

学习本宗教的经典著作是宗教教育的基本内容。但由于世界各大宗教经典都包含着极为丰富的、方方面面的知识,因此教徒在学习经典的同时也是在学习人类古代的文学和文化。中国现在的一些少数民族,如云南的傣族和西北地区的某些民族,仍把宗教教育作为学习本民族语言、传播本民族文化的重要手段。

要在社会中生活,还必须掌握社会的行为规范,否则便无法立足于社会。社会规范以一定的社会文化价值为支柱。人类世代积累的文化,提供了决定行为取舍的价值标准,在不断进行他人评价和自我评价的基础上,经过肯定或否定的社会裁决,逐步形成社会成员自觉遵守的行为规范。因此,个体学习社会行为规范的过程,就是社会文化渗入人的意识,并内化为人的社会性的过程。宗教不仅为信徒提供信仰,还为教徒制定行为规范,教给教徒该做什么和不该做什么。教徒在遵循和习得这些行为规范的过程中,加速了自己的社会化。

在一般情况下,宗教行为规范,尤其是它的道德规范,是支持社会规范并有助于社会整合的。在那些政教合一、国教制和宗教民族化的国家和民族中,宗教规范对个人行为的影响就更为巨大,宗教礼仪、制度往往起着法律、法典的作用,甚至影响教民的整个生活习俗。犹太人虽然长期以来一直分散在世界各地,但犹太教严格的教仪和教规就是他们共同的行为规范,使他们仍然得以成为一个犹太民族的共同体。伊斯兰教的宗教制度、教规、礼仪已经同民族的生活习俗融为一体,使大多数教民具有一种习惯性的遵从意识。即使在主体意识形态与宗教不一致的社会主义国家里,宗教道德规范仍然是和社会公德规范相通的,教徒仍可通过对宗教道德行为规范的习得来促进自己的社会化。

宗教还有利于个人在社会上扮演特定的社会角色。角色是指与个人的某种社会身份有关的规定了的行为模式。学习扮演社会角色是社会化的核心内容。每一个社会成员都在社会关系和社会组织中占有一个特定的位置,处于一定的社会地位。处在一定社会地位的人都要按照社会规范的要求做出各种各样的行为。人的社会化主要是通过角色学习和地位的获得进行的,人的整个社会化过程也可以说是进行角色学习的过程。大多数宗教让人宽容、隐忍、利他,从而要求教徒学会与他人和睦相处,处理好人际关系。因此,宗教在与其所在社会的主体意识形态不矛盾的情况下,可以充分发挥自己的这种特长与优势,促进社会的整合,促进个人的社会化。

宗教作为一种制度,有自己一系列特定的不同于其他社会制度的规范和行为准则。其他社会制度是世俗性的,而宗教制度具有某种超自然的"神圣性",会对其成员施加更为深刻的影响,使人认为某种宗教规范不仅要做,而且必须做,如果不做将会受到某种"神圣力量"的惩罚。换言之,宗教把自己所定的规范和行为准则说成是来自"神意"而具有"神圣性",并由此对人们产生刻骨铭心的影响与强大的规范作用。同时,宗教又作为一种社会组织,来具体实施带有神圣性的行为规范,如果发现教徒有违反教规的行为,就会给以不同程度的惩罚,以此维护宗教制度的神圣性和现存社会的稳定性。

个体社会化的结果是促使人们在思想上趋向于共同的信念和价值观。各种社会意识形态和社会实体都有这样的作用,而宗教由于具有至上的神圣性而获得特殊的认同。作为一种社会意识形态,宗教以其非实证的神秘方式来说明神与人、人与人、人与自然之间的关系,并以此规定人的本质、人的价值、人生意义和人类命运,通过使个人接受宗教价值观以及相关的教理,帮助个人理解"我是谁""我是什么"这些问题,从而使具有同一信仰的人们集结成某种宗教群体,达至群体认同。作为一种社会组织结构,宗教把分散的具有同样信念的宗教信教者组织起来,并用教规约束教徒,使之成为一个相对稳定的社会实体。在社会迅速变迁和大规模流动时期,人们往往产生无所寄托和无所依赖之感。在这种时候,宗教使许多漂泊的心灵有所归属,促进他们之间的群体认同,帮助人们度过因社会剧变而产生的不良的心理。

宗教还可促进社会交往的增加。个人原本是独立的个体,因为血缘、姻亲、朋友或工作关系而有一些私人间的交往。宗教也能实现人的交往,教堂里的礼拜、参加圣礼仪式和宗教团体的祷告被视为信教者同上帝及信教者之间交往和联合的主要方式。宗教凝聚力极强,它用信仰的纽带把教徒联系在一起,使他们彼此认同,感觉彼此属于同一群体,因而产生出许多亲切感。共同的宗教信仰促进了教徒间的交往,共同的追求使他们亲密相处并有着永不衰竭的谈话内容。

宗教也能促进国际间人民交往的增加。国与国之间本有着许多正式的外交途径,但那只是官方的。而宗教却可因为信仰的凝聚力使居住在不同国家和地区的教徒彼此往来,并把各自的文化带给对方。久而久之,它就成为增进各国人民往来和友谊的一种途径。处于沙特阿拉伯境内的麦加,是伊斯兰教的主要圣地,每年都有上百万的穆斯林从世界各地到这里朝觐。早在中国古代,就有名僧玄奘从长安出发,往西天求法取经,历时十七年,行程五万里,带回大小乘佛教经律六百五十七部。中国唐代另一僧人鉴真也曾东渡日本,把律宗传入日本。他把大量佛教经像和药物、艺术品带到日本,对发展日本医学、雕塑、美术和建筑有一定贡献。今天,宗教作为一种民间交往途径,已成为增加各国人民之间的友谊与了解,促进中国社会改革开放的一支社会力量。近十多年来,国内外的宗教团体之间进行了大量的互访和交流,不少在国外的华人教徒捐资修复境内的寺庙。通过宗教还吸引了不少外资投资于我们的现代化建设。教徒个人之间的国际往来也日益增多,出访和来访络绎不绝,加之宗教景观旅游的开发,有利于促进中国人民和其他各国人民的友好交往。在国际政局中,当某些国家或地区处于紧张状态时,有时通过宗教交往与对话,推进彼此疏通、相互理解,在一定程度上可以缓冲矛盾,淡化敌意。

四　宗教社会功能的两重性

对于宗教所能起到的社会功能,学者们的评价是不同的。宗教对于社会稳定和发展能够起到一定的积极作用,但仅仅强调宗教的积极作用比较容易走向一个极端,即寄希望于宗教来解决一些社会问题,把宗教的价值追求扩展为全民的目标。然而宗教对于社会稳定和发展也会起到一些消极的作用,这同样也是显而易见的。因此我们以宗教的功能对其所在社会的影响和作用是积极的还是消极的来划分正负功能:凡能增进所在社会的团结与合作,使社会各部分趋于和谐一致的功能均为正功能;反之,凡能造成社会懈怠、紧张万分乃至解体的功能均为负功能。宗教的正负功能实际上是相互对应的。我们上面已经叙述过的每一种正功能都有与之相对应的负功能。

宗教具有社会整合与控制的功能,但其功能的发挥所产生的结果对于人类社会的影响并非都是积极的。宗教观念容易使教徒形成保守主义的价值观,有碍社会变革的进行。宗教天然地具有其他社会子系统所不可替代的整合性倾向,能使社会价值与行为规范神圣化,易对人们的价值观及行为进行整合,因此,大多数统治阶级总是利用它来维护社会现实秩序,获得人们对现实社会秩序的默契与遵守。但也正是宗教的这种至高无上的神圣性,容易造成教徒价值观念的保守以及对规范理解上的僵化。尤其是宗教强调信仰虔诚,强调神谕的不可变更性,因而容易把人对世界的认识引入歧途,妨碍人们对时代及社会变化的适应。在神圣力量的感召下,一般的教徒都循规蹈矩,忠于现实的政权或社会制度而不过问其性质;但当一个政权或一种制度腐朽没落到需要推翻或大刀阔斧进行改革时,宗教就容易成为阻碍社会变革的保守力量。

再如教内的改革,宗教的教义教规不是一成不变的,而要随着时代和社会的发展不断改革以适应时代和社会。宗教由于对规范制度化的尊崇,往往不能及时改革已经过时的规则而使自己僵化保守,远远滞后于时代的发展。历史上西方很多国家的天主教会有自己的"异端裁判所"即"宗教法庭",残酷迫害"异端分子"及"异端嫌疑者",以及反对封建势力的人士,包括进步思想家和自然科学家,对他们秘密审讯,严刑拷打,没收财产,监禁流放和火刑。后来,异端裁判所虽然衰落,但一些惩治异端的律条却延续很久。被以异端罪名处以火刑的意大利自然科学家伽利略,在他所信奉的天体物理学说举世公认几百年后才于1992年由罗马大主教予以平反,宗教规范的某些僵死性使其远远滞后于时代,由此可见一斑。宗教越具保守性,对社会的整合程度越高;反过来也可以说,宗教对社会整合程度越高,其保守性就越强。

宗教能使社会目标神圣化,以此稳定社会现存秩序,但它同样也可以提出新的社会目标并使之神圣化,促成动乱与革命,动摇和瓦解现存社会。在中国历代的农民起义中,有很多是假宗教而行的。比如元明清三代流传很广的民间宗教白莲教,曾在农民、手工业者、城市贫民和流民、差役、下层知识分子中广为流行,一度也曾传入皇宫。它在元明清三代常被用来发动农民起义,著名的元末刘福通、徐寿辉等领导的红巾起义,明末徐鸿儒的起义和嘉庆年间川、鄂、陕的白莲教起义,都是以白莲教的名义发动的。宗教感情一般来说是深沉而持久的,而由这种感情所煽动起来的狂热,可能会造成宗教战争,成为一种破坏或变革社会的力量。以宗教为由而引起的教派战争、不同宗教之间的战争及国家之间的战争不胜枚举,现今世界上许多民族纠纷、民族分裂的根源部分也在于宗教纠纷、宗教战争使人产生大量越轨及偏离社会规范的行为,导致了社会的分化和民族的离散。当然,负功能并不等于非进步,它仅指对当时社会政权的瓦解、破坏与动摇。至于客观上对社会起进步作用还是非进步作用,要视当时社会政权是革命的、进步的还是反动的、腐朽的而定。

宗教具有社会心理调节功能,当人们遇到精神烦恼与障碍时,可以通过对超自然力量和对彼岸世界的追求得到慰藉,转移注意力,降低精神紧张度,从而超然于现实之外,消除对现实社会的恐惧、不满等。但与此同时,宗教也有着相应的负功能。宗教讲"前定""前世""上帝的安排"等等,也容易使人产生宿命思想,消极地去依赖和听任命运的摆布。宗教固然能够缓解人们心中的苦闷,但与此同时,它也会使人逃避现实,不去直面人生,不去正视现实中丑恶事物而增加与之斗争的勇气。宗教也可能使人沉浸在对天国的幻想中而盲目乐观,弱化自己可能的行动和改革社会现实的愿望。

宗教具有社会化与交往功能,但在这方面也有着很大的局限性。因为宗教主要是利用宗教教育来执行促使个体社会化的功能,通过宗教教育,教导教徒知识、文化、行为规范及处理人际关系、扮演好个人社会角色等等。但宗教教育强调学习宗教教义和神学思想,因此必然会造成知识结构上的偏重。另外宗教教育的主要接受者是宗教教职人员阶层,而非所有信教者。如中国藏族地区 1949 年前就是如此,民族知识分子全部集中于寺院,广大群众却没有任何机会去享受教育权利。中国另外一些少数民族地区,学生辍学现象至今仍很严重。由于接受义务教育的年龄与进庙学经的年龄冲突,许多人选择弃学念经,将学龄子女送去寺庙当僧尼。不愿学习汉字和接受普通教育的情况曾在中国各省不同程度地存在过。这些负面效应显示了宗教教育在社会化方面的局限性,因此宗教也有延缓、妨碍个体社会化的负功能。

宗教也会阻碍新的认同感产生,容易导致宗教冲突与民族冲突。作为一种社会意识形态和社会组织机构,宗教通过使个人接受宗教价值及信仰,参加宗教仪式和崇拜,极易使之达到认同。但对宗教的信仰会阻止更适合于自我的新的认同感的产生。原有的宗教认同感束缚着个人,使其难以放弃原有信仰和群属而去皈依更适于他的新的信仰与社群。宗教所提供的认同感也会深深嵌入人的个性结构中,使教徒具有不与对手妥协的排他性格,因而可能导致一些冲突加剧。宗教的认同功能会产生强大的凝聚力,可以使同教者亲近,但由于这种认同的专注与执着,也容易引起排斥异教和同教其他教派的情绪。他们认定只有自己为正宗,真正站在上帝或神的一方,真正忠实地恪守上帝或神的旨意,而视其他宗教、教派为异己和非正统,极易产生排斥心理。在全民族信仰某种宗教的地区,宗教所带来的认同感往往会导致狭隘的民族主义,因而造成与其他民族、国家的紧张和冲突。

从宗教所具有的与其正功能相对应的一些负功能,我们可以看到宗教社会功能这种两重性的特性。把握住这个特性,我们就会更全面、更清楚地认识到宗教这种社会现象的复杂性。有了这种认识我们就可以进一步思考影响宗教社会功能变化的主要原因。

宗教这种最远古的社会现象之所以能够长期顽强生存于各个社会和时代,除了因为它对社会具备积极的功能之外,另一个原因就是宗教的社会功能可以随时代和社会的进步而做出各种调整与变化。

宗教社会功能的变化受多种社会因素的影响与制约,其中宗教所处社会的历史时期和类型、宗教与所处社会主导意识形态的关系是最主要的因素。

社会所处的历史时期不同,生产力的发展水平不同,人们认识世界的广度、深度和方式也不同,这些都影响着宗教社会功能的发挥。比如原始社会的宗教极其简陋,只是简单的图腾崇拜,所适用的范围也只是自己的部落,因此原始宗教所发挥的认同功能虽然强度较大,但范围就极为有限;而后来一些宗教随着社会的前进发展成为世界性宗教,可以想象,与原始宗教相比,它们的认同功能自然就要发挥得更为广泛、充分和淋漓尽致。又比如中世纪的欧洲,由于生产力与科学技术的不发达,人们对自然界还处于愚昧无知的状态,宗教当时对社会完全起着主宰作用,它的控制与整合功能得到最大限度的发挥。但当时代前进,生产力向前发展,宗教对社会的控制也就崩溃了,宗教的社会整合功能和控制功能也大为削弱。

以生产方式为标准划分的农业社会和工业社会也以其显著不同的特征影响着宗教功能的发挥。农业社会是稳态社会,保守、闭塞且发展缓慢,人们世世代代被束缚在同一块土地上,恪守着同样的价值观念和生活方式。这样的社会生活特征使宗教的神圣性增强,人们一旦信教,差不多都极为虔诚。由于农业生产方式对人没有严格的时间要求,能充分保证人们有时间过宗教生活,而且几乎没有人怀疑宗教的神圣性,因此,宗教的社会整合功能得以充分发挥。同时由于农业社会教育相对比较落后,宗教场所也就成为向人们传授知识和行为规范的场所,宗教可以较充分地发挥其促进个体社会化功能。

工业社会是动态的、开放的,一切都发展得极为迅速,充满活力。由于交通发达、人口流动量加大,人们的视野大为开阔,一切传统习俗几乎都不停地在受到冲击。大工业生产要求人们有严格的时间观念,人们要工作就不能像过去那样在固定的时间去固定的场所过宗教生活。宗教的世俗化在加强,虔诚教徒的数量在下降,尤其是年轻信教者,即使有时间也不一定按时去宗教场所过传统的宗教生活。工业社会发展很快,新东西层出不穷,其千变万化使人眼花缭乱,传统的价值观念受到冲击,人们的价值观趋向多元,宗教的神圣性也受到一部分人的怀疑,宗教在社会中的价值和道德整合功能的作用亦随之下降。另外由于义务教育的普及,宗教促进个体社会化的功能也逐渐降低。与此相反,宗教在农业社会中作用力不强的交往功能与认同功能此时反而得到了充分发挥。

宗教与所在社会的主导意识形态矛盾与否,也影响着宗教社会功能的发挥。所谓社会的主导意识形态是指在一个社会中占据统治地位的意识形态。在与它所在社会主导意识形态不矛盾的前提下,宗教可以较多地发挥它的正功能,如对社会的整合控制功能、社会化与交往功能等。西方社会一般来说政治组织和其他社团都比较松散,对个人进行约束的主要是法律和宗教。法律是"他律"的东西,而宗教则是"自律"的东西。宗教的约束力在一定程度上增加了社会的稳定性。

如果处在与所在社会主导意识形态矛盾的情况下,那么宗教能否继续发挥正功能呢?这个问题就较为复杂。在社会主义国家里,以实现共产主义为最高理想。"从来就没有什么救世主,也不靠神仙皇帝,要创造人类的幸福,全靠我们自己。"这段歌词再清楚不过地表明了共产主义者的世界观和社会观是唯物主义的,是无神论的。这种鲜明的意识形态和宗教历来尊崇的有神论的唯心主义世界观之间形成了尖锐的对立,因此,每个社会主义国家建立之后,都会着手调适本国宗教,使之与社会主义社会相适应。宗教此时就只是一种次级社会组织,而不再是全社会的精神信仰和占主导地位的上层建筑。然而社会主导意识形态与宗教世界观的不一致并不妨碍它们在政治上的一致性,也不影响信仰宗教的人们参加共同的经济活动和社会活动。即使在社会主义制度下,要求所有人的世界观、人生观都一样,也是不可能做到的。人民群众不论信教与否,都有对幸福生活的渴求与建设美好社会的愿望。这些共同点比起思想上有神无神的分野要重要得多。因此,宗教在与主导意识形态有着尖锐对立的社会里仍旧能够存在下去。只要宗教团体能顺应形势做出必要的自我调整,它们对社会仍可发挥积极的社会正功能。

再者,每个社会对宗教的态度也影响着宗教社会功能的变化。同样是社会主义制度,由于国家制定和执行的宗教信仰自由具体政策的不同,对待与处理宗教问题的做法与能力不一样,也会导致不同的结果。如果能够切实保护公民的宗教信仰自由,依法管理宗教事务,并加以积极引导,使宗教与其他社会子系统和谐一致起来,使宗教徒有满意的宗教生活,就可以为社会减少不安定的因素,增强社会的整合与控制力;若不能制定正确的宗教政策和适宜的宗教法规,则会造成教徒的不满与反抗,有时甚至于诉诸武力,就会给社会带来负面影响。应当说,在宗教与主导意识形态有差距甚至对立的情况下,统治者很容易将自己的注意力集中在防止宗教负功能的方面,而容易忽略尽量创造良好的社会条件让其发挥为社会服务的正功能的方面。而实际上,只有通过积极引导,充分发挥宗教的正功能,才能抑制其负功能。人们要把更多的注意力放在对如何发挥宗教正功能的研究上,以有效地避免由于消极限制和打击而带来的教徒对社会的敌意和紧张。

【关键词】

社会功能　　整合　　控制　　心理调节
个体社会化　认同　　交往　　负功能

【进一步阅读书目】

陈麟书:《宗教学原理》,第二篇"宗教实体的基本要素和基本功能",宗教文化出版社,北京,1999 年。

孙尚扬:《宗教社会学》,第四章"宗教与社会秩序",北京大学出版社,2001 年。

戴康生、彭耀主编:《宗教社会学》,第五章"宗教的社会功能",社会科学文献出版社,北京,2000 年。

【思考题】

    1. 在社会大系统中,宗教处于什么位置?

    2. 宗教的整合功能是如何实现的?

    3. 宗教的社会化功能与家庭、学校、单位等世俗组织有什么不同?

    4. 如何积极发挥宗教的正功能,防范宗教的负功能?

注 释

〔1〕 "功能"一词经常与"作用"交替使用,但这两个词也有一些词义上的差别:功能指一事物能够对他事物产生的影响,在系统论或组织学中,总是用来描述某一结构或系统可以对其他结构或系统产生的影响;作用则是任何一个事物对他事物的影响。

〔2〕 孙尚扬:《宗教社会学》,第 87 页,北京大学出版社,2001 年。

〔3〕 塞雷纳·南达:《文化人类学》,第 283 页,陕西人民教育出版社,西安,1987 年。

〔4〕 《马克思恩格斯全集》,第 1 卷,第 453 页,人民出版社,北京,1956 年。

〔5〕 《一个历史学家的宗教观》序言,第 1 页,四川人民出版社,成都,1998 年。

〔6〕 玛丽·梅多、理查德·卡霍:《宗教心理学》,第 523 页,四川人民出版社,成都,1990 年。

第十讲

宗教与文化传播

文化视域的形成
文化传播的规律性
外来宗教本土化问题

宗教文化是 20 世纪 80 年代以来中国学术界的研究热点之一，宗教与文化的关系是这一研究的核心问题。经过二十年的努力，已有学者将宗教文化视为一门相对独立的学科[1]，而相关的研究成果更是不胜枚举。应当说，这些成果反映了中国学术界对宗教和文化的认识深化，是中国社会转型期文化建设的重要组成部分。

一　文化视域的形成

20 世纪 50 年代以后，随着西方社会种种社会危机和文化危机的出现，以及两次大战给人们带来的心灵震撼和精神创伤，"欧洲文化中心论"或"西方中心论"的影响已日趋式微，而作为其文化之魂的基督教价值体系亦遇到世俗化、多元化、后启蒙或后现代化的强烈挑战。借此机遇，西方宗教学研究的发展进入了新时期。一方面，大多数学者开始以批判的眼光审视近代宗教研究,日益倾向以"宗教史学"来取代"宗教学"或"比较宗教学",以标明新时期宗教研究的主要特点。即使那些继续沿用"宗教学"或"比较宗教学"概念的学者也有许多在比较研究观念上跨入了新时期,他们尽力弥补传统横向意义上的比较方法的缺陷,注重对各种宗教形态进行经验性的描述和历史性的比较。与此同时,一些交叉学科,比如宗教心理学、宗教社会学、宗教现象学、宗教语言学、宗教民俗学、宗教考古学等相继出现。这些研究与西方整个宏观文化的研究结合在一起,形成了西方文化研究的热潮。

西方学术界的宗教文化研究实际上是 20 世纪西方宏观文化研究的主要部分。西方社会有着深厚的宗教背景,谈文化必谈宗教,而谈宗教又不可避免地涉及文化。早在 20 世纪初,西方学者就已经开始不分国度地把西方世界作为一个文化整体加以反省,思考整个西方文化的前途问题,这种理性的反思延续了整整一个世纪。德国历史学家施宾格勒打破了 19 世纪风行的进步观念,认为西方文化已经完成了自己的历史使命,正在走向没落。英国历史学家道森反对这种历史宿命论,认为只有重新发现曾为西方文明提供了最初精神动力的基督教,西方文明才有希望得到复兴;宗教并不是一种与社会客观现实无关的个人感情,而是社会生活的核心和现代各种文化的根源。英国历史学家汤因比的文明形态理论以全面回答西方文化的前途问题为宗旨,认为每一文化形成和发展的基础都是宗教,西方文化的希望就在于基督精神的再生。德国哲学家卡西尔的文化哲学以整个人类文化为研究对象,想要从人性的根源上去解决文化危机。美国神学家蒂利希的文化神学也是在文化传统瓦解、主体意识衰退、永恒真理隐遁的紧要关头,想要为消解西方文化危机提供一种神学答案。

正因为宗教文化研究与宏观文化研究的这种相关性,所以 20 世纪宗教文化研究的意义决不限于宗教学,也不限于某一种民族文化,而是具有跨文化的或世界性的特征。从总体上说,经过多年的研究和思考,西方宗教文化研究终于形成了一种面向未来的新的文化理念。这种新文化理念的具体表现就是一种新文化视域以及与其相匹配的阐述问题的理论框架和分析问题的跨学科方法。

与"视域"这个词对应的英文是 perspective。这个英文词的中文释义还有很多,如透视、远景、展望、观点、看法、眼力、事物相互关系的外观、正确观察事物相互关系的能力等。[2] 我们可以把"cultural perspective"这个英文短语译为"文化视域",用来指称经由 20 世纪多学科文化理论的综合研究之后学术界形成的文化视野。

文化视域的形成有以下三个标志:

第一,观察问题的视野有无覆盖多个学科乃至所有学科的研究对象。20 世纪文化研究的对象无所不包,然而囿于人类理性思维的习惯,学者们提出的文化(或文明)定义之杂多,也是人所周知的。学者们在追溯当代文化研究的渊源时大都追溯至泰勒的文化定义。这位学者写道:"文化或文明,就其广泛的民族学意义来说,乃是包括知识、信仰、艺术、道德、法律、习俗和任何人作为一名社会成员而获得的能力和习惯在内的复杂整体。"[3] 在这里,他将文化与文明等量齐观,在二者之间未做任何区别,实际上开了消融文化与文明界限之先河。界限的消融带来了研究对象的扩展,在此意义上,20 世纪多学科共同研究文化问题的局面自泰勒始。

第二,对研究对象的解释有无突显其文化或人文意义。文化的一般界定在于把文化视为人类创造活动与创造成果的总和,而进一步的界定则是人类所拥有的观念和精神,或者物质、制度、行为中所包含的文化或人文意义。文化是一个高度综合的统一体,文化精神渗透于民族、社会的各个部门和领域。所以文化研究应当将文化的各个部门、各种起作用的因素作为一个有机的综合体联系起来进行考察。这种联系文化的具体表现形式并对其所含人文精神所做综合考察就是一般的文化研究,目前最接近这种一般文化研究的是文化哲学的研究或以宗教与文化之关系为核心问题的抽象理论研究。

第三,能否突破传统历史学的机械因果论,提出新的理论框架。自从德国学者斯宾格勒提出文化是有机体的观点以后,他的文化宿命论的结论没有被普遍接受,但是他反对传统的历史研究方法,即那种简单地套用自然科学术语及机械因果论的方法,得到了学术界的认可。学者们公认文化是历时性的、动态发展的,是一种活体,有其自身的发展轨迹。在新世纪的文化研究中,我们有必要综合现有多学科的理论研究成果,并在此基础上求得理论上的创新。

文化危机意识引发了学术界的宗教文化研究热潮。在这样的学术氛围中,宗教与文化的关系问题突显,成为宗教文化研究的核心问题。围绕这一问题,现代人文社会科学的一些重要成就,像心理学的、人类学的、神话学的、语言学的、符号学的等,被引入宗教文化研究,深化着人们对"文化"和"宗教"这两个基本范畴及其关系的认识。

西方社会是一个宗教传统悠久、宗教影响巨大的社会,西方学者一般认为:宗教与文化的关系,较之其他文化形式与"文化整体"的关系有着更深刻的意义。宗教不只是一种依附于文化整体的文化形式,而且可以有相对独立性或存在的必然性。也就是说,只要有人,就一定会有宗教的观念、宗教的情感、宗教性的追求;不论这些观念、情感和追求是公开的还是隐蔽的,都是客观存在。所以他们强调,宗教乃是普世的,体现在人性、人的社会性和人的文化性之中。

文化人类学的开山祖师马林诺夫斯基曾把文化人类学界定为"研究文化的特殊科学"。他的文化概念是传统的广义文化,即把文化看作人类社会生活中的物质现象和精神现象的总和,但他对宗教的认识却完全属于现代。他指出,宗教决非超越整个文化结构的抽象观念,而是一种相伴于"生命过程",有其特定功能的人类基本需要。这种基本需要既是生理的又是心理的,既是个体的又是社会的,归根到底是文化的。韦伯把宗教视为一种基本的文化特性,注重揭示宗教信念在西方近代文化起源过程中对社会文化心理产生的重大影响,十分谨慎地反复验证宗教经济伦理与世俗经济伦理之间的历史关系。汤因比更进一步,他把人类历史的载体规定为文明,而宗教信仰则是文明社会的本质体现,是文明过程的生机源泉。这样一来,文化与宗教的关系问题就被纳入文明通史,在全盘涉及文明的起源、生长、衰落和解体的系统研究中获得了前后关系。蒂利希接受了现代意义上的文化观念,进而认为广义的宗教不是人类精神生活的一种特殊机能,而是整个人类精神生活的"底层",是贯穿于全部人类精神活动的一种"终极的关切"。他认为,人类文化的统一性就在于宗教,人类文化成果所体现的一切就其内涵来说都是宗教的。宗教构成了一切文化的实质,而文化是宗教的表现形式。文化若无宗教内容会显得空洞无聊;而当文化与绝对的意义相关时,则获得了宗教的尺度。同样,宗教也要注意与文化的统一,脱离文化的宗教会变得原始低下、荒唐粗俗,会因为与社会主流文化发展格格不入而失去其生命力,在时代的变迁中逐渐不复存在。

西方学术界的这些观点传入中国以后,对于中国学术界的宗教文化研究有重要的启迪。我们看到,自改革开放以来,中国学术研究的"文化热"和"宗教热"也是融为一体的。在这一中外文化交流的新时期,中国学者了解了西方学术界的研究态势,并相对独立地展开了自己的研究。而在这一多学科共同关注和研究宗教问题的过程中,宗教与文化的关系问题仍然处在显要的位置。

中国学者对宗教与文化关系的认识可以高度概括为一句话:宗教是文化(文明)的核心。在人类文化(文明)史上,宗教在特定的时期(比如原始社会或西方中世纪)就是整个文化系统;而经过宗教世俗化的过程,宗教在一般文化系统中的地位仍旧具有核心地位。

在文化视域下,宗教是一种重要的文化现象。宗教意识以特定方式反映着人的社会生活,而宗教意识被实体化而成为一种社会体系和生活方式。诚如牟钟鉴先生所说,宗教"并非一种孤独的思想游魂在空中飘来飘去,它总要附着在某种文化实体上,通过一定的文化系列在社会生活中发生实际的作用,例如通过宗教道德、宗教哲学、宗教文学、宗教艺术、宗教习俗、宗教典籍、宗教活动,影响人们的思想情趣,成为社会精神生活的一个组成部分"[4]。

文化大体上有器物、制度、行为、意识这样一些层面,而宗教所具有的巨大包容性使之能够包括所有文化层面。应当说,宗教器物、宗教制度和宗教行为是宗教的外壳,而宗教意识,尤其是宗教信仰或对神(上帝)的崇拜则是宗教的内核。宗教若无器物、制度、行为的外壳,那么它的内核也就成了与哲学、文学、艺术等意识形式并无多大差别的一种意识形式。宗教的外壳与内核相辅相成,促进着宗教的发展。宗教既不是一个绝对封闭的体系,也不是高度开放的体系。这一特点使之能在文化系统中保持相对独立性,又能与世俗文化相互作用。

"宗教是文化的核心"这一命题的具体含义主要有:(1)宗教作为文化

的一种形式渗透或包容一般文化的各个层面和各种形式,不仅渗透到文化的精神意识层,而且渗透到文化的器物、制度、行为层,不仅包容文学和艺术等文化形式,而且包容其他一切文化形式;(2)人类各大文化系统均以某种宗教为代表,现存世界各大文化体系均有宗教的背景,均以某种宗教信仰为支柱,西方文化以基督宗教为代表,东方文化以儒教为代表[5],阿拉伯文化以伊斯兰教为代表,等等;(3)宗教为人类社会提供了基本的信仰体系、价值规范、行为准则、组织体制。

美国神学家蒂利希说过:"正如文化在实质上是宗教,宗教在表现形式上则为文化。"[6]这句话与我们所说的"宗教是文化的核心"语境和立意均不同,但可以与我们的看法相互参照。经过20世纪的文化研究,宗教是文化的核心这个观点已经被中国学术界大多数学者接受。人们越来越深刻地认识到,宗教受整个文化体系的制约,它本身也是文化环境的产物和文化的一种表现形式。人类文明史的绝大部分,在各个时代和各个国家,宗教都是文化统一的核心力量。它是传统的保护者,道德法则的维护者,智慧的传播者,人们生活的教育者,可以把社会控制在一个确定的文化范型之中。不了解处于文化核心的宗教信仰就不能理解这种文化所取得的成就,撇开宗教就不可能对文化做出完整的解释。从世界和全人类的范围来看,宗教作为一种漫长的历史现象仍将继续存在,并将在现实社会的发展中起重要作用。

然而,在肯定宗教在文化系统中的地位和作用的时候,我们也应当看到,世界上的任何事物都有两重性,即都有其肯定和否定、积极与消极的两重性,并在一定条件下相互转化。我们肯定宗教在文化系统中所处的核心地位,这当然意味着对以往那种全盘否定宗教的态度的否定,例如尼采认为基督教是"有百害而无一利的害人虫",或在一些国家由于曲解"宗教是人民的鸦片"的含义而全盘否定宗教,但并不意味着"存在的就是合理的",并不意味着对宗教所起社会作用的全盘肯定,把宗教视为解决一切现实问题的良药。

文化视域的形成也是中国学术界在20世纪取得的一项最重要的进步,它不仅是以往成就的前提条件,而且规定着新世纪宗教文化研究乃至于一般文化研究的基本走向。由于文化范畴的广义性,把与宗教有关的一切研究都纳入宗教文化的范围并无什么不可,但这是广义的宗教文化研究;而围绕宗教与文化关系这个核心问题阐述宗教在文化整体中的特性、本质、地位与作用的研究则可视为狭义的宗教文化研究。

二 文化传播的规律性

20世纪的文化理论研究经历了诸如文化定义的探讨、文化形态的分类、文化系统的描述、跨文化的比较、文化多元主义、文化冲突论与融合论一类的研究热点或浪潮。但是,现有各种研究并没有穷尽文化研究的对象,也没有提出一种能为学者们全然信服的理论体系。随着时间的推移,经过学术界的长期思考与争论,现有文化理论中有些观点已经落伍,而有些观点则由新论转化为共识或常识。这些共识就是我们建构新的文化理论的前提。

文化互动转型论以上述文化研究的理论成果为前提,但重在探讨文化传播问题。在此,我们尝试性地提出一种文化互动转型的理论,来解释宗教与一般文化传播的关系。这种理论以不同类型文化间的文化传播为解释对象,以强调本有文化与外来文化的"互动"与"转型"为主要特征,所以称作"文化互动转型论"。它的基本立场可以概括为以下几点:

第一,跨文化的文化传播具有双向性,而非单向性的输出或输入。

异质文化之间的交流与传播是文化发展的动力。"一个群体向另一个社会借取文化要素并把它们融合进自己的文化之中的过程就叫做传播。"[7]各种文化组织系统发展到一定程度,必然会发生扩张和相互接触,会有文化输出与输入的现象发生。同类型文化间的交流与传播可以维系和强化该文化系统,但不会引起它的质变和型变,而不同类型文化间的交流与传播则能做到这一点。

文化互动转型论承认文化传播是文化发展的动力,但它强调文化交流与传播的途径往往是双向的,在许多情况下是一个互动的过程;交流的双方总是相互影响,很难分出谁是纯粹主动的传播者,谁是完全被动的接受者;外来文化与本有文化的区分在文化融合阶段是相对的,两种文化的关系及其自身价值要在一个互动的过程中方能得到充分的表现;更重要的是,在双向性的交流与传播过程中,双方都在不断地改变着自身。这种状况在文化的制度、器物层面可以得到反映,在文化的精神层面也能得到表现。

第二,文化冲突和对抗是一种必然,而非文化融合不可能的证明。

由文化交流与传播引发的文化冲突和对抗是一种普遍现象,文化互动转型论对文化冲突持具体分析的态度,而不是笼统地赋予其肯定的或否定的评价。文化冲突是客观存在,不容否认,但对文化冲突之后果和意义的观察与评价则囿于人们的民族文化情结而具有强烈的主观性。文化互动转型论是打破这种民族文化情结的武器。

波普尔坚持文化之间的冲突可以导致讨论、争辩、互相批评,从而导致富有成效的后果;不同文化之间的鸿沟愈大,讨论就愈有成效。他否认对话与讨论的不可能性,认为尽管这种对话可能很困难,令人不快,引起争吵甚至暴力行为,但仍然可以诉诸人的理性,诉诸人类趋向真理的善良本性。他呼吁,只有用唇枪舌剑来证明甚至取代刀光剑影,人类才能向一个更好、更和平的世界迈出最伟大的一步。[8]他的观点具有相当大的启发意义。

从整个中西文化冲突的历史来看,以战争为文化传播通道所引起的文化冲突多于导致讨论和批评的文化冲突。但是,文化冲突带来的不良后果只能用来证明不同类型文化的差异和文化传播手段之不恰当,不能用来证明文化融合的不可能,否则西方文化的形成和拓展、东方文化的形成和拓展都将成为可疑的。文化互动转型论以不同类型文化之差异的缩小来观察世界文化发展的趋势,而以自愿接受还是强迫接受为判断文化传播手段之恰当性的标准。应当说,以往的中西文化冲突造成过巨大的灾难,但与此同时,它也带来了富有成效的积极作用。可以预计,中西文化交流的前景仍将充满着冲突,但我们看到,前进的道路无论如何迂回曲折、千磨万劫,但它在持续不断地走向一个更合适一些、更宽敞一些的新的文化世界。

第三,文化融合是可能的,消除一切差异的文化整合是不可能的。

文化互动转型论承认文化融合是可能的,这不仅是世界各大文化体系成形的历史告诉我们的事实,而且也是一种世界文化发展的大趋势;但是文化互动转型论也否认世界文化的发展能达到无差别的单一文化状态。这里的关系就好比理想中的圆与现实中的圆。明白了这个道理,就可以防止对世界文化的发展趋势做出错误的估计。

斯宾格勒否定文化融合的可能性。他认为，每一种文化代表了各自独立的象征系统，这种象征既是在本质上不同的，也是无法相互融通的，它们是自我幽闭的，只是在表象上存在着"交流""融合"之类的现象而已。"两种不同文化的人，各自存在于自己精神的孤寂中，被一条不可逾越的深渊隔开了。虽然印度人和中国人在那些日子里都自觉是佛教徒，他们在精神上依旧离得很远。相同的经文，相同的教仪，相同的信条——但是两种不同的心灵，各走自己的路。"[9]但是文化之间有所交流、有所接触并互相有所影响的事实终究是不能否认的，对此，斯宾格勒提出一个特别的术语——历史中的假晶现象。由于火山爆发，熔化了的物质依次倾泻、凝聚、结晶，这时就会出现内部结构和外表形状相矛盾的结晶。

然而，内部结构和外表形状相矛盾只是对融合前后文化的对照观察，忽略了通过杂交产生新的文化类型这一事实。文化互动转型论不仅注重对文化类型的考察，更注重文化融合后输出方与接受方各种文化要素的组合，肯定这种矛盾组合通过调适可以达到和谐，从而比旧文化具有更为强大的生命力。

第四，肯定文化融合的最后结果不是文化的衰亡，而是文化的转型。

文化传播曾被学者们用来说明文化不是衰亡的，而是不断地由一种文化向另一种文化类型转移，而这种文化的转移又导致了文化的不断进步，以此反对文化宿命论。但这种反对相当无力，因为文化类型的转移说到底是一种类型被另一种类型所取代，而不是文化的转型。在以往对中西文化关系的解说中，有两种主张针锋相对，然而，无论是主张以西方文化替代中国文化，还是主张用东方文化主宰未来世界，都是期望以一种文化替代另一种文化，实际上讲的还是文化转移，而没有涉及文化转型。另一种解说是主张中西文化各有所长，混而配之，构造出一种最优的文化形态。但这种解释以混合、取长补短为手段，没有讲到外来文化要素与本有文化要素之冲突和融合所引起的文化型变，就其本质而言，只是上述文化替代论在要素层次上的变体。

文化互动转型论否认文化宿命，承认文化更新。但它不是把文化延续的希望寄托在文化转移上,而是寄托在文化转型上。它认为文化转型是一个历史过程,不是外来文化与本有文化之间的简单取代,而是通过外来文化与本有文化之间的冲突与调和实施重组,从而产生新型文化。当一个社会处在文化转型时期,从这一社会文化的政治、经济、社会、思想等各个层面都可以看到这种转型的发生。文化就其核心内容而言,是不能简单替换的。但是,通过文化间的相互对话可以拓展文化视野,乃至于在不同文化间形成共同的视野。这种拓展其实是一个双向运动的过程:一方面,它通过文化之间的对话来发现自身文化的边界和局限;另一方面,它又通过对自身文化的重新解释来拓展自身的文化视野。这是一种反复的循环回答:对外来文化的解读,实际上是从本有文化的角度向外来文化发问;而从外来文化中得到的回答,又会促使向自身的文化传统发问,并进一步迫使本有文化以新的方式对外来文化作答,对自身文化做出新的理解。文化视野的拓展,既是一个不断解读对方文化的过程,也是一个不断对自身文化传统重新解释的过程。原来的文化鸿沟愈大,新的智力视野或文化世界也就扩展得愈大。因此,外来文化与本有文化的融合结果,并不是两者合二为一,而是通过各自的拓展达到视野上的融合。一方面,作为不同的文化体系,外来文化与本有文化将依然保有各自的特性;另一方面,文化视野的融合,意味着两种文化可以达到彼此理解对方文化的特定问题、评判方式和价值取向,并从自身文化的角度对其可被其他文化理解的内容加以评说。所以,文化的融合并不会创造一种单一文化的一统天下,而只会导致各种不同文化的共同繁荣和交相辉映。

第五,文化适应与外来文化的本土化是文化融合的有效途径。

文化互动转型论要思考文化传播与融合的有效途径,在武力征服被公认为无效的现今,文化适应与外来文化的本土化应被视为世界文化融合的有效途径。早在 20 世纪 30 年代,文化人类学家莱底菲尔德提出了"文化适应"(acculturation,亦作"文化移入"或"涵化")这个概念。"文化适应用于理解这样一类现象,具有不同文化的群体通过不断的接触,使双方或两个群体最初的文化类型发生变化。"[10] 在这个定义中,文化互动的因素已有体现,因为他把文化要素的借取视为双向的过程。外来文化与本有文化深入接触以后必然发生外来文化本土化、本色化一类的变化。无论现今学者们对本土化持何种态度,本土化均是文化互动转型论的逻辑推演和组成部分。

有学者指出本土化方法有优点也有缺点,其缺点在于有可能曲解了原有文化,甚至将一些原本不具有的含义强加于它,影响了人们对于原文本做出客观正确的理解;而优点在于丰富了原文本的内涵,有可能丰富和发展了原有文化。这样的评价若纳入文化互动转型论的视野,应当说是没有什么大问题的。因为外来文化与本有文化之融合本来就包含着一个对原文本重新解释的问题,文化交流的传播方和接受方都要为这种解读做出努力。在这里起决定作用的不是外来文化或本有文化自身的性质,而是文化接受方的自主选择。有了适宜的文化环境和接受方的正确选择,文化的转型和更新才会朝着正确的方向前进。

文化互动转型论的提出不仅是为了克服以往文化理论的一些弊端,而且具有重要的理论意义和现实意义。用文化互动转型论的视野观察中西文化交流史,东方文化(或中国文化)与西方文化的相互影响确实是动态发展的,对这种历史的解释也必须具有双向互动的意识。在古代,由于地理环境的阻隔,中国和西方很少发生直接的交往,仅仅是通过一系列中介环节间接地实现相互影响。但即使是在古代那样的条件下,东西文化之间的影响的双向性仍不可否认。近代地理大发现以后,随着全球海路的开通,西方文化挟自身之优势对东方文化采取一种强态势的输出,使该时期的文化传播以西方文化对东方文化产生影响为主流。然而就在这个时期,东方文化,尤其是中国文化对西方文化的影响仍然是不可否认的现实。

西方文化虽然在近两百年间形成了一股裹挟全球的势头,但是这股势头如同公元 1500 年以前持续了一千多年之久的"东风压倒西风"的历史潮流一样,并不能成为人类文化的最终格局。与 20 世纪初全世界都被纳入到西方殖民体系之中的情况相比,20 世纪末西方文化的影响已经呈现出一种衰退的趋势。世界各国在越来越大的程度上被卷入到由西方开创的经济一体化潮流中,但是不同文化所固有的传统价值体系和宗教信仰却没有因此被取消,反而随着全球殖民体系的瓦解和政治意识形态冲突的结束而呈现出一种复兴的前景。就此而言,持续了两百年之久的全球西方化潮流并没有从根本上结束世界文化的多元化格局,反倒使这种多元化格局在一种新的基础上,即在文化交融和自我更新的基础上得以重现。面对这种世界文化发展的大趋势,文化互动转型论的提出有助于中国文化的转型与更新,也有助于确立中国文化在未来世界文化中的重要地位。

三 外来宗教本土化问题

在阐述了文化互动转型论的基本立场以后,让我们来分析一下基督教的文化传播问题。在文化研究的影响下,研究基督教的学者(包括教内的和教外的)把文化传播学的一些术语移植到宗教领域,用来思考基督教与文化的关系,反思基督教传播的历史,确定基督教传播的基本原则和恰当方法。现有各种文化理论会继续对基督教传播问题的研究产生影响,而这些研究成果也必将为文化理论提供例证或否证。

我们看到的是,在基督教与西方文化的关系问题上,人们认识到基督教是西方文化的精神支柱。然而,在基督教与东方文化的关系问题上,否定基督教与东方文化融合的可能性的观点并不罕见。在中国内地,复兴儒学一类的思潮经常成为基督教与中国文化融合的对立面。尽管基督教在中国的传播已有一千三百多年的历史(从公元 635 年景教主教阿罗本到达长安算起),然而说基督教将在 21 世纪在中国人心目中彻底摘去"洋教"的帽子也还是不确定的事。因此,我们可以预计,在 21 世纪,基督教传播的目的、方法与结果,作为 20 世纪 70 年代以来基督教文化问题的研究重点仍将继续。

依据文化互动转型论的第一条基本立场,即"跨文化的文化传播具有双向性,而非单向性的输出或输入",我们在看待基督教传播的历史与现状时必须注意到这种双向性。基督教在中国传播的历史,可分为唐朝的景教、元代教廷使节的东来、明清之际耶稣会士在中国的活动、近代天主教的复归与新教的输入四个历史时期。从 20 世纪 80 年代开始,中国内地学术界开始对基督教在华传播的历史进行反思,重点放在明清以及近代。由于研究基督教在华传播已经先在地设定了基督教传教士作为文化传播的主动的一方,而中国文化则是接受外来文化冲击的受体,因此学者们单向性地看待基督教在中国的传播是很自然的。然而,如果我们观察数次大传播的细节,就可以发现基督教在华传播也是一个双向的过程。也就是说,不仅是基督教对中国文化产生了冲击和影响,而且中国文化也对基督教产生了重要影响。这种影响不仅表现在教会的组织和礼仪层面,而且也表现在其精神层面,即神学上。

提到中国文化对教会神学的影响,某些教会学者可能会不以为然。然而,基督教神学在其传播过程中会受到文化环境的影响而发生形变是基督教的整个发展史所证明了的事实。当基督教跨越种族与文化的疆界,教会的宗教仪式、道德价值、组织形式,以及神学的类型都在发生激烈的变更。有了文化互动转型论的视野,无论是西方学者和中国学者都能较好地理解基督教的传播与中国文化的关系,可以比较深入地考察历史上各次基督教传教中所发生的双向运动。近年来,西方学者比较注重考察这些影响,但是中国学者的著作中对这个方面着墨不多。这是我们在今后的研究中要注意的。

依据文化互动转型论的第二条基本立场,即"文化冲突和对抗是一种必然,而非文化融合不可能的证明",那么 20 世纪有许多研究著作的结论需要修正。在基督教传教史上,民族文化对基督教的抗拒常常被夸大。然而,即使在《圣经》中,也有材料证明文化障碍是可以消除的。"对《旧约全书》的检视即可证明,最广义的传教已经有了。以色列人是在许多民族之间产生的,它从这些周围的民族中任意借用和适应了它们的语言、祭仪和文化。"[11]

基督教在华的几次大的传播运动都曾引起过激烈的冲突和对抗。唐朝的景教虽一度呈现"法流十道、寺满百城"的景象,但是,由于景教教士在释经时过多地使用了佛教的语言,并将主要精力花费在结纳权贵上,因此缺乏下层信众的基础。当上层政治斗争以灭佛的形式波及景教时,它便迅速地衰亡了。元代东来的教廷使者和天主教教士,以其宗教的热忱使教堂和十字架重新耸立于从汗八里到中亚细亚广大的土地之上。但是,元代是一个由蒙古族统治中国的王朝,占全国人口绝大多数的汉族被置为异类,天主教传教士的宣教对象主要是蒙古族以及各类色目人,建立本地化教会和向汉人传教的工作几乎是一片空白。所以,当明太祖朱元璋以光复汉室之名率军北上,攻陷大都时,天主教很自然地被视为蒙古的文化,随着元朝的覆亡而消失于历史的舞台上。以利玛窦为代表的明清之际来华的耶稣会士,开启了基督教与中国社会和文化互相沟通的先河。他们并不想把上帝与中国社会对立起来,传道之际多取径于教义和儒学的沟通,在渐进之中,不仅获得士大夫的友情,而且进入了宫廷之中。然而好景不长,随之而来的保守派士大夫的反教和后来的"礼仪之争"阻断了这一进程。历史进入近代以后,天主教和新教终于在中国取得了长足的发展。然而近代基督教入华是在一系列由西方列强迫订的不平等条约保护下进行的,它本身的活动也与西方殖民主义侵华扩张活动紧密结合在一起,这使得中国人因民族矛盾而排教,也使教会无法依靠宗教本身的力量与中国人进行心灵上的沟通。

历史的教训值得记取,基督教对华传播的四次运动都值得我们去认真研究。有些学者以基督教与中国文化之间的冲突和对抗为证,得出基督教与中国文化根本不相容的结论。而从文化互动转型论的视野来看,它们只能证明文化传播双方目的之相左和传播方法上的不妥。中国文化与西方文化及其代表基督教的文化差异显著,这就使得双方的文化吸取变得复杂和缓慢,在一定时期则引起激烈的冲突。但这并不能证明基督教与中国文化融合的不可能。如何看待异质文化传播中的冲突与对抗直接影响着学者们的研究结论。

依据文化互动转型论的第三条基本立场,即"文化融合是可能的,消除一切差异的文化整合是不可能的",那么基督教传播的目的决不应定为使中国文化基督教化,而中国社会接受基督教文化的目的同样也决不是使基督教与中国文化完全同化。这两种目的实际上都是在希冀使两种文化达到完全同化的境界。一旦差异完全消失,对立面也就不存在了。而从世界文化发展的多元化趋势来看,这是做不到的。

在现代社会科学中,学者们一致认为不同文化之间的调和是必然的。在这里我们要进一步指出,不仅世俗文化是这样,而且包括基督教在内的宗教文化也是这样。在与其他文化的接触中,宗教文化可以吸取自身发展的动力。尽管少有基督徒对此抱肯定态度,但这种吸取在过去发生了,在现在也在发生,并由此丰富着普世基督教的内涵。事实上,每当基督教主动渗入民族文化时,就不仅仅是一个基督教被吸收到民族文化中去的适应过程,而会产生一种调和过的文化和一种发展了的基督教。"为了基督教能够长存,原始基督教不得不消失。"[12]

作为一种外来的宗教,基督教自始至终存在着一个如何与中国本土的社会和文化相互沟通、适应、融合的问题。基督教作为一种宗教文化总是处在具体的民族文化的情景之中,与民族文化相互作用,所以世俗社会对基督教的影响是不可避免的。基督教与民族文化之间的冲突、调适与结合在任何一项基督教的传教事业中都会发生。承认这一点使基督徒面对一个窘境:他们希望能把福音信息传给世界上的每个国家和民族,但同时又希望基督教能保持其独立性和纯洁性。这有可能做到吗?

在这个问题上,基督教的基要主义者们把基督教当作不变的、独立存在的,最终可被外部世界当作一个对象来认识的东西。由于断定《圣经》的永恒真理,他们反对以其宗教观念和祭仪去适应民族文化。他们在理论上拒绝文化学的许多论断,言下之意也就是不承认他们所处的这个世界对基督教的社会影响。但是,只要基督教与民族文化发生接触,就会在具体的历史情景下发生某些变化。当然,我们也必须指出,在保卫基督教方面,所有的基督徒"在一定程度和一定意义上,都是基要主义者"[13]。基督教的历史在宗教与世俗文化的关系上就是一部抗拒世俗化的历史。通过综合,基督教可以与民族文化达到调和,但不会完全被民族文化消融以至于完全丧失它的独立性,否则它就不再是基督教了。从基督教传播的角度来看,基督教发展的目标应当是保持它的相对独立性,而不是保持它在绝对意义上的纯洁性。

依据文化互动转型论的第四条基本立场,即"文化融合的最后结果不是文化的衰亡,而是文化的转型",那么基督教的传播和中国文化对基督教的接纳从文化发展的角度看,其积极作用应是促进中国文化的转型,也促进基督教文化发生型变。从基督教对华传教的四次运动来看,近代基督教入华给中国人心中留下的记忆最惨痛。当时来华的传教士多半挟有战争打出来的民族优势,在 19 世纪盛行于西方的所谓"进步"观念的支配下,对中国文化知之甚少,甚至觉得无须尊重中国文化,总是希望接受了教义的中国人与他们一样西方化。这种倾向使基督教与中国社会之间的融合成了一个难题。一个多世纪过去了,现在中国人和西方人都已经相当深刻地检讨了近代基督教入华时双方存在的问题,因此,在接下来的时间,如何进行文化传播,如何进行有效的文化对话,对基督教和中国社会来说都是一个严肃的课题。

在基督教方面,我们应当看到,基督教在与民族文化调和方面是足够柔韧的。基督教不是一个僵硬的公式,而是一个灵活机动的能够使自身适应环境的动力源。而在中国方面,完全拒斥基督教文化既不可能,也无积极作用。从20世纪80年代起,中国政府已经调整了宗教政策,放弃了"文革"极"左"的做法,采用了比较实事求是的态度。从民族文化的范围来看,基督教文化已经成为中国社会中的亚文化,成为中国文化的有机组成部分,并将在中国文化的更新中发挥重要的作用,这是无人可以否认的事实。

依据文化互动转型论的第五条基本立场,即"文化适应与外来文化的本土化是文化融合的有效途径",那么参与基督教传播的双方都应高度重视本土化问题。本土化问题是20世纪基督教传播研究的一个关键问题,在21世纪它也仍会得到学者们的重视。

学者们对本色化(indigenization)、本土化(inculturation)这一类术语的界定尚未达成一致看法。例如比利时学者钟鸣旦说:"本土化又称本地化、本位化或本色化。广义而言,指某一种文化将另一文化的某些原素,吸收为己有。神学上的意思则是:福音生活和它的信息,在某一特定文化中的具体呈现。而该文化的成员,不仅只以该文化表达基督经验(如此做只是单纯的适应),且能使之变成灵感、方向和统一的源头,以转变、再造该文化,带来一新的创造,不仅足以充实此特定文化,同时也充实普世教会。"[14]美国学者凯利尔(S. J. Herve Carrier)说:"本土化是一种把基督信息注入给定的社会—文化环境,由此召唤那个环境中与它自身一致的价值的成长,直到它们能与福音信息和解。本土化在各个国家、地区、社会部门中寻求归化(to naturalize)教会,而又充分尊重当地的精英和每个群体的特点。因此,本土化这个术语包括与福音信息和社会环境的接触有关的个人和群体成长和相互充实的含义。"[15]上述定义和解释都或多或少地包含着文化互动转型论的因素,但对这一理论趋势尚未做出明确的表述。而我们从文化互动转型论的视野下观察本土化问题,或将之纳入这一理论体系,作为其中的一个组成部分,那么可以用"本土化"这个术语来指称导致基督教与民族文化综合的整个过程。它不是基督教在传播中对民族文化的消极适应,而是一种积极的适应;它也不是基督教被其文化环境同化,而是基督教与民族文化间的积极调和与融合。基督教传播到其他民族,与各种民族文化发生冲突与调和,由此基督教的信仰显现为激励、引导、改造这种文化的动力,并在这个过程中改造自身。

文化互动转型论源于对包括基督教传播在内的文化研究理论的综合与提炼,因此,其提出不仅有助于克服以往文化理论的一些弊端,而且对基督教传播也具有实际意义。这个问题不是一个教会能否接受或者容忍的问题,教内和教外的人士对这个问题的认识都会给基督教的传教事业带来令人惊愕的后果,因为基督教的世界性本质决定了它的福音不能只被封装在一种文化之中,它想要拥抱所有文化和所有民族,并能通过它们来表达。这既是历史事实,也是实际需要。

20世纪下半叶以来的一系列事件给整个世界和教会带来了深刻的影响。帝国主义的殖民时代走向终结,民族独立和民族文化意识如同烈火燃遍全球。这些变化标志着教会自身的历史也处在一个深刻的转变时期。在原来的那个时代里,福音几乎毫无例外地被嵌在西方或欧洲文化之中,而在这个新的时代,教会将开始看到普世性和多元化的真正含义,这在基督教史上可能是第一次。由梵蒂冈第二届大公会议签署的《教会在现代世界牧职宪章》指出:"正如这个世界承认教会是一个社会实体和历史的一个推动力量,教会也明白它自己从人类的历史和发展中得到益处。教会从以往世代的经验中,从科学的进步中,从隐藏在各种文化中的财富得到益处,由此更强烈的光芒将照耀人性,通往真理的新的大道展现出来。在基督教的历史上,教会早就学会了用不同民族的概念和语言表达基督教的信息,尝试着按照他们的哲学家的智慧纯净基督教的信息,这是一种使福音适应全人类的理智的尝试,是有知识的人的需要。确实,这种适应和传道是一切传教活动的法则。按这种方式才有可能在每个国家用适当的术语表达基督的信息,才能使教会与不同的文化有实质性的接触和交流。"[16]因此我们可以说,以适应文化的方式进行传教已经是教会本身的呼吁和一种实际的努力。而这种努力的成功与否,不仅取决于教会自身,而且也取决于接受文化传播一方对基督教的认识。正是在这个意义上,文化互动转型论可以使传播方和接受方在许多层面达到平衡的意识,从而使基督教的文化传播得以顺利有效地进行。

中国社会自改革开放以来,在短短的二十年时间里经历了从引进西方先进的产品和技术,到借鉴西方的各种法律、政治、经济制度,再到参照西方的价值体系和思想观念对中国文化进行全面分析,显示出前所未有的自觉性和主动性。改革开放以来这二十年也是中国文化对西方产生最大影响的二十年,西方人比以往任何历史时期都更加深刻地理解了中国社会与中国文化,对中国文化精神及其价值的肯定也超过以往。这一现实告诉我们,每一种具有牢固的精神根基和历史传统的文化体系都不会从根本上被其他文化所取代,但是随着时代的变化,任何一种有着悠久历史传统的文化体系都不可能不变。中国学术界普遍承认,中国社会正处在一个深刻的转型时期,它的文化也必将发生深刻的型变。面对这一现实的中国文化的发展趋势,西方学术界如果能够认清在21世纪,基督教及其文化在中国文化系统中的地位仍将处在亚文化的状态,但它又是一种能够对中国文化的转型与更新起作用的积极的力量,那么中西思想界在基督教传播问题上就可以避免许多极端的论点,进而达成更多的共识。

【关键词】

宗教文化学　　文化视域　　文化传播　　本土化

【进一步阅读书目】

张志刚:《宗教文化学导论》,东方出版社,北京,1996年。

王晓朝:《罗马帝国文化转型论》,中国社会科学文献出版社,北京,2001年。

【思考题】

1. 宗教文化研究与一般文化研究是什么关系？

2. 包括宗教传播在内的文化传播有哪些规律性？

3. 什么叫外来宗教本土化？

4. 为什么外来宗教本土化是一种必然现象？

注　释

〔1〕　参阅张志刚：《宗教文化学导论》结论部分。

〔2〕　北大张祥龙教授曾解释说："视野""视域""境域""缘境""境"是一组同义词。参阅张祥龙：《海德格尔思想与中国天道》，第 16 页，三联书店，北京，1996 年。

〔3〕　E. B. Taylor, *Primitive Culture*, London, 1871. 泰勒：《原始文化》，英文版，第 1 页。

〔4〕　牟钟鉴：《中国宗教与文化》，第 5 页，巴蜀书社，1988 年。

〔5〕　儒家是否宗教与本讲要旨无涉，在此不予讨论。

〔6〕　P. Tillichi, *Theology of Culture*, Oxford University Press, 1959. 蒂利希：《文化神学》，英文版，第 42 页。

〔7〕　恩伯：《文化的变异》，第 535 页，中译本，辽宁人民出版社，沈阳，1988 年。

〔8〕　参阅黄万盛主编：《危机与选择》，第 228 页，上海文艺出版社，1988 年。

〔9〕　斯宾格勒：《西方的没落》，上册，第 735 页，商务印书馆，北京，1963 年。

〔10〕　莱底菲尔德：《文化适应研究论纲》，《美国人类学杂志》，第 38 卷，第 149 页，1936 年。

〔11〕　D. Senior, & C. Stuhlmueller, *The Biblical Foundations for Misson*, New York, 1983. 西尼尔：《传教的圣经依据》，英文版，第 141 页。

〔12〕　A. Harnack, *What is Christianity*? London, 1904. 哈奈克：《什么是基督教》，英文版，第 14 页。

〔13〕　L. Caplan, *Studies in Religious Fundamentalism*, Hong Kong, 1987. 卡普兰：《宗教基要主义研究》，英文版，第 22 页。

〔14〕　S. J. Nicolas Standaert, *Inculturatie Evangelie en Cultur*, 1933. 钟鸣旦：《本地

化:谈福音与文化》,第 91 页,中译本,光启出版社,台北。

〔15〕　S. J. H. Carrier, *Evangelizing the Culture of Modernity*, New York, 1993. 凯利尔:《对现代文化宣讲福音》,英文版,第 67 页。

〔16〕　G. Flannery ed. , *Vatican Council II*, *The Conciliar and Post Conciliar Documents*, Dublin, 1988. 福兰纳利:《梵二会议文献集》,英文修订版,第 946 页。

第十一讲

宗教与道德

宗教与道德在文化系统中的不对称
以信仰为中介把握宗教与道德的关系
宗教伦理的共通准则
发挥宗教道德在现时代的积极作用
倡导和平与宽容的伦理原则

宗教是一种有着悠久历史的、复杂的社会文化现象,最主要的特征是对某种神明的信仰和崇拜。宗教意识发展到一定阶段实体化而成为一种社会体系和生活方式,支配或影响着人类社会的发展。宗教受整个社会文化系统的制约,它本身也是文化环境的产物和文化的一种表现形式。前已论及,在人类文明史的绝大部分,在各个时代和各个国家,宗教都是文化统一的核心力量。它是传统的保护者,道德法则的维护者,智慧的传播者,人们生活的教育者,可以把社会控制在一个确定的文化范型之中。不了解处于文化核心的宗教信仰就不能理解这种文化所取得的成就,撇开宗教就不可能对文化做出完整的解释。从世界和全人类的范围来看,宗教作为一种漫长的历史现象仍将继续存在,并将在现实社会的发展中起重要作用。在把握了宗教与文化传播的关系以后,我们在这一讲中进一步考察宗教与道德的关系。

一　宗教与道德在文化系统中的不对称

宗教与道德的关系在宗教学界和伦理学界都是一个无法回避的大问题,是一个学者们很想说清楚但又说不太清楚、值得进一步探讨的课题。要在文化视域下分析宗教与道德的关系,我们有必要简单回顾一下中国学术界以往对这个问题的探讨。

对宗教与道德关系较为系统的探索在大陆宗教学界最早主要见于吕大吉先生的论著。吕先生说:"宗教与道德都是社会意识的一种,同属于上层建筑的范畴。社会的经济基础是二者的共同源泉。宗教是以幻想的超人间形式来表现现实世界中支配人们日常生活的异己力量;道德伦理观念则是以行为规范、社会舆论和传统习俗的形式来调节和维系现实社会中人与人间的社会关系。它们的本质内容都是人们生活于其中的社会关系,而经济关系则是一切社会关系的基础。宗教和道德,如果离开这个基础,就都没有反映和表现的对象,失去其存在的客观根据。"[1]

通过具体分析,吕大吉先生得出若干重要结论:第一,"因此,宗教与道德,就其自身而言都不能成为对方的根据和源泉。因此把宗教说成是道德的源泉,无异说一种观念形式产生另一种观念形式。这是以观念自身说明观念产生的原因,没有触及问题的根本"。"宗教不仅不是道德的源泉,而且在二者发生、发展的历史层次上,应该说道德先于宗教。"[2]第二,"宗教不是道德的基础和保证"[3]。第三,"宗教虽然不是道德的源泉,也不是道德的基础。但这并不意味着二者之间就没有任何关系。既然宗教与道德共存于同一社会体系之中,共生于同一经济基础之上,它们之间就不可能没有联系。在上层建筑、意识形态各部门之间,事实上存在着互相影响、互相作用、互相制约乃至在一定条件下互为因果的情况"[4]。

吕先生的观点具有代表性,是 20 世纪后半叶大陆学术界的主导观点,其观察问题的视角是单一学科的(即宗教学原理的或哲学原理的),其基本理论依据是唯物史观,其理论框架是经济基础决定论。这种观点虽然不能视为简单的机械因果论[5]，但由于它对经济基础的决定性作用给予了过分的强调，因而在特定实践活动中成为某些错误宗教政策的理论依据也有其必然性。

任何一种理论的产生都是为了说明和把握复杂的现象，理论的成功与否在于对现象的解说程度、理论体系内部的自圆其说及其在社会实践中的作用。一种理论框架的建立使人们获得了认识某类现象的支柱，但同时也会遮蔽人们的部分视野，看不到这种框架以外的东西。在把握以往观点的基础上进行理论创新，是学者们应尽的职责。比照以往的传统观点，将宗教与道德纳入文化视域中加以考察，可以看出二者并不具有传统观点所说的那种对称性（都是一种意识形态，都由经济基础所决定，因而解释任何具体的宗教和道德现象的产生都不能离开对经济基础的分析，否则就陷入用意识解释意识的唯心论），而是呈现出明显的不对称性。它们都属于文化，也都是文化的重要组成部分，但在统一的文化系统中，所处的地位和作用方式是不一样的。

在文化视域下，宗教首先是一种重要的文化现象。它以特定方式反映了人的社会生活，而宗教意识又被实体化而成为一种社会体系和生活方式。宗教在文化系统中处于核心的地位。我们现在要问的是：处于同一文化系统中的道德处在什么位置上？

按最一般的定义说，道德是人们共同生活及其行为的准则和规范，道德意识形成以后通过社会成员的自觉遵守来调节人们的社会关系，由此保证社会的存在和社会生活的正常有序。

在文化系统中，道德与宗教相比，具有明显的不对称性。具体说来就是：(1)在文化的意识层面上，道德虽然也和宗教一样，是诸意识形式之一，对其他意识形式具有渗透性和包容性，但这种关系更多地表现为依赖性，例如受经济的决定和对政治或宗教的依附。在特定文化环境中，道德可以不依附于宗教，也可以不依附于政治，但我们从历史上可以看到道德依附性的减弱恰恰就是其无法发挥正常作用的开始，亦即社会产生深刻的道德危机的时候。西方资产阶级革命之后的道德衰退和中国"文革"后的道德危机可以为证。前者使个人道德行为与宗教脱钩，后者使个人道德行为与政治意识形态脱钩。(2)在行为层面上,道德意识的行为化缺乏宗教意识行为化那样的多重保证,道德意识只提供了一种价值判断标准,而人们的行为是否符合某种道德,并不能由道德本身来加以保证,而要依靠个人自身养成的道德境界,也就是说,道德实施的唯一保证是人们的"良知"对道德规范的自觉认同。(3)在体制层面上,道德无法做到像宗教那样的实体化,因此道德的社会功能无法与宗教的社会功能相比。宗教史上有许多例子可以证明,依据某种道德准则,而不是依据某种信仰(其核心又是对神明的崇拜)建立宗教的企图最终不会取得成功。我们现在也能看到企业伦理、行政伦理之类的研究,但要说某种体制或组织是依据某种道德规范建立起来的,这种情况可能不多。

从上可见,道德显然不具有宗教那样强大的包容性,也不太可能像宗教那样实体化,因此,道德无法像宗教一样贯穿、渗透文化的各个层面,更不能像宗教那样自成一个文化子系统。又由于道德这种意识形式的依附性大于宗教,即它不仅在发生学的意义上依附于经济和社会,而且在发挥社会功能时仍然要依附于其他意识形态方能体现自身,因此我们可以说,道德是文化系统的重要组成部分,但在文化系统中并不具有宗教那样的核心地位。

二 以信仰为中介把握宗教与道德的关系

解释宗教与道德的关系我们不能陷入"鸡生蛋还是蛋生鸡"这样的决定论怪圈,去追问先有宗教还是先有道德,也不能简单地问哪一个重要,而应当分析具体文化处境中双方的作用和功能。宗教现象五花八门,但又自成系统。就宗教这个文化子系统而言,信仰是宗教的核心。这句话的具体含义是:在宗教意识中(包括教理、教义、诫命等),宗教信徒对上帝或神明的信仰是宗教意识的核心内容,这种意识统摄、支配宗教现象的各个层面和各个部分,一切与宗教本质相关联的精神形式或物质形式说到底都是这一意识的表现,比如宗教徒追求的与上帝合一的境界,建造宏伟的教堂或庙宇来表现崇拜对象的伟大,等等。有无这种意识也是区分宗教团体与非宗教团体、宗教徒与非宗教徒的标准。

为了能够说明宗教与道德的关系,我们先来分析一下包含宗教信仰和非宗教信仰在内的一般信仰的特性。何谓信仰?信仰是人对世界的一种能动的把握,是对人生最高价值和社会最高理想的反映、评价和把握,是一种动态的运作过程。由这种运作过程而构成的人类信仰活动是在人类精神生活领域中占据核心地位的一种文化价值活动。可以说,对个人而言,它构成个人行为的支柱;对国家而言,它构成国家政治意识形态的核心;对民族而言,它构成凝聚国民心智的民族精神。

就信仰的性质而言,信仰是人类的一种精神现象,表现为社会成员对一定观念体系的信奉和遵行。信仰的内容以观念形态出现,但它并非一般的观念,而是统摄、指导其他一切意识形式乃至社会心理的最高意识形式。历史上流行的信仰体系,除去原始信仰以外,都是由杰出的宗教大师和思想家对社会文明和时代精神综合加工的成果,表现为某种形式的学说。通过这些学说,信仰为人们提供一定的宇宙观、社会观、人生观、价值观,信此为真的人便可得到明确的生存背景、生活准则和生活目的。因此信仰是人的精神支柱和行动指南,丧失信仰使人不仅对个人的生存意义茫然失据,而且在社会生活中无所适从,从而生活在空虚和迷惘之中。

就信仰的功能而言,信仰在无限的空间和永恒的时间中为人类建构精神家园,在茫茫的社会生活中为人们确定行为规范和价值尺度,在盲目的人生中为人们指示目的和归宿。建立信仰,就是确立世界观、价值观、人生观,确定生活的目的和意义,借此排除围绕人生的无知、怀疑、虚无和绝望,得到知识、价值、理想和希望的慰藉,满怀信心地活下去。

就信仰的作用而言,信仰是社会价值、人生价值的定向机制,指导、支配着人们的社会生活和精神活动,并由此对社会发展产生影响。信仰不仅使人在理智上确认为真,还在情感上体验为真,在心理和行动上追求为真,无论老少智愚都身体力行,世代相传。人类历史上各时代的文明成就,就是以不同的信仰为核心,由信奉者们贡献的劳动、智慧和热情积聚而成的。

信仰作为一种意识形式还具有以下特性:

(1) 形而上学性:作为信仰的意识形式是对人类生存背景、生存条件、生存结局的全面反映,是对人类存在整体的审视与反思,是对人类自身与宇宙关系的自觉体认与主观调整。虽然信仰的内容和方式不免要打上深深的社会印痕,但人类的意识却不以人的社会存在为限,它把人的社会存在置于广阔的宇宙背景之中,以此确定其位置和价值,因此信仰具有的形而上学性体现在对宇宙本源和人类自身起源的探求和说明上。这在原始信仰中是创世神话,在宗教信仰中是万能之神的存在,在哲学信仰中是宇宙本体的存在。

(2)超越性:信仰的超越性在于它能把人从他处身的物质世界提升到精神世界,从现实世界提升到理想世界,让人从一种事实的存在变为一种价值存在。信仰为人提供的生命归宿则把人从自然的生存中、从世俗的社会生活中解脱出来,使人由一种个别的肉体存在变为一种普遍的精神存在。信仰的追求表现为与世俗利益无关的对意义的追求。在这种追求中,人便自觉到一种超越尘世、超越自身的精神满足,个人的特殊存在亦融合到信仰所指示的普遍存在之中。

(3)神圣性:信仰的价值性、权威性要求神圣性给以保证。信仰之不同于相信、信任、信念、理想等心理状态之处就在于它的神圣性。神圣性使信仰观念变为信仰者毋庸置疑的、坚忍不拔的信念与不屈不挠的、奋不顾身的实践。信仰所指示的生命归宿是人生的最高目的,信仰所标定的价值尺度是人的行为准则。这些东西的施行主要依赖于信仰者的自觉,而做到这些信念自觉的最好办法莫过于把它们与世俗目的、世俗价值、世俗道德相区别,使它们从日常生活的尘嚣和世俗琐事的繁杂中显露出来,独立出来,具有新颖、高尚、超越的特征。这将使奉行者体验到与众不同的自豪感,从而激发出更为虔诚的信心和实践的热情。

把握了信仰的一般性质,我们可以做出推论:道德的归宿是信仰,至于这个宿主是宗教信仰还是非宗教信仰,视具体文化环境而定。

原始道德是原始人在聚集群居、共同劳动中为维护部落或氏族生存及部落之间关系而产生的调节个人之间、个人与集体之间、集体与集体之间的行为规范。道德起源的逻辑起点是社会分工。只有当社会分工出现,对社会提出了调节个体与群体间关系的要求,才出现了最早的道德观念。原始社会的部落氏族道德可以被视为人类道德的第一个历史类型。这一时期道德的特征是：人类还不可能自觉地理性地调整彼此间的关系，而要依靠宗教、禁忌、风俗等外力制约来接受道德调节，形成道德行为。在原始社会中，宗教力量和道德力量是一个不可分割的综合体。对超自然力量的崇拜与对道德完善的追求紧密结合，两者互相依赖。人类初期社会的秩序和稳定，就是靠宗教与道德力量共同维持。这种基本关系可以说被以后各个历史时期的人类社会所保持。

道德的信仰化和神圣化是一个必然趋势。在人类诞生之初，就存在人与人之间、人与群体之间的关系规范和调整，这种规范和调整以一些自然形成的传统、习惯、风俗等形式固定下来。它们尽管极为简单和粗糙，但却是人类对自身生活方式有意识的反映和确认，由此构成最初的行为准则和社会规范。通过一定的道德约束与引导造成群体内部的秩序、和谐与团结，会给该群体以更强大的生存能力，从而在自然和其他群体的威胁下更长久、更兴旺地生存下去。经过类似一种自然选择的进化过程，道德的积极作用被人类明确意识到，人们把道德规范的遵行和传承作为社会成员的首要义务。这就是在所有的人类学材料中都可以看到原始部落对传统习俗的敬畏与严格恪守的根本原因。为了有利于道德规范的保持、传承和严格遵守，其权威化和神圣化是必不可少的。在最初的人类信仰意识和信仰形式中，那些原始的道德规范有的直接成为原始崇拜的仪式，如各种献祭和禁忌；有的则升华为神明，如对长老的敬畏演变为祖先崇拜和英雄崇拜；而原来的一些模糊不清的行为规范则被信仰规定为明确的律条，如由同族相爱的一般义务到血亲复仇的明确责任。这就使道德的保存和遵行变为一种信仰行为，具有了神圣性和权威性。

道德的信仰化开始是人类群体为保种求存而选择的一种自然发展方向，带有明显的自发特征，表现出幼稚、混乱、迷信和刻板，以及天真、质朴、利群和自觉等。由于人类阶级社会的出现和与此相应的专职的祭司、巫师等特殊社会成员的产生，道德的信仰化开始了系统化、理论化的过程。统治阶级意识到信仰是比道德更为普遍、更为强大的精神力量，作为驯服民众的思想工具，信仰比道德有大得多的权威性和约束力。在宗教成为社会的主要信仰形式的条件下，把道德意识和道德规范纳入宗教体系之内，给它的起源一个神性的说明,给它的施行一个神性的保证,就是方便而又自然的事。

所谓宗教信仰,是指信奉某种特定宗教的人们对所信仰的神圣对象由崇拜认同而产生的坚定不移的信念及全身心的皈依。这种思想信念经过特定的宗教仪式和宗教活动进一步强化,支配着宗教信徒及宗教团体的个人行为和社会行为。成熟形态的系统宗教(例如佛教、道教、基督教等)均以某种特定的信仰(通常是信奉某种神明)为核心,同时又有一整套伦理规范与之相匹配。"宗教中无论任何方面,也无论任何信条,都不能没有其伦理方面的相配部分。"[6]宗教家们把道德引来作为信仰者获得宗教之各种美好许诺的前提和保障,使宗教信仰同道德之间的矛盾,因为人类生存的目标,得到了合乎人类情感逻辑的解决。"宗教既直接在教义中阐述伦理规范,又以教义为依据,间接地制定了各种伦理规范。总之,宗教在现实社会中所表现出的影响力主要在于它的道德规范。另外,道德规范也是宗教的坚实基础。"[7]

在人类历史上,宗教信仰是历史最悠久的一种信仰,道德与宗教信仰的结合是最牢固的一种结合,人类的道德在宗教中找到归宿是一种必然,而不是偶然现象。道德的出现也许早于宗教、哲学、政治、艺术等意识形式,几乎与人类自身同时产生。但在以后的发展中,它在人类的精神生活中却越来越失去其独立地位,靠依附于一定的信仰体系而存在而施行。这一方面是因为信仰作为人类的最高意识形式,有包容、统摄其他意识形式的奢望和能力,借此给道德以理论的根据和指导;另一方面是道德出于自身的神圣化、权威性而自觉地趋向于信仰的结果,是在漫长的历史过程中逐步形成的。在此意义上,我们说道德的信仰化与神圣化是道德发挥社会作用和功能的必由之路,道德的归宿是信仰。但宗教信仰不是道德的唯一宿主,因为信仰化与神圣化并不完全等于宗教化。

道德可以宗教化(指道德要在信仰中寻找归宿,宗教信仰可以成为道德的宿主,道德的实施得到宗教信仰及其体制的保证),那么宗教能否道德化?在文化视域下,这个宗教学界争论了多年的问题基本上可以当作一个假问题来对待。历史上任何一种系统宗教都有其相应的道德规范,而这些规范都已经融入信仰体系。宗教道德之所以能起作用,就在于信仰这种意识形式所起的保证作用。内在的自我在道德上的努力带来的生命也就是由拯救带来的灵魂的升华。不能带来道德力量的宗教信仰是不可思议的。没有道德约束力的宗教信仰绝不能把人由庸俗带入圣洁,反而能够把一些庸俗的人变得庸俗不堪,以至于成为社会中一个与人群格格不入的集群。这样的集群通常代表了社会各个方面落后的势力。然而道德在宗教的功能体系中所发挥的重要作用并不意味着宗教可以归结为道德,宗教可以道德化。道德宗教信仰化后已不是原来意义上的道德,宗教信仰也并非全部具有道德的意义。宗教信仰中虽然不可以没有道德成分,但道德不能成为宗教信仰的全部,即绝对意义上的道德宗教信仰化。

我们可以把宗教与道德的关系概括如下:在文化视域下,宗教是文化的核心,信仰是宗教的核心;道德的归宿是信仰,但宗教信仰不是道德的唯一宿主;宗教的功能系于道德,但宗教道德不能取代宗教信仰。

三 宗教伦理的共通准则

宗教伦理是宗教学与伦理学交叉研究的一个领域,具有重要的理论意义和应用价值。用伦理学的范畴和概念来研究宗教道德大体包括两个层面:(1)理论层面,研究宗教道德的结构层次,阐明宗教道德与世俗道德的关系,说明两者之间的异同和相互影响,论述宗教道德的基本特征,阐明宗教道德在社会历史进程中的发展变化及其社会作用的两重性,历史地和实事求是地来说明宗教道德的正负功能,特别要研究宗教道德在当代社会中的现实作用;(2)应用层面,通过对一系列宗教道德规范的研究,阐发宗教伦理对解决当代现实问题的作用,如本讲所涉及的世界和平、制止战争、展开对话、维护宗教信仰自由、正确处理宗教社团之间关系等问题。

当今世界,宗教对国际经济、政治、伦理新秩序的建立产生着重大影响。因民族、宗教、领土等因素引发的局部冲突时起时伏,世界并不安宁。许多热点问题的台前幕后,均同宗教有着或多或少的关联。有的冲突直接因宗教问题引发,有的冲突又因宗教因素而加剧、扩大,变得扑朔迷离。当代宗教学家们认为:"文化和宗教相遇的单行道时代,至少在理论上已经过去,而且如果依然有过去殖民主义态度的强大残余,那么它们也是由于这样一个事实而在逐渐消失,即它们自觉有罪。独白和征服都难以为继了。抢占战利品的做法如今不再可能,也决不可能证明是正当的。认为一个民族、一种文化、一种宗教有权——或有义务——控制其他所有民族、文化和宗教,这样的想法在世界历史中已属于过去。我们当代的意识程度和我们当前的良知,不管在东方还是在西方,都基本上发现这种要求是完全站不住脚的。"[8]在现时代,世界各种宗教都应摆脱自身的局限性,与时代共进,为全人类和平与进步的崇高事业贡献力量。

从理论上说,在宗教体系内部,宗教与伦理的结合并不存在什么大的障碍。"事实上,从一开始起,宗教就必须履行理论的功能同时又履行实践的功能。它包含一个宇宙学和一个人类学,它回答世界的起源问题和人类社会的起源问题。而且从这种起源中引出了人的责任和义务。"[9]但任何宗教都是现实社会的组成部分,任何宗教信仰者都是社会的一分子,因此都无法逃脱一般的社会道德之网。因此从宗教的角度看,面向全球、面向未来、面向世俗社会的开放型的宗教在宗教与伦理相结合的问题上,着重考虑的是如何涵纳和推介那些能够为全人类普遍接受的伦理准则,而非那些与某些宗教或某些意识形态特有的信条直接挂钩的伦理准则,例如敬仰某种宗教所信奉的神祇或忠诚于世俗领袖;而从全社会的角度看,涵盖宗教道德在内的一般社会道德,应着重考虑如何吸取和诠释宗教道德规范的现实意义,从而为推进全球伦理或普遍伦理的形成做出贡献。在这方面,中外宗教学家和伦理学家已经做了长期的研究,并力图在实践中加以推行。问题在于,各种具体宗教如何超越自身的局限性,寻求一种可以为各种宗教和非宗教组织普遍接纳的全球伦理或普世伦理。

1990 年,德国神学家孔汉思先生率先提出了"全球伦理"的口号。1993年 9 月,世界宗教议会迈出了历史性的一步,通过了创始性的《走向全球伦理宣言》。世界上大大小小的宗教以及一些非宗教组织的代表,就一种人人都可以同意的最低限度伦理,签署并发布了由孔汉思起草的声明。后来又由联合国教科文组织哲学与伦理学处出面,在巴黎、那不勒斯、北京召开了关于全球伦理的研讨会,引起了学术界的普遍关注。

美国神学家斯威德勒(Leonard Swidler)为使全球伦理运动走出宗教界的范围而成为信教和不信教的各国人民的共同事业,另行起草了一份《全球伦理普世宣言》。在其中,他不仅把伦理的"基本规则"简化为"己所不欲,勿施于人",而且提出了八项"基本原则"和十项"中程原则",强调每一个人在法律、宗教、言论、决策、财产、男女关系、工作与休闲、儿童与教育、和平以及环境保护等十大方面均负有责任。斯威德勒除了撰写文章阐释这一新文本的意义、必要性和理论基础等之外,还发起在许多国际学术会议和宗教对话会议上对此宣言进行讨论和修改,力求使运动深入到学者、领袖和民众这三个层面中去。

在学者们的强烈呼吁下,一些重要的退休政治家开始同宗教领袖、专家学者联合起来推进这一事业。包括德国前总理施密特和加拿大前总理特鲁多在内的一些著名政界领袖组成互动委员会(Inter Action Council),联合一些宗教界与学术界人士,于1996年在维也纳召集会议,发表关于全球伦理的报告书,提出了一系列重要建议,其中包括由联合国召开大会来考虑"人类责任宣言"的问题,以补充"世界人权宣言"。

全球伦理运动也引起中国学术界和思想界的积极回应。1997年和1998年,中国学者两次聚会北京,对全球伦理的倡议做出了积极的响应。2000年9月,孔汉思先生再访北京,重申他对全球伦理的坚定主张:"没有一个全球伦理,一个虽然存在着教义差异的全球伦理,就不会有一个新的世界秩序!"[10]

全球伦理运动有着深远的理论根源和广阔的社会背景。从性质上看,全球伦理运动是由基督教神学界发起而得到世界各宗教响应,并进而影响全球的思想运动。西方社会从20世纪60年代西方青年的嬉皮士和造反运动以来,传统道德和价值观的危机引起了越来越多有识之士的关注。在努力挽救传统道德、阻止道德滑坡的社会运动中,基督教成了一支主要的力量。尽管在一些"前沿"的敏感的伦理争议问题上,基督教中的保守派和开明派有明显的分歧,但在维护社会基本道德方面,双方毫无疑问是一致的。这项运动的宗旨,就是要在这个文化危机、道德滑坡的世界上,在宗教的差异会被用来为冲突和对抗辩护的情况下,强调基本道德生死攸关的重要性,展示基本道德在不同宗教中的基础以及各种宗教平等对话、和平共处的可能性。

经过长时间的理论探讨与大量宗教间的实际对话,全球伦理的倡导者们提出了两条基本原则:

第一,每一个人必须得到人道的待遇!

第二,己所不欲,勿施于人!（肯定性说法为:你想让人如何待你,就如何待人。）

全球伦理的倡导者们进一步指出:蕴涵在这两条基本原则中的两个基本价值是人道与共同性(互惠性)。

在此基础上,他们又发展出四项不可取消的规则:

第一,坚持一种非暴力与尊重生命的文化。

第二,坚持一种团结的文化和一种公正的经济秩序。

第三,坚持一种宽容的文化和一种诚信的生活。

第四,坚持一种男女之间的权利平等与伙伴关系的文化。

他们还指出,蕴涵在这四项规则中的有八个核心价值:尊重生命/非暴力;团契/公义;宽容/诚实;平等/伙伴关系。[11]

上述四项规则及其涵盖的八个核心价值实质上都是伦理学"金规则"某一方面的延伸。"金规则"高度浓缩化地表达了这一处理人与人之间关系的基本准则,即互惠性原则。面对全球一体化的发展趋势,当代宗教学家和伦理学家通过对世界各大宗教、伦理思想共性的概括和总结,提出这些规则和价值,视之为"最基本的人类道德共识"。这些认识有着深厚的宗教信念的支撑,也触及道德的根基。因为人与他人的关系是道德的基础。"真正说来,意识到他人,感觉他人,然后关心他人是所有道德的基本特征。它存在于产生了道德并使之成为必要的社会里。"[12]

"金规则"在世界上各种大大小小的宗教及伦理思想体系中都非常普及,但具体表述不一样:

在中国儒家思想中,"金规则"的经典表述出自孔子(公元前551—前479)。当被问到"有一言而可以终身行之者乎?"的时候,他说:"己所不欲,勿施于人。"[13]孔子还用不同的说法表述过同一意思:"我不欲人之加诸我也,吾亦欲无加诸人。"[14]

"金规则"最古老的有记载的说法(以肯定形式表述的)出自于琐罗亚斯德(公元前628—前551):"对一切人、任何人、不论什么人都是好的东西,对我就是好的……我认为对自己是好的东西,我也该认为对一切人都好。唯有普遍性的法则才是真实的法则。"[15]

耆那教的创始人筏驮摩那(公元前540—前468),以"大雄"(Mahavira)知名;然而耆那教的各种经典出于较晚的时期:"人应当到处漫游,自己想受到怎样的对待,就应该怎样对待万物。"[16]"你认为该挨打的,除了你自己以外便无任何人……因此,他既不对别人施加暴力,也不让别人施行暴力。"[17]

佛教的创始人悉达多·乔达摩(公元前563—前483),以佛陀("觉悟者")知名;佛教的各种经典也出于较晚时期:"以己比人曰,我如是,彼亦如是,彼如是,我亦如是;故不欲杀人,亦不使人杀人。"[18]"我既爱生而不欲死,喜乐而不欲痛。设若有人欲取吾命……倘我取其命而其爱生……我岂能加之于人?"[19]

印度史诗《摩诃婆罗多》(公元前3世纪)宣称,其"金规则"(既有肯定表述又有否定式表述)乃是全部印度教学说的总结:"毗耶婆说:你自己不想经受的事,不要对别人做;你自己想往渴求的事,也该希望别人得到——这就是整个的律法;留心遵行吧。"[20]

在圣经的《利未记》(成书于公元前第7世纪,尽管有些材料可能更古)中,希伯来版本的"金规则"是以正面方式表述的:"要爱自己的邻人,像爱自己一样。"[21]

《圣经》次经的《多比传》写于公元前200年左右,它包含有反面方式(这是多数"金规则"表述的方式)的版本:"你不愿别人对你做任何事情,都不要对别人做。"[22]

拉比犹太教义的主要创立者希勒尔生活在耶稣之前大约一代人的时期,他教导说,"金规则"乃是托拉(律法)的核心:"别的一切都不过是评注","你不愿施诸自己的,就不要施诸别人"。[23]

遵循这一犹太教传统,耶稣用一种正面形式表述了"金规则",并说明它总括了全部的律法和先知教导:"你们要别人怎样待你们,你们也要怎样待他们"[24],"你们要别人怎样待你们,就得怎样待别人;这就是摩西律法和先知教训的真义"[25]。

在公元 7 世纪,据说穆罕默德曾宣布"金规则"为"最高贵的宗教":"最高贵的宗教是这样的——你自己喜欢什么,就该喜欢别人得什么;你自己觉得什么是痛苦,就该想到对别的所有人来说它也是痛苦。"还有:"人若不为自己的兄弟渴望他为自己渴望的东西,就不是真正的信徒。"[26]

"金规则"同样可见于一些无文字传统的宗教里,例如:"一个人要去拿尖头棍戳雏鸟,就该先拿自己试一试,看能戳得有多疼。"[27]

18 世纪的西方哲学家伊曼努尔·康德在其著名的"绝对命令"或"普遍公平法则"中,提出了"理性"版本的"金规则":"要按这样的准则去行动,这些准则同时可以为自身的目的而作为自然之普遍法则。……在任何情况下,都要把人作为目的而不仅仅作为手段来对待。"[28]

许多宗教学家把"金规则"视作世界各大宗教的核心。信奉"金规则"并不意味着想要废除或消除"本真的自我",而是倾向于为了本真的自我而去关注利他主义的措施。它要求人们"勿维护自我甚于维护他人;要关怀他人恰如关怀自我"。废除利己主义,就是废除利他主义;反之亦然。所以,本真的利己主义与本真的利他主义并不相互冲突,前者必然走向后者。达到这种境界乃是人类社会发展的最高理想。这样的阶段不能成为人类社会的基础,但它必须成为人类社会的目标。人类社会的基础首先必须是本真的爱自己,但这种本真的自爱也包含着向外的运动,即走向爱他人。

四　发挥宗教道德在现时代的积极作用

上述宗教伦理的共通原则适用于一切个人、团体、民族、国家、宗教。而在一个国家和一个地区中要贯彻人道原则,重要的问题在于切实保障公民的宗教信仰自由。

宗教信仰自由权利作为一项基本人权,作为人权不可分割的重要组成部分,一直受到国际社会的普遍关注。联合国通过的一些重要人权文件,如《联合国宪章》《世界人权宣言》《公民权利和政治权利国际公约》《消除基于宗教或信仰原因的一切形式不容忍和歧视的宣言》《联合国关于在民族或种族、宗教和语言上属于少数群体的人的权利宣言》《德黑兰宣言》和《维也纳宣言和行动纲领》等之中,都有明确的有关宗教信仰自由的规定。这些规定或声明比较集中地反映了世界上大多数国家和大多数人口对宗教信仰自由的基本看法,为国际社会保障人类的这项基本人权提供了公认的原则和主要依据。

(1)基本人权原则:宗教信仰自由是一项基本人权。

人人享有宗教信仰自由,不得遭受任何强迫和压制。属于少数群体的人、妇女、儿童、残废者、无国籍人、俘虏和难民等的宗教信仰,特别应当注意保护。宗教信仰自由包括选择、维持、改变宗教信仰和以适当方式表达这种信仰的自由。

(2)不歧视原则:反对基于宗教信仰原因的一切形式的不容忍和歧视。

不容忍和歧视,是指以宗教或信仰为理由的任何区别、排斥、限制或偏袒,其目的或结果为取消或损害在平等地位上对人权和基本自由的承认、享有和行使。国际社会认为,在涉及有关宗教信仰自由的问题时必须促进谅解、容忍和尊重;任何国家、机关、团体或个人都不得以宗教信仰为理由对任何人加以歧视;当在公民经济、政治、社会和文化等生活领域里出现基于宗教信仰原因的歧视行为时,有关国家均应采取有效措施予以制止及消除。

(3)法律保障原则:宗教信仰自由需通过各个主权国家的立法及有关措施付诸实现并加以保障。

行使宗教信仰自由权利不得违反法律规定,不应危害社会公共利益和他人的基本权利,各国政府根据其国际义务,均应致力于制订或废除法律以及采取适当措施保障宗教信仰自由,禁止任何宗教不容忍行为。同时,人们表示自己宗教信仰的自由,须受法律所规定的以及为保障公共安全、秩序、卫生、道德或他人的基本权利和自由所必需的限制。

(4)加强对话原则:提倡宽容,以对话代替对抗,促进世界和平友好。

宗教信仰自由应有助于实现世界和平、社会正义和各国人民友好;应促进各国、各种族或各宗教集团间的了解、容忍和友谊;应加强对话,不搞对抗。各国之间的和平理应受到一切重要的政治、社会和宗教运动的最崇高的尊重。

(5)尊重别国主权原则:不得利用宗教干涉别国内政。

尊重国家主权,不干涉别国内政是处理国际关系的一条普遍准则,其中包括不得利用宗教煽起民族间和国家间的仇恨,或作为外国干涉他国内政的手段。国际社会应站在同样的地位上,用同样重视的眼光,以公平、平等的方式全面考虑和尊重各国的宗教信仰自由实践。

以上五项重要原则,也是中国维护宗教信仰自由的理论和实践中一直坚持不懈地奉行的基本原则。在贯彻以上这些基本原则的过程中,中国基于自己的历史传统、现实国情和丰富实践,创造了自己的经验,为实现《世界人权宣言》的基本精神,做出了应有的贡献。

中国尊重宗教信仰自由,有深厚的历史文化传统作为基础。中国传统文化以儒家思想为主流,提倡求同存异、兼容并蓄,积极吸纳世界上各种思想和文化,主张"和为贵""己所不欲,勿施于人""慎终追远""以人为本"。中国文化的这种追求和谐互补、多元并存和"以人为本"的传统,为近现代在全社会提倡尊重宗教信仰自由的精神,奠定了深厚的历史、文化、人文和社会基础。虽然由于中国文化的特殊品格,在中国历来信仰学术意义上的宗教的人只占总人口的相对少数,但历史上在信教与不信教者之间、在信仰不同宗教者之间,极少因为宗教信仰而发生大规模的纠纷或争斗,更没有发生过西方中世纪那样的野蛮的宗教战争,而是更多地像西方近代著名思想家洛克的《论宗教宽容》一书中所主张的那样,体现出对不同宗教的理解与宽容。

中国历代的统治者多倡导儒学,基于儒学的政治伦理信念,一般对各种宗教一视同仁,实行较宽容的宗教政策。同时,各宗教也在不断与社会适应、调和中和睦相处,逐渐形成今天中国道教、佛教、伊斯兰教、天主教和基督教(新教)并存的格局。在数千年的文明发展史中,中国没有出现政教合一的王朝,没有产生过占垄断地位的国教,这也为近现代意义上的宗教信仰自由提供了融洽的社会环境。

当前国际上一些地区民族纷争、宗教冲突时有发生,而在中国,民族、宗教方面始终保持着稳定和谐的局面,各个宗教和睦相处,信教者与不信教者,信仰不同宗教、不同教派者互相尊重,友好相待。宗教界人士认为,欣逢盛世,政通人和,现在是中国宗教的"黄金时期"。这固然得益于中国为宗教信仰自由精神所奠定的深厚的历史、文化、人文、社会的传统,更有赖于中国在向现代化迈进的过程中,把对公民宗教信仰自由权利的保障奠定在各种坚实的基础之上。

在中国,无论是执政者还是社会各界都认为,宗教有其客观发展规律,宗教问题具有长期性、群众性、民族性、国际性和复杂性。宗教将长期存在,国家不能用行政力量消灭宗教,也不能用行政力量去发展宗教。中国有一亿多群众信教,还有难计其数的大量人群有自己的民间信仰,以"为人民服务"为宗旨的人民政府,必须尊重和保护如此巨大数量的群众的信仰选择,尊重他们的精神需要,真诚地为他们服务。宗教信仰自由政策是一项长期的、基本的,必然要在中国一以贯之、真心诚意实行的政策。像在"文化大革命"中那样践踏宗教信仰自由的灾难,已经通过中国政府和人民的自我反思和拨乱反正,通过大量的"落实政策"工作,切实加以纠正。在未来的中国,这样的灾难绝不允许、也绝不可能再度发生,因为中国正在走向依法治国,建设社会主义法治国家之路,中国政府在用法律来保障宗教信仰自由政策的实施。

在中国维护宗教信仰自由的实践中,可以总结出以下五条经验:

(1)把宗教信仰自由奠定在国家法律保障的基础上。

宗教信仰自由的真正实现要有法律的保障。除宪法第 36 条有明确规定外,根据宪法的规定,中国的刑法、民法通则、民族区域自治法、义务教育法、人民代表大会选举法、村民委员会组织法等相关法律中,都有保护宗教信仰自由,不得歧视信仰宗教或者不信仰宗教公民的条文。依法对社会事务进行管理,是现代法治国家的重要标志。宗教事务属于社会事务,也需要依据这些法律规定进行管理,即对这些法律规定的实施情况进行行政监督,以切实保障在中国历来只居人口少数的宗教信徒的合法权益。

国家法律的保障,使享有宗教信仰自由权利的主体具有广泛性。中国在强调保护信教自由的同时,也强调保护不信教的自由,把两者置于同等重要的位置,从而在完整意义上体现了宗教信仰自由。这是对公民宗教信仰自由权利更充分、更全面的保护。

国家法律的保障,使宗教信仰自由权利的实行具有公平性。在我国,法律面前人人平等。我国公民依照宪法和法律所享有的各项权利,不受是否信仰宗教的限制。公平还表现为法律保障各教间的平等。中国没有国教,也不允许有占统治地位的宗教,国家对各宗教一视同仁。

国家法律的保障,使公民享有宗教信仰自由权利与承担相应的义务具有一致性。强调权利与义务的一致并不等于限制权利。公民享有宗教信仰自由的权利,侵犯公民宗教信仰自由权利将承担法律责任。宗教信仰者违反法律规定,同样应承担法律责任。这是权利与义务的有机统一,也是维护公共利益、法律尊严、民族团结与国家统一的必然要求。

(2) 把宗教信仰自由奠定在国家主权的基础上。

只有主权国家才能够对本国公民的人权,包括宗教信仰自由权利提供有效的保护。中国作为主权国家,在《宪法》中规定"国家保护正常的宗教活动""宗教团体和宗教事务不受外国势力支配"。任何国家,如果国家不统一,民族不团结,就没有社会的稳定,也就不可能实现真正的宗教信仰自由。中国在依法保障本国公民宗教信仰自由权利的同时,也支持其他国家在国家主权基础上保障公民的这一基本权利。

现在世界上有些民族分裂主义者所关心的并不是真正的宗教信仰自由,而是企图利用宗教来实现其政治目的。

(3) 把宗教信仰自由奠定在保障生存权、发展权的基础上。

作为发展中国家,首要的人权是生存权和发展权,否则其他一切权利,包括宗教信仰自由权利都无从谈起。事实上,权利永远不能超出社会的经济结构以及经济结构所制约的社会的文化发展,中国历史上所说"仓廪实而知荣辱,衣食足而知礼节"讲的也是这个道理。对于中国这样一个历史上曾饱受帝国主义侵略和封建主义、官僚主义压迫的国家而言,尤其如此。

中国的实践证明,立足于生存权、发展权基础上带领信教和不信教群众共同发展经济,改善生活,有助于实现真正的宗教信仰自由。

(4) 把宗教信仰自由奠定在引导宗教与社会文明进步相适应的基础上。

宗教信仰是公民个人的私事,而维护民族尊严,促进民族的发展进步,建设一个富强、民主、文明的现代化国家,实现中华民族的伟大复兴,是包括信教群众和不信教群众在内的中国各族人民的共同目标和根本利益。实现宗教信仰自由,与实现共同目标和维护根本利益是一致的。

宗教要与其所处的社会相适应,是宗教存在与发展的普遍规律。在中国,宗教与现阶段的社会相适应,并不是要求教徒放弃宗教信仰,不是改变宗教的基本教义,而是要求宗教在法律的范围内活动,与社会的发展和文明进步相适应。中国各宗教历来都积极倡导适应和服务社会,多做奉献,造福人群。

(5) 把宗教信仰自由奠定在尊重各宗教自己权利的基础上。

中国各宗教都自主地成立了自己的全国性和地方性的宗教团体,各宗教团体按照各自的章程选举、产生领导机构和领导人。中国各宗教自主地办理教务,并根据需要开办宗教院校,印刷发行宗教经典,出版宗教刊物,兴办社会公益服务事业。宗教教职人员履行宗教职务,在宗教活动场所以及按照宗教习惯在教徒自己家里进行的一切正常的宗教活动,都由宗教组织、教职人员和教徒自理,并受到法律保障。

中国各宗教实行独立自主自办的方针,同时在平等友好的基础上积极与世界各国宗教组织进行交往和联系。中国基督教、天主教摆脱了外国教会的控制,走上独立自主自办教会的道路,实现"自治、自传、自养",成为中国教徒自己的事业,这是历史性的成就。几十年来,中国基督教、天主教坚持独立自主自办的方针,得到了广大信教群众的认同和支持,也使教会的宗教活动得到发展。同时,对同中国友好,尊重中国主权和中国宗教独立自主自办的外国宗教组织和个人,中国的大门始终是敞开的。

千年之交,风云际会,"宗教与精神领袖世界和平千年大会"在联合国召开。中国各大宗教领袖组团参加了大会。中国代表团向国际社会提出了如下呼吁:

基于国际人权文书中早已确认的有关宗教信仰自由的五条原则——基本人权原则,不歧视原则,法律保障原则,加强对话原则和尊重别国主权原则;

基于中国维护宗教信仰自由的五条经验——把宗教信仰自由奠定在国家法律保障的基础上,奠定在国家主权的基础上,奠定在保障生存权、发展权的基础上,奠定在引导宗教与社会文明进步相适应的基础上以及奠定在尊重各宗教自己权利的基础上;

面对当今世界上对宗教信仰自由精神的歪曲与践踏,宗教极端主义的崛起与威胁,冷战结束后因民族、宗教因素引发的局部冲突与危机,多元文化的激荡与融合,以及霸权主义和强权政治利用宗教问题对别国进行的欺压与干预;

我们呼吁国际社会在新世纪面临的挑战之中,肩负起共同的历史使命,承担起共同的历史责任,消除因宗教而引起的国际纷争、以宗教为幌子的强权政治、以"反对宗教不容忍"为借口的"政治不容忍"和"意识形态、价值观念不容忍",以及基于宗教或信仰原因的一切形式的不容忍和歧视现象,把《世界人权宣言》所倡导的宗教信仰自由的基本精神,更加坚实、深入、广泛地向前推进。

我们有以下五点主张:

(1) 面对宗教信仰自由被歪曲和践踏,我们主张:通过各国立法、司法和行政措施,更加卓有成效地实现和保障宗教信仰自由权利国际人权约法中的有关规定,主要通过国内立法、司法、行政措施加以实施。

各国有责任根据国际条约确立的宗教信仰自由原则,结合本国实际,制定有关保护宗教信仰自由权利的法律。中国历来重视人权问题,已经加入17 个国际人权公约,签署了《经济、社会、文化权利国际公约》《公民权利和政治权利国际公约》。我们将根据国际公约的原则,在与世界各国共同推进世界人权约法实施的进程中,更好地保障宗教信仰自由。

(2) 面对宗教极端主义的崛起与威胁,我们主张:国际社会共同反对破坏人类和平的宗教极端主义。

宗教极端主义尽管打着宗教的旗号,却是对宗教精神的叛逆,无论其是否具有真正的宗教基础,无论其是公开或隐蔽的,也无论其采取挑动、支持暴力行为或者以不显眼的不容忍方式表现自己,都对自由、宗教、人类和平与安宁构成威胁。国际社会应共同反对破坏人类和平的宗教极端主义。

(3) 面对冷战结束后因民族、宗教因素引发的局部冲突与危机,我们主张:各宗教、各教派之间相互尊重,彼此宽容,使宗教的发展与人类文明的发展相一致。

冷战结束后,过去因两极对峙而长期被压制和掩盖的民族主义意识和狭隘宗教意识,得以复活并日益表面化。民族、宗教矛盾正越来越成为影响地区和全球不稳定的一个隐患,成为影响世纪之交国际政治和国际关系的变量。

为此,我们主张各宗教、各教派间相互尊重,彼此宽容。如果我们有思想、道德和宗教上的权利,我们就有义务去尊重他人的思想和宗教。对于世界各宗教博大精深的思想,应舒展海纳百川、兼容并蓄的胸怀。各民族、各宗教、各宗教派别应以开阔的心胸、开拓的视野、开放的精神面向世界,面向未来。即使有了争端,也切不可轻易诉诸武力。我们强调宗教信仰自由必须得到保证,但宗教团体的代表也必须负有特别责任,避免对不同信仰发表偏见的看法和采取歧视性的举动。我们不应煽动仇恨、宗教狂热和宗教战争或使之合法化,应促进人类间的宽容和相互尊重。

宗教的发展离不开社会的发展,宗教的进步也必须与世界文明的进步协调一致。一个与社会历史进步背道而驰的宗教,一个阻止世界文明发展的宗教,是没有生命力的。

(4) 面对世界多元文化的激荡与融合,我们主张:求同存异,增进了解,加强交流,共同促进人类文明的发展。

不同文化的相互激荡必然反映在国际政治中的人权问题上。同一种人权原则,在不同历史条件,或在不同民族、不同国家、不同发展阶段、不同文化背景中,当然会有不同的表现形式。在信教与不信教者之间、在不同的宗教派别之间,不同的宗教信仰、宗教教规、宗教习惯也会形成人权概念方面的差异。

文化的不同,正是人类社会相互加强了解、交往和借鉴的动力,而不是所谓"文明的冲突"的理由。世界的文化,包括宗教文化,正是通过相互砥砺、相互渗透而逐渐发展的,也是通过相互交流、相互学习而不断进步的。任何人、任何国家、任何文化都无权声称能独占人类的智慧和界定人权。世界文化的这种多样性理应受到尊重。应以宗教本身所固有的雍容大度的精神,求同存异,增进了解,加强交流,共同促进人类文明的发展。

(5) 面对霸权主义和强权政治利用宗教问题对别国进行的欺压与干预,我们主张:尊重各国的主权和保护宗教信仰自由的实践,以对话代替对抗。

鉴于人权问题本质上是属于主权国家内部管辖的事情,鉴于实现人权的普遍性原则必须与各国的具体情况相结合,因此应允许各个国家从自己的实际出发,采取各自认为适合自己具体国情的政策、方式,来处理好自己国内出现的宗教—人权问题,协调与别国之间产生的宗教—人权问题。以对话代替对抗,以平等代替强权。

各国的事情要由各国人民自己做主,国际上的事情要由大家商量解决。把宗教问题政治化、扩大化,以及以宗教问题为借口干涉别国内政事务,是与人类的和平与发展的主流背道而驰的。[29]

五　倡导和平与宽容的伦理原则

宗教要发挥促进和平的作用。2000 年,"宗教与精神领袖世界和平千年大会"在纽约联合国总部隆重召开,中国各大宗教领袖联合组团赴会,提出在新的千年,宗教要在国际社会中发挥促进和平的作用,需遵循以下五项原则:

"——兼容。要兼容而不要歧视,胸怀宽广,兼容并蓄,异中求同,同中容异,同则相亲,异则相敬。

"——交流。要交流而不要排斥,通过交流增进了解,加深理解,消除误解,取得谅解,增进共识。

"——对话。要对话而不要对抗,尊重信仰传统的差异性,不搞唯我独尊,不去制造麻烦,不要加剧对抗。

"——共处。要共处而不要冲突,主张'己所不欲,勿施于人',反对'己之所欲,必施于人'。

"——进步。要进步而不要倒退。'和平是一切幸福之源',真正的世界和平建立在宽容和谅解的基础上,建立在消除贫困和环境保护的基础上,建立在世界各国人民共同发展进步的基础上,建立在宗教间的和睦相处上。"[30]

21世纪的来临标志着人类进入了一个新的世纪,迈入了一个新的千年。在跨越世纪和千年之际,人类不应该只是陶醉于科技发展和应用给人类社会带来的巨大变化及美好前景,而应深刻认识到人类在认识自我内在、协调人际关系上并没有真正成熟。人与人之间的隔阂,政治观念上的矛盾,意识形态上的张力,以及不同社会、民族、宗教之间的冲突,使我们的现代进程并非仅有牧歌相伴,人类迈向新时代的步伐显得格外沉重和艰难。

冷战结束后,人们原以为将会迎来一个和平的时代,期盼着一种平等、友善的交往和共融。然而,世界不少地区因政治、经济、社会、文化等冲突而枪炮轰鸣,打破了世界短暂的宁静和人类坐等和平来临的梦幻。一些西方学者亦悲观地预感人类不同文明、种族和宗教之间的冲突将会取代意识形态和其他形式的冲突而成为世界上最主要的冲突形式。不可否认,在当代旧的世界格局被打破、新的世界格局尚未定型的过渡期,一些地区的矛盾与冲突既有政治、经济原因,亦有宗教、民族原因。因此,人们对和平的呼求,再次与宗教问题相关联。宗教与和平的关系已成为人们关注的焦点,世界宗教界,尤其是宗教领袖对和平的态度及其国际合作在此显得格外重要。正如联合国秘书长科菲·安南所言:"世界著名宗教和精神领袖联合起来呼吁和平,将促进新千年的和平前景。"

在过去的历史中,宗教领袖为消除矛盾、化解冲突已做出了种种努力。随着20世纪下半叶宗教的多元发展和普世对话,不少宗教领袖都认为历史上"宗教冲突""宗教战争"的时代应已结束,现代世界应该出现各宗教之间相互对话、理解沟通和宽容合作的全新局面。为此,宗教领袖提倡一种具有普世意义的基本宗教良知和全球伦理,并以这种"金规则"来求同求和。他们奔波于世界各地,进行艰苦的劝说和斡旋,希望能防止或化解冲突,以宗教和平来实现并维护世界和平。例如,在解决阿以冲突、北爱尔兰冲突、波黑冲突及整个巴尔干半岛的冲突中,各大宗教的领袖们都曾付出了巨大的努力,进行了积极的调解工作。早在20世纪70年代,宗教领袖就已参与组织并促进北爱尔兰各宗教团体之间的对话与和解。1989年,各宗教界有识之士在联合国教科文组织支持下于巴黎召开"世界宗教、人权与世界和平"会议,提出"通过宗教和平达到世界和平"的口号。1992年,罗马教皇曾与几大宗教的领袖们共聚意大利的阿西西,为世界和平,特别是巴尔干的和平祈祷。1992年11月,天主教、东正教、伊斯兰教和犹太教领袖在瑞士举行和平与宽容会议,指出那些利用宗教象征来服务于民族扩张主义和极端民族主义的做法乃是对宗教信仰之普遍性的背叛,是对宗教基本价值及道德观念的伤害和摧残;与会宗教领袖联合发表了"伯尔尼宣言",号召有关宗教应在减少和制止民族纠纷及冲突上做出贡献,并且强调"以宗教之名而犯下的罪恶,实际上是犯了宗教本身的大罪"。1993年8至9月,各宗教领袖和代表云集芝加哥,召开世界宗教议会,并且发表了"世界宗教议会宣言"。1994年2月,几大宗教领袖在土耳其伊斯坦布尔召开和平与宽容会议,为解决巴尔干半岛冲突而寻找途径;伊斯兰教、东正教、天主教和犹太教有关方面的领袖签署了"博斯普鲁斯宣言",再次号召各宗教界起来制止波黑内战,为和平祈祷。1995年,有关宗教领袖组织召开了解决波黑冲突的维也纳会议。1998年波黑宗教代表团曾在华盛顿和纽约联合国总部举行会议。1999年3月,有关宗教领袖亦为了试图解决科索沃问题、避免战争而在维也纳召开了和平与宽容会议。

　　宗教由人类不同的信仰群体所构成,不同宗教之间的对话、宽容及和解在人类和平的进程中发挥着极为重要的作用。对此,孔汉思曾指出:没有各宗教之间的相互了解,国与国之间则很难相互了解;没有各宗教之间的对话与沟通,诸教之间则很难达到和平与友好;而诸教之间若不能和平相处,诸国之间亦不可能和平相处或安全共存。这种宗教与和平的关系及意义在现代社会尤为明显,而在宗教信仰团体中,宗教领袖对和平的态度和对其信徒的影响举足轻重,甚至会起到决定作用。基于对这一点的清醒认识,联合国秘书长安南呼吁宗教领袖们开始一种新的合作,以便充分"发挥宗教作为和平使者和抚慰者的积极作用"。谈到宗教领袖这种作用及其必要性,安南认为"问题从来不在于信仰,不在于圣经、摩西五经和古兰经,而在于信徒,在于人的行为,你们必须再次教导你们的信徒分辨和平和暴力的途径"。新千年的和平之实现,在很大程度上亦需要宗教领袖积极参与寻求和平解决争端之道,引导各教信徒在人类信仰、文化之巨大差异性中求同存异、和平共处。从这一意义而言,化解冲突、促成和解将是宗教领袖在新时代对人类和平事业的新贡献。

宗教对话可分不同的层次:首先是宗教社团内部的对话;其次是不同宗教之间的对话;最后是宗教与非宗教意识形态和主权国家之间的对话。

过去一提起对话,人们立即想到与"他者"(敌对方)的对话,似乎自己所属的宗教社团是一块整钢,不需要通过对话来达到内部的沟通。这种认识显然不符合实际,而且容易产生误导。比如,举世瞩目的中东和平问题之所以难以解决,原因固然是多方面和错综复杂的,但宗教极端主义的干扰无疑是重要原因之一。巴以和谈的焦点和难点是圣城耶路撒冷的最终地位问题,而巴以双方又都从宗教传统角度来证明己方对耶路撒冷拥有排他性的主权。可见,中东和平的阻力不仅来自外部,而且也来自内部。如果通过宗教社团内部的对话使各自的立场有所松动,中东和平的进程也就可以向前推进了。可见,宗教社团内部对话对于解决地区冲突和争端是十分重要的。

20世纪90年代以来,宗教的、民族的、意识形态的乃至价值观的歧异时常引发一系列地区热点问题。例如在巴尔干的波黑和科索沃,在北高加索的车臣,在南亚的克什米尔,在苏丹、阿富汗、印度、巴基斯坦、印尼等地,不同民族之间、不同信仰的宗教社团之间乃至同一宗教社团内部不同教派之间都多次发生过局部性的战争或流血冲突。因此,教际之间的对话显得格外重要。在这方面,德高望重、主持正义的宗教领袖们是可以大有作为的。教际之间的对话要想真正发挥作用,宗教领袖就必须超脱狭隘的宗派意识、宗教归属意识,高举世界主义、人类一体、世界和平的旗帜,呼吁冲突各方化干戈为玉帛,通过对话和协商缩小分歧、化解矛盾。

宗教对话还应从教际扩展到宗教与非宗教意识形态的对话。这类对话要想真正富有意义,首先需要转变观念,放弃试图改变对方的念头。非宗教意识形态要尊重和审慎地对待人类宗教信仰、宗教文化,宗教也要尊重和正确对待非宗教意识形态的世界观。

　　总而言之,参与对话的各方,无论其是宗教领袖,还是一般的信徒,都应明确自己的身份和使命,得体地参与对话。宗教领袖和宗教徒的精神世界是复杂的,不仅会受到宗教精神的影响,也会受到母体文化传统、政治意识形态的影响。因此宗教领袖与宗教徒在对话中既要捍卫宗教信仰自由,又要尊重人类多元的文化传统、政治理念和价值体系。如果不适当地片面强调和夸大宗教信仰的排他性,就会与世界许多国家和民族非宗教性的意识形态或价值观发生冲突,造成不良后果。

　　当今社会的发展已进入信息时代,全球化的趋势使信息互通、知识共享、资源共有、世界共存已不再是一个遥远的神话,而是一个不可否认、无法回避的现实。

　　在当今社会发展中,我们已经看到人类文化在其物质层面和结构层面上出现了接近和共融,经济合作、社会交流已达成了不少共识,取得了显著成果。但在精神层面上,人们却仍在突出或强调其区别和不同。由于不了解或误解,不同的社会和宗教之间总存有各种各样的裂缝和防范戒备心理,从而加强了当代社会的紧张趋势,影响到人类的理想共存。为了人类发展的美好未来,为了当代世界的和谐共存,这种深层次意义上的社会结合和精神对话就显得非常必要和重要。对话即人类共在和统一的前提,即文明发展的关键因素。

　　冷战时代结束后,美国哈佛大学教授、奥林战略研究所所长亨廷顿(Samuel Huntington)发表了《文明的冲突》一文,提出未来世界将从以往的政治军事冲突和对抗转向文明的冲突和对抗,其中还特别提到了宗教冲突和对抗,在国际理论界和思想界引起轩然大波。在对亨廷顿文明冲突论,尤其是宗教冲突论的回应中,许多宗教界理论家和思想家对这种"冲突"之说持截然相反的态度。例如,德国天主教哲学家毕塞尔(Eugen Biser)就提出了基督宗教应与犹太教和伊斯兰教展开积极对话的观点,而在亨廷顿眼中,这两种宗教正是与基督宗教展开竞争和对抗的主要对手。

　　反观人类文明发展的历史,文明的冲突和融合犹如一个硬币的两面而共存。冷战的结束并不意味着人类必将进入文明冲突的时代。从历史上来看,所谓冲突更多地展示在政治、经济和种族等层面,而这种冲突绝非人类文明最根本的本质或最典型的特征。实际上,在人类文明的精神遗产中亦已包含着化解这种冲突的有利因素。如果仅仅强调文明冲突统治着世界政治,那么这种思想势必将人类发展引向歧途。

就当前总体形势而言,当代世界社会发展的主流乃是不同政治之间的相互对话和各种文明之间的相互适应。我们应该尽自己最大努力来保持和发展这种有利的态势,因为不同文明的共融和共在本是人类社会应有的正常状态,达到这种多元共存亦是各国人民求得共同进步和发展的共识。冲突并不能从根本上解决问题,而只会使冲突双方两败俱伤,并导致人类文明发展受阻。若要顺应时代发展的潮流,那么我们的目标就应是通过相互交流、理解、补充和完善来达到不同文化的共融,并建立一种具有普世意义、多元契合的新文化。所以,与文明冲突论相反,我们必须倡导文化的共融,避免文明的冲突,使人类社会朝着平等、和谐、进步的方向发展。

对话是宗教灵性对人类文明的贡献,宗教的比较与对话体现出宗教的真实意义和我们时代的积极精神。宗教思想家孔汉思把宗教对话的意义提到实现宗教和平、确保世界和平的高度。对话旨在理解,理解旨在共存。在一个彼此相关的世界中,我们需要对话而不是独白,我们需要协商而不是对抗。为了这种世界伦理和时代精神,我们必须求同存异,争取全人类的和谐共存。当今人类拥有同一个地球,处于同一个时代,需要不同民族和文明之间尽可能少有猜忌和敌意,尽可能多有信任和友谊。为避免文明的冲突,我们必须提倡宽容精神,广传对话之风,以实现人类的大同。因此,宗教的对话和宽容既是宗教倡导的本真境界,也是人类灵性所追求的理想境界。通过对话来达到相互了解、彼此补充,有助于人类文化的趋同、整合这一必然走向,也有助于各族人民的文化沟通和达成共识。

【关键词】

| 宗教道德 | 道德金律 | 全球伦理 | 宗教信仰自由 |
| 和平 | 宽容 | | |

【进一步阅读书目】

坎默:《基督教伦理学》,王苏平译,中国社会科学出版社,北京,1994 年。

罗斯特:《黄金法则》,赵稀方译,华夏出版社,北京,2000 年。

孔汉思、库舍尔:《全球伦理:世界宗教议会宣言》,何光沪译,1997 年。

万俊人:《寻求普世伦理》,商务印书馆,北京,2001 年。

王月清:《中国佛教伦理研究》,南京大学出版社,1999 年。

王作安、卓新平主编:《宗教:关切世界和平》,宗教文化出版社,北京,2000 年。

董群:《禅宗伦理》,浙江人民出版社,杭州,2000 年。

【思考题】

1. 为什么说"道德金律"可以成为最基本的人类道德共识?

2. 全球伦理有什么重要理论意义与现实意义?

3. 中国维护宗教信仰自由原则有哪些成功经验?

4. 积极开展宗教间对话对于促进世界和平有什么重要作用?

注 释

〔1〕 吕大吉:《宗教——道德问题初探》,载中国社科院世界宗教研究所编:《宗教·道德·文化》,第 36 页,宁夏人民出版社,银川,1988 年。

〔2〕 同上书,第 36 页。

〔3〕 同上书,第 39 页。

〔4〕 同上书,第 69 页。

〔5〕 "宗教与道德的关系尤其如此。不过,它们之间究竟如何互相影响和互相作用,总的说来,受经济关系所制约,为经济基础所决定。道德用伦理准则和行为规范来调整人与人的关系,使之符合于社会经济基础的性质和需要,宗教则用神的意志和天命的安排来神化以现存经济关系为基础的人与人社会关系,社会本质的共同性把它们联系在一起,道德为宗教教义信条体系提供了社会内容,宗教则为道德准则抹上了一层神圣的色彩。一方面,宗教把道德抬高为宗教的教义、信条、诫命和律法,把恪守宗教关于道德的诫命作为取得神宠和进入来世天国的标准;另一方面,宗教的教义和信条又被神以道德诫

命的形式强加于整个社会体系,被说成是一切人的行为之当与不当、德与不德、善与不善的普遍准则。这就在历史上形成所谓道德的宗教化和宗教的道德化的现象。"吕大吉:《宗教——道德问题初探》,载中国社科院世界宗教研究所编:《宗教·道德·文化》,第 69 页。

〔6〕 马林诺夫斯基:《文化论》,第 78 页,中国民间文艺出版社,北京,1987 年。

〔7〕 池田大作、威尔逊:《社会与宗教》,第 414 页,四川人民出版社,成都,1996 年。

〔8〕 潘尼卡:《宗教内对话》,王志成译,第 117 页,宗教文化出版社,北京,2001 年。

〔9〕 卡西尔:《人论》,甘阳译,第 120 页,上海译文出版社,1985 年。

〔10〕 孔汉思:《世界伦理与中国传统伦理》,载中国人民大学基督教文化研究所《基督教文化学刊》第 4 辑,第 287 页,2000 年。

〔11〕 参阅孔汉思、库舍尔:《全球伦理:世界宗教议会宣言》,何光沪译,第 12—26 页,1997 年;孔汉思:《世界伦理与中国传统伦理》,第 292—293 页。

〔12〕 布尔:《从儿童时代到青年时代的道德判断》,英文版,第 32 页。

〔13〕 《论语》,"颜渊"第十二句;"卫灵公"第十五句。

〔14〕 《论语》,"公冶长"第五句。

〔15〕 《神歌》,43.1。

〔16〕 《苏特拉克里—坦加》1.11.33。

〔17〕 《阿卡兰苏特拉》5.101—2。

〔18〕 《经集》705。

〔19〕 《相应部》,第 353 卷。

〔20〕 《摩诃婆罗多》"圣教王"113.8。

〔21〕 《利未记》19:18。

〔22〕 《多比传》4:15。

〔23〕 《塔木德》,安息日,3la。

〔24〕 《路加福音》6:31。

〔25〕 《马太福章》7:12。

〔26〕 《圣训集:穆斯林》,"论信仰"71—72;伊本·马哲"导论"。

〔27〕 一则约鲁巴箴言(尼日利亚),引自安德鲁、威尔逊编的《世界经典》,第 114 页。

〔28〕 伊曼努尔·康德:《实践理性批判》A54。

〔29〕 叶小文:《宗教:关切世界和平》,载王作安、卓新平主编:《宗教:关切世界和平》,第 295—310 页,宗教文化出版社,北京,2000 年。

〔30〕 《宗教:关切世界和平》,叶小文"序言",第 6 页。

第十二讲

宗教与科学

原始时代的融为一体
古代的分化与分立
近代的矛盾与冲突
现代的调适与共存
二者关系的若干种模式

宗教与科学的关系随着人类社会生产力发展水平而变化。概括起来，这种关系的变化大致可分为四个历史阶段：原始时代二者的融为一体，古代二者的分化与分立，近代二者的矛盾与冲突，现代二者的调适与共存。这四个历史阶段反映了宗教和科学关系的发展，有助于我们准确理解现代社会中宗教与科学的关系问题。在本讲中，我们试图对二者关系作一历时性的阐述，然后介绍学术界关于宗教与科学关系的若干种模式。

一　原始时代的融为一体

当人类社会的生产方式尚处在渔猎采集的原始时代的时候，社会生产力水平十分低下，只能生产最基本的，仅供维持生存和延续后代的极有限的劳动产品。原始时代的人类既没有较高的思维能力,也没有认识自然现象的科学手段,只能凭借极其有限的经验,通过原始思维的直观猜测来认识自然现象。当这种直观的猜测与生命的灵性现象联系起来的时候,就形成了原始人类的宗教思维模式,并被用来解释人与自然之关系这一原始人类生存的主要矛盾。在这样的时代,整个原始人类的生活都以宗教的思维模式来思考,宗教成为原始人类的总体文化,宗教的思维方式是原始人类把握自然和世界的唯一可能的认识工具。宗教在这一前科学发展的阶段发挥着它力所能及的解释功能,使原始人类解释自然现象的需要得到一定程度的满足。在此意义上,我们说宗教与科学在原始时代是融为一体的。

宗教之所以能在原始时代长期起着解释自然现象的功能,一方面是由于人类在生产力极其低下的情况下,无法产生和形成像现代科学一样的实证知识,用于认识和解释他们想要了解的自然现象;另一方面则是由于人类最原始的宗教信仰也都是一种对外在客观世界的曲折反映,而非绝对的子虚乌有。宗教的知识与经典包含着许多对深奥的自然和社会现象的思考,有一定的合理性。这样,在科学诞生之前,宗教知识就是人类最早的思维成果,凝聚着人类在生产和生活中对于自己周围世界的各种探索和经验的积累,一些处于萌芽状态的科学知识也包含在内。宗教的解释功能根源于此。

宗教不仅具有解释功能,而且还具有某种力图解决实际问题的实践功能。这种功能经常表现在原始的法术、巫术和后来各种宗教的巫术性操作活动中。巫术力图以操纵神力来达到人们想要达到的目的。它的操作性与后来产生的科学实验有相似之处。原始人类在长期的操作性的巫术活动中逐渐积累了经验,有时候能够从错误的前提出发,达到了某种程度的预期目的,或者偶发性地得到意想不到的实际结果。我们经常可以看到,原始宗教里的巫师同时也是最早的医生;道教中追求长生成仙的炼丹术也就成了原始化学、原始医学;占星术成为最早的萌芽状态的天文学。因此我们可以说,原始宗教或其他宗教中的那种控制和操纵神力的巫术活动,既是人类力图控制自然力的一种最初的尝试,也是一种具有萌芽性质的原始科学的实际操作活动。

二　古代的分化与分立

当人类社会由原始时代进入农业文明社会以后,社会生产力和思维能力都有了很大提高,产生了古代的哲学和科学。此时人们不再满足于仅仅用非理性的思维模式来思考问题,而且要遵循理性的原则来思考自然现象,对之做出合乎理性要求的解释。原先包含在宗教中的哲学发展起来,并从宗教中分化出来。而作为理性思考的科学也被包含在自然哲学家们的哲学体系中。古代社会还不可能建立起自己的科学实验体系,还没有能力完全独立地担当起解释世界的能力,因此古代的自然科学被包括在自然哲学之中,这就为宗教神学解释世界留下了较大的余地。随着宗教自身的发展,具有理性思维特征的宗教神学也随之形成。在这种情况下,古代的科学分别被包含在自然哲学和宗教神学之中,形成了分化与分立的关系。这些自然哲学和宗教神学的解释虽然并不完全科学,但对于推动科学的发展却具有一定的积极作用。

在古代,具有浓厚的巫术色彩的宗教解释往往包含着科学的萌芽。例如,占星术是原始的天文学。两千多年前,我国齐景公时的太卜通过观测星象的结果预言地震,注意到地球和其他天体之间的关系,考察地震的诱发原因,开了世界地震研究的先河。古人切割动物供奉神灵,并以观察动物内脏的形态来预卜上苍的恩宠或冷遇。这样的宗教活动使人们了解到动物和人有着相似的器官,并逐步积累了有关人体结构的知识。因此,早在公元前两千年,埃及人就已经能够对人体进行手术治疗。诸如此类的活动显然具有促进科学知识积累的作用。

古代有许多宗教神职人员为了践履某些宗教教义,或追求某些宗教目标而进行科学工作,客观上为科学发展开辟了道路,或促进了科学的发展。我国春秋时代的许多占星家对天象进行观察,为后代天文历法的研究积累了有价值的资料。唐代僧人一行和尚制造黄道游仪,用来测定一百五十余颗恒星的位置,并进行了世界上第一次测量地球子午线长度的实验。我国汉代道教炼丹术中的外丹,幻想用炉鼎烧炼矿石、草药来求得长生不死之药,成为原始化学的起点。道教炼丹术中的内丹,把人体比作丹炉,融炼体内的精、气、神,想要获得长生不死的方术,但客观上却为医学上的养生保健、气功长寿等开辟了道路,至今仍不失为我国医学上一项值得研究发掘的重要课题。我国南北朝时期著名道士陶弘景在其修道生涯中,对我国古代天文、历算、地理、医药学和化学都有很多贡献,由他整理的《神农本草经》到征收民间名医新药而成的《本草经集注》,共记载药物730种,首创以玉石、草、木、兽、果、菜分类,对本草学的分类颇有影响。古埃及人为其宗教领袖法老修建金字塔,由于建筑工程的需要,推动了几何学和力学的发展。中世纪的基督教僧侣罗吉尔·培根虽长期徒劳地从事炼金术,但确实也做过许多有价值的物理化学实验,对欧洲实验科学的发展产生了一定影响。

有些宗教经典文献包含着丰富的科学内容,为以后科学的发展提供了宝贵的资料。犹太教的重要经典之一《塔木德》涉及天文、地理、医学、算术和植物等方面的知识。印度教的经典《吠陀》,佛经、道教典籍文献中所掺杂的有关各门科学方面的知识,更是丰富多彩,其中尤以道教典籍最为著名。《道藏》中辑录的各种内外丹经、黄白方术、阴阳五行、药饵术数等著作,记述了许多炼丹方法,仅《金丹》一篇所涉及的化学材料和矿物成分就有22种之多。它们还记载了一些用来炼丹的主要材料及其化学反应过程,相当透彻地阐明了强身保健、增强体质以抗风寒暑热的科学道理。凡此种种都对我国和世界化学及医药化学的发展做出了贡献。

在宗教传播活动中,宗教人士的传教活动也往往伴随着科学知识的传播,有助于科学的发展。我国唐代的鉴真和尚去日本传教时,带去了一批艺术、医药、建筑等方面的人才和大量的书籍,促进了日本医学、艺术、建筑等方面的发展。伊斯兰教在传播过程中吸收了希腊古典文化和印度、波斯的各种先进的科学,并在此基础上创造出了空前灿烂的阿拉伯文化,其中尤以医学、天文学、数学等最为卓著,并曾在几个世纪内对欧洲文明产生了重要影响,甚至促进了后来欧洲"文艺复兴"运动的到来。明末清初基督教传入我国的过程中,传教士们为了把所谓"上帝的福音"带给古老的东方大地而成为东西方文化科学的第一批媒介者。他们带来了西方天文、历算、几何、地理、水利和火器等方面的新知识。著名的意大利传教士利玛窦是这批传教士的代表,他把欧几里得几何学、格里高利历法、世界地图、泰西水法和西洋奇器(三棱镜、自鸣钟、望远镜)带到中国来,也把中国的科学介绍到西方去,促进了中西方科学的交流。

三　近代的矛盾与冲突

科学在很长时期没有自己独立的形态。在人类的原始时代,它的萌芽被包含在宗教之中,在古代和中世纪分别被包含在自然哲学和宗教神学中,只是自 16 世纪文艺复兴运动之后,欧洲近代工业发展起来了,科学开始从自然哲学中逐渐分离出来,形成了自己独立的理论体系和实验体系。此时,科学强烈地要求从宗教形态中完全独立出来,而中世纪末期欧洲基督教封建神权仍旧想要把持解释自然的特权,仍旧想要把科学当作神学的婢女和论证基督教教义的工具,不允许一切违反教义的科学解释,由此酿成了近代宗教与科学的深刻矛盾与激烈冲突。

科学有许多功能,其中最主要的功能是帮助人们正确地认识世界和解释人们想要了解的自然现象。科学的这种解释功能在性质和特点上与宗教的解释功能完全不同。科学要求这种解释建立在确实可靠的经验或实证知识的基础上并且强调理性,而宗教则将其解释建立在各种已经形成的教义基础上并且强调信仰。由于存在着这种根本差异,科学的解释功能及其产生的结果,长期以来总是与宗教呈现相冲突的状态,既表现为两种不同解释的冲突,又表现为科学揭示和捍卫的真理同宗教所主张的谬误之间的冲突。这种冲突,自从科学获得独立形态之后便产生了,而自欧洲文艺复兴和工业革命以来,一直到 20 世纪初,两者之间的矛盾日益尖锐。在这一斗争过程中,科学的理论体系和实验体系逐步地形成和发展完善,科学不仅要求摆脱宗教对它的控制,争取对自然现象的自由的和正当的解释权利,而且以其对自然现象的许多不同于宗教教义的解释,向宗教发起了严峻的挑战。

在宇宙学领域中,科学对宗教的挑战是以哥白尼提出“日心说”开始的。按基督教教义,地球是上帝为人类创造的一个位于宇宙中心的特殊居所,而神父哥白尼所著的《天体运行论》则证明,地球只是太阳系中的一颗行星,从而创立了"日心说",动摇了基督教教义的基础。于是,在1616年,"日心说"被罗马教廷宣布为异端邪说,《天体运行论》被列为禁书。但科学终究是科学,后来欧洲各国都按哥白尼体系来编制历法,教会只好在1835年取消了对该书的禁令。

哥白尼之后,伽利略比他的前驱更进一步地用天文望远镜观察天体,证明宇宙只是一个天体的自然世界,而不存在特殊的神的天体世界,并写出了《关于托勒密和哥白尼两大世界体系的对话》,这又进一步威胁到了基督教的根本教义。于是罗马教廷便对伽利略采取了囚禁终身的制裁措施,企图以此来阻止真理的传播。但教会的这一招并未见效。此后不久,曾当过修道士的布鲁诺又在伽利略天体实验观察的基础上,更进一步推广和延伸了"日心说",认为整个无边无际和无始无终的宇宙是没有中心的。这一科学论断意味着对"神创论"的全盘否定,因而导致基督教教会勒令布鲁诺废弃自己的学说,并最后将坚持真理的布鲁诺于1600年活活烧死。

虽然采取了上述严厉而残暴的措施,宗教(基督教)仍未能阻止科学前进的步伐。布鲁诺死后,曾迷恋于神学的德国天文学家开普勒深入研究了哥白尼的"日心说",发现了行星运行三大规律,使"日心说"理论更为完善。此后更有康德和拉普拉斯"星云说"及20世纪初由伽莫夫根据宇宙学和物理学的研究成果提出的"大爆炸宇宙学"等一系列科学的宇宙起源学说。所有这些学说,都一步一步地把基督教《创世记》中的说法变成了纯粹的神话,甚至连神学家们后来也不得不承认《创世记》只具有宗教寓意了。

在物理学的领域中,物理学上的伟大发现更进一步证实了上帝从无中自由地创造世界的不可能性。比如19世纪初发现的能量守恒和能量转化定律表明,能量既不能创造也不会消灭,只能互相转化。后来,神学家力图用克劳修斯的"热寂学"来论证上帝创世说,但也很快就被证明是不正确的。物理学通过物质结构的理论,更进一步地证实了世界的物质性。从道尔顿的原子论,一直到基本粒子和共振态粒子的发现,都证明了这一点,即没有物质结构的实体是不存在的,从而否定了上帝这一纯精神实体存在的可能性。爱因斯坦的相对论进一步证明物质、运动、时间和空间是密切联系在一起的,也说明了超物质、超时空的上帝是不存在的。普朗克和海森堡所创立的量子力学,确立了连续和间断相统一的自然现象,揭示了微观宇宙中统计学决定论的因果关系,否定了上帝的自由意志创造的任何可能性。

在生物学领域中,由施莱登和施旺所建立起来的细胞理论,证明了细胞是植物、动物和人发育的共同单位,否定了上帝分别创造每一物种的神话。达尔文《物种起源》和《人类的起源和性选择》的进化论,证明了高级生物是从低级生物发展而来的,人是由类人猿发展进化而来的,否定了上帝创造人的神话。如世界著名的学者埃·弗罗姆所说:"在进化论的光辉下,'上帝'被贬低成为一个实用的假设,创世和造人的故事成为一个神话、一首诗、一种象征,它清楚地表达了一些东西,但是不再被认为是科学真理。"[1]谢切诺夫的《大脑反射》一书关于高级神经活动的研究新成果,说明了意识和无意识现象的一切动作按其起源来说都是反射,由此揭开了人类精神活动的奥秘,上帝赋予人类以精神的神学观念被否定了。当时的神学家们曾竭力封锁谢切诺夫的思想,但科学的真理是封不住的,巴甫洛夫进一步发展和完善了大脑反射学说,并于1904年获诺贝尔奖,其学说为世界所公认。

实验心理学、精神病学、神经学以及控制论的发展,也证明了灵魂的实体化思想是没有根据的。这些科学把精神等同于一些心理现象,并证明"精神"受到多种形式的制约,既受到机体内部发生的生理现象的制约,又受到周围其他物理化学作用的制约。这就证明了独立的精神实体"灵魂"是不可能存在的。后来,奥巴林的生命起源论又证明生命物质是由非生命物质演化而来的。在各国科学家的共同努力下,科学家们弄清楚了组成生命物质的大分子结构,沃森和柯里发现了遗传信息载体DNA的双螺旋结构,64种遗传密码全部被测出,这就使人工改造和创造新物种成为可能,而且已经得到了部分实现。遗传工程的发展为人类创造更好的生存和发展环境提供了有力的手段,而上帝是不会为人类提供这样的环境的。现代自然科学的巨大进步使有的神学家认为"上帝已经死了",连美国最高法院也于1987年做出了维护在学校讲授进化论权利的判决,并否定了一些州规定的教授神创论的法律。

自然科学自近代发展到现代,已把宗教的解释宇宙起源(可见宇宙)、生命起源和人类起源方面所设置的主要障碍完全扫除,以前对它们所做的宗教解释,已被科学的解释所取代。现代科学已把解释自然现象的权利从宗教手中夺了回来。不过,宗教只是被迫把其已无法维持的解释自然现象的权利交还给科学,但并没有从一切区域退却。它们仍然可以在不同的历史条件下,继续发挥其他方面的功能。

四 现代的调适与共存

自近代以来,一直到进入 20 世纪后的一个相当长的时期内,宗教对科学的进展和挑战采取完全抵制和抗拒的态度。后来,由于现代工业的发展和科学真理的日益传播,使得宗教的各种反对措施屡屡失败,于是宗教便逐渐改变了自己的立场而力求与科学调和。主要表现在以下几个方面:

第一,改变原先否定许多科学学说的立场,转而承认和肯定这些学说,或者使自己的教义变得迎合这些学说,或者利用这些学说去说明它们各自的教义。这种现象最初发生于 19 世纪末,当宗教神学在与达尔文进化论的抗争中败北后,1885 年,罗马教皇庇护十二世专门发表了一个关于人种起源的"通谕",认为进化论可以用来解释人的起源,说这同《圣经》是一致的,即就人的身体而言,人是从动物进化而来,但人的灵魂是属于上帝的。这是在力图把进化论同神创论结合起来。后来,美国天主教大学教授约翰·高尔顿则更进一步把达尔文进化论包含在中世纪托马斯·阿奎那的神学理论中,认为在阿奎那神学的"运动"概念中,早已建立了一个关于动物由低级到高级发展的进化理论,而且把阿奎那的思想视为达尔文进化论的思想来源。基督教应用自然科学的成果来解释神学的情况也早在 19 世纪末就已发生。当时的罗马教皇利奥要求用新的科学成果对神学的旧教义进行"推陈出新"的修改,要求用"新的东西丰富和完善旧的东西,以便不让人们说教会反对科学和厌恶科学"。罗马教廷为了更好地运用科学成果去解释神学,还于 1936 年正式成立了罗马教廷科学院。1979 年 4 月 4 日,罗马教皇约翰·保罗一世号召全世界神职人员钻研现代科学,要求他们"既要有真正的科学训练,又要有世界水平的专门知识"。他还说,"真正的科学越是向前发展,它就会更多地发现上帝"。1951 年 11 月 25 日,罗马教皇庇护十二世向罗马教廷科学院讲演时，对"大爆炸宇宙学"的最早创始人勒梅特的"初始原子论"的说法表示赞赏，并把这个"初始原子"说成是上帝的创造物。由此可见宗教神学在顺应自然科学方面用心良苦。

第二，宗教主动退出自然科学领地，并主张与科学"分工"。对于这种"分工"，现代神学家们提出了种种不同方案：有的认为，宗教只需保留上帝创造世界这一最后结论，而整个世界的具体变化发展则由科学去解释和研究；有的则认为，把已知领域交给科学，把未知的领域留给宗教神学；有的更为明智地认为，应把物质世界完全交给科学，宗教只管人的精神世界。最后一种观点在佛教界的大同法师所著《广义宗教学》一书中得到鲜明的表现。该书认为："科学的对象是物质，宗教的对象是精神，精神和物质是不能偏重的，宗教与科学是并行不悖、兼收并蓄、毫无冲突的。"[2]有些神学家们还主张宗教应当主管道德领域的事，并可以用道德来约束科学。他们提出，科学如果没有宗教的扶正，就会导致有害于人类的事情。这种观点甚至为许多西方的科学家所赞同。如现代物理学的奠基人爱因斯坦就说过："科学没有宗教就像瘸子，宗教没有科学就像瞎子。"[3]量子力学创始人之一普朗克也认为，宗教和自然科学是珠联璧合、相得益彰的。世界著名物理学家海森堡根据上述观点提出了科学与宗教的互补原理。这种宗教与科学的分工合作论，确实起到了缓解知识分子对宗教离心倾向的作用。

第三，为历史上受教会迫害的科学家平反昭雪，竭力笼络科学家。罗马教宗主动承担历史上迫害科学家的责任并公开承认错误。罗马教廷对天主教历史上残酷迫害"日心说"先驱者们的行为做出了忏悔，并承认这是"教会发展史上不可磨灭的污点"。1979 年，罗马教宗还特地郑重其事地宣告要为伽利略平反，并为此成立了由历史学家、自然科学家和神学家组成的委员会。1989 年 9 月，教宗在访问意大利比萨时对当地的教授演讲，进一步公开赞扬 17 世纪意大利天文学家伽利略，并再次承认了当年天主教梵蒂冈宗教裁判所对伽利略太阳系理论的谴责是一项错误。

第四，在宗教组织内建立研究宗教与自然科学关系的机构和倾听科学家的意见。为了缓解宗教与科学的冲突以及争取科学家并影响广大知识分子，罗马教廷于 1936 年正式成立了罗马教廷科学院，并两年一度举行科学讨论会,专门研究科学的发展和宗教神学的关系。80 年代以来,罗马教廷科学院已不把研究的任务限于宗教与科学的领域,而把视野扩大到如何运用科学来改善人类的生存环境,以体现所谓"上帝关心人类"的仁爱精神。自此以后,梵蒂冈便两年一度邀请世界著名科学家赴会,讨论当代科学新问题和新成就,例如"化学工业对环境的影响""利用生物技术改革农业"等问题。在这些会议上,教宗公开表示,罗马教廷不仅乐意讨论从"核战争到试管婴儿"以及人类进化之类的问题,而且"乐意倾听世界上杰出科学家们的建议和意见"。一家西方报纸为此发表评论说:"今天的教廷想要跟上科学发展的新步伐,以避免宗教和科学之间出现任何不必要的冲突,并把科学引导到有益于人类的方向上去。"当科学家们提出人类生活的地球不处于宇宙中心位置时,教皇则立即表示:"我们如此地尊重科学家,这一发现与《圣经》并无抵触之处。《圣经》并不想教导人们知道天堂是如何形成的,而只是教导人们怎样才能到达天堂。"

现代科学的发展迫使宗教采取了上述调整性措施。通过调适,现代宗教不仅使自己从过去同科学处于尖锐对立的状态中解脱出来,越来越能够适应当代科学迅速发展的形势,而且在科学界赢得了同情。这就使宗教与科学(界)之间的关系逐渐由对立、冲突、矛盾、紧张,转变到宗教对科学的不断调和与一定程度的协调,以便形成宗教与科学的"分工"。宗教把解释功能交还给科学,把人的精神世界作为自己的主要领地,使科学家既坚信科学的真理性,又有宗教信仰的情感。

现代宗教越来越多地放弃自己对许多自然与社会现象的解释权利,而更多地把视线转向人类生存的意义和感情的领域,转向伦理道德的领域。这种战略上的转变正是宗教的上述意图付诸实践的体现。在这些领域,科学还无法并且永远不可能取代宗教,因为它们所涉及的都是价值的问题而不是关于客观现象的真理问题。正因如此,像爱因斯坦这样伟大的科学家也承认宗教存在的合理性。正因如此,想要完全依靠科学来彻底战胜、取代和消灭宗教,便成为一种教条式的幻想。现代宗教似乎已寻找到它要避免科学冲击的最终避难所。在那里,它将继续获得新的信徒而不会直接同科学的任何新发现相冲突。现代宗教能够继续生存,除了其他复杂的原因之外,退居到一个科学无法施展其功能的"避难所"是十分重要的原因。而只要有社会与个人的不幸和各式各样的情感挫折或生活上的不确定性,以及存在着对人类生存意义的不同追求,人们往往需要诉诸超自然的力量来寻求解脱,宗教便会在这个"避难所"不断发挥科学无法取代的作用(功能),因而也就会继续同科学共存。

五　二者关系的若干种模式

罗素曾经说过,宗教与科学的冲突是不可避免的,科学最终将战胜宗教。这是西方近代无神论者的一般观点。在他们看来,宗教建立在非理性的基础上,是对超自然力量的崇拜和信仰;科学则是人类理性的结晶,是关于世界的客观的知识体系。宗教与科学是天然的死敌。这一思想对 20 世纪的中国思想和社会都产生了深远的影响。当现代自然科学在 20 世纪初全面地从西方传入中国的时候,当时的中国知识界正弥漫着反传统和非宗教的情绪,反对基督教的态度尤为激烈。从那时起,大多数中国知识分子对二者关系是持冲突论的。每当提起宗教与科学的关系,人们头脑中首先浮现的画面是西方科学家布鲁诺在"宗教裁判所"受火刑,而知道现代科学家爱因斯坦肯定宗教价值的人却不多。与 20 世纪下半叶中国社会的政治状况相结合,这一影响集中表现在完全负面地理解宗教的社会功能,否认中国传统文化中的宗教因素,在社会体制上压缩宗教的生存空间。可以说,冲突论至今还有很大的影响。

宗教与科学的关系极为复杂,涉及多个层面。在此,我们简要介绍一下现代物理学家伊恩·巴伯(Ian Barbour)对科学与宗教关系看法的四种类型[4]:

(1)冲突:属于这一类型的有科学唯物主义和《圣经》字句主义。科学唯物主义者认为,组成世界的只有物质,不存在心灵、精神或上帝;他们还认为科学是获得真正知识的唯一道路,宗教不能告诉我们这个世界或人类的真正价值。《圣经》字句主义者相信应该按照字面意思来理解《圣经》,不需要任何解释说明,而且只有《圣经》才能给予我们关于世界、人类和上帝的真正的知识；他们通常把科学视为对《圣经》信仰的挑战。

（2）自主：持这种看法的学者认为，科学与宗教所使用的是相反的方法和相异的语言。科学与宗教都和对方保持着完全的隔离，既没有发生冲突的可能，也没有任何互动甚至对话。一些人认为，科学与宗教所使用的探求真理的方法完全不同，如理性与信仰相对；科学以事实为基础，而宗教以价值为基础；科学是客观的，宗教是主观的；科学可以被证伪，而宗教则不能。科学语言所描述的是事物存在于世界上的方式，而宗教则利用语言来描述我们的感情、希望和信仰。

（3）对话：对话类型作为一种联系科学与宗教的模式包括边界问题和方法论上的类似。尽管科学可以告诉我们关于这个世界的很多东西，但是有些问题存在于科学的边缘或极限上，科学提出了这些问题却永远不能回答。如果宇宙有一个开始，那么在开始之前发生过什么？为什么我们会有同情心或利他主义？宇宙为什么存在？一些人认为，科学检验理论的方法并非完全不同于神学的方法：两者都使用资料（对于科学来说是经验事实，对于宗教而言是神圣经典、宗教体验和仪式）；两者都包括学者共同体，共同工作来找出什么是真实的；在相互竞争的理论中，两者都运用理性和审美价值进行遴选（在神学中，理论被称为"教义"）；等等。

（4）整合：整合类型包括自然神学。自然神学试图以世界为出发点，从中发现有关上帝的事物：上帝的存在、本性、意志与目的等。关于自然的神学则以神学为出发点，并试图将科学发现纳入到神学当中，根据这些发现来对神学重新进行阐述。系统综合的目标是把神学与科学合并在一个单一的框架中。它通常以一个单一的形而上学体系来作整合，比如怀特海过程哲学的形而上学、托马斯主义的形而上学。这样，在神学和科学的理论和研究中，诸如空间、时间、物质、因果关系、心灵、精神甚至上帝等概念的用法都是相似的。

自从巴伯的上述类型学说提出来以后，又有许多西方学者提出了各种新的类型解释，很多都与巴伯的工作直接对应，并对巴伯的结论进行了补充。而巴伯的学说传入中国学术界后，也在促使中国学者深入思考宗教与科学的关系问题。

巴伯的类型说的重要之处在于,它指出了宗教与科学有冲突的一面,也有互补的一面。以那些具有西方宗教背景的科学家群体为代表,他们认为宗教与科学分属不同的范畴,是人类生活的两大方面:科学为人类提供知识和理性力量,宗教为人类提供仁爱和精神力量。宗教与科学,一重在解决人的精神难题,一侧重于服务物质文明建设,是两股影响人类的最强大力量。二者相互补充,缺一不可。

在人类进入新千年和新世纪的时候,强化宗教与科学对话的必要性空前突出。当代科技的发展,既可以使人过上人间天堂的生活,也能够置人类于死地,而克隆人等技术的成熟,更对人的价值、本质等问题提出了前所未有的拷问。现代科技武装下的宗教,在神学思想、组织形式以及社会功能上,也是日新月异,扑朔迷离。宗教与科学间的积极对话与沟通,必将有助于两者的互补与交融,进而从整体上造福于人类社会和人类生活。

【关键词】

自然哲学　　自然神学　　宗教的调适　　宗教与科学的对话

【进一步阅读书目】

霍伊卡:《宗教与现代科学的兴起》,四川人民出版社,成都,1991 年。

李申主编:《高科技与宗教》,天津科学技术出版社,2000 年。

罗素:《宗教与科学》,商务印书馆,北京,1982 年。

彼得斯、江丕盛、本纳德编:《科学与宗教》,中国社会科学出版社,北京,2002 年。

【思考题】

1. 在古代社会,科学为何被包含在宗教之中?

2. 在西方近代社会,宗教与科学冲突和对立的原因何在?

3. 宗教神学与自然科学从思维方式上考察有什么根本性的差异?

4. 当代宗教与科学应当处于一种什么样的关系之中?

注　释

〔1〕　弗罗姆:《论爱》,第 45 页,安徽人民出版社,合肥,1987 年。

〔2〕　大同法师:《广义宗教学》,第 104 页,天华出版事业股份有限公司,台北,1970 年。

〔3〕　《爱因斯坦文集》,第 182 页,商务印书馆,北京,1979 年。

〔4〕　参阅彼得斯、江丕盛、本纳德编:《科学与宗教》,第 16 页,中国社会科学出版社,北京,2002 年。

第十三讲

宗教与中国文化

中国文化的整体结构
宗教对中国文化的影响
宗教与中国文化的动态互补
中国民间宗教

中国宗教和世界各地其他宗教一样,有其共性。但作为植根于中国这块土地上的一种社会文化现象,中国宗教又有其特性。从整体结构来看,中国宗教以制度化的宗教,如佛教、道教、伊斯兰教、天主教、基督教(新教)为主,此外还有大量的民间宗教信仰。后者虽不具备制度化宗教所具有的完整的构成要素,却具有宗教性与世俗性相融合的双重社会功能,其强度、广度及对社会的作用和影响常常超过制度化的宗教。要想较好地认识现代中国社会的宗教,就要追溯其的根源,了解其发展历程及特点。只有了解了中国宗教的过去,才能更好地了解其现状,把握其未来走向。让我们把宗教作为一个相对独立的部分纳入中国文化的整体框架中加以考察,说明其所具有的文化价值与功能。

一　中国文化的整体结构

宗教是一种社会文化现象。中国文化是由各种相对独立而又彼此联系、相互影响的文化形态所构成的历史总体,是一个文化大系统。中国历史上各种形态的宗教正是构成这一文化大系统的有机组成部分。各种宗教在其自身发展历史中,始终与中国文化的整体及其各个组成部分之间处于动态互补的关系之中。

中国文化由多种文化融会而成,呈现出多元一体的整体状况。深入了解一下中国文化的结构,人们不难发现宗教是其不可或缺的有机组成部分。尤其是中国文化在其自身发展过程中完成了整体建构以后,包括外来宗教与本土宗教在内的各种宗教是构成中国文化结构的基本内容之一。包括各种宗教在内的不同文化要素之间的冲突与融合,共同构成了中国文化的基本框架,它们之间的内在统一性成为中国文化的历史整体或主体,并推动中国文化的发展。

中国文化的整体建构问题,应放到中国传统宗教与哲学的总体发展中来考察,在中国文化发展的每一个阶段,都有宗教形态存在。在中国远古夏、商、周三代的社会文化系统中,传统宗法性宗教和天命神学思想是维系全社会的唯一的精神支柱,因而构成了从史前到三代这一社会历史时期思想文化的整体。然而,在诸子百家竞起的春秋战国时期,天命神学的思想体系被打破,人文理性精神替代天命神学而成为意识形态的核心和思想文化的主体,但传统宗法性宗教的影响依然存在,二者并存而相融。这种文化建构一方面在最基本的方面奠定了中国文化整体结构的基础;另一方面,宗教在后来的中国文化发展中,起着维护这种整体结构的重要力量。可以说,各种形态的宗教与传统文化同生共长。

中华民族的祖先由于很早就被迫同自然界连年的洪涝灾害做斗争,较早地形成了中央高度集权的社会组织形式,对大自然的崇拜与对祖先的崇拜特别明显,把“敬天”与“祭祖”结合在一起,并且十分注重社会成员之间宗法关系的维系。这种社会意识反映了一个以农业为主的民族对大自然的依赖和对本民族个别领袖人物的信赖,也是中央高度集权得以长期维持的重要心理因素。在此基础上演化出来的儒家思想,成了几千年来维护着这个大一统多民族国家的主要社会意识形态。

中国古代文化经历了几次大的变动才最终确定下来。汉代是中国文化整体结构初步确立的时期。此时有两个因素值得充分重视:其一,儒学经过长期的发展,获得了独尊的地位,传统文化开始形成以儒为主,广泛吸收道、法、阴阳诸家的思想这样一种格局,奠定了中国文化结构和意识形态的基础。其二,本土道教的产生,佛教的初传,佛道两教的比附并与儒家经学相融合冲突,在中国文化结构中形成了儒释道三教关系,外来宗教相融于本土文化建构之中,从而在中国文化中拉开三教之间不断冲突与融合关系的序幕。魏晋时期中国文化结构进一步作了调整,数百年的统一王朝解体,社会转入到分裂割据的动荡年代,纷争不息,思想文化领域内也发生了历史性的变化,旧的思想文化结构变换了内容,其中具有决定意义的是儒学失去了独尊的地位,并与老庄道家之学相结合,形成了适合魏晋时代特征的以老庄为骨架、以孔孟为灵魂的玄学思潮。同时,佛道两教经过最初的发展以后,此时都已获得相对独立的形态,在理论、组织等各个方面都展现出其自身独特的个性特征。因而,魏晋时期儒释道三教关系展现出了更为丰富的内容。三教之间争优比胜,在相互冲突斗争的同时,也普遍存在着相互渗透与融合的一面,并且三教之间的汇合趋势越来越强烈,这可以说是魏晋(包括南北朝)时期思想文化的基本内涵。如何适应时代特征,确立新的文化建构,尤其是理顺三教关系,成为当时最重要的课题。隋唐以后,佛教进一步发展,建立起了不同的宗派,完成了中国化的进程;道教在帝王的扶持下,一跃而居于三教之首;佛道两教都进入鼎盛时期,但隋唐以来的思想文化政策是三教并重,儒释道这三种文化形态的融合构成了唐以来中国文化的历史整体。

在儒释道三教共同架构与维系的中国文化整体中,儒学是主干,佛道是辅翼,儒佛道三教各具特色的思想信仰与生活理念之间具有内在的一致性和统一性,因而能够成为维系中国人的三大精神支柱,并在具体的历史进程中获得客观性的力量。所谓"以儒治世,以道修身,以佛养心",还有所谓"儒以经世,道以忘世,佛以出世"。这样一种文化结构可以满足不同人的精神需要,给人以多种选择,以便使人在社会变动及人生变故之际能及时调整自己的价值取向和生活理念,而不至于惊惶失措,无所适从。中国人正是按照自身的需要以及特定的社会背景来选择安身立命之所的。在思想信仰上,有的独崇一家,有的儒道兼综,有的出入于老释,有的则三教并重,形成自己的心路历程。

儒家思想是不是一种宗教,对这个问题一直存在着不同的看法。因为它同佛教、伊斯兰教、基督教等外来宗教有很大差异,所以多数学者不认为它是宗教。但是,有一个事实是大家公认的,那就是:在长达几千年的中国封建社会里,儒家思想始终占中国社会意识形态的主导地位,任何一种外来宗教都未能也不可能取代它的地位,而且往往受到其影响,甚至被改造。儒家思想有自己的一套天地生成的理论,但它更重视对社会秩序的维护,注重名教纲常的伦理道德。

总而言之,儒释道三教共同维系着中国文化的整体结构,是中国人的三大精神支柱。它们极大地丰富了中国文化的内涵,并影响着中国文化各个领域,左右着中国文化发展的潮流和方向。其他各种宗教也在中国文化的整体结构中增添着新的内容,但它们或多或少地相融于这一整体建构之中,相互之间的冲突与融合使得中国文化的画卷更为绚丽多姿,但在整体上并没有改变中国文化的结构与性质。

二　宗教对中国文化的影响

当我们追根溯源去追寻中国文化的最初形态时,我们看到,史前巫教系统以及随之而来的三代天命神学,同时构成了中国文化的最初形态和总体,为中国文化的诞生和发展奠定了第一块基石,在各个方面对中国文化产生了极为深刻的影响。后来,诸子百家纷纷起来冲破传统宗教的束缚,获得了相对独立的发展,不再与天命神学体系混而为一,才有了本质上完全不同于天命神学体系的各种世俗文化形态。在诸子思想体系中,人文主义的因素极大地突显,消解和转化了传统宗教的神学内容,改变了其中的迷狂与非理性成分,从而在本质上有别于天命神学体系。但是诸子百家也不是一下子突显出来的,它脱胎于传统天命神学这一文化母体;同时诸子百家的思想体系中也并没有完全推倒先前思想文化所取得的成果,而是在相当的程度上保留了下来,使之成为新的文化形态,成为他们创立思想体系的思想酵母和出发点。只要我们具体地去分析诸子百家的思想体系,就能从中强烈地感受到传统天命神学的影响。

从传统宗教这一方面来说,当其失去作为文化整体或总体的地位以后,也并不是对世俗文化形态不再具有任何影响力。我们认为宗教对中国文化具有启示性的影响。无视这种影响,完全忽略中国文化的宗教性,就不可能完整准确地领会中国文化。

从理论上说,宗教是中国文化的整体结构中不可或缺的组成部分,宗教与中国文化的各种形态构成了具有内在统一性的完整的文化共同体。这是一种动态互补结构,宗教与中国文化整体在长期的历史行程中彼此认同,相互影响,共同发展。因此当我们说宗教受制于中国文化背景,体现中国文化精神,并只有在中国文化所能提供的框架内合理地发展,从中国文化的其他各种形态中吸收养料来充实丰富自身时,也就表明了宗教在中国文化中并不纯然是一个消极的因素,只能被动地去适合中国文化,而是在相当广泛的领域内对中国文化产生了深刻的影响,对中国文化的发展起积极的推动作用。

以佛教为例。佛教是一种内涵极为丰富的世界性宗教,有完整的思想体系和精致的教理、深奥的教义、严密的逻辑、独到的修持方法和完备的组织形式。这种宗教自从传入中国以后,成为推动中国文化向高层次发展的一个历史动因。佛教对于中国文化的影响广泛而深入,涉及社会生活的各个领域与文化体系的各个形态,哲学、史学、文学、艺术乃至本土的宗教,都在佛教的影响下变换其思想立场。以文学为例,从六朝的志怪到明清的神魔作品都留下了佛教的思想痕迹。佛教也促进了中国文化艺术多方面发展,显著地渗透到了诗歌、音乐、雕塑、绘画、建筑等艺术形式之中。在南北朝隋唐时期,佛教是中国文化中一个极其重要的方面,这一时期若无佛教,中国文化会显得苍白无力,至少呈不完整状态。在佛教的影响与带动下,史学、目录学、翻译学、语言学、逻辑学等多种学科的发展都有受益。在思维方式方面,佛教的发展促使儒学吸收佛学成果,发展出宋明新儒学。

外来宗教传入中国文化并且经过一定程度的中国化而相融于中国文化,但它们并没有完全泯灭自己作为一种宗教形态所具有的个性特征。在中国文化中,不管是本土宗教还是外来宗教,都具有非宗教文化形态所具有的特殊功能,因此能够去补充传统文化,通过与传统文化的碰撞促进中国文化的发展。从佛教等外来宗教的例子来看宗教对中国文化的影响,有一点是不言而喻的:宗教在相当程度上提供了其他文化形态所无法取代的功能,以满足人们的精神需要;尤其是社会转型或人生发生变故之际,宗教更能显示出其特有的价值。事实上,宗教对于提高中华民族的抽象思辨能力,展现人的创造性、能动性与想象力,丰富中国文化的内涵,提高中国文化的理论深度,满足人们的精神需要及提升其生活态度、人生价值、人格理想、道德修养等方面都有一定的价值。如果不能在这些方面满足人们的需要,宗教就不可能具有价值,也不会对中国产生影响,其本身也就失去了存在的意义。一些外来的宗教或教派之所以传入不久就湮没无闻,重要原因就在于它们不能满足中国文化的某种需要,不能提供中国文化所需要的东西。

三　宗教与中国文化的动态互补

严格说来,中国历史上的所有宗教现象都不过是中国文化的整体结构与基本精神在中国宗教领域内的特殊表现。它们存在于中国文化氛围之中,受制于中国文化环境,认同于中国文化,体现着中国文化的基本精神。同时,它们又都是中国文化整体中具有鲜明的个性特征的文化形态,具有相对的独立性,而不是完全消融于中国文化的其他形态之中。在宗教与中国文化的冲突与融合之中,宗教不是消极地适合中国文化,而是积极地对中国文化产生影响,与中国文化形成一种动态互补的关系。

宗教与中国文化之间的并存与相融,共同构成了中国文化的历史整体。一方面,中国文化本来就是由各种不同形态的文化构成的共同体,具有开放性、包容性等特点,主张兼收并蓄,博采众长,从而能够容纳不同质的文化于一体,这样就为各种宗教形态在中国文化中存在并与其他文化形态并存融和从而构成文化共同体提供了宽松的环境。另一方面,宗教不是游离于中国文化整体之外的另一个独立的文化形态,它就存在于中国文化背景之中。它的思想内容和基本结构是中国文化整体在宗教领域内的曲折反映,因而中国社会的各种宗教形态无不主动地、自觉地附丽于中国文化的基本结构,反映中国文化的主体精神,吸收中国文化的思想成果来充实、丰富、提高自身。在各种形态的中国宗教中都可以感受到中国文化的强烈影响。

试以道教为例。与后来传入中国的各种外来宗教不同,道教就植根于中国文化的土壤之中,是在中国文化精神与历史传统的熏陶之下生长起来的。因而它先天地就和中国文化传统有着不解之缘,道教的教义教理、思想信仰、人生理想、基本结构、价值取向乃至于宗教实践等方面都反映了中国文化传统。道教之所以能成为煌煌大教,并在以后的发展中与儒佛并驾齐驱,鼎足为三,共同构成中国文化的整体,最重要的方面就在于其始终相融于中国文化之中,反映与体现中国文化的基本精神,吸收各种文化所取得的丰硕成果。如在产生之始,它就把当时社会生活中广为流行的阴阳灾异、巫觋神道、民间术数等纳入自己的理论建构之中,作为创教的思想前提。老庄道家之学使道教获得了形而上学的哲学思想基础,从而使其不再停留在粗俗的巫术神道的低水平上;而孔孟儒家之学使道教获得了一种为广大的生活世界所接受的政治理念和伦理观念,从而能与主流文化相融而汇通,容纳进传统文化的整体结构之中。因此,我们看到,支撑道教的不仅仅是作为宗教形态的教义教理、神仙信仰及其宗教实践活动,同时也包含了更为丰富的文化内容。

除了道教以外,中国的主要宗教从起源上说都是外来的宗教。但它们传入中国以后,无不受制于中国社会固有的文化传统,在与中国本土文化的冲突与融合中会通于中国文化整体,成为中国文化建构一个方面的内容,并在各自的宗教形态中体现中国文化的精神与整体结构。任何外来宗教都不能超越于中国本土文化之外,因为它们所传入的国家是一个文明高度发展的先进之邦,具有极其光辉灿烂的文化成就和一以贯之的文化传统。任何外来宗教传入中国,首先要面对的就是这个现实,它们想要生根成长于中国,就必须接受这个事实,努力去适应它,否则就不可能找到立足之地。

外来宗教在初传入中国时通常会出现两种不同的社会文化心态。对传教者来说,为了使他们所信仰的宗教扎根在中国社会文化之中,他们会积极地迎合比附中国本土文化,以求得本土文化的容忍与接受,从而使两种不同的文化能够并存与融合;反之,传教者若是把自己的宗教凌驾于本土文化之上,它就不可能在中国社会扎根和发展。而对于中国社会民众来说,人们对外来宗教的感情是复杂和矛盾的,常常是拒斥与接受并存,拒斥多于接受。佛教和天主教进入中国以后的遭遇是说明这个问题最好的例子。

佛教传入中国最早的活动是翻译佛经。由于语言上的障碍和观念上的差异,这项工作困难重重。佛教与中国本土文化分属不同的文化系统,而且当时在中国的译师们都是外国人。他们都使用中国文化的术语名同来译述佛典,主要是道家的阴阳、道等一些概念范畴,用它们来调整佛经,这就表明他们为了克服语言和观念两大障碍,努力比附迎合中国文化,由此开始了佛教与中国文化相融合的进程。

译师们的比附不仅仅是语言上的,而且是思想内容上的。比如安世高在翻译《尸迦罗越六方礼经》时,就广泛地涉及社会人际关系,为了求得所译佛典与儒家社会伦理纲常名教相适应,他不惜通过增删译文的方法,对佛教原典进行调整。魏晋时期则是佛教依附于玄学,援玄入佛,因玄谈佛,佛教玄学化。如佛教大师慧远、道安等,他们的历史功绩就在于为佛教取得了威仪超脱的地位,而在思想内容上则依附于儒家的伦理观念和价值取向,使之隶属于王法的要求。

佛教传入中国以后,由于与中国本土文化分属两种不同的文化系统,因此二者之间的冲突也在所难免。一些人从本土文化立场出发,看到两种文化之间的歧异性,认为佛教是夷狄之术,"违圣人之语,不合孝子之道",我们中国人不应该"背五经而向异道",许多反佛教的言论都是以此立论的。但是也有许多中国人受佛教的吸引,出家成了佛教徒,并在反佛言论盛行时为佛教辩护。

如此,我们看到,佛教初传中国所表现出来的各种文化心态实际上就是立足于中国的文化精神来协调佛教与中国文化的关系。部分中国人看到两种文化的歧异性,看到它们之间的冲突与不相融的方面,因此表现出强烈的拒斥态度。但由于中国文化本身是一个开放的系统,有着极大的包容性,有能力融会不同质的文化于一体,因此许多中国人接受了佛教,并对之加以诠释,将之纳入中国文化的框架之中,从而使印度佛教演化为中国佛教。传教者与接受者的共同努力终于使佛教在中国完成了本土化的历程,佛教成为地地道道的中国人的宗教、中国文化的一部分,尽管从起源上说它来自古印度。

天主教于明末清初传入中国,揭开了中西文化大规模交流的序幕。在最初阶段,天主教的耶稣会士面对中国强大的文化传统,试图将他们的宗教中国化,成为中国人可以接受的宗教,因而多有迎合比附中国传统文化之处。比如以利玛窦为代表的一批传教士对中国文化就很有研究。他们广泛地与统治者和儒生士大夫交往,学习中国文化,尝试着用儒学来解释天主教教义,在生活习惯上也入乡随俗,着中国服饰,在伦理道德方面寻找与儒家的相似性,提倡孔子加耶稣、耶儒合流。天主教耶稣会之所以能在明末清初在中国的某些地区得到传播,并吸引了以徐光启、李之藻、杨庭筠为代表的一大批儒生士大夫,其传教士的文化心态和传教策略起了重要作用。

不管对天主教是采取拒斥态度还是接纳态度,中国人是立足于本土文化对待外来的天主教的。有些儒生士大夫深感天主教教义与中国文化的相通相似之处,如徐光启,他之所以加入天主教,是因为他认为天主教有益于忠孝,与孔孟之道并无矛盾,可以"补益王化,左右儒术,救正佛法"。而力拒天主教的人们也是依据自身的文化精神,看到天主教与本土文化之间的歧异性与不相容之处,因此对天主教展开批判,力图捍卫中国文化的正统性与纯正性。总之,外来宗教初传入时,传教者迎合比附中国文化,致力于外来宗教的中国化;中国人的拒斥与接纳也是立足于本土文化的立场,依据两种文化的歧异性与相融性做出不同的选择。

和谐思想是中国文化的重要特色。中华民族在长期发展过程中,不同地域、不同思想流派各具特色的文化,在大一统政权的干预下,彼此认同,相互影响,和睦共处,构成了具有内在统一性的文化共同体。构成中国文化整体的各种形态之间虽然不是没有冲突与斗争,但这些冲突并没有导致分崩离析的结果,其斗争也不是分庭抗礼,更不是要消灭对方,冲突与斗争只不过是达到并存与相融、组成内在统一的文化共同体的有效途径。中国文化的这种思想品格,深深地影响到中国的宗教现象,中国各宗教形态之间及各教内部的派别之间也形成了多元、互忍与相融的特征。

从历史上看,中国的各种宗教之间确实有过很激烈的冲突。例如儒释道三教之间不仅有理论上的争论,而且在某些情况下形同水火:唐武宗时期发生了会昌法难(灭佛),韩愈甚至主张要取消佛教;佛教徒中自称天香居士的黄贞极力反对基督教。但在大多数情况下,中国的各种宗教都能够和睦共处,彼此认同,形成多元结构。在中国历史上,除了道教以外,佛教、基督教、伊斯兰教都是外来宗教,它们都能相融于中国文化,各教之间没有发生根本性的冲突,更没有出现过视自己为正统、视别的宗教为异端因而导致大规模宗教战争的情况。

中国的宗教徒中,有许多人的信仰是坚定而虔诚的,终其一生崇奉某一种宗教,中途决不改变。但也有许多信徒灵活得多,儒道兼宗、佛道俱信、儒释并存,或者在三教之间自由地变换思想信仰,按照自己人生的变故与价值取向的转变,不断在三教之间轮流摇摆,这对他们来说没有什么滞碍阻隔。中国的宗教徒不把各种宗教之间的差异视为畛域,而是在思想信仰与宗教实践方面将其贯通起来,在中国文化整体规范之下和睦共处。事实上,在中国古代社会中,出入于老释、泛滥于诸家成为很多人共同的心路历程。

外来宗教要在中国生根,要与本土文化做到并存与相融,必然要在保留自身特质的情况下,从整体上适应中国的社会文化,按照中国文化的内在结构和基本精神对自身做出创造性的解释,从而经过新的阐发以后相融于中国文化整体结构之中,成为中国文化的有机组成部分,体现出中国文化的精神特质。

佛教在这方面是比较突出的。印度佛教和中国本土文化是两种性质完全不同的文化系统。印度佛教是出世的宗教,它的原始教义以人生为苦,而苦的主要原因是人有欲望,因而它视家为牢笼、伦理为羁绊,所崇尚的是与王者抗礼,以解脱为要务,走出世之路,轻视个人的社会责任。为了实现个人的解脱,佛教提出了一套去欲去恶、从善出世的理论,形成了一种独特的宗教哲学体系。中国的本土文化则是以儒家学说为主的入世的社会伦理学说,以治国平天下为人的使命,干预生活,改造世界。这样两种不同的文化系统,其冲突和对立是不可避免的。

佛教要弘扬光大于中国文化的土壤上,必须从两种文化系统内在的思想核心上做融会贯通的工作。要做到这一点,就必须深入到两种文化系统的内在结构,用中国本土文化去创造性地解释佛教,从而在文化整体上使佛教不断调整自己的思想形态,改变固有的传统,克服与中国文化的对立,适应中国文化的结构与特征,存在和相融于中国文化之中。中国佛教各宗各派长期以来一直在做这样的工作。以禅宗为例,它以性净自悟为宗旨,认为本性自有,不求外借,主张担水劈柴无非妙道,穿衣吃饭即是人伦物理,坐卧行住也可以悟道,顿悟成佛,见净自悟。这样的宗派以佛教为旗号,宣扬了佛教的解脱思想,实际上体现了中国文化特有的价值观念与思维方式。它综合了儒家的性善论、良知说、人人皆可成尧舜这样一些观念,形成了一种中国化的佛教。禅宗通过对佛教进行创造性的再解释,使佛教相融于中国文化整体结构,强烈地体现出中国文化精神。

佛教是外来宗教中对中国文化影响最广最深的一种宗教,在隋唐时期曾经盛极一时。佛教在中国之所以能兴盛发展,恰恰在于接纳了儒家思想后不断中国化。佛教不仅经过一些佛教大师的阐释,形成了天台、华严、禅宗等中国本土化的宗教宗派,而且在社会政治方面始终受到王权的制约与管理,服从与服务于封建统治的需要。

伊斯兰教是在时间上仅迟于佛教传入中国的世界性宗教。一开始只是伊斯兰国家来中国经商的商人及其后代信仰。在中国境内一些少数民族改信伊斯兰教后,其传播范围长期局限在这些民族聚居的地区,对全国总体上的影响不大。即使这样,中国伊斯兰教依然受到儒家思想的影响。明代以后,在中国的东南和西南先后出现了以南京和云南为中心的伊斯兰教经典汉译活动。这一活动主要是为了让越来越多的穆斯林可以直接看懂经文,也是为了让更多的人了解伊斯兰教。但从某些译文的词句中,同样可以看到儒家思想的影响。

基督教的各派几次传入中国,都因未能与儒家思想相融合而中断。天主教传教士利玛窦曾借儒学以释基督教义,并在礼仪上屈从儒家伦理纲常,在传教方面取得了一定进展,后来因反对祭祖宗而被禁。鸦片战争后,虽然基督教各派仗着利舰与大炮进入了中国,但作为帝国主义列强侵华的工具,长期受到广大中国民众抵制,更不可能成为中国社会主导意识形态。世界上的其他几种宗教如摩尼教、犹太教、琐罗亚斯德教等都曾传入中国,并一度比较流行,但始终不能改变"胡寺""胡僧"的名称,未被中国社会真正接纳而失传。

在中国的历史上,从来没有出现过像东南亚有的国家那样以佛教为国教,一切社会意识形态均受制于佛教教义的现象,也未产生过像基督教在欧美一些国家社会生活中的那种影响,更没有像欧洲中世纪的天主教和近代阿拉伯国家的伊斯兰教那样在国家生活方方面面占绝对统治地位的时候。由于儒家思想的存在及占据主导地位,中国历史上始终是政权大于教权,教权总是听从政权,这是中国宗教的一大特点。

中国是一个多民族多宗教的国家,从远古到近代,在中国这块土地上居住的各民族虽然有不同的宗教信仰和崇拜方式,但总体上是一种和睦共处、取长补短的关系,没有因为宗教信仰的不同或者为了一种宗教反对另一种宗教而发生宗教战争。

在历史上,几乎世界上最主要的几种宗教都传入过中国,有的为中国一部分群众所接受,成了他们的宗教信仰;有的曾一度为一部分群众所接受,后因社会政治变革等原因没有保留到近代;还有许多种宗教随着信仰者一起来到中国,又随信仰者的离去而离去。无论哪一种情况,其传播的方式一般都是和平的,而不像世界上另一些地方那样采取战争的方式。纵观整个中国宗教发展史,主要有两种形式:

第一种形式是通过文化交流。佛教的传入是一个典型的例子。汉明帝永平十年(67)因梦见佛光派人去西域求法,这是十分正常的文化交流。中国最早的几位传播佛教的著名僧人,如迦叶摩腾、竺法兰、安世高、支谦、支娄等,以及后来的康僧会、竺法护、佛图澄、鸠摩罗什、佛驮跋陀罗、达摩等,都是作为文化使者从天竺或从西域来到中原的,他们在中原的工作主要是译经传教。中国佛教的信徒为了能更全面、准确地了解佛教真谛,曾多次派人前往天竺等地取经,其中最著名的有玄奘和法显,特别是玄奘更是人们所熟知的古代东西方文化交流的使者、大旅行家、大翻译家。他于唐太宗贞观三年(629)从当时的京城长安出发西行,经今中国新疆和中亚地区,历尽千辛万苦到达印度,在印度钻研佛经,又于贞观十九年(645)携带大量佛经返回长安,前后达十七年之久。他一生共译出梵文经论达75部,共1335卷之多。他记述西行取经的著述《大唐西域记》,是今天研究当时地理和东西方文化交流的重要历史文献,由于他的旅行演绎出来的著名小说《西游记》也成为老少皆知的神话故事。中国的汉语系佛教传到邻国朝鲜半岛和日本,也是通过文化交流的形式实现的。千余年来,许多中国僧人东渡,不仅给朝鲜半岛与日本传去了佛教,也带去了中国的文化与科学技术;朝鲜半岛与日本也派了大批僧人来到中国,学习文化与佛教。这种交流,被中国佛教协会会长赵朴初居士称为"黄金纽带"。其中最著名的僧人是唐代的鉴真,他应日本僧人荣睿、普照等的邀请,在公元742年至753年的十一年间,先后五次东渡日本均遭失败,最后在双目失明的情况下仍坚持第六次渡海,终于到达日本,成为日本佛教律宗的创始人,并带去了一批医学、工技方面的人才,为中日文化交流做出了不朽的贡献。隋唐以后,中国、朝鲜和日本在佛教方面的交往更多,这些人既是佛教的传播者,同时也为中国、日本与朝鲜半岛各国之间的文化交流做出了贡献。天主教传教士在明末清初时来到中国传教,也应属于这一类。这些西方传教士除在中国传播天主教外,也带来了西方的文化,如天文、气象、机械制造等科学技术;利玛窦、汤若望等传教士先后在明清两代担任钦天监的主管,在中国传播了西方的文化科学知识;同时经过他们也向西方介绍了中国的古老文化与习俗,在客观上起到了促进东西方文化交流的作用。

第二种形式主要是通过民族迁徙。伊斯兰教的传入是一个典型例子。在中国历史上伊斯兰教传入经历了三次高潮,这三次高潮同时也是民族迁徙的高潮。第一次是在7世纪前后,一批阿拉伯国家信仰伊斯兰教的商人陆续来到中国的京城长安和东部沿海城市。当时长安西市内设有"波斯居"与"胡店",广州等沿海城市也设有"蕃客"聚居的"蕃坊",是最早到中国来定居的穆斯林的居所。第二次是8世纪中国唐代安史之乱期间,唐肃宗至德二年(756)为了平乱,借朔方、大食、回纥兵20万众,两京收复后有的士兵没有西归，许多大食兵因此定居中国，并在当地娶妻生子，最后成了中国的穆斯林。第三次是在 13 世纪，成吉思汗率领蒙古大军建立元朝，又西征中亚、西亚与欧洲，建立起横跨欧亚大陆的蒙古大汗国。大批西部信仰伊斯兰教的民族到中国来经商或因有战功而被派到中国来做官，他们受到比中国北方的汉人、南方的南人更优越的待遇，以至有"元时回回遍天下"之说。犹太教虽然在 13 世纪后逐步在中国消失，但它开始传入中国时，也主要是通过犹太民族的商人移居中国，才使犹太教在中国流行了一段时间，教徒基本上是这些移居中国的犹太商人及其后代。俄罗斯东正教信徒在中国极少，它传入中国也主要是依靠民族迁徙，在北京的最早一批东正教信徒，是康熙皇帝在乌苏里左岸俘虏的沙皇士兵；后来在中国东北的东正教信徒基本上是根据不平等条约到中国来的沙俄臣民，以及苏联十月革命后逃到中国来的沙俄贵族和他们的后代。生活在中国西北的俄罗斯族，则是从俄罗斯境内陆续迁徙到中国来的，最早可以追溯到元代。

中国历史上各宗教以和平方式传播，避免了宗教之间因相互杀戮而造成的世代仇恨与历史积怨，为各宗教信徒长期在中国这块土地上和平共处、相互帮助创造了条件。

四　中国民间宗教

中国的民间宗教是在封建社会中流行于社会下层的多种宗教的统称。在一般情况下，它们总是遭到封建政权的取缔和镇压，被斥为"邪教""匪类"，活动呈秘密状态。因此，有的学者又称之为秘密宗教，或民间秘密宗教。民间宗教的历史源远流长，如果从东汉时代算起的话，它们在社会中已经绵延流传了大约两千年。

民间宗教从出现在历史舞台上起，一直对中国社会的发展有着重大影响，特别是到了明清时代以及近代，它们和秘密结社一起，形成非常广泛的社会运动，深入到几乎每个乡村城镇的基层组织，造成一种独特的宗教文化氛围，因而给几乎每个社会成员的思想意识都打上了深深的烙印，建构成为中国人的文化潜意识的基质。在这一历史时期里，社会生活的各个方面，尤其是每次重大社会政治运动，无不显示出民间宗教和秘密结社的深刻影响。如推翻元朝统治的红巾军起义、明末农民起义、清中叶五省白莲教大起义、太平天国、捻军、义和团、辛亥革命以及后来的一系列革命运动，概莫能外。

在中国的历史上，虽然存在着佛教和道教等正统宗教受到国家政权的支持和保护的现象，但是却从未出现过类似西方国家的那种"国教"。这一历史事实，曾使某些学者认为中国是宗教信仰最为淡薄的国家。同时，也使另外一些学者认为，中国由于有备受尊崇的主张入世的儒学，起到了某种准宗教的作用，从而抑制了"国教"的出现，淡化了中国人的宗教意识。其实，世界上任何一个民族都不具备天生的宗教"免疫力"，中华民族的宗教观念绝不比其他民族欠缺，只不过表现形式不同或比较隐蔽罢了。正因为在中国不存在笼罩一切的强制性"国教"，所以其民间信仰特别丰富多样，民间宗教特别强大，对社会生活及文化思想的影响也特别深刻广泛。这一点，是世界上任何国家都无法比拟的。

还有的研究民间宗教的学者，把中国的民间宗教等同于西方中世纪时的宗教异端，认为其本质就具有反抗封建统治的叛逆性格。故长期以来，他们都把民间宗教与农民起义联系在一起，或仅仅作为农民起义的附庸，即就宗教对农民起义的影响加以探讨，从未把广大下层群众信奉的民间宗教，作为一个独立形态进行认真的研究。实际上，这是或受西方史学观的束缚，或受封建正统史学影响的一种偏见。他们看不到民间宗教是中国广大劳动人民的宗教信仰，是其日常痛苦生活中的精神慰藉和寄托。换句话说，正是由于正统宗教，如佛教和道教，与广大群众的生活有一定距离，不能和他们融为一体，民间宗教才应运而生，成为他们心中信仰需要的产物或宗教信仰的"替代物"。尽管民间宗教比起正统宗教来显得粗糙无文，不那么高雅，但人民群众却爱之如命。至于它们在历史上往往成为动员和组织农民起义的旗帜，被农民起义的领袖们所利用，则是其自身发展过程中的一种变异形态，另有更深刻的社会原因。

中国的民间宗教是一种复杂的历史现象，它们一方面受到社会上统治思想的钳制，必然在教义中充满着纲常伦理的说教，以及从正统宗教中承袭过来的惩恶劝善等清规戒律；另一方面它们却也不免曲折地反映出下层人民的憧憬和幻想,即对一种无限美好的天堂胜景的向往。因而,在特定的历史条件下,如社会动荡不安时期或王朝鼎革之际,某些教派提出的追求"平等""太平""新天地"之类的瀚语箴言,往往成为点燃农民起义烈焰的火花,而其秘密组织不止一次地为散漫的农民群众提供了组织形式。如东汉末年的太平道,张角提出的"苍天已死,黄天当立,岁在甲子,天下大吉"的谶语就成了起义的口号,他所建立的三十六方成了农民起义的军事组织,就是一个很好的例证。所以,对民间宗教的性质和作用,应做具体分析,不能做绝对的肯定或否定的判断。

纵观近两千年的中国民间宗教史,我们可以清楚地看出民间宗教运动有两种发展趋势:一种是向着封建化、正统化的轨道发展;另一种是在特定的历史条件下,向着农民革命运动方向转化。

首先,由于受到传统宗法制影响,总有一部分教派内部逐渐形成森严的等级制度,少数宗教领袖及其家族上升到地主阶级的经济地位,成为教派内部的特权阶层。在宗教教义上,他们不断吸收正统宗教的思想,维持封建制度;在政治上则胸怀野心,觊觎政权,或力图投靠当局,争取支持乃至获得合法地位。

东汉末张陵所创的五斗米道,就是一个典型例子。他在创教之初,以祷祝、刻鬼、符水为人治病,并以献五斗米、互济互助等手段,在群众中传道,使教势大振。而到其孙子张鲁时,却以其"母有姿色,兼挟鬼道,往来焉家",依仗益州牧刘焉和教派势力,在汉中建立起政教合一的地方政权。张鲁降曹后,他的后代子孙东迁至江西龙虎山,成为天师道的最高掌教人,而且得到封建政权的承认,成为世袭天师,代代相传。

元代的白莲教,向皇室输诚,一度受到朝廷的承认与庇护。建宁路的白莲堂变成报恩堂,每日念经,为皇帝祈祷祝寿。

明代西大乘教,依靠皇家贵族的力量,以京西保明寺为传教中心,皇室及达官显贵的嫔妃、公主和贵夫人们常常前往进香祈福,布施奉献,乃至被群众称为"皇家太后的香火院"。

明末红阳教教祖飘高,投靠定国公和权势太监,教门得以大发展。该教宝卷在皇家内经厂刊刻印行,精致程度与御制佛道经典无异。红阳教宝卷中竟称万历皇帝的母亲李太后为"九莲菩菩",称护教的显贵石亨为"中岳玉帝"。

又比如清代八卦教的教首刘氏家族,靠传教敛钱,骤然致富,先后有三代四人捐纳为官,用穷苦教徒的血汗钱来购买自己的"红顶子"。

上述类似的现象,在明清两代的罗教、黄天教、东大乘教等教门中都有不同程度的反映。这些教派的上层宗教领袖,大都通过收取教徒们的奉献钱,成为富甲一方的掌教人,在教派内部实行封建家长制统治。显然,在这些人控制下的宗教势力,很难成为联络群众酝酿起义的组织纽带,发挥某种革命性的作用。

民间宗教向农民革命运动方向转化,则要经历一个曲折的发展过程。由于被错综复杂的社会矛盾所支配,在一定的历史条件下,教门内部不同力量对比发生了变化,尤其是在某个封建王朝的末叶,天灾人祸、内忧外患等社会危机,使得劳动群众生活急剧恶化,逼迫农民们不得不铤而走险揭竿而起,这种局势往往也诱发某些宗教领头人提出变革现实的要求。然而,民间宗教运动并不等于农民革命运动,尽管这两者有时密切关联,但由于被不同的内在规律所支配,在目的和发展方向上有着本质的差别。所以,农民起义要想利用民间宗教作为革命运动的外衣,还必须靠有政治野心又有才干的领袖人物夺取教派的掌教大权,对这一宗教教派进行从组织到教义的改造,并提出符合人心的纲领口号,才能如愿以偿。如元末的白莲教,从曾受到当局的承认到后来遭禁,再到韩林儿、刘福通等人提出"弥勒下生,明王出世",更提出"挑动黄河天下反",就经历了这样一个改造过程。又如,弥勒佛在明清时代的东大乘教、老官斋教和八卦教中,原本是教主的化身或转世,是无生老母派到世上来普度众生的未来佛,慈祥和善,宽大救世为怀。但是,在清中叶老官斋教起义和八卦教起义时,弥勒佛却变成劫富济贫,"改换天盘""以声天讨"的群众的大救星。同样一种宗教观念,在不同的历史条件下,被赋予完全不同的政治内容。与此相类,在农民起义爆发时期,民间宗教组织的教阶制度通常都被军事组织所代替,各级教首变成了军事的指挥官。为了适应作战的需要,烦琐的宗教教仪也被大大简化,戒律也做出相应的更改。这已为大量的史实所证明。

民间宗教和带有宗教色彩的农民起义是产生于同一种社会条件下的两种本质不同的运动:前者在幻想中创造了一个"无限美好"的理想世界——"天宫",以精神上的虚幻满足来补偿物质上的极度贫乏;而后者则企图用实际行动把这种虚幻的理想加以实现,将停留在言语上的来世约许变成今生现世的报偿。诚然,民间宗教曾经为历史上不少次农民起义提供了某些思想养分和联络群众的组织形式,但是也必须指出,农民阶级在起义中终究摆脱不掉封建宗教意识的羁绊,这又是导致农民起义悲剧性结局的原因之一。

【关键词】

本土文化　　外来宗教　　文化传播　　民间宗教

【进一步阅读书目】

牟钟鉴:《中国宗教与文化》,巴蜀书社,成都,1989 年。

方立天:《中国佛教与传统文化》,上海人民出版社,1988 年。

张志刚:《宗教文化学导论》,东方出版社,北京,1996 年。

【思考题】

1. 中国文化的主体精神包括哪些基本要素?

2. 如何理解中国文化的宗教性?

3. 为什么说本土化是外来宗教融入中国文化的唯一通道?

4. 中国民间宗教有哪两种发展趋势?

第十四讲

宗教与社会主义社会

新制度下宗教的调适
尊重宗教信仰自由的一贯主张
中国宗教五性的提出
历史的曲折与教训
新时期党和政府宗教工作的基本任务

中国共产党领导中国人民经过几十年的艰苦奋斗,终于在 1949 年夺取政权,成立了中华人民共和国。中华人民共和国的成立标志着中国社会政治经济体制的一大转型。这场革命的伟大意义在于结束了几千年来与劳动人民相对立的阶层和集团对中国社会的控制,改由以共产党为领导核心的与其他民主党派进行政治协商的人民民主专政,经济上也由私有制逐步改变为社会主义的公有制,以实现中国共产党为之奋斗多年的追求社会平等的理想。社会主义制度在经过社会主义改造后逐步确立下来,从根本上改变了中国社会的结构和组织体系。宗教作为一种和整个社会主义制度不甚协调的社会组织制度和观念信仰,在剧烈革命后的新制度下如何存在与发展,它的社会功能如何,成为一个突出的问题。

一　新制度下宗教的调适

在 20 世纪上半叶,中国境内的宗教已经基本形成了今天的格局,主要是佛教、道教、伊斯兰教、天主教和基督教(世界上称基督教新教)五种宗教,并大体上分为三种类型。

第一种类型是以汉族群众为主信仰的佛教与道教。这两种宗教的历史最长,在群众中影响最大,在封建统治者的扶植下都有过鼎盛的时期。它们同儒家思想一起成为中国封建社会的主要思想支柱,是占统治地位的儒家思想的补充。宋以后儒、佛、道三家逐渐相互影响,三教合流的趋向越来越明显。一方面,这两种宗教在教义教规的诠释上,都吸收了大量维护封建制度的内容和形式。其寺庙与宫观经济也基本上是封建性的,主要经济来源依赖帝王官吏和地方士绅的赏赐与布施,许多大的寺庙和宫观拥有大量土地,可以雇佣长工,放高利贷和出租土地,成为地主庄园的重要组成部分。另一方面,它们受世俗化影响越来越大,功利性很强,研究教义的信徒比例很少,主要的崇拜形式是烧香拜神佛,求签保平安。两种宗教除了教义、崇拜对象不同外,共同的东西很多,在百姓心目中已很少区分,以至出现一些非佛非道、亦佛亦道的民间信仰。但二者直到中华人民共和国成立前夕,依然是汉族及许多少数民族最主要的宗教信仰,并为地方封建势力所控制。

第二种类型以伊斯兰教、藏传佛教为代表。这几种宗教或教派的主要特点是具有很强的地域性、民族性、封闭性。它们与特定的民族有着十分密切的联系。一方面只在一个或几个民族中传播,只在这个或这几个民族生活的地域及社区内存在,离开了这些地域(社区),基本上不存在什么影响。例如伊斯兰教主要在回族、维吾尔族、哈萨克族、柯尔克孜族、乌孜别克族、塔吉克族、塔塔尔族、撒拉族、保安族、东乡族等十个少教民族中传播,地域上集中在这些民族聚居的新疆、宁夏、青海、甘肃、陕西等西北地区,以及回族在各地聚居的社区内;藏语系佛教只在藏族、蒙古族、土族、裕固族、羌族、普米族、门巴族、洛巴族等少数民族中传播,地域也限制在上述民族生活的地区,集中在西藏、四川、云南、青海、新疆、内蒙古及甘肃一带;而巴利语系佛教则集中在傣族、阿昌族、德昂族、布朗族、根族居住的云南省西双版纳和德宏地区。但另一方面在这些民族和这些民族所居住的地域（社区）内，其特定的宗教影响非常大，许多民族几乎全民族信仰某一种宗教，这种宗教同信仰该宗教的民族在文化、习俗以及心理上都融为了一体，与当地的语言、历史、艺术、饮食起居的禁忌、民族的节日等的形成都有着直接的关系。宗教活动场所往往既是这些民族的文化教育中心，又是社会交流活动及集合的地方，宗教领袖也是民族的精神领袖，特定的宗教信仰成了维系这些民族内部团结，共同抵御外部势力侵犯的主要因素，甚至可以成为识别其成员是否属于该民族、忠于该民族的一个重要标志。在这些民族地区或社区，宗教问题同民族问题常常交织在一起，不容易分开，宗教上的问题往往可以牵动整个民族的意识取向和行动。

第三种类型以天主教和基督教为代表。这两种宗教都是 19 世纪中叶以后才大量传入中国内地的，其发展主要是依靠帝国主义强迫清政府签订的不平等条约，是靠大炮兵舰送进来的。来中国传教的各国传教士中不少人仰仗着本国政府的武力在中国强行霸占土地，修筑教堂，拉人入教，同时还替本国政府的侵华行为出谋划策，充当谋士向导，因此成为外国帝国主义侵略中国的工具，始终遭到中国人民的坚决反对，由此引起了无数次"教案"。在信仰天主教、基督教的中国信徒中绝大多数人是出于信仰，并具有一定的爱国主义思想。但是，这并不能改变鸦片战争以后发展起来的中国天主教和基督教会受控于外国帝国主义政府，为各帝国主义国家侵华扩张政策服务的性质。这一状况一直维持到中华人民共和国成立。

中华人民共和国建立后，中国的广大基督徒同全国人民一起为全国解放而欢欣鼓舞，一些爱国的基督教界人士积极投身到建设事业中来。吴耀宗等 5 位基督教界代表应邀出席了中华人民共和国成立前夕的中国人民政治协商会议第一次全国会议。但是，这并没有改变中国的基督教会受控于外国殖民势力的性质。至 1949 年中华人民共和国成立，基督教第四次大规模传入中国已有一百四十余年，其间世界各国的基督教差会组织接踵而来，各占一方，瓜分势力范围，形成了一个个"国中之国"。据统计，当时在中国活动的基督教会有七十余个，分属世界各地 121 个外国差会，其中美国差会约占一半。大批外国传教士掌握了在中国的教会领导大权,听命于国外的差会,在经济上也基本依靠外国的差会,特别是依赖美国。对于这种状况,中国人民十分不满,因而把基督教和天主教称为"洋教"。中国的广大基督教徒和爱国基督教人士也期盼着改变这种受控于外国的状况,曾在19世纪末发起成立各种形式的"自立会"。这种由中国教徒自己管理教会的自立运动,在辛亥革命和五四运动前后一度形成高潮。但是由于自立运动的领导人并不能在思想上、经济上同帝国主义和外国差会完全割断关系,无法摆脱对外国的依赖,很快就失败了。

社会主义革命为中国带来了一个全新的时代,它结束了中国社会的长期动荡,进入一个新的社会整合时期。新的社会制度必然要衍生出新的社会组织与机构,一切社会结构的改革都围绕着适应社会主义的经济基础和政治制度进行。而此时宗教与新社会制度不适应之处是显而易见的。主要表现在:宗教意识与社会主义社会的主导意识形态存在着根本分歧;宗教的领导权曾被反动政治势力所控制;宗教内部存在着封建特权和压迫剥削;帝国主义势力仍利用宗教从事反对新社会制度与干涉中国内政的活动。在这方面,中国的天主教和基督教所面临的不适应性在各宗教中最为明显。

中华人民共和国成立以后,摆在中国基督教界爱国人士和广大信教群众面前的一个重大课题,就是中国基督教向何处去,以什么样的面貌加入到国家的建设事业中来,才能改变中国人民对基督教的看法。正当他们充满忧虑,希望有所改变的时候,1950年5月间,中国基督教的代表人士吴耀宗、邓裕志、刘良模、涂羽卿、崔宪祥、艾年三、赵紫良、陆志韦、江长川、高凤山、庞浑亭、赵复三、凌俞秀、陈文润、刘维诚、杨肖鹏、郑阳三、霍培修等被邀请参加了周恩来总理召开的座谈会。周总理先后于5月2日、6日和13日分别同他们进行了坦诚的交谈。这三次谈话对中国基督教界有极大的鼓舞,也使他们明确了前进的方向。

1950年5月2日,周总理对座谈会上的基督教界人士说:"近百年来基督教传入中国和它对中国文化的影响,都是同帝国主义对中国的侵略联系着的。基督教是靠着帝国主义枪炮的威力,强迫中国清朝政府所签订的不平等条约而获得传教和其他特权的。因此,中国人民对基督教产生一个很坏的印象,把基督教叫作'洋教',认为基督教是同帝国主义对中国的侵略分不开的,因而也就反对基督教。"对于中国的基督教应该怎么办的问题,周总理认为:第一,"要把民族反帝的决心坚持下去,割断同帝国主义的联系,让宗教还它个宗教的本来面目"。第二,"宗教思想是唯心主义的。唯心主义和唯物主义,不同就是不同,不必隐瞒。我们只要求宗教团体摆脱帝国主义的控制,肃清帝国主义的影响。我们不搞反宗教运动。我们所遵守的约束是不到教堂里去作马列主义的宣传,而宗教界的朋友也应该遵守约束,不到街上去传教。这可以说是政府同宗教界之间的一个协议,一个默契"。第三,"宗教团体本身要独立自主,自力更生,要建立自治、自养、自传的教会。这样,基督教会就变成中国的基督教会了"。

1950 年 5 月 6 日,周总理对出席座谈会的基督教界人士再次强调说:"基督教最大的问题是它同帝国主义的关系问题。中国基督教会要成为中国自己的基督教会,必须肃清其内部的帝国主义的影响与力量,依照三自(自治、自养、自传)的精神,提高民族自觉,恢复宗教团体的本来面目,使自己健全起来。""宗教界(包括基督教青年会在内)要完成自己的历史任务,各宗教之间和各教派之间就应该加强团结,联合起来,研究怎样服务于中国人民;就应该在民主与爱国的立场上,健全自己,使宗教活动有益于新民主主义社会。一个宗教团体,对新中国有无益处,要以爱国与民主两个条件来鉴别。如果这个宗教团体在政治上是拥护(共同纲领)的,是爱国与民主的,那么这个宗教团体便是对新中国有益的。"

1950 年 5 月 13 日,周总理同参加座谈的基督教人士谈了一个通宵,再次说明了中国政府对待基督教的态度与相互合作的诚意。他说:"两星期来,我们是以诚相见,彻底地交谈,这不是清谈,而是为了合作。政府有什么意见,中国共产党有什么意见,我们拿出来;你们也把自己的意见拿出来,目的是求得政府同宗教界实行好的合作。你们是有神论者,我们是无神论者,我们无意在这里同诸位展开有神无神的争论。我们认为,唯物论者同唯心论者,在政治上可以合作,可以共存,应该相互尊重。我们之间有合作之道。这是我们衷心的希望。我们同宗教界朋友的长期合作是有基础的,这一点我们毫不怀疑。我们希望宗教界朋友也有这个信心。这便是所谓'共信不立,互信不生'。当然,我们也不隐讳我们之间的不同点。但是,我们可以在《共同纲领》的基础上实行合作,这是我们一致同意的。《共同纲领》是四个阶级合作的基础。从各界来说,宗教界也是合作者之一。""根据《共同纲领》的要求,我们必须在宗教界肃清帝国主义的影响。这不是谁来约束谁,我们大家都有这个责任。在宗教界肃清帝国主义影响,并不是说宗教界的每一个人都做了帝国主义的工具。在个人来说自己感觉没有被利用,但是帝国主义主观上有所要求,它们利用宗教团体,乃是事实。广大教徒有时不免也被利用。这一点,我们非说清楚不可。这个问题说清楚了,对教会只有好处。"关于宗教信仰问题,周总理在谈话中庄重地告诉基督教人士:"谁要企图人为地把宗教消灭,那是不可能的。苏联是社会主义国家,它还是有宗教的。我们决不打算这样做。如果我们不想要的东西就认为它不会存在,那是不符合客观实际的。反过来说,我们是专爱基督吗?也不是的。我们主张,在《共同纲领》的基础上,信教的、不信教的可以共存。我们要团结和照顾到各种社会力量,使大家各得其所,同心协力,建设新中国。只有这样,才能使社会安定,稳步前进。"座谈会结束时,周总理希望中国基督教界人士团结起来,争取主动,解决问题,使基督教在中国人民的心目中观感一新。

通过这三次谈话,周恩来总理阐明了中国共产党和人民政府对基督教的基本认识,指出了基督教在中国的前途:应当把宗教信仰同政治问题分开,信仰上保护,但在政治上必须摆脱帝国主义控制,完成基督教会内的反帝反封建任务,才可能跟上时代的步伐,参加到建设新中国的行列中来,并为中国人民所理解和接受。这三次谈话,进一步坚定了中国基督教界爱国人士彻底割断同帝国主义联系的决心和信心。

1950年7月,经过充分讨论,以吴耀宗为代表的基督教40位教会领导人联合发表了题为《中国基督教在新中国建设中努力的途径》的宣言,向全世界宣告中国基督教决心彻底摆脱帝国主义控制,进行"三自"爱国革新运动。宣言说:"基督教传到中国,已经有一百四十多年的历史,在这一百多年当中,它对中国的社会,曾经有过相当的贡献。但是,不幸得很,基督教传到中国不久以后,帝国主义便在中国开始活动,又因为把基督教传到中国来的人们,主要的都是从这些帝国主义国家来的,基督教同帝国主义便在有意无意、有形无形之中发生了关系。……为要提高我们对帝国主义的警惕，为要表示基督教在新中国中鲜明的政治立场，为要促成一个为中国人自己所主持的中国教会，为要指出全国的基督教对新中国建设所应当负起的责任，我们发表了下面这个文件。我们愿意号召全国的基督教徒，为实现这个文件所提出的目标努力。"

宣言提出的总任务为："中国基督教教会及团体彻底拥护《共同纲领》，在政府的领导下，反对帝国主义、封建主义及官僚资本主义，为建设一个独立、民主、和平、统一和自由的新中国而奋斗。"宣言在"基本方针"和"具体办法"两节中，宣布了下面几个观点：(1)中国基督教教会及团体要以最大努力及有效方法，使教会群众清楚地认识到帝国主义在中国造成的罪恶，认识到过去帝国主义利用基督教的事实，肃清基督教内部的帝国主义影响；(2)中国基督教教会及团体要用有效的办法，培养一般信徒爱国、民主的精神，今后应在最短期内完成过去中国基督教所提倡的自治、自养、自传的运动，同时提倡自我批评，在各种工作上实行检讨整理，以达到基督教革新的目标；(3)中国基督教教会及团体，凡仍仰赖外国人才与经济协助者，应拟定具体计划，在最短期内，实现自力更生的目标；(4)今后基督教教会及团体在宗教工作方面，应注重基督教本质的深刻认识、宗派间的团结、领导人才的培养和教会制度的改进。在一般工作方面，应注重反帝、反封建、反官僚资本主义的教育，及劳动生产、认识时代、文娱活动、识字教育、医药卫生、儿童保育等为人民服务的工作队。在宣言上签名的有全国各地各派基督教领导人40人。宣言发表以后，立即得到了中国基督教界和社会各界的热烈欢迎。《人民日报》在1950年9月23日全文发表了这个宣言，并为此专门发了一篇题为《基督教人士的爱国运动》的社论。社论说："我们欢迎基督教人士发起的自治、自养、自传运动。……这个运动的成功，将使中国基督教获得新的生命，改变中国人民对基督教的观感。"全国基督徒的响应尤为热烈，第一批在宣言上签名表示拥护的就达1725人，至同年11月签名者已逾两万人，到年底达到七万八千余人，1952年年底时超过了37万人，即达到全国基督教信教人数的60%以上。这场"三自"革新运动给中国基督教教会带来了一派新气象，各地教会纷纷在爱国主义这面大旗下团结起来，打破了帝国主义与外国差会造成的教派林立、各自为政的局面,联合成立起地方的"三自"革新组织,或者共同制定"三自"革新章程及办法,以推进"三自"革新运动的不断深入发展。广大爱国基督教界人士与信教群众以大量的事实揭露帝国主义利用基督教的罪行,同企图破坏革新运动的外国传教士进行面对面的斗争,爱国觉悟大大提高。

1954年7月22日至8月6日,在北京第一次召开了中国土地上由中国基督教徒自己选举代表参加的"中国基督教全国代表会议",出席会议的有来自全国18个省、自治区、直辖市基督教各教派和团体的代表共232人。会议宣布成立"中国基督教三自(自治、自养、自传)爱国运动委员会",吴耀宗当选为第一任主席。从此,中国基督教走上了"三自"爱国的道路,开始了一个崭新的历史阶段。

中国天主教会同中国基督教会有着十分相似的问题,那就是同样具有殖民地性质,在政治上扮演着外国帝国主义侵略中国的工具,其反对中国人民争取民族解放的政治作用和充当外国帝国主义侵华帮凶的程度,比起基督教来有过之而无不及。鸦片战争后,西方国家仰仗着同清政府签订的不平等条约,在中国拥有了"保教权"。这种"保教权"实质上是一种殖民统治的宗教权,拥有某个天主教会宗主权的国家政府,有权在其中国的势力范围内派遣本国的传教士,建立由该国控制的教区并任命主教。在中国的天主教会内,广大中国天主教神职人员与教徒备受外国传教士的歧视,完全处在无权的地位。1851年天主教上海会议有这样的规定:"教区选举主教,外国神父当选,只要全票的三分之二;中国神父当选,则需有外国教士的全票或三分之二票。"这就是说,中国神父即使获得中国神职人员的全票,若不能获得外国传教士的三分之二以上选票,还是不能当选。天主教传入中国四百年后,直到1923年才任命了第一位中国籍监牧——湖北蒲圻的成和德主教。从19世纪中叶开始,先后到中国进行传教活动的有八十余个外国天主教修会,其中男修会38个,女修会47个,以意大利、法国、德国、美国和西班牙等国为多。1946年,天主教罗马教廷宣布在中国实行圣统制,把中国划分为20个教省、85个主教区、34个监牧区、4个自立与自治教区,共143个教区。20个教省中只有3位总主教是中国人,而且并不掌握实权。为此西安等地发生中国教徒奋起抵制外国籍主教的事件,在全中国教徒中引起强烈反响,但最终都没有成功。

外国控制的中国天主教会在政治上极力反对中国人民争取民族独立的斗争。1931年日本帝国主义强占我国东北三省,接着又扶植溥仪成立伪满洲国傀儡政权。梵蒂冈天主教罗马教廷却不顾中国人民的反对,公然在外交上承认了伪满洲国政府。中华人民共和国成立前夕,许多地方中国天主教内的外国神职人员公开造谣攻击诋毁中国共产党,煽动教徒起来反对中国人民的革命运动。1950年8月,在中华人民共和国刚刚成立不到一年的时候,天主教罗马教廷驻华公使黎培里发布罗马教廷圣职部的命令,悍然禁止中国教徒参加"在共产党的指示和赞助之下"成立的各种民间组织。山西太原的外国天主教传教士欺骗中国教徒说:"入党入团戴红领巾就是背教,死后灵魂不能得救,父母也要跟着下地狱。"天主教会中一些外国传教士在中国的这些行径,使天主教在中国人民心目中的形象极不光彩,广大天主教徒也因此蒙受耻辱。对此,爱国的天主教神职人员和广大教徒群众早已忍无可忍,他们要求进步,赞成中国共产党的领导,愿意同全国人民一起建设自己的国家,对于改变中国天主教这种殖民地状态的呼声更为高涨。

1950年11月30日,属于中国天主教成都教区的四川省广元县神甫王良佐等人共同发起召开大会要求实现天主教会的革新,向全国发表了《自立革新宣言》。这一宣言提出:天主教传入中国以后,帝国主义者即百般利用教会,作为侵略的先锋。现在我们独立、民主、自由的新中国建立起来了,我们基于爱祖国、爱人民的立场,坚决与帝国主义者割断各方面的关系,自力更生,建立自治、自养、自传的新教会,不让教会的纯洁,再受帝国主义的玷污。四川广元天主教神职人员与教徒群众五百余人发表的这一宣言,像春雷一样震撼了祖国大地,立即得到了全国天主教徒和爱国神职人员的响应,一场要求天主教脱离帝国主义控制和声讨外国帝国主义传教士的运动在全国展开。中国天主教内的外国传教士对此十分恐慌,企图以切断中国教会经费来源相要挟。中央人民政府当即做出反应,没收一切外国教会在华的财产,根据教育同宗教相分离的原则,将教会举办的普通学校、医院、社会福利机构收归国有,将教会自管财产,包括神修院校,交由中国教会所有,粉碎了他们的阴谋。

1951 年 1 月 8 日,人民日报发表了题为《欢迎天主教人士的爱国运动》的社论,对天主教界的反帝爱国运动表示支持。1 月 17 日,当时的中央人民政府政务院文教委员会举行茶话会,邀请四十多位华北地区的天主教人士座谈,周恩来总理向天主教界人士阐述了政府的宗教信仰自由政策,并对他们的爱国行动表示支持。

1956 年 2 月,四川省南充教区主教王文成、河北省献县教区主教赵振声、陕西省周至教区主教李伯渔、湖北省襄阳教区主教易宣化等 36 位主教、代主教、副主教和神甫、教徒联合发起成立"中国天主教友爱国会筹委会",其《发起书》表示:"热爱祖国、服从政府原是天主的诫命,吾主耶稣说的'责撒肋的归责撒肋,天主的归天主'分明指示我们有爱祖国爱教会的神圣职责。圣伯多禄、圣保禄宗徒以及历代诸圣也曾训诲我们该如何服从政府。自古为祖国为正义牺牲的圣人们,如圣女贞德等,都得到了圣教会的崇高尊敬。这都确切证明:爱护祖国为每一个神长教友的本分,因而爱国爱教是分不开的。"

经过一年多的筹备,1957 年 7 月 15 日至 8 月 12 日,中国天主教友代表会议在北京举行。陕西省周至教区主教李伯渔做了《中国天主教友爱国运动情况和今后任务》的报告,系统地介绍了六年多来全国各地天主教徒反帝爱国运动的情况,强烈谴责了外国传教士和天主教罗马教廷不允许中国天主教徒爱自己国家的种种谬论,指出:"爱国是公民的神圣职责。国家由全体人民组成,每个人民都是国家的一分子,也都是国家的主人,国家的安危,与人民的祸福息息相关。为了国家的富强和人民的幸福,全国人民都有责任保卫祖国建设祖国,我们天主教友都是人民的一分子,爱国当然也义不容辞。况且,我们爱国,还有另外一重大意义,因为国家是从天主来的,爱国又是天主的诫命。""圣教会从来认为爱国不但是良心的责任,而且是遵守诫命的超性功劳。"会议期间,罗马教廷传信部不顾上海教区一再提供正式情况,无理否认上海教区选出张士琅为代理主教的合法性,激起了与会代表极大的愤慨,通过了《对罗马教廷否认上海教区合法代理主教张士琅的抗议》,严正声明:"上海教区依法选举张士琅为代理主教,既合乎法典规定,也合乎教区利益。我们完全支持上海教区神长教友这种站稳中国天主教友立场,维护教区利益,反对罗马教廷破坏上海教区的正义行为。罗马教廷无理剥夺上海教区的合法权利的'命令',是错误的,无效的,决不能接受的。"天主教罗马教廷干涉中国天主教徒爱国的行为,再一次深刻地教育了参加会议的代表,会议认真地讨论了今后中国天主教会同天主教罗马教廷的关系问题,最后做出了这样的决议:"会议一致认为,为了祖国的利益,为了教会的前途,中国天主教会必须彻底改变旧中国时代帝国主义给我们教会的殖民地半殖民地状态,实行独立自主,由中国神长教友自己来办,在不违反祖国利益和独立尊严的前提下,同梵蒂冈教廷保持纯宗教的关系,在当信当行的教义教规上服从教宗。但必须彻底割断政治上、经济上和梵蒂冈教廷的关系,坚决反对梵蒂冈教廷利用宗教干涉我国内政、侵犯我国主权、破坏我们正义的反帝爱国运动的任何阴谋活动。"

从以上事实可以看出,中国天主教走上独立自主、自办教会的道路,是中国人民近代反帝反封建斗争的重要组成部分,同时也是天主教罗马教廷干涉和反对中国天主教徒反帝爱国运动的结果。8月2日会议闭幕,通过了中国天主教爱国会章程,正式成立了"中国天主教友爱国会"(后改为"中国天主教爱国会")。章程规定:中国天主教友爱国会为中国天主教神长教友组成的爱国爱教的群众性团体。其宗旨为团结全国神长教友,发扬爱国主义精神,积极参加祖国社会主义建设和各项爱国运动,保卫世界和平,并协助政府贯彻宗教信仰自由政策。会议选举出由150位主教、代主教、神甫、修女、教徒代表组成的中国天主教友爱国会委员会,其中50位为常务委员,沈阳教区总主教皮漱石当选为第一任主席。中国天主教从此开始了新的历史进程。

1958年4月,由于外国传教士离开了中国,中国的许多教区主教空缺,为了正常开展教务方面的活动,汉口、武昌等地教区的神甫、修女和教徒代表经过严肃认真的研究,选出董光清、袁文华等神甫为这些教区的主教,并根据天主教的传统向天主教罗马教廷做出报告。天主教罗马教廷对此不仅不予认可,竟以要给予"绝罚"相威胁。中国天主教爱国神职人员与广大教徒得知消息后,再也不能忍受天主教罗马教廷无视中国天主教的无理指责,由此彻底断绝了同罗马教廷的一切联系,成为中国天主教徒完全独立自主自办、主教由中国天主教会自选的宗教事业。由于天主教罗马教廷敌视中国的立场与态度,这种关系一直保持到今天。

二 尊重宗教信仰自由的一贯主张

尊重宗教信仰自由是中国共产党的一贯主张,而非权宜之计。这一点可以追溯到中国共产党初创时期。

对于宗教问题,中国共产党从一成立起就依据马克思主义的基本原理,结合中国的实际情况,提出了一套适合中国国情的政策,坚持执行宗教信仰自由的原则。建党初期,中国共产党就确立了在中国领导新民主主义革命和最终实现共产主义的最低纲领和最高纲领,明确指出,在这一革命斗争中,一切勾结帝国主义的军阀、官僚、买办阶级、大地主阶级都是革命的对象和敌人,半无产阶级、农民、小资产阶级和中产阶级是革命的朋友和团结的对象,工人阶级是革命的领导力量。只要是革命的阶级和人士,不分党派、宗教和阶级,都是我们党团结的朋友。1927 年,毛泽东在《湖南农民运动考察报告》中,对于中国农民信仰宗教的问题提出了明确的主张。在这篇著名的论文中,他批驳了当时一些人对农民运动的指责,一方面指出广大农民要争取政治上、经济上的翻身解放,只有依靠自己起来斗争;另一方面又坚决认为"菩萨是农民立起来的,到了一定时期农民会用他们自己的双手丢开这些菩萨,无须旁人过早地代庖丢菩萨","别人代庖是不对的"。

1931 年,在中国共产党领导的江西中央根据地制定的《中华苏维埃宪法大纲》中明确规定:"中华苏维埃政权以保障工农劳苦民众有真正的信教自由为实际目的。"1934 年,中国共产党领导下的工农红军在著名的二万五千里长征途中,经过西南地区藏族同胞聚居地和西北地区回族同胞聚居地时,尽管当时条件很差,受到国民党数十万大军的前堵后追,仍坚定不移地执行宗教信仰自由政策和尊重少数民族风俗习惯的原则,严格要求全体红军指战员"保护藏族寺院","保护回汉民族信教自由","反对伤害回、番民族的风俗习惯和宗教感情",规定军队不得进入喇嘛庙和清真寺。当时担任中国共产党中央副主席的周恩来强调指出："我们现在的大多数地方都是民族地区,一方面我们要认真对付敌人,一方面要注意加强组织纪律,尊重少数民族的宗教信仰和风俗习惯。"工农红军的这些主张与行动,一直为西南、西北地区的信教群众所称颂。

抗日战争期间,在中国共产党领导的陕甘宁边区同样实行了宗教信仰自由的政策,边区政府的《陕甘宁边区施政纲领》第6条规定:"保证一切抗日人民(地主、资本家、农民、工人等)的人权、政权、财权及言论、出版、集会、结社、信仰、居住、迁徙之自由权。"

抗日战争胜利前夕,毛泽东在阐述中国共产党关于战后应建立一个什么样的国家的主张时,再次向全国人民宣告:"根据信教自由的原则,中国解放区容许各派宗教存在。不论是基督教、天主教、回教、佛教及其它宗教,只要教徒们遵守人民政府法律,人民政府就给以保护。信教和不信教的各有他们的自由,不许加以强迫或歧视。"[1]

1949年9月,中华人民共和国成立前夕在北京召开的中国人民政治协商会议第一届全体会议通过了《共同纲领》。其中第5条规定即将成立的中华人民共和国人民有思想、言论、出版、集会、结社、通讯、人身、居住、迁徙、宗教信仰等自由权。中华人民共和国成立后,从1954年召开第一届全国人民代表大会起,历届全国人民代表大会通过或修订的《中华人民共和国宪法》都明确规定了:中华人民共和国公民有信仰宗教和不信仰宗教的自由权。

1952年,中央人民政府主席毛泽东在接见西藏地方致敬团时,再次声明:"共产党对宗教采取保护政策,信教的和不信教的,信这种教或信别种教的,一律加以保护,尊重其宗教信仰。今天对宗教采取保护政策,将来也仍然采取保护政策。"[2]

1957年2月毛泽东在《关于正确处理人民内部矛盾的问题》一文中,又一次强调指出:"企图用行政命令的方法,用强制的方法解决思想问题,是非问题,不但没有效力,而且是有害的。我们不能用行政命令去消灭宗教,不能强制人们不信教。不能强制人们放弃唯心主义,也不能强制人们相信马克思主义。"

对于中国宪法规定的"公民有宗教信仰自由"的含义,中共中央统一战线工作部部长李维汉曾在 1958 年做出过如下解释:"公民有信仰的自由,这里也包含有不信仰的自由,有改变信仰的自由。我们历来就是这样解释的。完全的说法是:每个公民既有信仰宗教的自由,也有不信仰宗教的自由;有信仰这种宗教的自由,也有信仰那种宗教的自由;在同一个宗教里面,有信仰这个教派的自由,也有信仰那个教派的自由;还有过去不信仰现在信仰的自由,过去信仰而现在不信仰也有自由。"

在旧社会,绝大多数信教群众是劳动人民,他们生活在社会的最底层,受到帝国主义和封建制度的残酷剥削与压迫,进庙烧香拜菩萨,只是向往美好的生活。天主教、基督教虽然是在帝国主义大炮支持下进入中国并得以发展的,但大多数的信徒同样是劳动人民,据新中国成立前夕统计,有 70% 的信徒生活在农村,他们同全国其他劳动群众一样,是受压迫受剥削的。由于没有一种宗教能在中国占有绝对的统治地位,由于近一百多年来中国逐步沦为半封建半殖民地社会,受到国外帝国主义与国内封建势力的双重压迫,各宗教中的上层教徒和宗教职业人员除极少数人完全依附帝国主义和封建势力外,大多数人都对民族受到外国侵略和社会严重不公怀有不满,具有强烈的正义感与爱国主义思想。在中国共产党领导全国人民进行革命斗争的过程中,其中不少人同情革命,拥护中国共产党提出的救国主张,并以不同的方式支持或直接参加到这一革命斗争中来,成为中国共产党领导下反帝反封建爱国统一战线的一部分。

中国共产党是以马克思主义为指导的工人阶级的先锋队,不赞成宗教的唯心主义和宗教教义,但从来都认为"可以和某些唯心论者甚至宗教徒建立在政治行动上的反帝反封建的统一战线"[3]。这种同宗教界人士在政治上建立的爱国统一战线,最早可以追溯到第一次国内革命战争年代。

1931 年由贺龙率领的工农红军红三军曾以湖北武当山为根据地开展斗争,武当山道观的爱国道士在紫霄宫住持、道总徐本善的带领下支持帮助红三军医治伤员,夺取敌人军火,留下了许多生动和令人赞叹的故事。徐本善后来因此而被国民党政府杀害。

抗日战争爆发后,面对日本帝国主义的侵略和国民党政府的不抵抗政策,有更多的宗教界人士加入到了中国共产党领导的抗日救亡运动中来。其中具有代表性的人物有:天主教的马相伯,基督教的吴耀宗、邓裕志、刘良模,佛教的圆瑛、巨赞、赵朴初,伊斯兰教的达浦生等。道教圣地江苏省茅山和广东省罗浮山分别成了新四军和华南抗日纵队的根据地,两山的道士为支援党领导下的抗日军队做出了巨大的努力和牺牲。革命战争与抗日战争年代中国共产党同爱国宗教界人士这种政治上的联盟,为中华人民共和国成立后在党领导下同各民族宗教界建立新的爱国统一战线奠定了基础。

中华人民共和国成立以后,我们党同宗教界的统一战线进入了一个新的历史时期。中国共产党领导下包括工商业者、民主党派、民主人士以及各民族爱国宗教界人士在内的人民民主统一战线空前广泛和深入发展,各阶级、各阶层人民在党和人民政府的领导下,在爱国主义旗帜下实现了大团结。这一大团结的政治基础是:反对帝国主义的侵略和封建主义的压迫,保卫中国人民用鲜血换来的胜利果实,拥护新民主主义,反对落后,争取进步,争取社会主义的更好明天。1949 年宗教界爱国人士和广大信教群众同全国人民一起以极大的热忱迎来了全国的解放,生活在社会底层的信教劳苦群众在政治上获得了新生,在经济上翻了身,做了国家的主人。国家不仅使他们享有充分的宗教信仰自由,而且也给他们提供了服务社会、服务人群的广阔舞台,许多宗教界爱国人士和广大信教群众积极投身到建国初期的土地改革、抗美援朝及其他各项社会改革和政治运动中,为社会主义革命和建设做出了自己的贡献。一些宗教界的代表人物被选为各级人民代表和政协委员,有的还被任命担任人民政府的领导职务,直接参与管理国家。

对于中华人民共和国成立后,中国共产党同宗教界爱国人士建立统一战线的任务,李维汉做了十分确切的概括:"我们的任务,就是团结各种信教的和不信教的人民群众,共同进行反对阶级压迫和自然压迫的解放斗争;而不是用有神论和无神论,用信教和不信教或者信什么教的问题,来分裂人民群众的革命团结,妨害人民群众的解放斗争。统一战线是按政治划分的,不是按照宗教信仰划分。有神论和无神论是世界观问题,只要政治一致,就可以而且应当团结起来,共同奋斗。只有这样,才符合整个革命斗争的利益,包括宗教界一切爱国人士的利益在内。"[4]

三 中国宗教五性的提出

对于宗教和人们信仰宗教的问题,新中国成立后存在许多不同的看法。一些人认为既然宗教在阶级社会中曾经充当过统治阶级统治人民的工具,是"麻醉人民的鸦片烟",在意识形态上属于唯心主义的思想体系,同马克思主义唯物论是相对立的,那么现在我们建设社会主义,宗教不可能长期存在,也不需要长期存在。这种把复杂的社会现象简单化的观点,在"以阶级斗争为纲"的思想指导下,再加上受国际上某些错误理论的影响,就产生了在宗教问题上"左"的错误看法与错误做法,同时也引起了宗教界人士与广大信教群众的疑虑。针对这些情况,以周恩来、李维汉为代表的老一辈无产阶级革命家,坚持马克思主义、毛泽东思想对于宗教问题的正确观点,进行了耐心的说服教育。

周恩来说:"有的宗教界朋友担心,既然经济基础的改革会影响到思想方面,那么,是否也会影响到宗教呢? 经济基础的改革对思想方面有影响是必然的。但是,思想方面的变化,不会像政治制度的改革那样发展。思想变化的过程是最慢的。信仰宗教的人,不仅现在社会主义的国家里有,就是将来进入共产主义社会,是不是就完全没有了? 现在还不能说得那么死。现在我们只把宗教信仰肯定为人民的思想信仰问题,而不涉及政治问题。不管是无神论者,还是有神论者,不管是唯物论者,还是唯心论者,大家一样地能够拥护社会主义制度。我们共产党内有很多农民党员,他们拥护社会主义制度,参加合作社,干得很积极。他们的经济是社会主义的集体经济,在组织上是按合作社的章程办事,并且有许多人是乡政权的干部。他们在政治上、思想上都适合社会主义经济制度的要求,但是,一到了晚上,有的就怕鬼。你说所有的共产党员都不怕鬼,我就不相信。人的思想有各种各样,只要他不妨碍政治生活,不妨碍经济生产,我们就不要干涉。宗教是会长期存在的,至于将来发展如何,要看将来的情况。但是,只要人们还有一些不能从思想上解释和解决的问题,就难以避免会有宗教信仰现象。有的信仰具有宗教形式,有的信仰没有宗教形式。宗教界的朋友们不必担心宗教能不能存在。按照唯物论的观点,当社会还没有发展到使宗教赖以存在的条件完全消失的时候,宗教是会存在的。现在应该担心的不是宗教能不能存在,而是民族能不能繁荣。"

李维汉说:"人们对自然和社会必然性的认识和能力随着人类实践历史的发展而逐渐增加,社会剥削的消灭,生产力的彻底解放和高度发展,科学和文化的高度发展和广泛普及,最后要导致广大人民解除有神论和宗教信仰的束缚。但是,这是要经过一个很长时期才能逐渐解决的问题。这样,宗教就有它的群众性和长期性。在我国,一部分宗教又带有民族性和国际性。宗教的影响在一定范围内,既广已深,它影响到民族关系,有的还影响到国际关系,所以我们要做宗教界的统战工作。有些人不懂这一点。他们看不见宗教的群众性,民族性,国际性和它的长期性,他们只看见宗教是迷信,是鸦片烟。因此他们不允许人们自由信仰,用行政手段禁止这种精神鸦片,甚至采取粗暴的手段。他们不懂得:允许自由信仰,正是为了在政治上团结宗教徒,争取宗教影响下的群众和广大人民一道,为了解放和发展生产力,为了在长时期内逐渐地消灭宗教的根源。允许这个消极方面的自由,是为了达到积极的目的。这些问题,要在道理上讲透,在政策上作妥当处理。"[5]

李维汉提出的观点为许多人所接受,认为反映了中国宗教的基本社会属性:宗教的长期性,宗教的群众性,宗教的民族性,宗教的国际性,宗教的复杂性。我们下面介绍其具体内容。

(1)长期性。

在社会主义社会,宗教是长期存在的社会现象,其自然消亡还十分遥远。所以说,宗教具有长期性。

按照历史进化论的思想观点,宗教是人类社会发展到一定阶段的历史现象,有其发生、发展和消亡的客观规律。原始人类思维发展到一定的程度,产生了抽象思维。由于原始社会的生产力极其低下,人们对自身生活以及自然界的现象无法解释,出现对自然的恐惧和崇拜,进而产生了图腾崇拜,这是宗教产生的自然根源。进入阶级社会以后,除了自然力量以外,社会力量产生了作用,因社会经济地位不同而产生的阶级压迫和阶级剥削造成的巨大苦难和绝望,形成盲目的异己力量对人们的支配,这是宗教产生的社会根源。在自然崇拜和图腾崇拜的基础上产生了一神教,然后产生了世界宗教。可见宗教的历史与人类的抽象思维同步,与人类文明的历史同步。宗教经历了原始社会、奴隶社会、封建社会、资本主义社会和社会主义社会五种社会形态,至今仍然是社会的一种不可或缺的文化现象和文化载体,对人类的思想意识、文化形态、心理素质、法律思想、政治制度等都产生了不可忽视的影响。宗教的影响将会长期存在和延续下去。

宗教赖以产生、存在和发展的自然根源、社会根源和认识根源,按照马克思主义的观点,深深植根于社会关系之中。从发展的趋势来看,宗教产生的三大根源在相当长的历史阶段中是不会消失的。即使是在我国社会主义社会,尽管社会生产力有了极大的发展,人们的物质生活有了很大的改善,人们征服自然的能力有了很大的进步,但是,社会物质财富并没有极大丰富,人与人之间的关系远非尽善尽美,人们对整个自然界的认识只是对无限物质世界认识的一小部分。人们征服自然、驾驭自然的能力还十分有限,因此,宗教产生的自然根源和社会根源远远没有消除。只有当人们对无限物质世界的认识达到很高的程度,由现在"谋事在人,成事在天"转变为"谋事在人,成事也在人"的时候,当"实际日常生活的关系,在人们面前表现为人与人之间和人与自然之间极明白而合理的关系的时候",宗教产生、存在和发展的自然根源和社会根源才会自然消亡。而要达到上述目标,需要全人类一个长而又长的共同奋斗过程。这个目标,显然经过社会主义社会的几代人,特别在社会主义初级阶段是远远达不到的。宗教产生的根源长期存在,宗教也就必然长期存在。

(2)群众性。

宗教的群众性体现在如下方面:首先从上面介绍的宗教信仰现状来看,当今世界信仰宗教的人数仍在发展中,而信仰宗教的人绝大多数是人民群众。在我国,信仰宗教的群众在总人口中所占比例不大,但绝对数字不小。以出家佛教徒为例,20 世纪 50 年代对外报道的数字是 50 万人。在家信众的数字,当时周总理对外宾说估计达一亿以上。其他宗教的信徒,1991 年《中国人权状况白皮书》公布的数字是:伊斯兰教 1700 多万人,天主教 350

万人,基督教450万人(现在是650万人),道教在我国群众中也有相当的影响。今天,宗教在我国为广大群众所信奉的状况没有根本改变。这些宗教信仰者,是分布在全国各地区、各民族、各行各业积极为社会主义现代化努力奋斗的基本群众。尽管"文革"中林彪、"四人帮"大搞灭教运动,但宗教界始终没有改变对共产党的信赖和爱国主义的立场。宗教信仰自由政策恢复以来,中共十一届三中全会以后有的地方信教人数不是减少了,而是增加了,如东南沿海地区就是如此。

宗教工作关系到亿万群众的思想信仰问题,宗教工作同时就是群众工作。毛主席指出,"因为这是个群众问题,群众有那么多人信教,我们要做群众工作,我们却不懂得宗教,只红不专",还说:"既然人民群众还去教堂,为了接近、团结群众,我们也应该进教堂。"[6]充分说明宗教工作与群众工作密不可分。

在国外,信仰宗教的人数更为众多。东欧一些前社会主义国家搞了几十年无神论宣传,但信仰宗教的人数仍占总人口的60%到95%不等。苏联解体前,尽管搞了七十年的无神论宣传,信仰宗教的人数仍占总人口的50%以上。宗教的群众性在国际上也鲜明地体现出来。

宗教在港、澳、台同胞中和旅居海外的侨胞中,受到广泛信奉和尊重,有很深的群众基础和影响。发挥宗教的独特优势,争取与团结港、澳、台同胞和海外侨胞,对维护祖国统一,促进一国两制的实施,吸引他们回内地和大陆投资,加快我国经济发展,都有极为重要的意义。这是宗教的群众性。

(3)民族性.

我国宗教有鲜明的民族性。我国的汉族主要信仰佛教、道教、天主教和基督教。我国的少数民族分别信奉佛教、伊斯兰教,也有信奉天主教和基督教的:回族、维吾尔族、哈萨克族、塔塔尔族、柯尔克孜族、乌孜别克族、塔吉克族、东乡族、撒拉族、保安族等10个民族广泛信仰伊斯兰教;汉族、白族、满族、彝族、朝鲜族、壮族、瑶族、土家族、布依族、侗族、拉祜族、高山族、毛南族、京族、仫佬族等17个民族信仰汉传佛教;藏族、蒙古族、汉族、土族、羌族、纳西族、普米族、门巴族、裕固族、洛巴族、达斡尔族、鄂温克族、柯尔克孜、赫哲族、鄂温克族、锡伯族、怒族等17个民族全民或者部分信仰藏传佛教;傣族、侗族、景颇族、德昂族、阿昌族、布朗族等 6 个民族全民或者部分信仰上座部佛教;汉族、苗族、瑶族、彝族等众多民族中,有相当一部分群众信仰天主教和基督教;道教在汉族和一些少数民族中也有广泛的传播。此外还有许多少数民族信仰原始宗教和本民族的宗教,有许多少数民族的宗教信仰与民族感情互相交织,融为一体,有的宗教节日或宗教仪式同时也形成了民族的传统节日。这体现了宗教的民族性。

(4)国际性。

国际性是宗教的一项重要特性。佛教、伊斯兰教和基督教被称为三大世界宗教,占据世界信仰宗教人数的主流。基督教广泛分布在世界五大洲,以欧、美、澳三大洲最为集中,以欧美等西方经济发达国家最为盛行,信徒数量约占世界总人口的三分之一;伊斯兰教主要流传于西亚、中亚、北非、南亚次大陆等广大地区,信教人数约占世界总人数的 17%;佛教主要分布在东北亚、南亚和东南亚一带,目前在欧洲、美洲、澳洲等也有广泛流传,信教人数占世界总人口的 6%。有许多国家以某一宗教为国教,如泰国、缅甸、斯里兰卡等国以佛教为国教;伊朗、沙特阿拉伯等 45 个国家以伊斯兰教为国教。印度教为中印半岛国家所信奉。世界各地还有许多人信奉地方性的民族、民间或部族宗教。

我国现有的宗教中,佛教、伊斯兰教、基督教是世界性宗教,道教在世界各地也有传播。我国的信教群众与国际上信仰同一宗教的信徒之间,因信仰上的一致而产生认同感,因此,各国宗教徒历来有互相交流的优良传统。二战以后,随着各国宗教界人士友好交往的日益发展和扩大,产生了许多世界性宗教组织,如"世界宗教者和平会议""世界佛教徒联盟""世界宗教徒联合会"等。世界宗教徒之间的友好合作,是促进各国人民之间友好交流的重要渠道之一。在许多国家中,宗教是受到普遍尊重的,甚至有的国家要求本国公民必须信仰某一种宗教,政府和社会各界对待宗教很宽容。在当代,国际宗教友好交流是维护世界和平的一支重要力量。因此,在我国,落实好宗教信仰自由政策,对于扩大我国的政治影响,加强我国与世界各国人民的友好关系,粉碎国外敌对势力攻击我国公民无宗教信仰自由的谰言,对于促进我国的改革开放、经济发展,维护亚洲和世界和平事业,具有重要的现实意义。

（5）复杂性。

除前面所说宗教的长期性、群众性、民族性、国际性这四个方面构成了宗教的复杂性外，还有如下几点：

第一，宗教意识、宗教思想经过了数万年流传，系统宗教也经过了两千多年的发展和演变，宗教既打上了古老社会的各种烙印，又随着社会历史的发展而不断汲取新营养加以充实，其教义、教理、宗教仪式和宗教感情不断随着时代的发展发生契理契机的变化。

第二，就信仰宗教的群众来说，有不同的阶级、阶层信仰同一种宗教的，也有同一个阶级、阶层信仰几种不同宗教的；就信仰宗教的民族来说，有不同的民族信仰同一种宗教的，也有同一个民族信仰几种不同宗教的。各民族之间，各阶级、阶层之间，其宗教仪式、信仰程度、宗教心理、宗教感情等都异彩纷呈、千差万别，宗教与民族习惯、民族文化互相交织、互相融合，表现出复杂的形态。世界上各个国家和地区因地理环境、文化传统、政治制度、经济发展、科学技术等各种因素千差万别，宗教也千姿百态，各有千秋。

第三，宗教在表现形式上具有多样性。撇开一切地方性的、古老的、原始的形形色色的民族宗教不谈，单就世界三大宗教来说，每一宗教、每一教派在历史上形成了难以计数的宗派，各个宗派又组成了各种各样的宗教组织，创制了各种各样的宗教经典和宗教仪式等，其错综复杂的情况难以尽述。宗教的教义、教理、教规等各种经典、著述浩如烟海，就连某一宗教、某一教派学富五车的学者也不可能完全掌握、彻底搞清。

第四，宗教在思想内容上具有丰富性。宗教的教理、教义经过长期的历史发展，有一神的、多神的、泛神的乃至包含无神因素的、形而上学的乃至包含辩证因素的、唯心的乃至包含唯物因素的，不可一概而论、一律打倒。宗教与各种意识形态，如哲学、文学、艺术、法律、教育、科技等互相交叉，互相影响，相互作用，更表现出复杂性。在当代，宗教与各种文化现象互相碰撞，互相融会，其内部成分不断分解组合，又不断产生出新的宗教思潮和派别，出现新的宗教形式。

第五，宗教与政治有千丝万缕的联系。宗教不等于政治，二者属于两个不同的范畴,政治立场相同的人也会信仰几种不同的宗教,政治立场不同的人也会信仰同一种宗教;但是,宗教与政治又有联系,在阶级社会里,宗教不仅为剥削阶级提供了统治的理论,而且也曾为进步阶级的革命斗争提供了意识形态的外衣。

第六,宗教的复杂性还表现在宗教的普遍性和适应性上。到现在为止,宗教在一切社会形态、一切国家、一切民族、一切种族、一切阶级和阶层中,都有程度不同的存在和发展,具有无可比拟的文化继承性和社会适应性。

四　历史的曲折与教训

"文化大革命"前十七年的宗教工作,是在全国社会主义革命和社会主义建设的大形势下进行的,不能不受到外部大环境的左右。在中华人民共和国成立以后至"文化大革命"这一时期,以毛泽东同志为核心的第一代党和国家领导集体,根据马克思列宁主义的基本理论,结合中国革命的实践,摸索和总结出一整套对待中国宗教问题的正确政策与方针,在坚持实行宗教信仰自由的同时,积极引导中国各宗教改变旧时代那种依附帝国主义、封建势力并受其控制利用的殖民地半殖民地性质,使各宗教的发展跟上时代的变化,动员与团结广大信教群众参加到建设一个独立、民主、富强的新中国事业中来。这一系列政策措施,总的来说是符合中国国情的,因此取得了很大成绩,这是无可否认的事实。

从1957年以后,由于受苏联"无神论"宣传的影响,我国在宗教问题上逐渐脱离了中国宗教的实际,"左"的指导思想逐渐滋长,60年代中期更进一步发展起来,特别是"文革"十年,国家和人民遭受到巨大的劫难,宗教界受到严重冲击。

从50年代后期开始的全国范围的反右扩大化和"大跃进"运动,其影响也波及宗教方面。在宗教界开展的反右斗争,同样存在着扩大化的错误,包括中国道教协会第一任会长岳崇岱在内的一些宗教界人士被错误地戴上了右派分子的帽子。1962年9月中共中央召开的八届十中全会上,毛泽东把社会主义社会中一定范围内存在的阶级斗争扩大化和绝对化,提出无产阶级同资产阶级的阶级矛盾是我国社会的主要矛盾,认为在整个社会主义历史阶段资产阶级都将存在并企图复辟,要求全国人民充分认识到资本主义复辟的危险性,阶级斗争必须年年讲、月月讲、天天讲。1964 年 5 月,毛泽东在中央召开的工作会议上,进一步提出中国会不会出修正主义、会不会出赫鲁晓夫和出了赫鲁晓夫怎么办的问题。他在这次会议上点名批评了中央主管宗教工作的中央统战部,认为其"要向资产阶级投降"。当时担任中央统战部主要领导人的李维汉因此被罗织了"维护民族上层利益,反对少数民族地区的革命斗争,维护宗教势力,攻击党对宗教制度的民主改革"等罪名,受到批判。

在这一历史背景下于 1962 年 12 月至 1963 年 1 月召开的第七次全国宗教工作会议,对当时的宗教情况也做出了与实际不相符合的错误估计,由此制定了错误的工作方针。会议认为"从 1962 年以来,宗教方面的阶级斗争是很激烈的,部分披着宗教外衣的反动分子明目张胆地向党进攻,地主富农分子也利用宗教进行复辟,相当多的宗教界人士千方百计地扩大宗教的势力和影响。汉族地区有这个问题,少数民族地区同样有这个问题"。

根据这一精神,1963 年 6 月 14 日国务院宗教事务局下发了文件,要求在宗教界人士中开展以反帝、爱国、守法为主要内容的爱国主义、国际主义、社会主义的阶级教育(简称"三个主义"教育),提出要以阶级斗争观点认识问题,揭开宗教界的阶级斗争盖子。在这期间,当时担任公安部部长、后来因"文化大革命"中参与林彪、"四人帮"集团犯罪活动而被开除中国共产党党籍的谢富治,还提出了天主教是"地主党""帝国主义别动队"等论调,要求全国通过社会主义教育运动来解决问题,把原来已经"左"的错误推到了极为严重的程度,造成了很坏的社会后果。"三个主义"教育从 1964 年起,在各个宗教团体内进行,带来的一个直接后果就是不适当地夸大了当时宗教问题上存在的所谓"阶级斗争",混淆了人民内部和敌我之间两类不同性质的矛盾。在"揭开宗教界的阶级斗争盖子"的过程中,错误地把一些宗教界人士当作人民的敌人,加以批斗,其中包括中国佛教协会会长喜饶加措等著名人士,同时也严重地伤害了广大信教群众的感情。但是,这些错误当时还只是局部的,没有支配整个宗教工作的全局。宗教信仰自由政策虽然开始受到了不同程度的曲解和破坏,但就全国而言仍然在贯彻执行,宗教活动场所和宗教团体的活动还能够比较正常地进行。然而,这种"左"的倾向正在全社会加重,后来成了"文化大革命"中冲击宗教的理论根据。

1966年5月至1976年10月在我国发生的"文化大革命",是一场历史性的浩劫,使我们的党、国家和人民遭受了中华人民共和国成立以来最严重的一次挫折和劫难。"文化大革命"不是、也不可能是任何意义上的文化革命,而是一场社会大动乱大破坏。发生这场大浩劫的原因是十分复杂的。"文化大革命"的主要目的不是反宗教,而是为了在"无产阶级专政下继续革命",是要把所谓被"走资派篡夺的那些权力"重新夺回来。但是,"文化大革命"是以极"左"的面目出现的,以红卫兵"破四旧"的形式开始的,因此,宗教自然而然地成了这场大浩劫的一个牺牲品。

1966年5月16日,当时的中共中央公布了关于开展"文化大革命"的通知,即"五一六通知",同年6月1日,《人民日报》刊登了题为《横扫一切牛鬼蛇神》的社论,矛头指向了所谓的"走资本主义道路的当权派",把宗教界同文化知识界、爱国民主人士等都列入了"走资派"的社会基础"牛鬼蛇神"的行列。8月23日,红卫兵上街"扫四旧",一切被视为"四旧"的东西,统统被勒令封闭或破坏,寺庙、教堂被迫关闭或改作他用;寺庙教堂内的文物、图书以及宗教用品、神像佛像大量被捣毁;宗教界人士被迫集中学习或离开寺庙教堂从事生产劳动,其中不少人遭到了批判和斗争。随着运动的发展,中华人民共和国成立以来中国共产党和人民政府制定贯彻的关于宗教工作的一系列正确的政策,被扣上了"一条又黑又粗的反革命修正主义路线"的帽子,受到批判;各级党委统战部门和各级政府宗教工作部门被说成在"执行修正主义、投降主义",是"牛鬼蛇神的保护伞"。

1967年,从中央到地方各级党政负责宗教工作的部门全部被撤销,这些部门的各级领导干部都遭到了残酷斗争和批判。接着同其他部门一起,全体工作人员及其家属被下放到农村、工厂或"五七干校",参加体力劳动接受"工农兵再教育"。这以后,党和政府的宗教工作完全被取消,群众的宗教信仰自由的权利被剥夺,一切公开的宗教活动被禁止,宗教团体、宗教院校以及各地的寺庙、宫观、教堂几乎全部被停止了活动。整个中国只留下了经国务院特别批准的北京市宣武门天主教堂、米市大街基督教堂、东四清真寺和上海市桃园清真寺几座宗教活动场所,只供在华外国信徒使用。

"文化大革命"中,对于宗教政策、宗教工作、宗教活动及群众的宗教信仰的摧残,完全违背了马克思主义、列宁主义、毛泽东思想关于宗教问题的科学论断,也违背了中国共产党建党以来一贯坚持的对待和处理宗教问题的方针和政策,因此,严重地破坏了党领导下全国各界人民的爱国统一战线,破坏了全国各民族的大团结,破坏了在反封反帝长期斗争中建立起来的党群关系、政群关系和军民关系,大大激化了民族地区的民族矛盾和人民内部矛盾,却给国内外敌对势力以可乘之机,给中国的建设事业和社会稳定带来了不可估量的损失。

五　新时期党和政府宗教工作的基本任务

中共十一届三中全会以后,中共中央遵照邓小平同志提出的"解放思想,实事求是"的思想路线,认真总结了宗教工作中正反两个方面的经验教训,制定了《关于我国社会主义时期宗教问题的基本观点和基本政策》(中发〔1982〕19 号文件)。

中共中央(1982)19 号文件指出:"宗教信仰自由政策的实质,就是要使宗教信仰问题成为公民个人自由选择的问题,成为公民个人的私事。社会主义的国家政权当然绝不能被用来推行某种宗教,也绝不能被用来禁止某种宗教,只要它是正常的宗教信仰和宗教活动。"其目的是:"使全体信教和不信教的群众联合起来,把他们的意志和力量集中到建设现代化的社会主义强国这个共同目标上来,这是我们贯彻执行宗教信仰自由政策,处理一切宗教问题的根本出发点和落脚点。任何背离这个基点的言论和行动,都是错误的,都应当受到党和人民的坚决抵制和反对。"[7]

文件又指出:"在新的历史时期中,党和政府对宗教的工作的基本任务,就是要坚定地贯彻执行宗教信仰自由政策,巩固和扩大各民族宗教界的爱国政治联盟,加强对他们的爱国主义和社会主义教育,调动他们的积极因素,为建设现代化的社会主义强国,为完成祖国统一大业,为反对霸权主义、维护世界和平而共同奋斗。为了全面地正确地贯彻执行党的宗教政策,当前主要应当反对'左'的错误倾向,同时也要注意防止和克服放任自流的错误倾向。全党同志,各级党委,特别是各级主管宗教的工作部门,应当认真地总结和吸取建国以来党对宗教的工作的正反两个方面的历史经验,进一步认识和掌握宗教发生、发展和消亡的客观规律,克服一切困难和阻力,坚定不移地把党的宗教政策放到马克思列宁主义、毛泽东思想的科学轨道上来。"[8]

中共中央(1991)6 号文件指出:"今后一个时期,党和政府对宗教的工作的基本任务是:认真贯彻党的宗教政策,维护公民宗教信仰自由的权利,加强对信教群众和宗教界人士的爱国主义和社会主义教育,调动他们的积极因素,支持他们开展有益的工作,巩固和发展同宗教界的爱国统一战线,依法对宗教事务进行管理,制止和打击利用宗教进行违法犯罪活动,坚决抵制境外宗教敌对势力的渗透活动,为维护稳定、增进团结、统一祖国、振兴中华服务。"[9]

1991 年 1 月 30 日,江泽民总书记在会见宗教界领导人时指出:"我们党的宗教信仰自由的政策一定会保持稳定性和连续性,这是绝对不能改变的。这是因为,四十年实践中正反两方面的经验证明:这个政策是正确的,只要正确贯彻这一政策,就有利于民族团结、国家和社会稳定,有利于社会主义建设,否则,就会产生多方面的负效应。'文革'十年在这方面的教训是深刻的,在某种意义上是沉痛的。我们再也不能重犯那种历史性错误。这一点,我们党和政府要经常对全体党员和政府工作人员进行教育,各宗教团体也应经常向自己所联系的信教群众进行这方面的宣传解释,让大家放心。"[10]

社会主义时期,中国共产党和中国政府对于宗教问题的基本观点和基本政策,总起来说,可以归纳为以下十点:

第一,宗教有其发生、发展和消亡的客观规律,在社会主义社会中宗教还将长期存在,正确对待和处理宗教问题,是建设有中国特色社会主义的一个重要内容。我们不能用行政的力量去促进宗教的消亡,也不能用行政的力量去发展宗教。

第二,宗教信仰问题是每一个公民个人的私事,宗教信仰自由的民主权利受国家宪法和法律的保护,每个公民都有信仰宗教的自由,也有不信仰或改变信仰宗教的自由。

第三,在社会主义的中国,无神论者和宗教信仰者在政治上和经济上的根本利益完全是一致的;他们在思想信仰上的差异是次要的,应坚持在政治上团结合作,思想信仰上互相尊重。

第四,在社会主义历史阶段,我国宗教方面的矛盾,主要是人民内部矛盾,但在一定条件和一定范围内也可能出现对抗性的问题。处理宗教问题一定要坚持维护人民利益、维护法律尊严、维护民族团结、维护祖国统一这一根本立场。

第五,一切宗教活动都必须在国家法律与政策规定的范围内进行,国家依法对宗教事务进行管理,保护正常的宗教活动,制止和打击一切利用宗教进行的违法犯罪活动。

第六,要善于体察民族问题与宗教问题的区别和联系,在民族地区处理宗教问题时,应着眼于民族的发展与进步,着眼于促进各民族的团结,着眼于有利于民族地区经济与文化的繁荣,促使其从根本上摆脱落后与贫困,赶上发达地区的水平。要特别警惕和反对利用宗教狂热煽动分裂,破坏民族团结与国家统一的言论和行动。

第七,在对外关系上,支持宗教方面在互相尊重、平等友好的原则基础上,与各国进行交往。在交往过程中一定要坚持我国宗教独立自主、自办教会的方针,不允许境外宗教组织和个人干预我的宗教事务,坚决抵制境外敌对势力利用宗教进行渗透。

第八,要争取、团结和教育宗教界人士,鼓励他们爱国爱教,团结进步。同时有计划地培养年轻一代的爱国宗教教职人员,充分发挥各爱国宗教团体的作用。

第九,从一定意义上讲,如何对待宗教问题,实质上是一个如何正确对待群众的问题。在信教人数较多的地方,要注意保护不信教群众的利益;在不信教人数较多的地方,则要注意保护信教群众的利益。我们对待和处理宗教问题的根本出发点和落脚点,是把信教与不信教的群众联合起来,把他们的意志和力量集中到共同建设社会主义这一伟大目标上来。为此,必须积极引导宗教与社会主义社会相适应。

第十,要坚持向人民群众特别是广大青少年进行辩证唯物论和历史唯物论的科学世界观(包括无神论)教育,不断提高全民族的思想道德素质和科学文化素质。

把这 10 条进一步概括起来,就是 1993 年 11 月江泽民总书记在全国统战工作会议上所强调指出的做好宗教工作的三句话:一是全面正确地贯彻和执行党的宗教政策;二是依法加强对宗教事务的管理;三是积极引导宗教与社会主义社会相适应。这三句话是相互联系的一个整体:全面正确地贯彻执行党的宗教政策,是依法加强管理和积极引导相适应的必要前提;依法加强对宗教事务的管理,本身就包括了保护与限制的两个方面,是全面正确贯彻政策和积极引导相适应的法律保证;而积极引导宗教与社会主义社会相适应,则是全面正确贯彻政策和依法加强管理的根本目的。我们相信,在党的正确宗教方针政策的指引下,我国的宗教一定能够积极地与社会主义制度相适应,一定能够在政府和法律的保护下更加健康地存在与发展。

【关键词】

中国五大宗教　　宗教五性说　　尊重宗教信仰自由

【进一步阅读书目】

《新时期宗教工作文献选编》,宗教文化出版社,北京,1996 年。

【思考题】

1. "宗教五性说"是如何提出来的?
2. 如何正确理解"尊重宗教信仰自由"的原则?
3. 如何正确理解宗教信仰与爱国主义的关系?
4. 如何准确理解"积极引导宗教与社会主义社会相适应"?

注　释

〔1〕　毛泽东:《毛泽东选集》第一卷,第 33 页,人民出版社,北京,1991 年。

〔2〕 《中国共产党的宗教政策》,《人民日报》,1952 年 11 月 22 日。

〔3〕 李维汉:《统一战线问题与民族问题》,第 553 页,人民出版社,北京,1982 年。

〔4〕 同上书,第 143 页。

〔5〕 同上书,第 183—184 页。

〔6〕 《瞭望》周刊,1993 年第 8、9 期合刊。

〔7〕 参见《新时期宗教工作文献选编》,第 60 页,宗教文化出版社,北京,1996 年。

〔8〕 同上书,第 58 页。

〔9〕 同上书,第 214 页。

〔10〕 同上书,第 210 页。

第十五讲

宗教对话与世界和平

战争与宗教的关系

思考战争问题的不同维度

宗教的和平使命

大力推进宗教对话

　　进入新世纪以来的国际局势,除了中国"风景这边独好",保持着社会的稳定和快速发展以外,世界上不少国家和地区因政治、经济、社会、文化等方面的冲突而枪炮轰鸣,"因民族、宗教、领土等因素引发的局部冲突时起时伏,世界并不安宁。许多热点问题的台前幕后,均同宗教有着或多或少的关联。有的冲突直接因宗教问题而引发,有的冲突又因宗教因素而加剧、扩大,变得扑朔迷离"[1]。"9·11"事件的发生似乎证实了一些西方学者的预见,人类不同文明、种族和宗教之间的冲突将会取代意识形态和其他形式的冲突而成为世界上最主要的冲突形式。

　　面对风云变幻的国际形势,人们常问:"宗教是战争的根源还是和平的保证?"这个两难推理式的问题令许多人百思而不得其解,因此我们需要清理一下自己的思路,求得对这一问题的合理解答。

一 战争与宗教的关系

战争与宗教是什么关系？对历史的回顾使我们明白宗教与战争的关系问题并不是什么新问题，而20世纪90年代以来的现代战争中宗教因素激增的表象，只是由于以意识形态的强烈对峙为主要标志之一的冷战结束而使宗教因素突显的结果。从一种大文化的观念出发，思考战争问题必须引入宗教的维度，思考新世纪的战争与宗教的关系问题尤其如此。

自古以来，战争就是人类社会一种相当普遍的现象，"在人类的活动中，再没有像战争这样经常而又普遍的偶然性接触活动了"[2]。人类的战争与宗教难分难解，历史上大部分战争都带有宗教的面孔，或者至少得到宗教的某种辩护。追溯世界历史和宗教史，我们确实可以找到大量的实例来证明宗教与战争的关系十分密切，在此意义上称宗教为战争的根源恐不为过。例如欧洲历史上的十字军东征，在宗教的旗帜下，罗马教皇以"圣战"的名义指挥十字军向欧洲东部及西亚、北非进军，提出"向蛮族开战""登上赴圣墓（耶路撒冷）的征途"等口号，并且高呼"这是上帝所愿！"教皇乌尔班二世向信徒们说："耶路撒冷是世界的中心，土地肥沃，如同天堂，它等待你们去拯救。你们蒙上帝赐给强大的武力，所以要毫不迟疑地前进，这样不仅罪得赦免，而且将得到天国永不朽坏的荣耀。"[3]

然而另一方面，我们看到有不少宗教宣称自己是反战的，是爱好和平的，并在实践中从事着争取和平的工作。前已述及，例如，为了解决阿以冲突、北爱尔兰冲突、波黑冲突及整个巴尔干半岛的冲突，各大宗教的领袖们都曾付出了巨大的努力，进行了积极的调解工作。早在20世纪70年代，宗教领袖就已参与组织并促进北爱尔兰各宗教团体之间的对话与和解。1989年，各宗教界有识之士在联合国教科文组织支持下于巴黎召开"世界宗教、人权与世界和平"会议，提出"通过宗教和平达到世界和平"的口号。1992年11月，天主教、东正教、伊斯兰教和犹太教领袖在瑞士举行和平与宽容会议，指出那些利用宗教象征来服务于民族扩张主义和极端民族主义的做法乃是对宗教信仰之普遍性的背叛，是对宗教基本价值及道德观念的伤害和摧残；与会宗教领袖联合发表了"伯尔尼宣言"，号召有关宗教在减少和制止民族纠纷及冲突上做出贡献，并且强调"以宗教之名而犯下的罪恶，实际上是犯了宗教本身的大罪"。1994 年 2 月，几大宗教领袖在土耳其伊斯坦布尔召开和平与宽容会议，为解决巴尔干半岛冲突寻找途径；伊斯兰教、东正教、天主教和犹太教有关方面的领袖签署了"博斯普鲁斯宣言"，再次号召各宗教界行动起来制止波黑内战，为和平祈祷。1999 年 3 月，有关宗教领袖为解决科索沃问题、避免战争而在维也纳召开了和平与宽容会议。2000 年，包括中国各宗教领袖代表团在内的世界著名宗教领袖参加了联合国召开的世界和平千年大会，签署了"世界和平宣言"。这些努力似乎又使人们看到了世界和平的希望。

回顾上述正反两方面的历史事实，面对"宗教是战争的根源还是和平的保证"这个问题，人们似乎只能说"有些宗教是战争的根源，有些宗教是和平的保证"。但这样的回答是对宗教的一种误解，是堕入思维陷阱以后的回响。这个时候，重要的不是马上给出答案，而是先清理一下我们的思维方式。

二 思考战争问题的不同维度

人们对和平的一般看法就是没有战争，而对战争的态度则因人而异。在西方，绝大多数西方诗人、哲学家、历史学家对战争的恐怖与荒唐深恶痛绝，从荷马、维吉尔到托尔斯泰，诗人和小说家们向我们描绘了战争残忍暴虐的狰狞面目；历史学家们认为战争是最荒唐的行径，"谁也不会愚蠢到喜欢战争而厌恶和平的地步"[4]，"天下没有比两个咬牙切齿、眼中冒着仇恨火焰企图杀死对方的人更丑恶的景象了；没有把宝贵的、活生生的躯体、生灵变为一大堆只对野草生长有利的无名尸体更丑恶的景象了"[5]。但也有少数作家对战争的看法有所不同。例如，亚里士多德认为用战争来对付野兽和那些命中注定受我们统治却又不愿屈从的人，"为了镇压这种人而进行的战争是公正而又合情合理的"[6]；马基雅弗里认为战争是诸侯们的正当事务，"对于必须进行战争的人们，战争是正义的"[7]；康德认为如果以正确的方式进行战争，战争本身会产生使之崇高的因素；尼采则固执地认为人类的生存需要战争。

现代人对战争与和平的看法基本上仍旧沿袭着近代传统的思路。试举几例：

第一，德国军事家克劳塞维茨提出："战争无非是政治通过另一种手段的继续……它不仅是一种政治行动，而且是一种真正的政治工具，是政治交往的继续，是政治交往通过另一种手段的实现。""战争是政治的工具，战争必不可免地具有政治的特性，它必须用政治的尺度来加以衡量。因此，战争就其主要方面来说就是政治本身，政治在这里以剑代笔，但并不因此就不再按照自己的规律思考了。"[8]

第二，马克思主义的军事哲学家们认为，战争与和平都以社会经济基础为根源。"人们奋斗所争取的一切，都同他们的利益有关。"[9]战争与和平都以政治、经济目的为动因。战争是阶级之间、民族之间、国家之间、政治集团之间矛盾发展到不可调和的结果，和平则是这些矛盾继战争之后的相对缓和，二者都是实现某种政治、经济目的的手段。战争与和平是对立统一的关系。战争是人类用暴力形式来解决社会矛盾的一种特殊的社会运动形态，它除了具有政治的本质之外，还具有暴力的性质；和平虽然也具有政治的本质，但它不采取明显的暴力斗争的手段和形式，因而具有非暴力的性质。因此，战争与和平在手段上具有不同质的规定性。"尽管战争与和平是对立的，然而，它们又是相互统一的。主要体现在以下两个方面：一是它们相互依存，互为条件。没有战争，无所谓和平；没有和平，也无所谓战争。在阶级社会里，不会有永久的战争，也不会有永久的和平；战争是和平时期政治的继续，和平是战争时期政治的继续；二者都以经济基础为根源，以政治的经济的目的为动因。二是它们相互包含、相互转化。从前面的分析中可以看出，战争和和平都是阶级之间、民族之间、国家之间、政治集团之间的矛盾和斗争发展到一定历史阶段的产物。在战争时期，由于这些矛盾和斗争不断发展和转化，最终导致战争结束。同样，在和平时期。也是由于这些矛盾和斗争逐渐激化，才爆发了战争。这就是说，战争蕴涵着和平，在一定条件下可转化为和平；和平蕴涵着战争，在一定条件下可转化为战争。"[10]

第三，宗教学者在分析当前的世界战争与局部冲突时仍旧突出其经济和政治根源。例如,有学者说:"当今时代和平与发展是世界各国人民的共同愿望,但是国际地区间冲突频繁发生,天下并不太平。……国际地区冲突的发生从根本上来说是围绕着利益关系进行的。国与国之间,地区与地区之间,某一国家内不同地区之间的利益关系涉及到领土、安全、经济、政治、科技、文化、社会制度、民族、意识形态以及国际地位等方面……宗教纷争虽然也涉及到宗教自身的利益,但实质上是现实经济、政治这一根本利益纷争的一种特殊表现形式。其特殊之处就在于它涉及到宗教信仰这一十分敏感的问题。"[11]

上述思考有其合理之处,但宗教的因素或者完全没有进入思考者的视野,或者被边缘化,仅被视为"现实经济、政治这一根本利益纷争的一种特殊表现形式"。由于认定"新时代的宗教纷争的实质是现实经济与政治的特殊表现形式",因此宗教纷争的根本解决当然也有待于现实经济、政治问题的解决。在这样的认识前提下,无论是谴责以宗教名义进行的战争还是倡导宗教争取和平的运动,都不可能对于其作用和意义给予充分的肯定。

在国际学术界,学者们在思考当代战争问题时普遍考虑到了宗教的因素,但旗帜鲜明地提出要从宗教角度思考和平问题的是西班牙神学家雷蒙·潘尼卡(Raimon Panikkar, 1918—   )。他早在 20 世纪 90 年代中期就明确地提出要从人生本质的深度、从宇宙本体的高度思考和平的真义,要以文化裁军为手段,解决宗教纷争与宗教战争。

在《文化裁军》这部篇幅不大的著作中,潘尼卡首先指出和平有一个宗教的维度。"切断了宗教与政治联系的二元论不符合现实,将宗教与政治相等同的一元论也不符合现实。"[12]"二元论和一元论都不可信。"[13]

潘尼卡指出:"战争有各种动机:经济的、民族主义的以及其他的,而我们发现宗教动机总处于核心地位。"[14]"宗教与政治没有明确的区分,任何战争既是世俗的也是宗教的。就非宗教性战争而言,虽有直接的政治理由,但一般说来在背景中潜藏着一个超越的也即宗教的动机。"[15]"战争的宗教特性是明显的。战争是一种极端性境遇。人类和人类社会经历着他们自己面临的有关死亡、生活、正义、忠诚和顺从等终极难题。一句话,战争一开始

就是一种宗教现象。"〔16〕

　　人们通常认为，和平要靠战争来获得，而潘尼卡指出："现在和过去的经验事实表明，尽管有种种美好的愿望，但为和平而战都是事与愿违。为和平而战通常带来另一场战争，并马上产生不平衡，从长远看，会引起新的不稳定，这种不稳定与原先相比，可能有过之而无不及。"〔17〕

　　为了消除人们对和平问题的误解，潘尼卡指出了和平的特性——"被接受性"。他说："和平可能是应得的，但它确实不是给予的，也非赢得的。和平是被接受的。"〔18〕"和平不是作为一种负欠的、应得的和赢得的东西来接受，而是作为一件礼物、赠品和恩典来接受。"〔19〕"在这一接受中，和平既在我们之外，也在我们之中成长、发光。"〔20〕"用我们的双手，用我们的整个存在——身体和心灵，没有任何一种分裂——接受奖品，这也是接受和平的合适方式，并在接受中重新创造和平。"〔21〕

　　潘尼卡在思考这一问题时的基本思路是：第一，和平不能来自自身，不是个人意志的结果，"我不可能给自己以和平"，这一点适用于个人，也适用于民族；第二，和平也不能作为一件来自强者或他人的东西给予我们，因为这是一种施舍屈尊俯就地给我们的，在这种情况下我们不可能拥有和享受和平，在一个不自主的国度，和平不会有生命力；第三，和平不可能来自一个任性的全能的存在者，若和平来自他者的恩惠，即便这个他者是神圣的，也没人会感到和平。然而，"正是在这里，我们陷入了更大的深渊，我们必定诧异：我们从谁那里接受和平？谁是这一礼物的给予者？正是在这里，和平的礼物、和平的赠品展现了它的真实面孔"〔22〕。接下去，他清清楚楚地告诉我们："和平只能是一种实在本身的和谐……我们在实在中分享和平。"〔23〕

　　通过上述引文，我们可以清楚地看到潘尼卡对和平的理解确实超出常人，其思考和平问题的宗教维度表现得非常清晰。他的思维有着广阔的文化视野，是对和平问题的现实与理想、内在与外在、世俗与宗教、现世与来世的多层次综合。他总结的"和平哲学之链上的九块珍宝"正是这一思维的宝贵结晶：(1)和平是对存在节律之和谐的参与。(2)没有外在的和平难以生活，没有内在的和平不能生活，其关系是非二元的(不二的)。(3)和平既不是为自己争来的，也不是向别人强加的。和平是被接受的，也是被发现被创造的。和平是(圣灵的)礼物。(4)胜利决不会通向和平。(5)军事裁军以文化裁军为必要条件。(6)没有一种文化、宗教或传统能够独立解决这个世界的种种难题。(7)和平本质上从属于神话的秩序而非逻各斯的秩序。(8)宗教是通向和平之路。(9)只有宽恕、复和和不断的对话才通向和平,粉碎业报律。[24]这样的和平哲学值得各种文化与宗教背景的人士聆听。它不一定能迅捷地取代人们思考和平问题的传统思维方法,但可以帮助我们走出前述思维陷阱。

在和平问题上,潘尼卡没有开出处方,而是指出了一条通向和平之路,即文化裁军。他说:"走向和平之路要求文化间沟通,这种沟通不是作为一处奢侈的学术活动,而是作为人类面临危机所作出的反应,这要求我所称的文化裁军。"[25]"文化裁军这一表述在一种特殊的方式上意指主导文化的裁军,这种文化源于欧洲,具有科学的、技术的手段。""我把文化裁军理解为,我们应放弃由起源于西方的现代文化所挖掘并固守其中的战壕。"[26]又说:"若不裁军,和平就不可能。但这里所要求的裁军,不仅是核武器的、军事的和经济的裁军,另外还要进行文化裁军,裁减主流文化,因为当今的主流文化有成为垄断文化的危险,它可以吞噬其他所有文化,最后自身也连同它们一起湮灭。"[27]潘尼卡这方面的思想很丰富,但在我看来最本质的一点是要求人们"克制文化扩张的欲望"。但出于本讲的目的,我们不再赘言,现在就进入宗教的和平使命问题。

三　宗教的和平使命

在不同语境中,"宗教"的含义是不一样的。在谈论宗教的和平使命之前,我们要像潘尼卡所说的那样洗涤净化一下"宗教"这个词的含义。[28]

在联系宗教谈论战争与和平问题时,人们会在思维习惯的作用下想到某种具体的宗教,但在这种时候恰恰要把宗教的真义与体制性的宗教组织区分开来,"宗教不能与制度相混淆"[29]。说得再白一点,宗教本应尊重生命、爱好和平,和平不是手段而是目的。各种宗教不是为了去做其他事而拥有和平,相反,宗教的本质就是追求和平;处于和平时,宗教才能达成生命的圆满。

现在我们可以再次面对本讲开头提到的那个问题了："宗教是战争的根源还是和平的保证?"现在我们可以毫不犹豫地回答：宗教应当成为和平的保证,和平就是宗教的目的。如果有人指出这世上有许多宗教和宗教信徒在从事战争,那么我们同样可以毫不犹豫地回答：由这种宗教和宗教徒进行的战争正在毁灭宗教自身。"作为有宗教信仰的人,有特别的责任去创建一个和平的世界共同体,而且也能为此做出独特的贡献。"[30]

在当今社会发展中,我们已经看到人类文化在其物质层面和结构层面上出现了接近和共融,经济合作、社会交流已达成了不少共识,取得了显著成果。但在精神层面上,人们却仍在突出或强调彼此之间的区别和不同。由于不了解或误解,不同的社会和宗教之间总存有各种各样的裂缝和防范戒备心理,从而加重了当代社会的紧张趋势,影响到人类的理想共存。为了人类发展的美好未来,为了当代世界的和谐共存,深层次意义上的社会结合和精神对话就显得非常必要和重要。对话是人类共在和统一的前提,是文明发展的关键因素。参与对话的各方,无论是宗教领袖,还是一般的信徒都应明确自己的身份和使命,得体地参与对话。宗教领袖和宗教徒的精神世界是复杂的,不仅会受到宗教精神的影响,也会受到母体文化传统、政治意识形态的影响,因此宗教领袖与宗教徒在对话中既要捍卫宗教信仰自由,又要尊重人类多元的文化传统、政治理念和价值体系。如果不适当地片面强调和夸大宗教信仰的排他性,就会与世界许多国家和民族非宗教性的意识形态或价值观发生冲突,造成不良后果。

四　大力推进宗教对话

从宗教的漫长发展历史来看,20 世纪乃是自古以来最典型的"宗教对话的世纪"。例如,基督教随着宗教学带来的启迪和认识而于 20 世纪初开始了"与东方的对话",寻求对佛教、印度教、儒教、道教等东方精神和灵性的认识和理解;60 年代以来,基督教又从强调自身各派的"对话""谅解""普世""合一"而走向与世界上各种宗教、各种信仰乃至各种政治思潮和意识形态的对话与交流。宗教对话已由其内部各教各派之间的对话扩展到宗教与世俗社会各个组成部分的对话,比如宗教与政治、宗教与哲学、宗教与科学间的对话,等等。正是在这种意义上,宗教界的有识之士认识到,没有各宗教间的对话,便没有各宗教间的和平,从而亦没有各文明间的和平及全世界的安宁。他们以"宗教对话"为起点来探求一种能建立起新的世界秩序的"全球伦理"或"世界伦理",使对话的意义得到进一步的升华。因此对话是 20 世纪最为响亮的口号之一,更是新世纪宗教发展中的大事。

近年来,大量宗教团体与组织所发起的宗教和平运动所起的作用是不容置疑的。通过持续的文化间的对话以达到真正的复合是通向和平之路,在此意义上我们可以说,积极开展与推进宗教间对话是对世界和平的重大贡献。

宗教对话可分不同的层次:首先是宗教社团内部的对话;其次是不同宗教之间的对话;最后是宗教与非宗教意识形态和主权国家之间的对话。

过去一提起对话,人们立即想到与"他者"(敌对方)的对话,似乎自己所属的宗教社团是一块整钢,不需要通过对话来达到内部的沟通。这种认识显然不符合实际,而且容易产生误导。比如,举世瞩目的中东和平问题之所以难以解决,原因固然是多方面和错综复杂的,但宗教极端主义的干扰无疑是重要因素之一。巴以和谈的焦点和难点是圣城耶路撒冷的最终地位问题,而巴以双方又都从宗教传统角度来证明己方对耶路撒冷拥有排他性的主权。可见,中东和平的阻力不仅来自外部,而且也来自内部。如果通过宗教社团内部的对话使各自的立场有所松动,中东和平的进程也就可以向前推进了。宗教社团内部对话对于解决地区冲突和争端是十分重要的。

前已述及,20 世纪 90 年代以来,宗教的、民族的、意识形态的乃至价值观的歧异时常引发一系列地区热点问题。例如在巴尔干的波黑和科索沃,在北高加索的车臣,在南亚的克什米尔,在苏丹、阿富汗、印度、巴基斯坦、印尼等地,不同民族之间、不同信仰的宗教社团之间乃至同一宗教社团内部不同教派之间都多次发生过局部性的战争或流血冲突。因此,教际之间的对话显得格外重要。在这方面,德高望重、主持正义的宗教领袖们是可以大有作为的。教际之间的对话要想真正发挥作用,宗教领袖就必须超脱狭隘的宗派意识、宗教归属意识,高举世界主义、人类一体、世界和平的旗帜,呼吁冲突各方化干戈为玉帛,通过对话和协商缩小分歧、化解矛盾。

宗教对话还应从教际扩展到宗教与非宗教意识形态的对话。这类对话要想真正富有意义,首先需要转变观念,放弃试图改变对方的念头。非宗教意识形态要尊重和审慎地对待人类宗教信仰、宗教文化,宗教也要尊重和正确对待非宗教意识形态的世界观。

进入新世纪以后,我们身处一个多元共存的世界。多元的政治体制、经济结构、文化类别、价值体系构成了一个丰富多彩的世界。全球化的时代虽然已经大踏步地到来,但世界上的各个民族仍将在多元共存的状态中长期生活。让我们在这样一个新时代努力促进宗教对话,为争取世界和平而奋斗。·

【关键词】

战争　　世界和平　　宗教对话

【进一步阅读书目】

潘尼卡:《宗教内对话》,王志成译,宗教文化出版社,北京,2001 年。

潘尼卡:《文化裁军》,王志成译,四川人民出版社,成都,1999 年。

【思考题】

1. 关于战争与宗教之关系的传统思路有什么缺陷?

2. 宗教对话有哪些层次?

3. "文化裁军"的具体含义是什么?

4. 宗教对话对于促进世界和平有什么积极意义?

注　释

〔1〕 王作安、卓新平主编:《宗教:关切世界和平》,序言,宗教文化出版社,北京,2000 年。

〔2〕 克劳塞维茨:《论战争》,第 1 章,第 20 节,引自陈鸿猷等:《马克思主义军事哲

学史》,第 78 页,军事科学出版社,北京,1993 年。

〔3〕 转引自王作安、卓新平主编:《宗教:关切世界和平》,第 35 页。

〔4〕 希罗多德:《历史》,第 1 卷,第 38 节,转引自阿德勒编:《西方思想宝库》,第 850 页,中国广播电视出版社,北京,1991 年。

〔5〕 卡莱尔:《过去与现在》,第 3 章,第 10 节,转引自阿德勒编:《西方思想宝库》,第 859 页。

〔6〕 亚里士多德:《政治学》1256b22,转引自阿德勒编:《西方思想宝库》,第 851 页。

〔7〕 马基雅弗里《君主论》,第 26 章,转引自阿德勒编:《西方思想宝库》,第 853 页。

〔8〕 克劳塞维茨:《战争论》,第 43、902 页,商务印书馆,北京,1978 年。

〔9〕 《马克思恩格斯选集》,第 1 卷,第 82 页。

〔10〕 陈鸿猷等:《马克思主义军事哲学史》,第 100 页,军事科学出版社,北京,1993 年。

〔11〕 龚学增:《宗教纷争与国际地区冲突》,载王作安、卓新平主编《宗教:关切世界和平》,第 42 页。

〔12〕 潘尼卡:《文化裁军》,第 5 页。

〔13〕 同上书,第 7 页。

〔14〕 同上书,第 40 页。

〔15〕 同上书,第 38 页。

〔16〕 同上书,第 39 页。

〔17〕 同上书,第 7 页。

〔18〕 同上书,第 10 页。

〔19〕 同上书,第 11 页。

〔20〕 同上书,第 12 页。

〔21〕 同上书,第 10 页。

〔22〕 同上书,第 12 页。

〔23〕 同上书,第 13 页。和平问题"关乎人类文化的终极基础,最终关乎实在本身的终极基础。这是一个关系到每一个人的大事"(同书第 30 页)。

〔24〕 同上书,第 19—29 页。

〔25〕 同上书,第 44 页。

〔26〕 同上书,第 45 页。

〔27〕 同上书,第 93 页。

〔28〕 潘尼卡说:"宗教这一概念必须加以净化,进行可能的转化以及清除通常由西方键所奏出的单调重复的主导音。应指出人的宗教维度,对此宗教传统以不同方式表达。"(同书第 45 页)

〔29〕 同上书,第 45 页。

〔30〕 同上。

主要参考书目

彼得斯、江丕盛、本纳德编:《科学与宗教》,中国社会科学出版社,北京,
　　2002 年。

陈兵、邓子美:《二十世纪中国佛教》,民族出版社,北京,2001 年。

陈麟书:《宗教学原理》,宗教文化出版社,北京,1999 年。

池田大作、威尔逊:《社会与宗教》,四川人民出版社,成都,1996 年。

大卫·弗里德里希·施特劳斯:《耶稣传》,商务印书馆,北京,1981 年。

戴康生、彭耀主编:《宗教社会学》,社会科学文献出版社,北京,2000 年。

董群:《禅宗伦理》,浙江人民出版社,杭州,2000 年。

方立天:《中国佛教与传统文化》,上海人民出版社,1988 年。

弗雷泽:《金叶》,《金枝》选译本,汪培基译,上海文艺出版社,1997 年。

何光沪:《多元化的上帝观》,第 2 版,贵州人民出版社,贵阳,1999 年。

霍伊卡:《宗教与现代科学的兴起》,四川人民出版社,成都,1991 年。

坎默:《基督教伦理学》,王苏平译,中国社会科学出版社,北京,1994 年。

孔汉思、库舍尔:《全球伦理:世界宗教议会宣言》,何光沪译,1997 年。

李申主编:《高科技与宗教》,天津科学技术出版社,2000 年。

李兴华等合著:《中国伊斯兰教史》,中国社会科学出版社,北京,1998 年。

吕大吉主编:《宗教学通论》,中国社会科学出版社,北京,1989 年。

吕大吉:《宗教学通论新编》,中国社会科学出版社,北京,1998 年。

罗伯逊:《基督教的起源》,宋桂煌译,三联书店,北京,1958 年。

罗斯特:《黄金法则》,赵稀方译,华夏出版社,北京,2000 年。

罗素:《宗教与科学》,商务印书馆,北京,1982 年。

马昌仪:《中国灵魂信仰》,上海文艺出版社,1998年。

马林诺夫斯基:《巫术、科学、宗教与神话》,李安宅译,中国民间出版社,北京,1986年。

马贤、马忠杰主编:《伊斯兰教基础知识》,东方出版中心,上海,1997年。

麦克斯·缪勒:《宗教学导论》,陈观胜、李培荣译,上海人民出版社,1989年。

梅多、卡霍:《宗教心理学》,陈麟书等译,四川人民出版社,成都,1990年。

牟钟鉴:《中国宗教与文化》,巴蜀书社,成都,1989年。

穆尔:《基督教简史》,商务印书馆,北京,1981年。

帕林德:《非洲传统宗教》,张治强译,商务印书馆,北京,1992年。

潘尼卡:《文化裁军》,王志成译,四川人民出版社,成都,1999年。

潘尼卡:《宗教内对话》,王志成译,宗教文化出版社,北京,2001年。

秦惠彬主编:《伊斯兰文化与现代社会》,沈阳出版社,2001年。

孙尚扬:《宗教社会学》,北京大学出版社,2001年。

万俊人:《寻求普世伦理》,商务印书馆,北京,2001年。

王晓朝:《罗马帝国文化转型论》,中国社会科学文献出版社,北京,2001年。

王晓朝:《神秘与理性的交融》,杭州大学出版社,1998年。

王晓朝:《希腊宗教概论》,上海人民出版社,1997年。

王月清:《中国佛教伦理研究》,南京大学出版社,1999年。

王作安、卓新平主编:《宗教:关切世界和平》,宗教文化出版社,北京,2000年。

威廉·詹姆士:《宗教经验之种种》,唐钺译,商务印书馆,上海,1947年。

沃尔克:《基督教会史》,孙善玲等译,中国社会科学出版社,北京,1991年。

休斯顿·史密斯:《人的宗教》,刘安云译,海南出版社,海口,2001年。

约翰·托兰德:《基督教并不神秘》,商务印书馆,北京,1982年。

张志刚:《宗教文化学导论》,东方出版社,北京,1996年。

卓新平:《西方宗教学研究导引》,中国社会科学出版社,北京,1990年。